평생교육론

이복희 유인숙 이소희 장나리 최세이 공저

INTRODUCTION TO

LIFELONG EDUCATION

양성원

머리말

현대사회는 과학 기술의 발전, 정보통신 기술의 혁신, 글로벌 경제의 증가 등으로 인해 사회는 더욱 복잡해지고 더 많은 기회와 과제를 제시한다. 이에 따라 개인과 조직은 현대사회의 복잡성을 탐색하고, 긍정적으로 대처하기 위해 평생학습의 중요성과 필요성 인식, 지속적인 학습과 발전을 추구해야 한다.

평생학습은 개인이 기술 발전에 적응하고 새로운 디지털 기술을 익히며, 변화하는 업무 환경에 적응하는 데 매우 중요하다. 현재 우리는 4차 산업혁명시대의 진입에 따른 급속한 기술 발전을 경험하며 살고 있기 때문이다.

또한 기술의 발전과 경제 구조의 변화로 인해 직업 시장이 끊임없이 변화하고 있으며, 새로운 직업이 등장하고 기존 직업의 요구사항도 변화하고 있다. 이에 따라 새로운 기술과 역량을 습득하고, 적응력과 유연성을 갖추는 데에 개인의 지속적인 평생학습 참여가 매우 중요하다.

사회적으로도 지식과 역량을 공유하는 지속적인 학습 문화 확산은 현대사회의 발전과 지속적인 성장을 이룰 수 데 있어 필수불가결한 요소일 것이다. 이를 위해 시대의 변화와 요구에 걸맞는 평생교육의 이론과 실천에 대한 평생교육 전문가는 더욱 필요하다고 하겠다.

5명의 집필진들은 오랜 기간 학교에서의 이론과 현장에서의 실천경험을 토대로 급변하는 이 시대에 평생학습전문가를 양성하는 데 적합한 책 발간의 필요성에 대해 뜻을 같이하고, 함께 집필하게 되었다.

이 책은 모두 13장으로 구성되었다. 제1장은 평생학습사회의 전개와 목적, 평생교육에 대한 개념과 특성, 이념, 필요성 중심으로 구성되었다. 제2장은 전통적인 학습이론과 성인학습이론, 상황학습이론을 중심으로 평생학습에서의 학습이론에 대한 이해를 높이고자 하였다. 제3장은 유네스코 평생학습 연구소의 주요회의와 평생교육의 기원이 되는 국제기구 UNESCO와 교육에서 경제 개념을 추구하는 OECD의 평생교육을 살펴보았다. 제4장은 성인학습의 이론적 지형을 위해 성인학습의 개념과 성인학습자의 특성을 살펴보았으며, 또한 평생학습 참여동기와 장애요소를 탐색하였다. 제5장은 우리나라 평생교육법의 초기, 개정, 현 평생교육법으로 구분하여 살펴보고, 평생교육제도와 평생교육기관 유형에 대해 살펴보았다. 제6장은 평생교육사에 관련된 제도와 현황을 파악하였다. 제7장은 지역사회에서 이루어지는 평생교육의 추진 방향과 학습공동체에 대해 탐색하였다. 제8장은 노인과 장애인 학습자에 대한 이해를 바탕으로 평생교육의 필요성과 현황을 파악하였다. 제9장은 다문화 및 북한이탈주민을 위한 평생교육의 중요성을 고찰하였다. 제10장은 문해교육 및 디지털 리터러시의 개념과 교육의 중요성을 알아보고 문해교육의 법적 근거와 지원제도에 대해 살펴보았다. 제11장은 프로그램개발의 기초적 이론과 접근방법을 토대로 분석(Analysis), 설계(Design), 개발(Development), 실행(Implementation), 평가(Evaluation) 단계로 프로그램 개발 절차에 대해 살펴보았다. 제12장은 평생교육에 있어 4차 산업혁명과 디지털 전환으로 사회 및 교육 패러다임의 변화에 대해 살펴보고 에듀테크 주요기술에 대해 탐색하였다. 제13장은 평생교육 활성화를 위해 현장에서 필요로 하는 한국의 평생교육 과제 중심으로 살펴보았다.

그리고 각 장마다 별도의 활동지(activity sheet)를 구성함으로써 평생교육의 이론과 실천의 학습에 도움을 주고자 구성하였다.

이 책은 여러 선행학자들과 실천현장의 실무자들의 연구 업적으로부터 많은 도움을 받았다. 그러나 막상 탈고를 하고 보니 많은 아쉬움이 남지만 이 분야에 관심있는 많은 분들의 조언을 받으면서 계속 노력할 것을 다짐한다.

이 책이 평생교육을 전공하는 학도(學徒)들과 평생교육현장에서 혼신의 노력을 쏟고 있는 평생교육사 및 평생교육실천가에게 도움이 되기를 기대하며, 끝으로 이 책의 출판을 위해 많은 수고를 해주신 양성원 임직원 여러분께 감사드린다.

2024년 6월

저자일동

차 례

❖ 머리말 / 3

Chapter 01 평생학습사회와 평생교육 9

1. 평생학습사회 11
2. 평생교육의 등장과 개념 15
3. 평생교육의 이념과 특성 20
4. 평생교육의 학문적 특성 24
5. 평생교육 필요성 27

Chapter 02 평생교육의 주요 학습이론 37

1. 전통적 학습이론 39
2. 성인학습이론 45
3. 상황학습이론 53

Chapter 03 국제기구의 평생교육 59

1. UNESCO의 평생교육 61
2. OECD의 순환교육 71

Chapter 04 성인학습 이해 79

1. 성인학습의 이론적 지형 81
2. 성인학습 85
3. 성인학습자의 학습 참여 동기 100

Chapter 05 평생교육법과 제도 105

1. 우리나라 평생교육법 107
2. 평생교육 주요 제도 112
3. 평생교육기관 137

Chapter 06 평생교육사 147

1. 평생교육사 149
2. 평생교육사의 역할과 직무 151
3. 평생교육사의 자격제도 158
4. 평생교육사의 양성과 배치 162

Chapter 07 지역사회 평생교육 169

1. 지역사회 평생교육 171
2. 학습동아리 183
3. 학교평생교육 190
4. 평생학습도시 201

Chapter 08 노인 및 장애인 평생교육 213

1. 노인 평생교육 215
2. 장애인 평생교육 231

Chapter 09 다문화 및 북한이탈주민 평생교육 247

1. 다문화 평생교육 249
2. 북한이탈주민 평생교육 257

Chapter 10 문해교육 및 디지털 리터러시 교육 269

1. 문해교육 271
2. 디지털 리터러시 교육 286

Chapter 11 프로그램개발 303

1. 프로그램개발의 개념 305
2. 프로그램개발의 접근방법과 모형 308
3. 프로그램개발 절차 314
4. 프로그램 실행 326
5. 프로그램 평가 330

Chapter 12 미래사회와 평생교육 335

1. 사회 패러다임의 변화 337
2. 교육 패러다임의 변화 339
3. 평생교육과 에듀테크 341

Chapter 13 한국 평생교육의 과제 365

1. 지역평생학습 생태계의 협력적 거버넌스 구축 367
2. 인구 감소에 대응하는 평생교육: 지역활성화 주체 육성 367
3. 전문직으로서 평생교육사를 위한 과제 369
4. 노인 평생교육 활성화를 위한 추진 방안 372
5. 평생교육과 고등교육 연계를 촉진하기 위한 과제 375
6. 평생교육과 에듀테크의 윤리적 고려사항 376

- 부록 / 381
- 참고문헌 / 390
- 찾아보기 / 402

01

Chapter

평생학습사회와 평생교육

학습개요

평생학습의 대두는 변화하고 있는 사회상과 관련이 깊으며, 오늘날의 사회는 평생학습사회라고 일컬어지고 있다. 평생학습사회는 국민이 원하고 필요로 하는 학습활동을 스스로 선택하고 요구하여 언제 어디서나 배울 수 있도록 돕는 열린 교육제도를 실현하고자 하는 것이다. 이는 끊임없는 변화와 혁신을 요구하기에 학교 교육만으로는 대처하기 어려운 문제들이 많으며, 현대사회에 있어 학교는 평생에 걸친 교육의 보장과 지원에 한계가 있기에 새로운 교육체제를 요구하기 때문이다.

이에 평생학습의 중요성에 따라 이 장에서는 평생학습사회의 전개와 목적을 살펴본다. 또한 세계 여러 나라에서 사용되고 있는 평생교육의 구체적 개념과 특성, 이념, 필요성을 파악하고자 한다. 그리고 평생교육의 학문적 특성을 파악하기 위해 평생교육학과 교육학의 차이점을 비교하여 살펴보고자 한다.

학습목표

1. 평생교육의 개념을 설명할 수 있다.
2. 평생교육의 필요성에 대해 요약정리를 할 수 있다.
3. 평생교육학과 교육학의 차이점을 비교할 수 있다.

Chapter 01

평생학습사회와 평생교육

1 평생학습사회

1) 평생학습사회 전개

평생학습의 대두는 변화하고 있는 사회상과 관련이 깊다. 오늘날의 사회는 끊임없는 변화와 혁신을 요구하기에 학교교육만으로는 대처하기 어려운 문제들이 많으며, 현대사회에 있어 학교는 평생에 걸친 교육의 보장과 지원에 한계가 있기에 새로운 교육체제를 요구한다(김신일, 2023).

평생학습사회는 국민이 원하고 필요로 하는 학습활동을 스스로 선택하고 요구하여 언제 어디서나 배울 수 있도록 돕는 열린 교육제도를 실현하고자 하는 것이다(최다미, 2018). 또한 평생학습사회는 지식정보화 사회에서 개개인의 자기향상, 생활 향상, 직업능력 향상 및 기술 습득 등을 위해 지속적으로 자기에 적합한 학습내용과 학습방법을 찾아 학습하는 사회로 평생 배움이 요구되고, 지속적인 정보 탐색활동과 일하면서 계속하여 배우는 사회가 될 것이다. 이러한 평생학습사회는 지역단위로 보다 활발히 전개되고 있다.

학습사회라는 용어는 미국의 교육자이자 행정가이기도 한 허친스(Robert M. Hutchins)가 저서에서 처음으로 사용하면서 주목을 받았다. 그가 이야기하는 학습사회는 "모든 성인 남녀에게 언제든지 어떤 형태의 성인교육을 제공할 뿐만 아니라 학습, 성취, 인간화를 목적으로 한 모든 제도가 그 목적의 실현을 지향하도록 가치의 전환을 이룩한 사회"

이다. 이후 학습사회에 대한 본격적인 논의는 1972년 유네스코 세계교육발전위원회의 「존재를 위한 학습(Learning to be): 세계교육의 현재와 미래」 보고서를 통해서였다. 당시 위원장이었던 프랑스의 교육자 포레(Faure)의 이름을 붙여 '포레보고서(Faure Report)'라고도 불리는 이 보고서는 평생교육의 이념을 실천하기 위해서 '학습사회'의 실현이 중요하다고 주장하며, 학습사회를 미래의 사회 형태를 지향하는 개념으로 사용하였다. 학습이라는 것이 개인의 전 생애에 걸쳐서 수행되며, 모든 사회적 공간에서 발생하는 것이라고 한다면, 학습사회의 단계까지 도달하도록 노력해야 한다는 것이 이 보고서의 주 내용이다. 우리나라에서는 1980년대에 이르러 평생교육진흥에 관한 보고서를 통해 비로소 학습사회라는 말을 사용하기 시작하였다. 허친스가 처음 학습사회를 주창한 이후, 평생학습사회를 현실화하려는 정책 수단 중 하나로 주목받은 것이 평생학습도시 만들기이다. 이처럼 학습사회는 이전에는 없었던 새로운 형태의 교육을 필요로 하는데, 그것이 바로 평생교육이다. 평생교육은 두 가지 차원에서 교육통합을 추구하는데 하나는 교육을 시간 차원에서 개인의 전 생애에 걸친 경험으로 확장하고, 다른 하나는 교육을 공간 차원에서 인간의 전체 삶의 영역으로 확장하는 것이다. 이처럼 교육을 평생교육의 개념으로 재구조화하면서 학교교육 중심의 틀에서 벗어나 세 가지 측면에서 전개되고 있다(Wain, 2001).

첫째, 시간적으로 기존의 아동과 청소년기에 해당하는 학령기 연령대를 벗어나 모든 연령대의 사회구성원이 교육대상이 된다.

둘째, 공간적 차원에서 학교 울타리를 벗어나 학교를 포함한 다양한 생활 장면 전체가 교육이 이루어지는 공간이 된다.

셋째, 교육은 전문자격을 지닌 교사에 의해 이루어진다는 통념에서 벗어나 누구나 가르치는 이가 될 수 있고, 나아가 교사나 가르치는 사람이 없는 독립적 학습과 무형식학습도 교육의 한 형태로 인식하게 되었다.

이 같은 교육 변화가 교육계 내부에서도 이루어지고 있고, 한편으로는 교육계 외부에서도 이루어지고 있다고 한다(김종서 외, 2009). 교육계 내부에서는 기존 형식교육의 대명사인 학교교육의 엄격한 형식성이 유연해지고 있다. 이 같은 사례는 각종 대안학교의 등장, 학부모의 학교 참여 증대, 홈스쿨링과 같은 학부모가 주도하는 교육 형태의 등장 등을 통해 알 수 있다. 그리고 교육계 외부에서 이루어지고 있는 변화는 교육영역이 아닌 영역에서 교육이 이루어지고, 교육기관이 아닌 기관에서 교육을 실시하고 있으며, 과거에는 인정되지 않았던 학습결과를 공식적으로 인정하기 시작했다는 점을 들 수 있다(양흥권, 2022).

요컨대, 평생교육은 1960년대 초반 유네스코 연구자들에 의해 선포되었고, 학습사회라는 개념을 기반으로 구성되고 전 세계로 확산되고 있는 새로운 교육 개념이다. 학습사회의 학교교육은 전체 교육의 한 부분에 불과하다.

1970년대 유네스코에서 교육도시(Educating cities)를 만들려는 프로젝트를 추진하였으며, 이후 평생학습도시에 대한 아이디어가 유럽, 북미, 남미, 아프리카, 아시아 등 전 세계적으로 확산되었다. 차갑부(2021)는 평생학습도시 설립의 본 의도는 지역의 인적자원을 개발하고 주민들의 학습 기회를 확대하며, 소규모의 학습동아리를 통해 지역공동체를 형성함으로써 민주적 시민사회를 형성하는 데 기여하고자 함이었다고 설명한다. 지역사회가 주민들이 필요로 하는 학습을 할 수 있도록 다양한 기회와 최적의 내용을 제공하는 것을 책임으로 인식하고 실천할 때 비로소 평생학습사회가 가능해진다. 평생학습이 지역적 맥락 속에서 만들어지고 실천될 때 학습자의 자기성장, 개인 삶의 변화에서 나아가 공동체적 의식 형성과 시민의식까지 강화될 수 있다. 뿐만 아니라 지역에서 학습이 촉진되면, 지역민들의 고용이 안정되어 부를 창출하게 되고, 이를 토대로 삶의 질 향상을 위한 학습 열망이 제고되는 선순환 구조를 갖출 수 있다. 이러한 '지역' 평생학습체제가 계속해서 개선되고 보완되며 발전할 때 이상적으로 보이기만 했던 평생학습사회가 현실로 다가와 있을 것이다.

2) 평생학습사회 목적

평생학습사회의 궁극적인 목적은 누구에게나 학습의 기회를 제공하고 학습활동에 참여한 학습자에게는 성취감을 주며, 학습자가 배우고자 하는 것을 즐겁게 할 수 있는 동기를 부여하여 삶의 질을 향상시키고, 사회에까지 긍정적 영향력을 미칠 수 있도록 하는 데 초점을 두는 것이다.

평생학습사회는 모든 연령의 평생학습 참여율을 높여 전 국민이 스스로 학습하고 성장하는 행복을 느낄 수 있도록 하고, 생애단계를 거치는 데 있어 부족하거나 어려운 부분을 능동적으로 해결할 수 있는 능력을 키워줄 수 있는 학습환경을 제공해야 하는 역할을 가진다. 언제, 어디서나, 누구나 평생에 걸친 학습이 가능하다는 평생교육의 기본 원리는 그야말로 유토피아적 담론으로 들릴 수 있다. 평생학습은 국민 행복을 높일 수 있는 중요기제인 만큼 국가 차원에서 적극 지원이 필요하고, 지역 차원에서도 각 지역의 특성을 반영한 구체적이고 실질적인 과제를 설정하여야 한다. 그리고 학습자의 학습능률 향상을 위한 교육방법의 문제, 교육할 수 있는 인적자원의 보급 문제, 시설 및 행정지원의 문제까지도 평생학습사회 구축을 위한 과제로 인식하고 해결해 나가야 할 것이다.

모든 사람이 평생학습에 대한 필요성을 인식하고 실천할 수 있는 학습사회가 되어야 하고 이를 위해 중앙정부와 지방정부의 정책적 지원이 뒷받침되어야 한다. 또한 역량을 갖춘 평생학습 리더들의 실천적 역할이 필요하다(조대연, 2023).

데이브(R. H. Dave, 1981)는 평생교육의 궁극적인 목적은 삶의 질을 유지하고 향상시키는 데 있으며, 학습사회 실현과 관련하여 가정과 지역사회의 중요성을 강조한다. 가정은 평생학습의 과정을 시작하는 데 결정적으로 중요한 역할을 한다는 것이다. 이와 함께 지역사회는 아동이 지역사회와 접촉하는 순간부터 전 생애에 걸쳐서 일과 일반 삶의 영위와 평생교육 시스템에 있어서 중요한 역할을 한다는 것이다.

학습사회와 관련하여 그가 상정하는 것은 생애에 걸쳐서 학습 기회의 수직적 통합과 수평적 통합이 이루어진 사회, 학습사회(opportunity), 학습동기(motivation), 교육력(educability)이 갖추어진 사회가 학습사회라고 하고 있다. 이러한 데이브의 개념적 정의에서 보면 지역평생학습사회는 실현하고자 하는 궁극적인 목적을 지역사회에 살고 있는 각 개인의 삶의 질을 높이는 데 두고 있다.

2 평생교육의 등장과 개념

1) 평생교육의 등장 배경

평생교육의 용어는 프랑스어의 영구교육(Education Permanence)에서 시작되어 영어로는 평생교육(Lifelong Education)으로, 일본에서는 생애교육, 중국에서는 종생교육으로 불린다. 우리나라에서는 과거 '사회교육'이라는 용어를 사용하였으며, 1990년대 이후 '평생교육'이라는 용어로 사용되고 있다.

이처럼 평생교육의 개념은 세계 여러 나라에서 사용되고 있는데, 평생교육을 의미하는 용어와 포함된 의미에는 다소 차이가 있다. 평생교육의 등장은 유네스코의 성인교육 발전을 위한 국제위원회(International Committee for the Advanced of Adult Education, 1965년 12월)에서 랭그랑(P. Lengrand)의 계속교육에 관한 연구논문을 검토한 결과 "유네스코는 출생에서 죽음에 이르기까지 인간이 일생을 통하여 행하는 교육의 과정－전체적으로 통합적이어야 할 필요성이 있는 교육과정을 만들어 활동하게 하는 원리로서 평생교육이라는 구상을 승인해야 한다."라는 건의를 유네스코 사무국에 제출한 데서부터 시작되었다.

이 건의는 1970년대의 유네스코 기본 교육사업으로 채택되었으며, 1970년 '국제교육의 해'의 주제로 평생교육을 표방한 바 있다. 1972년의 교육발전에 관한 국제위원회(International Commission on the Development of Education)의 보고서(통칭 Faure Report)에서 포레(E. Faure)는 "모든 선진국과 개발도상국가에서 이 평생교육을 실시하여야 한다."고 제언하였다.

또한 1972년 일본의 동경에서 개최된 제3차 세계성인교육회의에서 평생교육의 개념과 원리가 채택되어 세계 여러 나라에 빠른 속도로 전파되었다.

우리나라에서는 1973년에 유네스코 한국위원회에서 '평생교육 발전을 위한 세미나'를 개최하여 이 개념과 원리의 전파에 노력하였다.

2) 평생교육 개념

평생교육 개념은 세계 여러 나라에서 사용되고 있는데, 평생교육을 의미하는 용어와 포함된 의미에는 다소 차이가 있다. 유럽에서는 평생교육(lifelong education)이라는 용어를 주로 사용하고, 미국에서는 성인교육(adult education), 중국에서는 종생교육, 일본에서는 생애교육이라는 용어를 사용한다. 우리나라는 과거 '사회교육'이라는 용어를 사용하였으며, 1990년대 이후 '평생교육'이라는 용어로 대체되었다.

평생교육의 개념은 광의, 협의의 두 가지 범주로 구분할 수 있는 바, 넓은 의미의 평생교육은 학교교육과 학교 외 교육을 포함하며, 좁은 의미로는 정규 학교교육에 대비되는 학교 외 교육을 의미한다. 광의의 평생교육은 수직적으로는 태교에서 노인교육까지를 말하며 수평적으로는 가정 · 학교 · 사회에서 이루어지는 모든 교육을 말한다. 평생교육법 제2조에서는 '학교교육을 제외한 모든 형태의 조직적인 교육활동'을 평생교육으로 정의하여 협의의 개념을 택하고 있으나, 최근에는 광의의 개념으로 인식이 넓어지고 있다.

오늘날 평생교육 개념은 유네스코를 기점으로 전 세계로 확장되고 있다. 평생교육 개념은 국가와 사회에 따라 다르게 형성되고 전개되고 있다. 예컨대, 영국의 평생교육은 1950년대와 1960년대를 거쳐 1970년대 초까지 낭만주의적 형태로 전개되었으며, 1970년대 중반부터 1980년대와 1990년대까지는 현대주의적 형태로 전개되었고, 1990년대 말부터 새로운 형태로 전개되었다. 이처럼 한 국가 안에서도 시대에 따라 전개되는 평생교육의 실제적 모습은 다양하다(Stock, 1996).

'평생교육'은 '교육'과 동의어이다. 교육은 원래 평생교육으로 인간의 변화와 성장을 지원하는 인간 삶의 한 영역이다. 인간의 변화와 성장은 한 인간의 출생에서부터 죽음에 이르기까지 전 생애에 걸쳐 이루어진다. 또한, 인간의 성장은 인간이 살고 있는 모든 생활 속에서 이루어진다. 이 같은 인간의 변화와 성장을 돕는 활동이 교육이므로 교육은 한 인간의 전 생애에 걸쳐 이루어져야 하고, 다양한 삶의 영역에서 이루어져야 한다. 그러나 그동안의 학교중심 교육제도는 아동 · 청소년기에 학교에서 집중적으로 교육을 제공하였다. 이는 자연스러운 교육의 모습을 인위적으로 왜곡한 것이라고 할 수 있다. 평생교육은 교육이라는 단어에 평생이라는 접두어가 붙은 단어이다. 굳이 이 말을 사용하게 된 것은 학교중심 교육이 왜곡시켜 놓은 교육의 본래 모습을 회복하고자 하는 의미를 표방하기 위한 것이다. 학교중심 교육은 현재와 같이 급변하는 사회적 배경 속에서 사회가 필요로 하고 개인이 요구하는 교육의 역할을 더 이상 충족할 수가 없게 되었다. 인류의 교육사를 살펴보면, 교육의 모습은 사회의 변천과 교육에 대한 사회적 요구를 반영하는 형태로 형성되어 왔다. 현시대는 전통적 학교중심 교육 형태가 아니라 평생교육체제로서의 교육 형태가 필요한 시대이다. 평생교육 형태의 교육이란 한 인간의 전 생애에 걸쳐 계속되는 교육이며, 인간 삶의 모든 영역에서 이루어지는 교육이다.

이 같은 형태의 교육을 선구적으로 주창한 국제기구가 유네스코이다. 1960년대 초반 유네스코는 전 세계의 총체적 교육계획, 정책개발과 미래 실천을 위한 마스터콘셉트로서 '평생교육'을 선포하였다. 유네스코는 일종의 느슨한 운동과 같은 프로젝트를 시작하였다. 이 프로젝트의 목적은 기존 교육을 현대사회의 전 장면에 전 생애적 과정으로 일상화되어 있고, 심지어는 학교교육(schooling)의 대체재로 간주되고 있는 '평생교육'으로 교체하는 것이었다. 그들의 핵심 아이디어는 학교교육을 학습사회의 광범위한 교육 영역의 단지 한 부분으로 재규정하는 것이었다. 사실상 학습사회(learning society)는 전체 교육을 재조직화하는 원칙을 담고 있는 개념이다. 즉, 새로운 학습사회에서 전체 교육의 일부분을 담당하는 학교교육(schooling)을 대신하여 전체 교육을 재조직하는 원칙을 제시하는 용어이다(Wain, 2001).

(1) 평생교육에 대한 국내 · 외 학자들의 정의

평생교육에 대한 국내 · 외 학자들의 다양한 정의를 소개하면 다음과 같다.

① 평생교육은 인간의 삶의 질 개선이라는 이념 추구를 위하여 태교에서부터 시작하여 유아교육, 아동교육, 청년교육, 성인초기교육, 성인후기교육, 노인교육을 수직적으로 통합한 교육과 가정교육, 사회교육, 학교교육을 수평적으로 통합한 교육을 총칭하여 말하며 그것은 개인의 잠재능력의 최대한의 신장과 사회발전에 참여하는 능력의 개발을 목적으로 한다(김종서, 1982).

② 평생교육이란 문자 그대로 평생을 통한 교육을 의미하며 일정한 연령층을 대상으로 하는 한정된 기간의 학교교육과 조직화되지 못한 채 비효율적 상태로 방치되어 있는 사회교육의 기능을 다 같이 개편 강화하고 한 사회가 가지고 있는 교육자원을 효율화함으로써 교육역량을 극대화하려는 노력이다. 그것은 또한 급격히 변천하는 사회에 있어서 개인과 집단으로 하여금 계속적인 자기갱신과 사회적 적응을 추구하게 하기 위한 것이며 학교의 사회화와 사회의 교육화를 이룩하려는 일련의 새로운 교육적 노력인 것이다(유네스코 한국위원회, 1973).

③ 평생교육과 전통적 교육과의 관계는 예를 들면, 과일바구니와 과일과의 관계와도 같다고 할 수 있다. 즉, 과일바구니는 평생교육으로 비유할 수 있고 그 속에 담긴 사과, 배, 감, 귤 등은 유아교육, 초등교육, 중등교육, 고등교육, 성인교육, 노인교육 등으로 견주어 볼 수 있다.

④ 평생교육이란 교육의 전체 구조와 관계있는 유(Genus) 내지는 유 개념(Generic Concept)으로 가정교육, 사회교육, 학교교육의 3종(Species) 내지는 종 개념(Specific Concept)을 포괄하는 고급개념이다(진원중, 1981).

⑤ 평생교육은 취학 전 초 · 중등 등 교육의 전 단계를 총망라하는 생애에 걸친 과정으로서 공식, 비공식 및 비형식적 유형을 모두 포함한다. 그리고 이는 성격상 보편성을 지니며, 학습내용 및 방법 등에 있어서 융통성과 다양성을 지니고 있다(윤정일, 1983).

⑥ "학습방법을 학습한다."거나 "학습능력을 학습한다."는 말에서 알 수 있듯이 우리는 학교에 다닐 때에만 학습하는 것이 아니다. 출생에서 사망까지 한평생 동안 교육이 계속되어야 한다는 것이 평생교육의 이념이다. 평생교육은 이처럼 교육의 개념을 시간적으로 연장할 뿐만 아니라 공간적으로도 연장한다. 교육은 학교에서만 실시되는 것이 아니라 사회의 어느 장소에서나 실시되어야 한다는 것이 평생교육의 이론이 주장하는 바이다. 이러한 경향은 학교의 사회화, 사회의 학교화로 표현되기도 한다. 평생교육에서는 모든 국민이 교육 대상이 되며, 사람의 한평생이 교육기간이 되고, 사회 전체가 교육의 장소가 된다고 할 수 있다(차경수, 1982).

⑦ 교육이란 인류역사 이래 계속되어 온 삶의 과정으로서, 원시시대부터 제도화된

학교교육 시대 이전까지의 비형식적 교육을 교육의 제1의 물결로, 제도화된 학교 교육을 통하여 계획적으로 이루어져 온 형식적 교육을 교육의 제2물결로, 그리고 오늘날 전 생애를 통하여 계속적으로 배우고 사회 전체가 학습의 장이 되는 비형식적 교육을 지향하는 새 물결을 제3의 물결로 볼 수 있다. 교육의 제3의 물결이 바로 평생교육의 물결이다(홍용선, 1980).

⑧ 평생교육은 원래 유네스코(UNESCO)에서 보급하기 시작한 새로운 교육이념으로서 인간의 평생을 통한 교육적 과정의 수직적 통합과 개인과 사회생활의 모든 국면과의 수평적 통합을 강조하는 것이다. 다시 말하면 평생교육은 그동안 연령층별로 구분된 폐쇄적 학교교육과 조직이 되지 않은 채 비효율적인 상태로 방치된 사회교육을 통합 재편성하여 결국 교육의 사회화와 사회의 교육화를 이룩하자는 것이다(황종건, 1980).

⑨ 평생교육은 모든 개인이 일생 주기 동안 어느 때든지 수업, 공부와 학습을 수행하여야 하며, 또한 이를 위한 조직적인 기회가 제공되어야 하는 것이다(Cropley, A. J., 1977).

⑩ 평생교육이라는 새로운 개념은 변화와 강조의 주요한 방향을 나타내는 세 단어, 즉 확장, 혁신, 종합으로 요약될 수 있다(Dave, R. H., 1984).

⑪ 평생교육은 개인적이나 사회적인 관점에서 모든 교육적 과정을 총괄하는 개념이다(Faure, E., 1972).

⑫ 모든 국민에게 평생을 통해 각기 자신이 가진 다방면에 걸친 소질을 계속으로 발전시키고 사회의 발전에 충분히 참여할 수 있게 하는 교육을 말한다(UNESCO, 1970).

이상에서 본 바와 같이 평생교육에 대한 정의에는 삶(Life), 평생(Lifelong), 통합(Integration)과 교육(Education)의 성격을 공통 의견으로 제시하고 있다. 즉, 표현방식은 다르지만 평생교육은 요람에서 무덤까지의 교육과 모든 장소 및 기관에서 이루어지는 교육을 통합한 '교육의 총체적 체제'라고 할 수 있다.

3 평생교육의 이념과 특성

1) 평생교육 이념

평생교육의 이념 지향은 시대적 배경에 따라 상이하게 나타나고 있으며, 평생교육을 담당하는 관련 기구에서도 평생교육 지향에 차이가 있다. 그러나 이 같은 차이에도 불구하고 초기 평생교육 학자들의 평생교육에 대한 정의와 평생교육 보고서의 주장을 토대로 추출할 수 있는 평생교육 이념 지향은 교육인본주의, 전인교육, 학습권 존중, 교육평등, 지역사회와 국가발전, 교육 이상사회 구현 등이다(양흥권, 2022).

첫째, 초기 평생교육 학자들은 인본주의적 평생교육을 지향하였다. 평생교육이 존재하는 가장 큰 이유는 인간을 인간답게 하는 것, 인간이 자기 존재의 의미에 대하여 비판적으로 성찰하게 함으로써 보다 바람직한 삶을 살아갈 수 있게 하는 것이다. 평생교육이 지향해야 하는 근원적 목적은 인간의 자아실현, 자기성찰을 통해 자신의 잠재력 고양에 기여해야 한다는 것이다.

둘째, 인간의 전인적 성장이다. 평생교육은 인간의 조화롭고 균형된 성장을 지원해야 한다. 인간이 한 가지 측면으로만 편향되게 성장하는 것은 바람직하지 않다. 평생교육은 조화로운 인간 육성을 지향한다. 조화로운 인간은 모든 면에서 균형을 갖춘 인간이다. 조화롭게 성장할 수 있도록 하는 교육은 모든 인간에게 필요한 보편적 교육과 특수분야 교육의 균형이 필요하다.

셋째, 만인의 학습권 존중이다. 과거 전통적 교육은 교육 제공자 중심의 교육이다. 전통적 교육을 교육주의적 교육이라고 비판하고, 학습자를 존중하는 학습주의에 기반을 둔 교육이 이루어져야 함을 주장하였다. 학습권을 존중한다는 것은 사회구성원 모두의 인간적 성장에 가장 기초가 되는 학습 기회를 적극적으로 제공해야 한다는 의미도 담고 있다. 한 개인의 교육과 학습은 인간의 가장 기본적 권리이므로 사회가 학습자의 성장을 적극적으로 조력해야 한다는 것이다.

넷째, 교육 기회의 평등이다. 과거 학교교육의 가장 큰 문제점은 모든 사회구성원에게 평등한 교육 기회를 제공하지 않았다는 점이다. 교육사의 관점에서 보면, 인류 초기의 교육은 공적인 것이기보다는 사적인 것이었다. 따라서 인류 초기 교육은 대부분 부모에 의해 교육 기회가 제공되어 교육에서의 빈부차가 크게 나타났다. 교육 기회 제공이 공공의 책무로 사회구성원들에게 인식되기 시작한 것은 근대 공교육체제 수립시기부터이다. 이 같은 인식이 반영된 제도가 의무교육제도이다. 평생교육은 의무교육 기회 제공은 물론 의무교육 이후의 교육에서도 만인에 대한 평등교육에 기여해야 한다.

다섯째, 평생교육은 국가와 지역사회의 발전과 지속가능한 발전에 기여해야 한다. 교육은 개인의 성장에 기여함과 동시에 국가와 사회의 유지와 발전에도 기여해야 한다. 그리고 현시대에는 지속가능한 발전이 화두가 되고 있다. 평생교육이 추구하는 교육목적 중 하나가 '지구를 지키기 위한 학습'이므로 인류의 가장 근원적 문제의 하나인 지속가능한 발전과 지구환경 보전에 기여해야 한다.

여섯째, 평생교육은 사회개선에 기여해야 한다. 평생교육은 사회유지와 더불어 사회개선과 혁신에 기여해야 한다. 모든 종류의 평생교육은 사회개선을 지향한다. 특별히, 비판적 평생교육이 가장 중점을 두는 부분은 기존 사회의 개혁이다. 이들은 평생교육이 사회유지에 기여하는 것에서 더 나아가 이상적 사회 형성에 기여해야 한다고 주장한다.

일곱째, 평생교육은 이상적 교육제도를 형성하는 데 기여해야 한다. 평생교육은 출발부터 전통적 교육제도의 한계를 비판하고 이를 극복하기 위한 대안적 교육제도의 구축을 지향하였다. 이상적 교육제도는 학습자의 인권존중, 학습자의 전인적 성장과 사회구성원 모두의 성장에 기여하고, 모든 사회구성원에 대한 평등한 교육 기회 제공과 지속가능한 발전에 기여하는 교육제도이다.

반면 우리나라의 평생교육법 제4조에서는 평생교육의 이념을 다음과 같이 규정하고 있다.

첫째, 모든 국민은 성별, 종교, 신념, 사회적 신분, 경제적 지위 또는 신체적 조건 등을 이유로 평생교육에 있어서 차별을 받아서는 안 된다는 평생교육의 기회균등,

둘째, 평생교육의 목적은 궁극적으로 개인의 자아실현과 삶의 질 향상에 있는 만큼 평생교육의 실시방법 및 형식 또한 개인의 자유로운 참여와 자율적인 학습을 기초로

이루어져야 하며,

셋째, 평생교육은 정치적이나 개인적 편견을 선전하기 위한 방편으로 이루어져서는 안 된다는 평생교육의 중립성을 확보,

마지막으로, 평생학습에 대한 의욕을 고취하고 사회적 분위기를 고양시키기 위하여 일정한 평생교육과정을 이수한 자에 대하여는 학점 · 학력인정, 학위취득 부여, 자격증 취득 등 사회적으로 인정받을 수 있도록 함을 평생교육의 이념으로 제시하고 있다.

2) 평생교육의 특성

평생교육 개념에 담긴 특성을 살펴보면 다음과 같이 정리할 수 있다.

- 평생교육은 융통성의 특성을 갖는다. 이로 인해 다양한 유형과 형태의 교육이 가능하다. 평생교육은 근로자, 주부, 노인 등 그 대상이 다양하고, 교육 장소도 회사, 관공서, 도서관, 백화점, 교회, 공원 등 그 어느 곳에서도 가능하며, 교육 내용도 인간과 사회의 모든 국면을 다룰 수 있다.
- 평생교육은 교육의 민주적 특성을 가지고 있다. 평생교육은 특정 엘리트 계층을 위한 것이 아니라 모든 사람이 참여할 수 있는 보편적인 교육의 원칙에 근거한다. 따라서 교육의 기회균등과 확대에 기여한다.
- 평생교육은 현재 시행되고 있는 학교교육체제의 단점을 보완해 준다. 특히, 학교교육에서 제공할 수 없는 다양한 사회적 · 직업적 능력을 개발할 수 있는 기회를 제공한다.
- 평생교육은 개인, 조직, 사회, 국가에게 변화에 적응할 수 있는 능력을 길러주고 혁신할 수 있는 다양한 기회를 제공해 준다.
- 평생교육은 학습자들의 자발성을 특성으로 한다. 평생교육에 참여하는 학습자들은 외부의 강제나 통제에 의해서라기보다 스스로 필요해서, 그리고 실무나 실생활에 활용하기 위해서 자기주도적으로 참여하는 특성을 갖는다.
- 평생교육은 학습자들의 삶의 질 향상과 자아실현을 추구한다. 평생교육의 궁극적인 목적은 학습자 개개인의 삶의 질을 향상시키고 그들의 역량을 키워 달

성하고자 하는 일을 성취함으로써 행복한 삶과 자아실현을 가능하게 하는 것이다.

또한 평생교육은 형식교육, 비형식교육, 무형식교육으로서의 특성을 가지고 있다.

① 형식교육(formal education)

- 형식교육이란 제도성이 가장 높은 형태의 교육을 말한다. 학교교육이 대표적인 예이다.
- 사회 전체의 제도로 명문화되어 있고, 학년과 교과의 위계와 구조가 결정되어 있다.
- 의도적 계획에 따라 운영되며, 경험은 사회 전체의 공인을 받는 형태이다.

② 비형식교육(non-formal education)

- 학교교육보다는 제도성이 약하지만 어느 정도의 형식성을 갖춘 교육을 말한다. 학원과 같은 형태의 교육이다.
- 형식교육기관 이외에서의 조직화된 교육활동이다.
- 학습경험의 인정이 제한적이다.
- 보완적, 대안적, 추가적 교육활동이다.

③ 무형식교육(informal eduation)

- 계획 없이 우연히 이루어지는 교육이라고 할 수 있다. 일상적 삶의 대화와 같은 자연스러운 장면의 교육이다. 엄격하게 말하면 무형식학습이다.
- 일정한 형식과 목적이 전제되지 않은 채 일상의 경험에 대한 학습자의 성찰을 통해서 이루어지는 학습이다.
- 우연적 학습: 의도적 성찰이 배제된 가운데 일상 활동의 부산물로서 얻어지는 정보습득이다(김한별, 2019).

4 평생교육의 학문적 특성

1) 평생교육학

1920년대에 성인교육이 체계적으로 조직될 때 성인을 가르치는 교사들은 교육학 모델에서 몇 가지 문제점에 직면하게 되었다. 그중 하나의 문제는 교육학이 지식과 기능의 전수라는 교육목적에 기인한 반면에 성인학습자에게는 이 목적만으로는 불충분하다는 것이다. 따라서 교사들은 교육학이 요구하는 학습방법인 사실중심의 강의, 읽기 숙제, 연습, 암기와 시험 등을 진행할 때 자주 성인학습자들로부터 저항을 느꼈다. 성인학습자는 다른 방법을 원하였고 탈락률은 대단히 높았다.

1929년부터 1948년 사이에 미국성인교육협회가 발간하는 『성인교육지(The Journal of Adult Education)』에 성인학습자를 교육학에서 분리 취급하는 방법에 관한 논문들이 활발히 연구·수록되기 시작하였다. 이는 전통적인 교육목적이 '교육받은 인간' 또는 '지적 인간'을 양성하는 데 있는 반면에 오늘날과 같이 지식 폭발과 기술 혁신의 시대에 있어서는 전수된 지식만을 목적으로 하는 교육은 날로 무용하게 되는 점을 숙고하였기 때문이다. 따라서 교육학자의 연구와 실천의 방향이 점차 '교습'에서 '학습'으로 변화해 가기 시작한 것이다.

평생교육학(협의로 보면 '성인교육학'), 안드라고지(Andragogy)는 "성인의 학습을 도와주는 예술과 과학(The Art and Science of Helping Adults Learn)"으로 정의된다. 안드라고지(Andragogy)의 어원을 보면 그리스어의 'Andr(소년이 아닌 사람, 즉 성인을 뜻함)'와 'Agogus(지도를 뜻함)'에서 비롯된다. 따라서 사회교육학의 성격은 학습자가 결국은 자기주도적 학습(Self-directed Learning)을 할 수 있도록 도와주는 데 있는 것이다.

김신일 외(2019)는 평생교육학에 대해 다음과 같이 제시하였다. 평생교육학은 학교중심 교육학과 다른 패러다임을 지향한다는 점에서 혁신적이다.

첫째, 아동·청소년기에 성인기의 삶을 준비시키는 데에 목표를 두고 있는 학교교육과 달리, 평생교육은 성인기와 노년기 그리고 유아기도 포함하여 생애의 각 단계마다 학습의 필요가 있으므로 그 생애단계에 적절한 학습을 할 수 있도록 지원하는 데에 목표를 둔다.

둘째, 학교교육은 학교라는 고립된 공간에서 교과지식을 중심으로 가르치는 데 비하여, 평생교육은 모든 생활공간과 사회공간에서 학습하는 과학적 지식은 물론 삶의 모든 영역에 필요한 경험적 지식과 기능의 가치를 존중한다.

셋째, 학교교육에서는 학생의 학습을 학교 및 교사가 지배하지만, 평생교육에서는 학습자 주도적인 학습활동을 강조한다. 이러한 차이는 산업화시대의 교육과 정보화시대의 교육이 각기 다른 패러다임을 지향하기에 나타나는 현상이다. 평생교육은 새로운 패러다임을 지향한다.

2) 교육학과 평생교육학의 비교

이상에서 언급된 바와 같이 교육학과 평생교육학은 기본적 준거를 달리하고 있다. 사용되는 기본적인 용어도 다음과 같이 구분된다(김용현, 김종표, 2015).

① **교습과 학습:** 교육학에서는 가르치는 사람을 위주로 하여 교습(Teaching)이라고 하나, 평생교육학에서는 배우는 사람을 위주로 하여 학습(Learning)이라고 한다.

② **학생과 학습자:** 교육학에서는 배우는 사람을 일반적으로 학생(Student, Pupil)이라고 하지만, 평생교육에서는 배우는 사람의 인격을 존중하여 학습자(Learner)라고 부른다. 따라서 평생교육기관의 프로그램에 참가하는 사람을 피교육자, 학생, 피연수생 등으로 호칭하는 것은 적절하지 않은 것이다.

③ **교사와 조력자:** 교육학에서는 가르치는 사람을 일반적으로 교사(Teacher, 선생님, 교수)로 칭하나, 평생교육학에서는 조력자(Facilitator, Helper)로 표현한다. 다시 말하면, 교육학의 영역에서는 교사가 교육과정 · 교육방법 · 평가 등에 있어서 주체가 됨을 의미하나, 평생교육학에서는 학습자가 학습의 제 영역에서 주체가 되며 조력자는 학습자가 자기학습을 할 수 있도록 지도 · 조언해 주는 역할을 담당하는 것을 뜻한다.

타프(A. Tough)는 이상적인 조력자가 지녀야 할 네 가지 특성을 다음과 같이 열거하고 있다.

① 조력자는 학습자들에게 따뜻하고, 돌보아주고 인정하는 심성을 지녀야 한다.
② 조력자는 학습자들의 자기계획 능력을 높이 존중해 주어야 하며, 절대로 이를 침해해서는 안 된다.
③ 조력자는 학습자들과 동등하게 대화에 참여하는 품성을 보여주어야 한다.
④ 조력자는 변화와 새로운 경험에 열린 마음을 지녀야 하며 학습자들을 도와주는 활동을 통해 배운다는 모습을 보여주어야 한다.

한편, 놀즈(M. Knowles)는 교육학과 평생교육학의 개념적 준거의 차이점을 〈표 1-1〉과 같이 설명하고 있다.

〈표 1-1〉 교육학과 평생교육학의 개념적 비교

	교육학	평생교육학
학습자의 개념	학습자의 역할은 종속적인 것이다. 즉, 교사가 무엇을 가르칠 것인가 및 어떻게 가르칠 것인가에 대한 모든 책임을 지게 된다.	학습자의 역할은 종속적인 것으로부터 자기지향적인 것으로의 이동이다. 즉, 교사는 이러한 변화를 유도하고 용기를 주는 책임을 지게 된다.
학습자 경험의 역할	학습자의 경험은 학습의 시작 단계에 유익할 뿐 거의 무용이다. 학습경험은 주로 교수, 교재 저자, 시청각 매체 제작자 및 다른 전문가에 의해서 얻어진다.	학습자의 경험은 자신과 다른 사람을 위한 풍부한 학습자료로 활용된다.
수업준비성	학습자는 학교에서 그들에게 의무적으로 부여되는 학습만을 배울 준비만 하면 충분하다. 대부분의 학습자는 동일 연령층에 해당되며 동일한 것을 배울 준비만 한다. 따라서 학습내용도 모든 사람에게 단계적으로 진행되는 표준화된 교육과정에 의한다.	학습자는 실생활의 업무와 문제를 해결하는 데 필요한 것을 배우려고 한다. 교사는 학습자가 '배우고자 하는 것'을 파악할 수 있도록 도와주는 분위기 조성과 기법을 가르쳐 주어야 한다. 따라서 학습내용도 실생활에서 적용할 수 있는 것으로 구성되어야 하고, 학습자의 수업 준비성 정도에 따라 학습 진도가 편성되어야 한다.
학습지향성	학습자는 교육을 미래생활에 활용될 수 있는 교과 관련 내용을 습득하는 과정으로 본다. 따라서 교육과정도 교과의 논리성에 따라 교과단원을 구성하여야 한다. 학습자의 학습지향성은 교과중심이 된다.	학습자는 교육을 생활에 활용될 수 있는 잠재력을 충분히 배양하며 능력을 발전시키는 과정으로 본다. 따라서 학습경험은 능력 발전을 위주로 구성되어야 한다. 학습자의 학습지향성은 성과중심이 된다.

요약해서 살펴보면 전통적인 교육학이 학습자의 특성에 관하여 전제하고 있는 것과는 달리 평생교육학은 아래 네 가지의 본질적 특성을 지니고 있다.

① 학습자의 자아의식이 종속적 인격으로부터 자아지향적 인간으로 발전한다.

② 학습자는 학습을 위한 풍부한 자원이 되는 경험의 축적을 크게 제고한다.

③ 학습자의 배움에 대한 준비성은 그들의 사회적 역할과 관련된 발전적 과제를 크게 향상시킨다.

④ 학습자가 배운 지식을 즉각적으로 현장에서 적용함으로써 학습에 대한 지향성이 주제중심(Subject-centeredness)에서 성과중심(Performance-centeredness)으로 변화한다.

- Comenius에 따르면 교육방법이란 모든 것을 모든 사람에게 가르치는 데 필요한 보편적인 기술 또는 예술
- 방법론(methodology): 교육목표와 교육내용, 무엇을 전달할 것인가?
- 교육목적을 달성하기 위하여 준비된 교육내용을 구체적으로 실천하는 방식. 어떻게 가르칠 것인가에 해당하는 개념(서울대학교교육연구소, 2011)
- 학습내용의 논리(지식과 주제에 대한 연관)와 학습자의 심리(학습구조와 동기구조)를 중재하는 것

5 평생교육 필요성

1) 유네스코한국위원회

먼저 1973년 유네스코한국위원회에서 개최되었던 '평생교육의 발전세미나'에서 정리한 평생교육의 필요성을 살펴보면 다음과 같다.

첫째, 급격한 사회변동에 효과적으로 대처할 수 있고 사회발전을 촉진시킬 수 있는 사회의 교육역량의 증대를 위해 필요하다.

둘째, 개인이 날로 팽창하는 지식을 시시각각으로 습득하고 새로이 출현하는 사회 가치를 창조적, 비판적으로 수용하기 위해 필요하다.

셋째, 점점 전문화되고 특수화되며 조직화되어 가는 현대사회 체계에서 개인이 기능적으로 적응하기 위해 필요하다.

넷째, 개인이 그의 잠재적 개발 가능성을 평생동안 끊임없이 최대한으로 발전시키기 위해 필요하다.

다섯째, 개인이 발달단계에서 수행해야 할 새로운 역할을 습득하고 새롭게 일어나는 개인적 욕구를 만족시키기 위해 필요하다.

여섯째, 개인이 받은 학교교육의 형식을 보충, 보완하거나 정기교육의 기회를 놓친 사람에게는 자기발전을 위한 기초교육의 기회를 제공하기 위해 필요하다.

2) 제4차 산업기술혁명과 변화

- 제4차 기술혁명은 제3차 기술혁명에서 시작된 디지털 혁명(컴퓨터 혁명)을 기반으로 출현, 데이터 기반의 기술혁신이 산업 성장의 기반과 동력이 되는 산업으로 2016년 1월 스위스 다보스에서 열린 세계경제포럼(WEF)에서 처음 언급한 개념이다. 디지털 혁명 또는 지식정보혁명으로 정의되는 3차 산업혁명을 기반으로 수학, 물리학, 생물학 등의 기초과학과 정보통신기술(ICT) 융합으로 이루어지는 지식혁명 시대를 의미한다.
- Klaus Schwab은 제4차 산업혁명의 특징으로 유비쿼터스 모바일 인터넷, 더 저렴하면서 작고 강력해진 센서, 인공지능(AI)과 기계학습(machine learning)을 제기하였다.
- 제4차 산업혁명은 단순히 기기와 시스템을 연결하고 스마트화하는 데 그치지 않고 훨씬 넓은 범주까지 확장, 유전자 염기서열분석에서 나노기술, 재생가능에너지에서 퀀텀 컴퓨팅까지 다양한 분야에서 거대한 약진이 동시다발적 발생(클라우스 슈밥의 제4차 산업혁명, 2016).

이러한 과학적 정보와 산업 기술의 눈부신 발전 및 지식의 기하급수적 증가에 기인하는 현대 산업사회에서 생존하는 우리의 직업세계의 구조적 변화는 한 개인이 최초의 직종에 안주해서 직장생활을 끝마칠 수 없게끔 직업상의 재적응을 강요당하는 시대로 접어들고 있다.

백커(H. Becker)는 최근 프랑스 국민은 평균해서 매 12년마다 개인이 직종 유형을 바꾸게 되어서 모든 개인이 최초의 직종 이후 최소한 두 개의 다른 직종을 갖게끔 직업 변동이 신속하고도 다양해지고 있음을 밝히고 있다.

고오보 다까시(向坊 隆)는 이와 유사한 추정으로 "현재 미국의 노동력의 반은 50년 전에 전혀 알지 못했던 물건의 생산과 판매에 종사하고 있다. 이 추세가 계속된다면 25년 후에는 마찬가지로 노동력의 반이 현재는 알려지지 않고 있는 생산품을 취급하게 될 것이다."라는 전망을 하여 과학과 기술의 발전이 우리에게 주는 변화의 절박감을 여실히 말해주고 있다.

우리에게 더욱 절박한 것은 미래학자 칸(H. Kahn)이 예견하듯이 미래사회에 있어 과학 · 기술의 발달이 더욱 촉진된다는 것이다. 즉, 과학 · 기술의 발달은 동력의 발달, 자동조정 및 제어기술의 발달, 생물과 화학기술의 발달, 정밀한 측정기술의 발달, 통신기술의 발달, 교통운반 수단의 발달 등 광범위한 영역을 포함한다. 이러한 과학 · 기술의 발달은 생산의 증가, 산업구조의 변화, 직업구조의 변화, 가공할 무기의 생산으로 인한 파괴력 증대 등의 결과를 초래하는 반면에 인간 수명의 연장, 여가의 증대, 시간과 공간의 단축 등 인간생활의 광범한 분야에 걸쳐 막대한 영향을 끼치게 된다.

이상과 같은 기술의 발달에 따른 고도산업사회의 요청에 부응하고 또한 산업사회에서 야기되는 역기능적 측면을 극복하기 위해서 우리가 살고 있는 현실은 보다 계속적으로 학습이 필요하며 평생교육의 중요성을 부각하고 있는 것이다.

3) 미래 교육의 모습

김영식(2018)은 그의 저서인 『4차 산업혁명 시대 교육의 미래』에서 미래사회에서 교육에 커다란 변화를 가져다줄 메가트렌드 여섯 가지를 통해 미래 교육의 모습을 제시하면 다음과 같다.

첫째, 초가속화(Hyper-speed): 지식과 기술이 산술적으로 변하는 것이 아니라 기하급수적으로 변화하고 있다. 이제는 규모의 경제보다 속도의 경제가 더 중요한 시대이다. 단순히 정보와 지식을 쌓기만 하는 저장의 시대를 넘어 활용 가치에 집중하는 정보분석의 시대로 간다. 첨단 기술의 발달은 경제사회 구조의 패러다임과 지구촌 사람들의 삶의 패턴까지 바꾸어 버렸다. 단순히 지식을 습득하는 것이 아니라 변화하는 지식에 어떻게 적응해야 할까를 교육하는 것이 더 중요하다.

둘째, 초지능화(Hyper-intelligence): 모든 사물이 점점 스마트해지고 있다. 유비쿼터스(ubiquitous) 혁명은 네트워크 기술을 토대로 물리적 공간과 전자적 공간을 뛰어넘는 대대적인 변화를 가져왔다. 이에 사람, 컴퓨터, 사물이 언제, 어디서나 하나로 연결되는 사물인터넷(IoT) 시대는 교육 환경에도 큰 변혁을 가져왔다. 유비쿼터스의 주요 특징은 복잡한 문제를 해결하는 능력인 지능화(intelligenc), 장소에 구애받지 않고 이동이 가능한 이동성(mobility), 개인 맞춤형 서비스가 가능한 개인화(personalization), 그리고 언제, 어디서나 자유롭게 네트워크에 접속할 수 있는 상시 접속(connectivity) 등이다.

셋째, 초연결화(Hyper-connectivity): 세상의 모든 것이 연결되는 초연결 사회로 가고 있다. 사물인터넷(IoT)에서 세상의 모든 물건이 서로 통신을 통해 교감하는 만물 인터넷(Internet of Everything: IoE)으로 발전하고 있다. 이로써 소유 중심의 경제에서 공유(共有) 중심의 경제로 바뀌고 있으며, 소유 중심의 체제가 접속 중심으로 바뀌고 있다. 초연결 사회의 가장 큰 특징은 협업과 집단지성이며, '우리는 나보다 똑똑하다(We are smarter than me).' 슬로건이 그 가치를 잘 표현하고 있다. 새로운 시대에 인적자원의 경쟁력을 높이기 위해 협업 능력을 교육해야 한다.

넷째, 초감성화(Hyper-emotion): 미래는 감성을 기반으로 하는 창의성이 요구된다. 미래는 이성보다 감성에 호소할 수 있어야 한다. 미래사회는 가치를 사는 시대이다. 단순히 상품이나 서비스를 넘어 이야기와 문화 콘텐츠에 가치를 두는 사회로 변하는 것이다. 예로 나이키는 단순히 신발을 파는 게 아니라 마이클 조던과 타이거 우즈의 환상을 파는 것이고, 스타벅스는 단순히 커피를 파는 게 아니라 커피와 대화가 있는 문화 공간을 파는 것이다.

정보화 시대에는 많은 지식과 정보를 소유한 자가 리더였다면, 앞으로는 많은 꿈과 감성을 가진 자가 미래를 이끌어 갈 리더가 될 것이다. 디지털 테크놀로지는 모든 제품과 서비스의 '표준화'를 실현했다. 즉, 하이테크(High-tech)만으로는 부족하며 이에 더해 하이콘셉(High-concept)과 하이터치(High-touch)가 더해져야 한다. 하이콘셉은 창조적 즐거움과 감동을 창출하는 힘이며, 하이터치는 공감을 이끌어 내는 능력이다. 다가오는 미래는 이성과 감성, 그리고 기술이 조화를 이루어 새로운 관계를 발견하고 창조적 결합을 이루어 낼 수 있는 트라이 소프트 파워(Tri-soft power)가 필요한 시대다.

다섯째, 초융합화(Hyper-fusion): 전 분야에서 융합 현상이 일어나고 있다. 한 분야의 전문가가 아닌 여러 분야를 넓고 깊게 아는 전문지식을 바탕으로 혁신적인 부가가치를 창출해 낼 수 있는 제너럴 스페셜리스트(general specialist)가 인정받는다.

이제 기술의 발달인 에듀테크 시대에서 교수자의 교육은 감성이 더욱 중요하다고 볼 수 있다. 평생교육에서 인간의 감성과 정체성에 대한 프로그램 개발과 운영이 필요하다.

4) 학교교육의 보완

지금까지 우리는 '교육' 하면 '학교교육'(교육=학교교육)을 연상할 정도로 학교교육을 절대시하는 학교교육 중심의 사회에서 살아왔다. 쿰스(Coombs, 1967)는 학교에 다니면 교육받은 인간으로 인정해 주고 그렇지 않으면 무지한 인간으로 취급하는 오늘날의 교육관을 비판하면서, 학교교육만으로는 중도 탈락자나 계속 학습을 요구하는 수많은 성인들에게 충분한 교육 기회를 제공할 수 없다고 지적하였다.

학교교육 중심의 개념만으로는 현대사회의 급격한 변화에 적절히 대처할 수 없을 뿐 아니라 다양하고 복잡하게 부각되는 개인의 교육 욕구를 충족시키기가 어렵게 되었다. 학교교육은 새로운 변화에 대한 학습 욕구를 충족시키지 못하며, 사회 불평등의 재생산이라는 평등성의 결여에서 오는 위기를 맞고 있다. 현대사회에 들어와서 교육 대상은 아동에서 성인으로 확대되고, 교육내용은 학습자를 중심으로 전문화되고 다양화되었다. 교육 기회 또한 탄력성을 지니게 되어, 이에 따라 새로운 환경에 걸맞은 새로운 교육 실천이 필요하게 되었다. 따라서 학습하는 방법을 학습하고 지속적으로 학습해야 하는 현 사회에서 학교교육은 이제 평생교육의 관점에서 재정립되어야만 한다(권대봉, 2001).

5) 초고령화 현상(Hyper-aging)

전 지구촌이 저출산 · 고령화 시대로 접어들고 있다. 인구 고령화는 평균 수명이 길어지면서 나타나는 현상으로 사회 전 분야에 걸친 변화를 수반하게 된다. 고령화로 인한 사회 · 경제적 환경 변화 가운데에서도 성장 잠재력의 감소가 특히 우려되는 부분이다. 우리나라는 가장 빠른 고령화 국가이고, 최저출산율 국가이다. 여러 문제를 해결할 수 있는 방법 중 하나가 '학습'이다. 교육의 패러다임이 학교 '교육'에서 평생 '학습'으로 전환되어야 한다. 100세 시대를 대비한 평생학습 계획이 필요하다.

이제 배움의 끝이란 있을 수가 없다. [그림 1-1]과 같이 인간의 평균수명과 사회변화 기간의 대비를 살펴보면 고대 로마 시대나 르네상스 시대에는 인간의 평균수명보다 사회변화 주기가 더 길어서 한번 습득한 지식으로 죽을 때까지 충분히 살아갈 수 있었다. 그러나 이제 평균수명은 점점 길어지고 사회변화 주기는 점점 짧아져서 한번 배운 지식으로 생을 마칠 때까지 산다는 것은 어렵다고 할 수 있다. 왜냐하면 생을 마칠 때까지는 여러 번의 사회변화 주기가 찾아오기 때문이다.

이러한 사회변화가 올 때마다 인간이나 조직은 변화를 그냥 넘을 수는 없다. 변화를 넘기 위해서는 새로운 지식, 새로운 기술, 새로운 사고를 개인이나 조직에 요구하게 된다. 그러므로 개인이나 조직은 계속 학습을 해야만 그러한 변화를 넘게 된다.

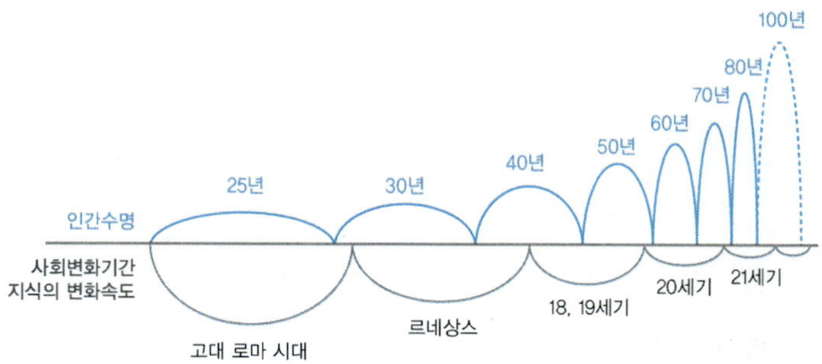

[그림 1-1] 인간의 평균수명과 사회변화 기간 간의 대비

출처: 교육과학기술부 대학지원과 자료.

다음으로 사회적 차원에서 노년기 평생교육의 필요성을 볼 때, 급속하게 늘어나는 노년층을 의존적 인구가 아닌 활동적이고 생산적 인구, 즉 사회의 중요한 인적자원으로 전환하기 위해서 필요하다고 했다.

주요 선진국에서 고령자들의 인력 활용정책을 적극적으로 추진하는 이유는 노인들이 자기계발을 통해 역할 성취 및 취업 욕구를 해소하게 해준다는 경제적, 사회적 배려 외에도 고령인구 증가에 따른 사회보장 비용의 상대적 증가 문제를 해결하고자 하는 의도도 포함되어 있다. 이와 같이 여러 학자들의 의견을 종합해 보면 노년기 평생교육은 급변하는 사회의 적응과제로, 평생교육 차원에서 모든 대상자를 위한 균등한 교육 기회로, 고령화사회의 도래에 따른 대비책으로서 꼭 필요하다고 설명할 수 있다. 또한 의학 기술의 발달로 인한 인구의 노령화와 삶의 주기 변화로 성인교육 기회는 더욱 확대되어 간다. 생명공학의 발달, 동물 및 세포 복제술, 인간 유전자 정보(게놈)지도 개발로 미래의 수명은 130~200세를 살 수 있는 무병의 장수 시대가 도래한다.

연구문제

1. 평생학습사회에서 평생교육의 중요성에 대한 사례를 제시하여 보시오.
2. 평생교육의 특성을 형식교육, 비형식교육, 무형식교육으로 제시하여 보시오.
3. 유네스코한국위원회에서 제시한 평생교육 필요성을 정리하여 보시오.

활동 평생교육법 제4조에서 명시한 평생교육의 이념지향

▶ **활동 주제:** 평생교육 이념을 교육현장에서 어떻게 실현할 수 있는가?

▶ **활동가이드**

준비물: A4 용지, 네임펜

- 팀 빌딩을 통해 구성된 조별로 한다.
- 팀별로 주제 관련 논의를 한다.
- 작성한 것을 토대로 조별로 발표를 한다.
- 교수자가 코멘트를 한다.

유의점

- 시간과 구성원 상황에 따라 이념 3가지를 다 할 수도 있고 조별로 1–2개를 할 수도 있다.

02

Chapter

평생교육의 주요 학습이론

학습개요

평생교육에 대한 사회적 요구와 기대가 확산됨에 따라 이론적 구축 역시 그 중요성이 커지고 있다. 학습이론에 대한 이해와 중요성은 평생교육의 확산과 더불어 강조되고 있다. 학습이란 인간의 수행에서 보여지는 지속적인 변화로 학습자와 환경과의 상호작용에 따른 결과이다. 따라서 학습이론이란 사람이 자신과 환경을 사용하는 능력을 향상시키기 위해서 환경과 상호작용하는 과정의 속성에 관한 체계적이고 통합적인 견해로 이해할 수 있다. 이에 평생교육도 학습이론을 토대로 이해와 적용이 필요하여 이 장에서는 전통적인 학습이론과 성인학습이론, 상황학습이론을 중심으로 살펴보고자 한다.

학습목표

1. 전통적 학습이론의 각 유형별 차이점을 설명할 수 있다.
2. 경험학습이론의 개념을 설명할 수 있다.
3. 상황학습이론의 의의를 설명할 수 있다.

Chapter 02

평생교육의 주요 학습이론

1 전통적 학습이론

전통적 학습이론에는 행동주의, 인지주의, 인본주의, 구성주의 그리고 사회학습이론이 있다. 전통적 학습이론이 평생교육에 미친 영향을 살펴보면, 행동주의 학습이론은 직업교육 및 훈련, 프로그램학습, 모듈학습, 컴퓨터보조학습에 적용되고 있다. 인지주의 학습이론에서 학습법의 학습과 발견학습은 성인학습자가 효과적으로 학습할 수 있는 능력을 획득하도록 성인교육에 적용하고 있다. 인본주의 학습이론에서 자아실현, 자기주도성, 촉진자와 안내자로서의 교육자 등은 평생교육의 이론과 실천에 크게 이바지하였다. 구성주의 학습이론은 자기주도적 학습, 전환학습, 반성적 실천 등 평생교육에 많은 영향을 주었다. 그리고 학습자와 환경과의 상호작용을 중시한 사회학습이론은 평생교육에서의 사회적 역할, 멘토링 그리고 성인의 학습 참여 동기의 이론적 기초를 형성한다.

1) 행동주의 학습이론

행동주의 학습이론은 자극(S: stimulus)과 반응(R: response)의 연계에 기초하여, 현장에서의 학습경험의 설계와 실천에 중요한 시사점을 제공한 이론이다.

손다이크(Thorndike, 1913)는 행동주의 학습이론가 중 가장 일찍이 알려진 학자로 자극과 반응의 S-R 이론을 통해 학습을 이해하려는 시도를 하였다. Thorndike는 특히 시행착오(trial and error) 이론을 주창하여 학습이 시행착오를 거치면서 일어나게 된다고 주장하였으며, 자신의 이론을 뒷받침하기 위한 세 가지 학습법칙을 제시하였다.

첫째, 효과의 법칙(law of effect)으로 학습자는 만족스러운 결과가 기대되는 반응을 기억하고 습득한다.

둘째, 실행의 법칙(law of effect)으로 의미 있는 관계를 반복적으로 경험한 결과로써 실질적인 학습이 이루어진다.

셋째, 준비성의 법칙(law of readiness)으로 학습자가 학습할 준비가 되어 있지 않으면 학습에 방해를 받지만, 학습할 준비가 되어 있으면 학습을 위한 강화를 받는다는 법칙이다.

특히 Thorndike는 효과의 법칙을 통해 성인학습자로 하여금 학습에 대한 만족감을 경험하도록 하는 것이 중요하다는 사실을 알려주었다.

파블로프(Pavlov)는 조건자극에 대한 조건반응의 결합이라는 개념에 기초한 그의 고전적 조건화(classical conditioning) 이론을 통해, 성인학습자들이 과거에 학교에서 인정받지 못하던 기억으로 인하여 자발적인 학습참여를 주저하게 된다는 시사점을 성인교육 분야에 제공하였다. Skinner는 학습에 강화(reinforcement)의 개념을 도입한 그의 조작적 조건화(operant conditioning) 이론을 통해 행동주의 학습이론의 새로운 도약에 커다란 기여를 하였다. 조작적 조건화 이론에서는 특정 행동이나 반응을 더욱 빈번하게 일어나도록 하는 자극이나 보상으로서 강화의 역할이 특히 강조된다.

2) 인지주의 학습이론

인지주의 이론가들은 학습을 인지적 현상(cognitive phenomenon)으로 보았다. 즉 "이해를 통한 학습자의 인지구조의 변화"라고 본다. 그러므로 인지주의 이론이 행동주의 이론과 구별되는 가장 큰 차이점은 시행착오식의 문제해결이 아닌 학습자의 의식 활동 및 통합된 전체로서의 지각에 기초한 학습을 강조한 점이다.

오수벨(Ausubel, 1967)은 학습이 의미를 가지려면 새로운 학습내용이 개인의 인지구조 속에 이미 존재하고 있는 개념들과 관련이 있어야 한다고 주장하면서, 유의미한 학습(meaningful learning)과 기계적 학습(rote learning)을 구분하였다. 그는 개인의 인지구조와 연계되지 않기 때문에 쉽게 잊혀지는 기계적 학습과는 달리, 학습자의 인지구조에 이미 존재하는 개념과 관련지을 수 있는 유의미한 학습의 이론을 주장함으로써 인지구조의 중요성을 강조하였다.

한편 브루너(Bruner, 1965)는 학습은 발견(discovery)을 통해서 이루어진다는 사실을 강조하였다. 여기서 말하는 발견이란 통찰력을 재구성하는 것 이상의 방식으로 재배열하거나 변형시키는 것을 의미한다.

가네(Gagné)와 브리그스(Briggs, 1979)는 지식의 습득 및 저장 과정을 가장 효과적으로 교수자 이론과 연결시킨 학자들로 인식된다. 이들은 신호학습에서 자극－반응, 운동기술 훈련, 언어적 연합, 식별학습, 개념학습, 규칙학습 그리고 문제해결에 이르는 각 단계별로 상이한 8가지 형태의 지식에는 각기 적합한 교수의 절차가 있다고 보았다. Gagné와 Briggs의 연구는 '학습하는 방법에 대한 학습(learn how to learn)'의 개념에 중요한 시사점을 갖는 것으로 평가된다. 학습하는 방법에 대한 학습이란 어떠한 학습상황에 놓이더라도 효과적으로 학습할 수 있는 지식과 기술을 습득하는 것이기 때문이다(신용주, 2004).

인지이론에 따르면 학습은 제공된 자극에 대하여 학습자가 지식을 내적으로 구성하고 조직하느냐에 따라 이루어지는 것으로 학습과정에 있어서 학습자의 직관, 동기, 학습에 대한 정신적인 준비 등을 주요한 요인으로 간주한다. 따라서 학습내용은 학습자가 새 정보를 기존 지식에 의미 있게 연결하여 조직할 수 있도록 도와주어야 하며 학습자의 능동적인 참여가 수반되어야 한다.

3) 인본주의 학습이론

앞서 살펴본 행동주의, 인지주의와는 달리 인본주의(humanism) 학습이론의 요점은 학습자의 개인적 발달과 인간의 성장 가능성에 있다고 본다.

인본주의 학습이론은 학습자가 교육과정의 중심에 있으며, 교수자는 학습의 촉진자 역할을 하는 것이라고 보며, 학습자 자신이 발견해 나가는 과정을 통해 학습이 이루어진다고 여긴다. 또한 인간은 선천적으로 학습 욕구를 지니고 있으며 잠재력을 지닌 것으로 본다(Elias & Merriam, 1980). 인본주의 이론가들은 학습자들의 선천성과 잠재력이 잘 발휘

되도록 교수자와 학습자 간의 노력, 사회적 환경, 가르침에 대한 인식 변화가 중요하다고 하였다. 또한 학습을 함에 있어 학습자의 자유와 책임을 강조하며 특히 인간의 감정과 정의적 측면을 중요시한다. 인본주의적 관점에서는 외적 행동의 변화나 내적 인지 과정의 발달보다 인간의 성장 잠재력을 강조하며 더욱 차원이 높은 것이라 전제한다.

성인학습의 대표적 이론인 안드라고지와 자기주도 학습이론은 인본주의 이론에 기초를 두고 있으며, 특히 인본주의 이론을 바탕으로 하여 평생교육 현장에서 많이 활용되는 집단중심교육이나 집단관계 훈련을 그 예로 들 수가 있다.

4) 구성주의 학습이론

구성주의 학습이론에서 보는 학습이란 학습자가 실제 사회문화적 환경 속에서 자신만의 독자적인 경험과 인지구조에 의해 구성된 독특한 정신모형을 바탕으로, 외부 세계와의 부단한 상호작용을 통해 자신에게 의미 있도록 지식을 구축해 나가는 과정이다(권대봉, 1999). 즉 학습자가 자신의 경험으로부터 지식을 구성하며 관점을 재조정하게 된다고 인식한다. 특히 구성주의적 학습이론은 성인교육에도 많은 시사점을 준 이론이다.

사회적 구성주의 학자라 할 수 있는 캔디(Candy, 1991)는 구성주의적 관점들이 평생교육에서 적용될 수 있는 방법에 대해 연구하였으며, 자기주도성의 개념과 조화를 이룰 뿐 아니라 특히 HRD 분야에서 구성주의적 이론의 적용이 늘고 있는 추세이다. 이는 학습자의 활동적 탐구, 독립성 및 학습과제에서의 개별성 등이 자기주도학습의 특성과 관련 있다고 보았기 때문이다(권두승, 2000). 또한 구성주의 이론은 비판적 사고능력 및 의미의 창출을 중시하는 전환학습론과도 연관이 있다.

구성주의 학습이론에서 학습자는 능동적 · 창의적 · 자기주도적이며, 학습에 대한 스스로의 책임을 중시하며, 교수자는 학습자의 학습을 위해 조력함은 물론 촉진시키는 역할이 강조된다. 구성주의 이론에서는 학습자에게 더 많은 선택권과 자율권이 주어지므로 교수자 주도의 개발과 제시의 학습방식은 권장하지 않는다.

구성주의에서 보는 학습자는 외부 세계에 존재하는 실재의 본성을 자신의 경험에 비추어 의미 있게 구성하는 과정을 통해 학습이 일어나며 자신의 학습목표 달성도 탐색하게 된다. 또한 구성주의는 현실의 상황 속에서 실재적인 문제 상황을 다루며, 학습자들끼리의 상호작용을 통한 협동학습을 강조한다. 구성주의 학습이론은 성인학습이론으로 자기주도학습에 영향을 미쳤다. 특히 자기주도학습의 핵심개념인 학습자 개인의 독립성, 개별성 그리고 적극적 탐구자세가 그것이라 할 수 있다. 캔디(Candy)가 제시한 자기주도학습과의 연계 이외에도, 구성주의 영향을 받은 성인학습의 영역이 적지 않다. 예를 들어 근래 기업교육 분야에서 부각되고 있는 문제해결 학습은 체험학습(action learning) 또는 성찰적 체험학습(action reflection learning)과 비슷하며(강인애, 1998), 어떤 분야의 전문가가 문제를 해결하는 과정을 보고 학습하게 되는 인지적 도제학습이나 현장교육(OJT: on the job training) 역시 구성주의의 영향을 받은 분야라 하겠다(권대봉, 1999). 그러나 학습자 자신이 지식을 구성한다는 학습자 중심 교육을 강조하는 구성주의 학습이론의 주장은 목적지향적인 교수자 활동에 대하여 회의적이라는 비판을 받고 있어 이에 대한 더 많은 검증이 필요할 것으로 보인다.

5) 사회학습이론

사회학습이론에서 학습은 단순한 관찰뿐만 아니라 모방이나 동일시의 개념도 포함되며, 사람과 사람과의 상호작용 또는 그들이 서로를 관찰함으로써 학습이 된다고 주장한다.

관찰학습은 주의, 기억보조, 암기, 행동연습 및 동기 등의 영향을 받는다. 관찰이 학습이 되려면 주의를 집중시키는 모범(모델)이 되는 상황으로부터 획득한 정보가 보존, 저장되어야 나중에 사용될 수 있다. 모델링을 통해 얻은 상징적 경험을 자신의 행동과 비교하여 동기가 유발되면 그 경험을 사용하게 된다. 사회학습이론에서 행동은 인간과 환경의 상호작용 결과이며, 학습은 개인, 환경 그리고 행동의 상호작용 결과라고 여긴다. Bandura(1977)는 관찰과 모방을 분리하여 설명하며, 자기효능감(self-efficacy)의 개념을 강조하였다. 자기효능감은 목표를 달성하기 위해 필요한 행동 과정을 조직화하고 실행할 수 있는 자신의 능력에 대한 신념으로, 자기효능감이 높은 사람은 도전적이며 어려운 과제도 끝까지 수행하려는 성향을 볼 수 있다.

사회학습이론은 관찰이나 모델링을 적용한 교육 방법을 비롯한 성인학습에 있어서 유용한 개념들을 제시한 것으로 평가된다. 로터(Rotter)에 의하면 성인학습자의 학습에 참여하려는 동기를 내적 · 외적인 성향으로 분류하는 통제권의 개념을 제시한 점에서 다른 이론들과 차별화된다. 특히 사회학습이론은 사회적 맥락을 고려하여 새로운 역할 모델 및 행동 모델을 개발하고 이에 대한 모델링을 통해 학습자의 바람직한 사회화를 이끄는 지도자의 역할에 대한 시사점을 제공한다.

〈표 2-1〉 주요 학습이론

이론	행동주의	인지주의	인본주의	구성주의	사회학습이론
학습 이론가	Thorndike Pavlov Watson Guthrie Hull Tolman	Koffka Köhler Lewin Piaget Ausubel Brunner Gagné	Maslow Rotter	Candy Dewey Piaget Rogoff Glasersfeld Vygotsky	Bandura Rotter
학습에 대한 관점	행동의 변화	내적 정신과정 (통찰력, 정보처리, 암기, 지각 등)	잠재능력 개발	지식의 구성과정 (상황중심적)	사회적 상황에서 타인과의 상호작용 및 관찰
학습의 초점	외부 환경의 자극	내적 인지구조화	정의적 및 인지적 욕구	세계에 대한 의미 구성	개인, 행동, 환경의 상호작용
교육 목표	바람직한 방향으로의 행동 변화	더 나은 학습을 위한 능력과 기술의 개발	자아실현 및 자율성 성취	인지 과정을 통한 사회현상의 이해 구성	새로운 역할 및 행동 모델 개발
교수자 역할	바람직한 반응을 이끌어 내기 위한 환경 제공	학습활동의 내용 구성	전인 발달 촉진	학습자의 학습 지원과 촉진	새로운 역할 및 행동 모델의 개발과 안내
성인 학습의 관점	• 행동목표 • 능력 중심교육 • 기술 발전 내지 훈련	• 인지발달 • 연령에 따른 지능, 학습, 기억 • 학습하는 방법의 학습	• 안드라고지 • 자기주도학습	• 사회문화적 환경 등 학습이 발생하는 상황에 초점 • 학습자의 경험과 인지구조에 의한 정신 모형에 기초 • 학습에 대한 학습자의 책임	• 사회화 • 사회적 역할 • 지도자 • 통제의 소재

출처: 권두승(2000). 성인학습지도방법의 이론과 실제.

2 성인학습이론

성인학습이론에 대한 범주에 대해서 성인학습구조에 어떻게 적용되는지를 토대로 전통적인 성인학습이론, 새롭게 대두된 성인학습이론으로 학자들에 따라 견해를 제시하고 있다. 이성회(2020)는 연구에서 첫째, 성인학습이론은 전반적으로 심리학에서 사회학적 접근방식으로 이동해 왔다. 둘째, 성인학습이론은 외국 학자들이 개발한 이론에 주로 의지하고 있다. 셋째, 성인학습이론은 주로 인본주의적, 구성주의적 입장을 취한다고 제시하면서 향후 성인학습이론을 개발하는 데 있어 사회학, 심리학, 철학과 같은 다양한 이론적 접근방식들이 통합되어야 할 것을 주장했다.

또한 양흥권(2022)은 성인학습이론은 성인교육학의 발달과 관계가 있다고 하였다. 현장의 성인교육이 활성화됨으로써 성인들을 교육하는 새로운 이론이 필요하였으며, 성인학습자들의 학습현상을 과학적으로 설명할 수 있는 이론이 필요해졌다. 이에 성인학습에 대한 탐구와 이론화가 전개되었다. 이처럼 성인교육자들에 의해 성인들의 학습현상을 설명하는 학습이론을 성인학습이론이라고 한다. 그러나 성인학습이론이라고 하지만 성인들에게만 한정하여 적용하는 이론은 아니다.

성인학습이론이라지만 모든 연령 단계의 인간에게 적용할 수 있는 이론이다. 예컨대 자기주도적 학습이론은 대표적 성인학습이론이지만 오늘날 학교교육에서 아동 · 청소년 교육에도 많이 적용되고 있는 이론이다. 그럼에도 여기에서는 대표적 성인학습이론으로 많이 일컬어지고 있는 자기주도 학습이론, 전환학습이론, 경험학습이론, 상황학습이론을 중심으로 살펴본다.

1) 자기주도 학습이론

자기주도 학습이론은 성인학습자의 주체성, 능동성, 자율성에 주목한다. 자기주도 학습이론은 토우(Tough, 1971)의 저서 『자기주도학습(Self-directed learning)』 출판 이후 성인교육분야에서 많은 관심을 받고 있는 성인학습이론으로, 대표적 학자는 토우(Tough), 호울(Houle), 놀즈(Knowles) 등이다. 자기주도학습의 핵심은 학습자의 주도성과 자기관리이다. 학습자가 본인 스스로의 학습 목적과 수단에 있어 타자의 통제로부터 독립성을 갖고 타자의 도움과 상관없이 주도성을 갖고 학습 요구를 진단하고, 학습목표를 공식화하며, 학습자원을 파악하고, 학습전략을 선택 실행하며, 학습결과를 평가하는 자율적 존재로 바라본다는 점이 특징이다(정민승 외, 2011).

토우 이후 다수의 학자들이 자기주도학습과 관련된 연구를 했는데, 브룩필드(Brookfield)는 자기주도학습에 관한 연구들이 공통적 한계를 갖고 있다고 비판하였다(Long, & Associalee, 1994). 즉, 다음과 같은 한계가 있다고 주장하였다. 연구대상자를 주로 중산층 백인에 한정함으로써 다른 인종과 사회계층, 사회적 맥락을 고려하지 않고 있다. 그리고 학습의 사회적 · 정치적 합의에 대하여 고려하지 않고 있다는 것이다.

자기주도 학습이론은 연구가 진행됨에 따라 내용의 변화가 있었다. 초기에는 자기주도학습의 특징이 성인학습자에게만 있는 특성이라는 점이 강조되었으나, 이후 학습자가 성인인가 아동인가에 상관없이 학습자에 따라 자기주도성에 차이가 있다는 주장이 대두되었다. 자기주도학습에 관한 연구는 '자기주도학습 목표에 관한 연구', '자기주도학습 과정에 관한 연구', '학습자의 개인적 특성에 관한 연구'로 구분할 수 있다(Merriam, 2007).

자기주도 학습이론의 초기 관심은 학습자의 자기주도학습에 대한 검증에 있었으나 차츰 자기주도학습 개념모형을 개발하는 것으로 발전하였다. 자기주도학습 과정에 관한 연구에서 선형모형은 자기주도학습이 시간의 흐름에 따라 순차적으로 진행된다고 보는 관점이며 토우와 놀즈가 대표적이다.

자기주도학습은 타인의 도움 없이 자기 스스로가 주도권을 가지고 학습목표를 설정하고 효율적인 학습전략을 사용하며 학습결과를 스스로 평가하는 과정이라 하였다. 그렇다면 학습자 스스로 주도권을 가지고 학습환경을 조성할 수 있을까라는 의문이 생긴다.

학습자가 학습환경을 설계할 때 학습자들 스스로 성취나 동기, 자기신념과 같은 학습욕구를 진단하고 목표를 향상시킬 수 있는지 또한 자신의 능력을 정확히 인지하고 적절하게 목표를 설정하고 자아관리능력이 가능한지 자기주도적 학습환경에서 실패를 경험하지 않으면서 효율적인 학습성취를 위해 충분히 인내하며 학습할 수 있는 환경이 중요한 관건이다. 긍정적인 환경조성은 능동적인 자기주도학습을 형성하고 학습자의 학습목표를 성취하는 과정 속에서 변화의 주체로 성장하게 된다.

결국 자기주도학습은 학습의 주도권이 학습자 자신에게 있고 자신이 자율성을 갖고 스스로 학습을 수행하는 학습으로 그 결과에 책임을 질 수 있게 하는 교육이라고 할 수 있다.

이상으로 살펴본 바와 같이 자기주도학습자들은 학습을 긍정적으로 바라보고 있으며 이러한 태도는 학습에서 뿐만 아니라 자신의 삶 속에서도 그대로 적용된다고 볼 수 있다.

학습자가 자기주도학습을 잘 하기 위해서는 학습자 개인적인 특성도 중요하지만 학습의 계획, 실행, 평가에 적극적인 참여가 중요하다.

평생교육에서 중요한 개념인 자기주도학습은 학습자가 학습의 주체가 되어 학습목표를 설정하고 학습계획, 과정, 실행 및 자원을 실행하며 학습성과를 평가하는 것이다. 즉 '타인의 도움을 받지 않고 스스로가 학습 요구를 진단하여 목표 설정, 목표 달성을 위하여 필요한 인적 · 물적 자원을 선택하며, 학습의 성과를 평가하는 과정'으로 정의할 수 있다(서명환 외, 2020).

학습방법의 하나인 자기주도학습은 타인의 도움을 전혀 받지 않고 고립적 상황에서 학습하는 것을 의미하는 것이 아니라, 넓은 의미로 교육 내용, 교사, 학생 사이에 형성되는 교수과정, 교수방법, 심리적 과정을 포괄하는 것이다. 자기주도학습은 누구든지 전 생애에 걸쳐 일상적으로 하는 보편적인 학습이라고 볼 수 있다.

Knowles는 학습자가 성인이 되어 감에 따라 점차 자기주도적이 된다는 안드라고지 가정에 근거하여 5단계 자기주도학습의 선형모델을 다음과 같이 제시하였다.

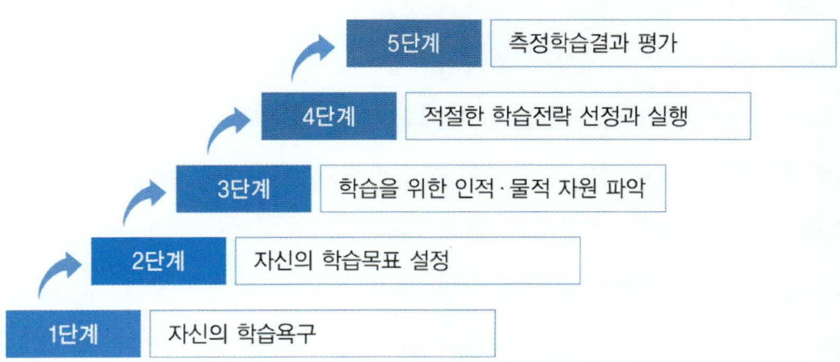

[그림 2-1] 놀즈의 자기주도학습 5단계

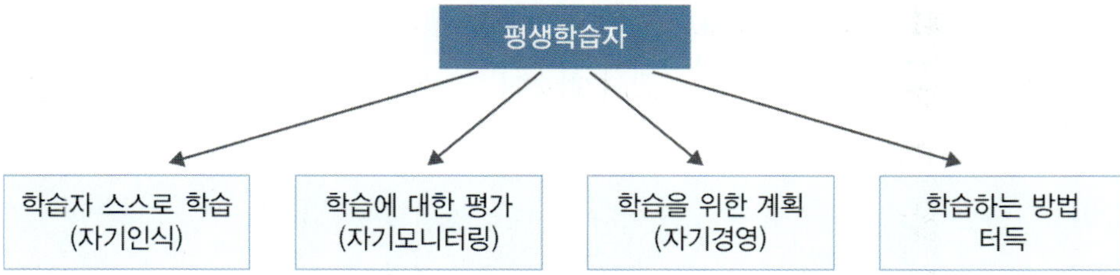

[그림 2-2] 자기주도학습 모형

출처: 서명환 외(2020). 평생교육방법론.

2) 전환학습

전환학습(transformational learning)이란 사고와 신념체계가 고정되어 있는 성인학습자가 자신의 사고체계나 관점에 의문을 제기하게 하는 극적인 사건 또는 점진적이고 의미 있는 경험을 통해 기존에 가지고 있던 제한적인 참조체계를 전환하여 좀 더 포용적(frame of reference)이고 분별력 있고 개방적이고 성찰적으로 변화될 수 있도록 이끄는 구성주의적인 학습이다.

전환학습이론은 성인학습의 일반적인 구조와 구성요소 및 과정을 포괄적으로 보여준다. 전통적인 권위 구조가 약화되고 급격하게 사회가 변화됨에 따라 성인인 개인들은 스스로 다양한 많은 결정을 해야 하는 상황에 접한다. 이러한 현실 속에서 성인학습자들은 과거의 경험과 학습에 기초하여 형성된 고정된 관점과 참조체계만으로는 대응에 한계를 겪을 수 있다.

전환학습에 참여한 학습자들은 비판적인 성찰과 이성적인 담화를 통해 어떠한 경험에 대한 그들의 느낌과 생각을 새롭게 해석하거나 수정하여 해석하는 방식을 통해 자신의 의미를 만들어 가게 된다. 전환학습을 통해 성인은 자신의 심적 성향이나 참조체계를 비판적으로 성찰하며 스스로를 개방하여 학습과정과 이성적 담화에 참여하게 되며, 이러한 과정을 통해 새로운 지식을 습득하며 대안적 관점으로의 전환을 경험하고 나아가 새로운 관점을 미래의 행동에도 적용하여 실천하게 된다(Cranton, 2002; Mezirow, 1994, 2000, 2003). 전환학습이론의 초점은 다른 이들의 생각과 관점에 무비판적으로 동화되는 것보다는 학습자 고유의 목적, 가치, 느낌, 의미에 대해 어떻게 협상하고 행동할지에 대해 배우고 스스로의 삶에 대해 사회적인 책임감을 가지고 명료하게 생각하는 의사결정자로서의 조정능력을 획득하는 것으로서 전환학습은 개인적 차원과 사회적 차원 모두에 해당된다(Mezirow, 2000).

이와 같이 전환학습이론은 성인학습의 구조와 과정을 제시하는 구성주의적인 학습이론으로 정규교육과정을 마치고 이미 굳어진 사고와 관점을 가지고 살아가는 성인들이 자신의 고정관념과 사고체계를 돌아보게 하는 계기를 통해 관점의 전환을 경험하고 더불어 행동의 변화로도 이어질 수 있도록 이끄는 학습이론이다.

이러한 관점의 전환과 행동의 변화는 비판적 자기성찰과 이성적 담화뿐만 아니라 학습상황 속에서 발생되는 관계형성과 다양한 경험 등을 통해서도 일어나며 이성적 측면과 더불어 정서적, 실천적 측면의 전환, 즉 전체적인 전환을 의미한다. 이는 빠르게 변화하고 다양한 변수가 발생하는 사회 속에서 살아가는 성인으로 하여금 기존의 사고체계만으로는 극복하기 어려운 한계를 넘어 새로운 시각과 행동을 통해 삶 속의 다양한 상황에 사회적인 책임감을 가지고 대처할 수 있는 능력을 키울 수 있도록 하는 장점을 가진다.

전환학습은 학습자 자신이 세상을 이해하는 방식을 점검하고, 세계를 어떻게 이해하며 편향된 해석이나 왜곡 가능성이 있는지를 확인하는 노력이라고 할 수 있다. 학습자 자신을 둘러싸고 있는 객관적 환경이나 주위에서 발생하는 다양한 사건은 개인이 통제할 수 없지만, 자신이 인식하고 해석하는 관점은 개인의 의지로 변화시킬 수 있다고 보는 것이다(Jarvis, 1992).

전환학습의 세 가지 핵심 요소는 경험, 비판적 성찰, 개인적 발달인데, 경험은 전환학습의 출발점이고 성찰의 내용이다. 하지만 특정한 경험이 학습과 연관되는지의 여부는 사람에 따라 다르다고 하였고, 삶의 경험에 대한 비판적 성찰은 전환의 필요조건이며 비판적 사고능력은 그 자체가 발달적이다(Mezirow, 1995).

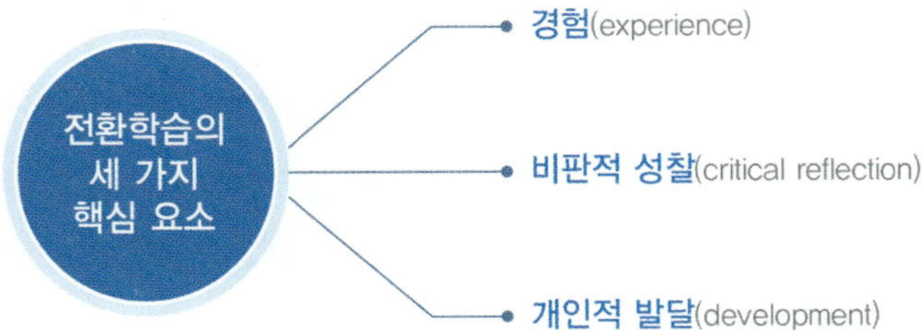

[그림 2-3] 전환학습의 핵심 요소

출처: 서명환 외(2020). 평생교육방법론.

- 경험: 사회적으로 구성된 경험(학습, 사람과의 관계, 여러 활동 등)
- 비판적 성찰: 우리가 당연시하던 신념, 사고 및 감정이 과연 타당한 것인지를 재평가하는 과정
- 개인적 발달: 전환을 가져오는 데 필수적인 비판적 사고 능력은 개인의 발달을 가져오며, 발달은 전환학습의 결과

전환학습에 대한 실제 사례는 주위의 성인의 삶을 관찰하면 다양하게 나타나는데, 민주시민교육의 참여를 통해 개인의 성장은 물론 자신이 속해 있는 사회를 이해하고 문제의식과 참여의식을 개발하는 경우가 있다. 또한 문해교육을 통한 학습자들의 의식 변화, 동아리 활동을 하면서 타인의 삶에 긍정적 영향을 미치는 것은 물론 자원봉사에 대한 올바른 인식을 갖기도 한다.

전환학습의 결과가 개인적 발달이라는 의미는 평생교육에서 강조하는 성장지향적 철학과 일치하며, 교육의 목적은 개인의 발달 촉진이고, 전환학습은 성인기 동안의 발달을 촉진하기 때문이다.

메지로우(Mezirow)는 관점 전환이 성인 발달의 핵심적 과정이라고 하였는데, 학습은 성인이 문제를 경험, 해결하는 과정에서 시작되며, 문제해결을 위해 자신에게 유의미한 경험으로 재구조화되는 것이다. 이는 학습자가 관점 전환을 거치면서 경험, 분별력, 개방성이 확대되고, 자신의 신념과 가치관을 비판적으로 성찰해 나간다고 보는 것이다. 이를 통해 새로운 관점에서 삶을 조망하며 경험의 통합으로 시각 전환이 가능할 때 평생학습이 지속적으로 일어난다고 보는 것이다.

3) 경험학습

경험학습(experiential learning)이란 개념은 19세기 미국에서부터 시작하여 교육적인 연구의 주제로 등장하였다. 이는 지식전달 위주의 교수자 중심의 추상적인 교육으로부터 학생들의 경험에 기초한 학습자 중심의 교육 접근으로 전환하려는 시도에서 출발하였다. 최근 경험학습이 학문적으로나 실제 교육 현장에서 정책적인 관심을 갖게 된 것은 지식기반사회의 등장과 평생학습사회의 대두가 그 배경이다. 평생학습은 성인학습의 특징과 과정이 바탕이 된다. 성인학습은 학습자를 능동적인 참여자로 보며 인지학습론, 구성주의 학습론, 사회적 학습론 등을 부각하였고, 이 학습이론들은 경험학습의 중요성을 강조한다. 또한 지식기반 사회의 등장으로 인해 지식에 대한 관점이 변화되었고, 인적자원의 개발, 관리에 대한 관심이 증대되면서 경험을 통한 학습을 강조하게 되었다(김신일, 박부권, 2010).

경험학습은 듀이(Dewey, 1938) 경험 철학에서 출발한다. 듀이(Dewey)는 미국의 철학자이며 심리학자로서 인간의 학습에서 경험의 중요성을 강조한 선두주자이다. 듀이는 인간의 삶이 성장의 과정이며 교육의 목적이 성장의 촉진이라고 하였다. 성장은 경험이 성장하고 재구성됨으로써 가능하기 때문에 교육의 전 과정은 경험을 성장시키는 과정이라고 언급하였다(최은수, 2016). 따라서 듀이에게 경험은 교육의 자원이고 교육의 과정이면서 새로운 경험 창출을 통해 변화를 초래하는 교육의 본질적 목적에 도달하는 도달점이 된다. 듀이의 경험이론에는 계속성과 상호작용의 원리가 작동한다. 이는 경험이 미래에 대한 함의를 제공할 뿐 아니라 과거의 경험으로부터도 학습될 수 있다는 것을 의미한다. 나아가 매일 수많은 사소하고도 중요한 경험들이 끊이지 않으며, 본래적으로 나면서부터 죽음에 이르기까지 경험은 계속적으로 겪게 되는 과정이라는 것이다. 이런 의미에서 경험은 계속성을 내포하고 있으며 경험은 개인 간의 관계를 통해 형성될 뿐 아니라 개인이 속한 환경을 통해서 구성되기도 한다는 점에서 상호작용성을 갖는다고 할 수 있다.

경험학습은 통상적으로 경험을 통한 학습 변화의 단계가 있으며 단계마다 학습을 촉진하는 요인이 제시된다. 단계적으로 경험을 통한 변화에서 경험에 대한 비판적 반성

(critical reflection)은 학습자가 갖고 있던 기본적인 가정(assumption), 가치관, 가설의 변화를 발생시키는 기본 동력이 되며 개인, 조직, 나아가 사회의 변혁적 과정과 심도 깊은 관련을 갖게 된다. 이런 형태의 학습, 즉 경험학습은 다음과 같은 특징을 갖고 있다(현영섭, 2004). 첫째, 경험을 강조하는 것이다. 학습자가 경험했던 모든 경험 자체가 학습의 자원이 될 수 있으며, 교육과정을 통한 경험 자체도 새로운 학습을 창출하게 된다. 둘째, 경험학습은 무형식성을 특징으로 한다. 경험학습은 특정한 형식이나 형식화된 프로그램으로 존재하지 않는 경우가 있다. 경험학습에서 무형식성이라는 것은 학습이 계획된 프로그램에 의해서만 이루어지는 것이 아니라는 점을 의미한다. 오히려 학습자에 의해서 학습이 결정되는 상황이다. 셋째, 경험이 학습의 과정으로 발전하는 데는 비판적 반성이 강조된다. 반성의 과정을 거칠 때 새로운 학습이 생성된다. 학습자가 당면한 경험에 대해 문제의식을 인식하고 지각하고 새로운 방식으로 생각하고 해결방안을 찾아보는 과정이다.

이런 과정을 통해 경험에 대한 새로운 학습이 창출되므로 반성은 경험학습의 핵심적인 단계가 되고 있다. 학자들은 경험학습의 이러한 기본적인 특성을 기반으로 경험을 통해 학습을 습득할 뿐 아니라 지식을 창조하는 과정으로 보면서 일련의 과정들을 모형화하였다. 듀이(Dewey)와 콜브(Kolb), 그리고 쟈비스(Jarvis)는 경험학습에 있어서 반성적 사고 과정을 가장 핵심적인 요소로 주장한다. 경험은 학습의 원천이면서 학습을 일으키는 자극으로 작용하며 경험을 통해 학습되어지고, 능동적인 참여를 통해 경험을 구축하기도 한다. 또한 실천적 변화 등을 강조하고 있다.

경험학습에 대한 학자들의 선행연구 분석을 살펴보면 학습의 중요한 재료는 경험이며, 성찰하는 학습자와 그 당시 맥락의 상호작용을 통하여 경험학습이 이루어지는 것을 유추할 수 있다. 학자들의 경험학습 이론들을 학습모형과 특징에 따라 비교하여 정리하면 〈표 2-2〉와 같다.

〈표 2-2〉 학자들의 경험학습 이론 특징

학자	학습모형	특징
Dewey(1938)	5단계 순환모형	• 변증법적, 연속성, 상호작용 • 구성주의 • 경험학습 이론을 체계적으로 정립 • 경험학습에 관한 구체적 과정 설명 부족
Kolb(1984)	4단계 순환모형	• 경험, 반성, 관찰, 실험 • 구성주의 • 최초로 경험학습 모형 제시 • 학습자 맥락 고려되지 않음 • 학습 단계 간의 연계 부분에 대한 논의 부족
Jarvis(1987)	9가지 학습경로	• 성찰 · 비성찰 구분 • 구성주의 • 학습의 포괄적 관점 제시 • 비학습의 개념에 대한 설명 부족 • 추론과 성찰, 기억에 대한 설명 부족

경험학습 이론은 일상생활에서의 경험을 교육학적으로 해석하였으며 경험을 통하여 학습 방법을 구체화하였다는 점에서 그 의의가 있다. 경험을 통한 학습은 학교 밖에서 일상적으로 무형식학습 상황에 노출이 되는 성인학습자들에게 중요한 방식의 학습이며 인간 존중, 인간 중심, 학습자 주체의 철학이 녹아 있는 학습이론이라고 볼 수 있다. 이는 우리가 교육을 기억 속에 잠재된 정보와 언어 기술로만이 아닌 그 이상의 가치가 있는 것으로 볼 수 있게 하는 것이다(가영희 외, 2010).

3 상황학습이론

1) 상황학습이론 의의

상황학습이론은 대체로 서구 교육 연구자들에게 객관주의, 표상주의, 전통적인 인지심리에 대한 반성적 이론과 패러다임으로 소개되어 왔다. 또한 상황학습이론은 구성주의 철학을 기반으로 한 상황인지이론의 발달과 그 흐름을 함께한다.

상황학습이론은 학습이 특정 사회적 장면 속에서 이루어진다고 보는데, 학습에 있어서 학습이 이루어지는 상황을 중요하게 생각한다. 상황학습이론은 학습은 독립된 한 인간의 개인적 활동이 아니라 사회적 활동이며, 상황적 활동이라는 점에 주목한다. 즉, 학습은 개인이 사회와 무관하게 할 수 있는 것이 아니다. 학습은 개인의 전유물도 독자성을 갖는 것도 아니라 개인이 사회와 맺는 관계 속에서 이루어지는 것이다.

상황학습의 이론적 토대로서의 상황인지이론의 배경에서 상황학습은 인간의 학습을 포함한 모든 사고 활동이 실제적 상황 속에서 이루어진다는 상황인지이론(Situated Cognition Theory)에 철학적, 이론적 토대를 두고 있다. 교육심리학에서 행동, 인지, 학습 등에 대한 연구는 행동주의-인지주의-상황주의라는 개념으로 크게 3단계를 거치면서 연구가 진행되어 왔다(주웅영, 2011).

행동주의는 행동에서 인간의 심리를 객관적으로 관찰하려는 입장이며 이를 통해 절대적 진리를 추구하려고 하였다. 반면 인지주의는 학습은 행동의 변화라기보다 인지의 변화로 규정하고, 기존의 인지 즉 스키마가 학습의 결과로 변화되는 것을 중시한다. 이러한 두 이론은 학습이 인간 외부에 존재하는 지식이라는 객관주의적 입장을 띠고 있으며, 학습자의 인지와 학습은 상황이나 맥락과 별개로 존재한다는 입장을 취하고 있다.

이와 달리 상황주의는 일반적으로 상황인지이론이라고 불리는데, 학습은 지식을 구성하는 것이며 그 과정에서 상황 혹은 맥락이라고 하는 외부 환경과의 상호작용이 중요하다는 것이다. 지식의 상황화(situated)는 슈츠만(Suchman, 1987), 레이브(Lave, 1988) 등 여러 학자에 의해 연구되었으며, 지식이 사용되어지는 맥락, 문화 등이 중시되었다.

이와 같이 상황인지이론은 구성주의 철학과 듀이(Dewey)의 경험주의 학습에 근거한 이론으로, 학습이 개인적인 지식 구성과정으로 현실과 유사한 맥락에서 학습이 이루어질 때 실제적으로 활용할 수 있는 지식을 획득할 수 있다고 보는 관점의 이론이다. 학습자가 지식이 발생하고 구성되는 상황에 능동적으로 참여함으로써 지식과 기술이 자발적으로 이루어지며, 지식은 그 지식이 적용될 상황 속에서 가르치고 그 상황을 통해 일반화될 때 유의미하고 가치를 지닌다는 것이다(Duffy & Jonassen, 1991). 즉, 이는 개인 내부의 인지발달이 중심이 되었던 전통적인 관점에서 벗어나 개인 외부, 즉 사회문화적 요인과 상황적 요소를 강조하고 있는 관점으로, 단순히 학습이 내면화되는 개인적 과정보다는 주변과의 상호작용이 많은 영향을 미친다는 것을 강조한다. 상황학습은 모든 인간의 지각과 사고활동이 근본적으로 '상황적 맥락'에서 발달한다는 점에서 위에서 이야기한 상황인지이론을 바탕으로 두고 있다(정연희, 2003). 이는 정보처리이론에 대한 대안적인 입장에서부터 시작된 것으로 볼 수 있는데, 상황인지는 인지에 대한 계산적인 접근방법에서 추론, 사고, 문화적이고 물리적 상황에 대해 간과한 것을 바로잡으려고 하였다. 라이트와 버터워스(Light & Butterworth, 1993)는 상황학습을 '개인으로부터 개인과 환경으로의 초점 변화'라고 묘사하면서, 학습은 맥락이라는 특정한 상황 가운데서만 이해되는 것이며, 모든 생각과 학습은 특정한 맥락 가운데에 위치하고 있다고 본 것이다.

상황인지이론에 대한 이러한 초기 연구를 이론적 토대로 상황학습론은 하나의 일관된 입장이 있는 것은 아니지만 대체로 연구자들은 '사고나 학습이 상황의존적(situated)으로 일어난다.'라는 점에 주목하고 사고나 학습이 일어나고 동시에 그에 영향을 미치는 '상황맥락적 요인'을 기술하고 분석해 왔다.

2) 상황학습이론에 대한 주요 관점

앞에서 살펴본 이론적 토대에서 출발한 상황학습은 1980년대 후반부터 다양한 형태로 발전해 왔다. 상황학습을 바라보는 관점에 대해 교육적 발전 과정과 관련하여 다음과 같은 관점으로 정리할 수 있다. 우선 첫째로, 전통적 학습관과의 차이를 통한 설명이다. 상황학습의 이론적 토대를 해석해 볼 때 고정된 지식을 교사 중심적으로 교육하는 전통적인 학습 방식은 상황적이라고 하기 힘들 것이다.

이에 대해 여러 진보적 학습 이론들은 전통적 학습의 '비상황성'에 대한 비판과 반성을 통해 '상황'이라는 개념의 형태를 찾고자 했다. 두 번째로는 '도제제도'를 통한 설명이다. 진보적 상황학습이론 중 대부분이 '도제제도'에서 그 상황적 개념과 형태를 찾고자 했다.

이러한 내용에 대해 스타인(Stein, 1998)은 상황학습의 개념적 특징을 4가지로 정리하였다.

① 학습은 일상 상황에서의 활동에 기초한다.

② 지식은 상황적으로 획득되며 유사한 상황에 전이된다.

③ 학습은 서술적이고 절차적인 지식에 더해 문제해결과 상호작용, 사고와 인지의 방식을 포함하는 사회적 절차의 결과이다.

④ 학습은 행위의 세계와 분리된 것이 아니라 주체와 주체의 활동과 상황이 구성하는 풍부하고 복잡하고 사회적인 환경 안에 존재한다.

이러한 맥락에서 상황학습 이론가들은 학습 상황이 시작에서 구성 활용까지 맥락적으로 연결되는 상황을 제공하는 학습 형태를 구현하기 위해 고민하였으며, 마침내 이러한 형태의 학습 형태를 전문가들의 '도제제도'에서 찾아내고 이를 주목하였다. 브라운 외(Brown et al., 1989)는 도제제도를 통한 학습환경이 전통적인 학교 문화와 달리 우리 삶과 같은 성격을 띤 상황적 학습 상황을 제공할 수 있다고 보았다.

3) 주변적 참여와 실행의 공동체를 통한 상황학습

브라운(Brown)은 인지적 도제제도를 바탕으로 한 학습 상황이 전문가적 상황을 통해 학생들을 문화화(enculturization)할 수 있다고 보았다. 사용되는 과정은 개인적인 필요를 넘어 사회의 요구에 의해 이루어지는 것이기 때문에 살아 있는 지식을 습득하기 위해 사회 속의 구성원이 되어 지식의 사회적 관점을 획득해야 한다고 보았으며, 이 과정을 문화화라고 보았다. 여기서 레이브(Lave)와 웽거(Wenger, 1991)는 더 나아가서 학습이 발생하는 '공동체'를 통해 문화화를 해야 한다고 보았으며 도제제도에서 이야기하는 실행 공동체로부터 힌트를 얻어 학습 공동체의 성격을 제시하기에 이른다.

'실행 공동체(community of practice)에 참여하는 학습'에서 학습은 초보자(newcomer)가 실행 공동체에 참여하고, 점차 그 공동체 내에서 지식과 기능을 획득하기 위해서 공동체의 사회문화적 실행 속에서 완전한 참여자가 되어야 한다는 관점이다(Lave & Wenger, 1991). 즉, 실행 공동체를 통한 학습에서 상황학습을 이해할 수 있다.

연구문제

1. 구성주의이론의 관점에서 교수자의 역할에 대하여 논하여 보시오.
2. 사회학습이론의 학습에 대한 관점을 논하여 보시오.
3. 자신의 자기주도적 학습사례를 놀즈의 자기주도학습 5단계로 들어 보시오.

활동 학습이론 마인드 맵으로 정리하기

▶ **활동:** 팀별로 학습한 내용을 마인드 맵으로 정리하여 보기

▶ **활동가이드**

준비물: 전지, 네임펜

- 중심 생각에서 시작하라.
- 자유롭게 흘러나가게 하라.
- 핵심단어만 사용하라.
- 이미지를 효과적으로 활용하라.
- 연결할 수 있는 것들을 자유롭게 연결

03

Chapter

국제기구의 평생교육

학습개요

국제기구인 유네스코는 세계평화 유지를 위한 상호이해를 목적으로 유네스코평생학습연구소(UIL)를 두고 있으며 세계성인교육회의, 글로벌평생학습도시네트워크(GNLC) 등 모든 이를 위한 평생교육을 추구하고 있다. 또한 OECD(경제개발협력기구)에서도 순환교육 등으로 평생교육이 논의되고 실행되고 있다.

평생교육은 국제기구인 유네스코에서 만들어진 개념이지만, 사회와 경제, 문화가 발달했던 유럽 여러 나라의 노동자 교육을 위한 성인교육에 그 기원이 있다고 할 수 있다.

이 장에서는 유네스코 평생학습 연구소의 주요회의와 평생교육의 기원이 되는 국제기구 UNESCO와 교육에서 경제 개념을 추구하는 OECD의 평생교육에 대해 살펴보고자 한다.

학습목표

1. 유네스코 평생학습연구소의 주요 회의에 대해 설명할 수 있다.
2. 글로벌학습도시네트워크(GNLC)의 사업추진내용을 설명할 수 있다.
3. 국제기구의 평생교육을 비교하여 기술할 수 있다.

Chapter 03

국제기구의 평생교육

1 UNESCO의 평생교육

유네스코(UNESCO)는 평생학습시대의 도래를 알리면서 세계교육의 혁명적 변화에 앞장선 국제기구이다.

유네스코는 교육, 과학, 문화 등 분야에서 국제협력을 촉진함으로써 세계평화와 인류발전을 도모하기 위해 1945년 11월 16일 설립된 유엔전문기구로서 설립 이래 교육, 과학, 문화 분야에서의 국제규범의 제정자, 지식과 정보의 보급자, 국제협력의 조정자로서 역할을 수행하고 있다.

유네스코는 교육, 과학, 문화, 커뮤니케이션 등 다양한 분야의 통계, 자료, 데이터베이스, 전문서 등을 생산 · 보급하는 정보센터이기도 하다.

유네스코는 국제협약(international convention), 선언(declaration), 권고(recommendation) 등 국제사회가 준수해야 할 국제 규범들을 만들어 왔다. 지금까지 문화 다양성 협약 등 27개 국제협약 생명윤리와 인권에 관한 보편선언 등 13개 선언, 교육에서의 차별방지에 관한 권고 등 31개 권고사항을 채택하였다.

교육은 평화와 발전을 위한 가장 기초적인 활동으로서 유네스코가 창설 이래 줄곧 역점을 두어온 분야이다. 문해교육, 국제이해교육 등의 형태로 전개되어 온 유네스코 교육사업은 '모든 이를 위한 교육(EFA: Education for All)'으로 발전되었다.

'평생교육(lifelong education)'이라는 용어는 프랑스의 성인교육학자인 랭그랑(P. Lengrand)

이 1965년 파리의 유네스코 본부에서 개최된 성인교육발전을 위한 국제위원회에서 '영구교육(Education permanentee)'이라는 제목의 논문을 발표한 것이 출발점이었다.

기존의 교육체제와는 달리 교육의 계속성, 연계성, 전 생애성, 자발성, 전체적인 인간 발달, 모든 이를 위한 교육권 보장에서 기존 학교교육과는 다른 패러다임을 제시하였다. 또한 '평생교육입문(An Introduction to Lifelong Education, 1970)'을 발표하여 평생교육을 전 세계에 보급하였다. 이후 포레(Faure, 1972)의 "Learning to be", 데이브(Dave, 1976)의 "Lifelong Education and School Curriculum", 델러(Delor, 1996)의 "Learning: The treasure within" 등의 연구보고서 또한 평생교육의 원리와 이념을 담고 있으며, 이는 전 세계 교육 방향의 기본원리로 수용되어 기존 교육체제의 한계를 극복하는 대안적 교육패러다임으로 성장하고 발전해 나가고 있다.

유네스코는 평생교육과 관련한 산하기관으로 유네스코평생학습연구소(UNESCO Institute for Lifelong Learning, 독일 함부르크)를 두고 있다.

1) 유네스코평생학습연구소

성인교육 및 평생교육을 연구하는 독일 함부르크 소재 유네스코교육연구소(UIE: UNESCO Institute for Education)가 2006년 7월 1일자로 유네스코평생학습연구소(UIL: UNESCO Institute for Lifelong Learning)로 개칭되었다(https://unesco.or.kr/news/press/ view/435/page/1872?). 유네스코교육연구소(UIE)는 1952년에 독일 함부르크에 설립됐으며, 전후 독일에 세워진 첫 유엔 기관이다.

유네스코교육연구소는 초기에 유럽을 대상으로 유치원에서 성인교육, 형식 및 비형식 학습에 이르기까지 광범위한 주제를 다루었다. 그러나 1960년대부터 연구소는 개발도상국에 대한 지원을 늘렸다.

유네스코 집행이사회는 최근까지 독일법에 의한 재단으로 운영되어 오던 유네스코교육연구소를 완전한 국제기구의 법적 지위로 격상하기로 하고 이에 맞춰 명칭을 변경했다. 명칭 변경은 연구소 명칭이 너무 일반적이어서 연구소의 중점 분야인 평생교육과 비정규교육, 성인교육 등을 정확하게 반영하지 못한다는 유네스코 내외의 평가에 따른 것이었다.

법적 지위 변화는 완전한 유네스코 기구로 만들려는 독일 정부의 오랜 노력에 따라 이루어진 것으로, 유네스코 산하 국제교육국(International Bureau of Education), 국제교육기획연구소(International Institute for Education Planning), 유네스코통계국(UNESCO Institute for Statistics)과 같은 지위의 국제기구로 부상하게 되었다.

같은 시기에 획기적인 유네스코 간행물, Faure Report로 알려진 Learning to Be(1972)는 연구소와 교육 전반의 인식에 대한 새로운 방향을 제시하였다. 이 보고서는 교육이 엘리트 또는 특정 연령대만을 위한 것이라는 개념에 도전했다.

평생학습에 대한 이러한 비전, 즉 교육은 평생동안 확장되어야 하며, 모든 사람이 이용할 수 있을 뿐만 아니라 모든 개인의 삶의 일부가 되어야 하며, 사회의 발전과 인간의 잠재력 실현을 목표로 해야 한다'는 비전은 오늘날 유네스코평생학습연구소(UIL)의 사업 추진 방향이 되었다.

유네스코평생학습연구소(UIL)의 주요 사업은 모든 이를 위한 교육(EFA), 새천년 발전 목표(MDG), 유엔 문해 10개년, 유엔 지속가능발전교육 10개년 등과 연계하여 문해교육, 비정규교육, 성인교육, 평생학습 분야 연구사업을 추진하게 되었으며, 특히 2009년 12월 1일부터 4일까지 브라질 Belem에서 열리는 제6회 세계성인교육회의(CONFINTEA VI)를 주관하였다(https://unesco.or.kr/news/press/view/435/page/1872?).

2) 세계성인교육회의

유네스코에서 주관하는 세계성인교육회의(CONFINTEA)는 1949년 제2차 세계대전의 종식을 맞아 전쟁에 대한 반성을 하며, 유네스코 회원국들이 덴마크의 헬싱외르에서 만나 어떻게 성인학습과 교육(ALE: Adult Learning and Education)이 세계 평화와 국제 이해를 증진하는 데 도움이 될 수 있는지에 대해 논의하였다. 이 회의는 덴마크 엘시노어에서 개최된 이후 12년마다 세계성인교육의 흐름과 평생학습과 관련된 현황을 점검하고 향후 정책방향을 논의하는 국제회의이다. ALE에 관한 지속적이며 효과 있는 글로벌 토론이 시작되었고, '세계성인교육회의(CONFIENTEA: CONFérence INTernationale sur l'Education des Adultes)'로 명명되며, 2022년 아프리카 모로코의 마라케시에서 일곱 번째 회의가 개최되었다.

제7차 세계성인교육회의(CONFIENTEA Ⅶ)의 주제는 '지속가능한 발전을 위한 성인학습 및 교육(Adult Learning and Lucation for Sustainable Development)'이라는 주제로 2022년 6월 15일부터 17일까지 열렸다(국가평생교육진흥원 블로그_평생학습e_eum).

세계성인교육회의(CONFIENTEA) 개최현황은 [그림 3-1]과 같다.

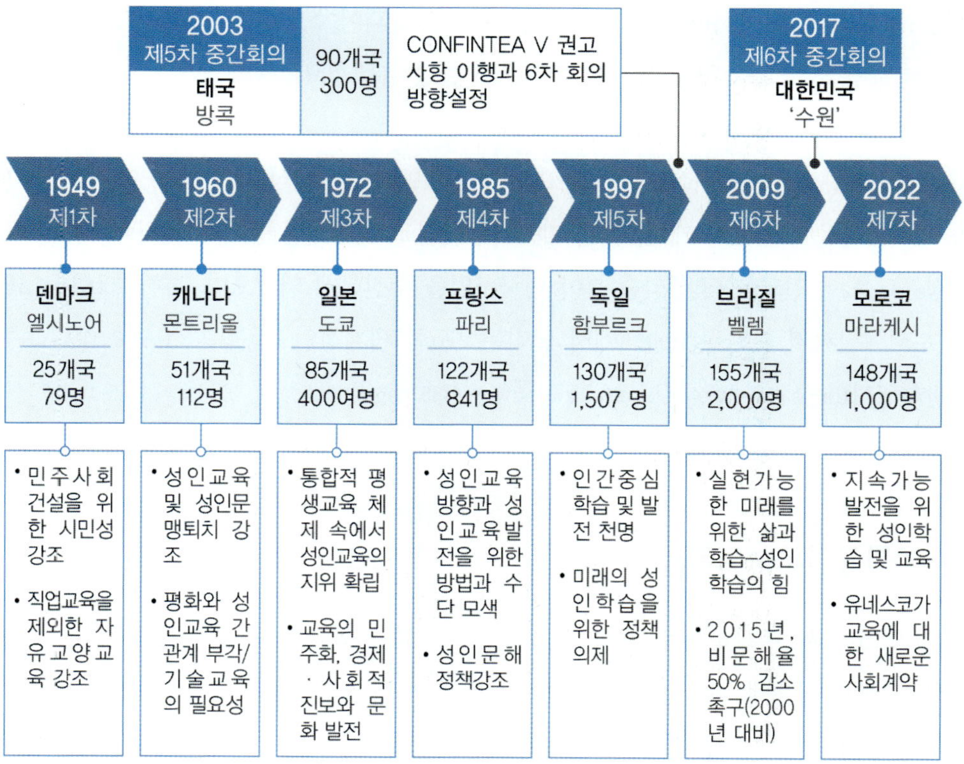

[그림 3-1] 세계성인교육회의(CONFIENTEA) 개최현황

본 절에서는 성인교육 담론의 중심에 있는 세계성인교육회의(CONFINTEA)의 시기별 전개과정과 회차별 의의를 살펴봄으로써 UNESCO의 구체적인 평생교육적 지향을 살펴보고자 한다.

제1차 세계성인교육회의는 1949년 6월 19일부터 25일까지 덴마크 엘시노어에서 성인교육을 주제로 개최되었다. 열흘간 진행된 이 회의 초반에는 성인교육의 목적에 대한 논의가 주로 다루어졌고, 뒤이어 성인교육의 내용, 조직의 대표기구와 문제점, 방법과 기술, 영구적인 협력 구축 방법이 논의되었다. 이 회의에서는 성인교육을 자유교양교육에 한정하고 있는 영국의 전통적 입장을 따랐으며, 이로 인해 성인을 위한 직업교육이 배제되었고, 직업교육과 자유교양교육은 병행될 수 없다고 보았다. 하지만 최초의 공식적이고 전문적인 성인교육의 목표와 실현방안에 대한 의견 개진이 이루어졌고, 대부분 1950년대에 실행되는 성과를 거두었다.

제2차 세계성인교육회의에서는 '변화하는 세계에서의 성인교육(adult education in a changing world)'을 테마로 1960년 8월 21일부터 31일까지 캐나다 몬트리올에서 개최되었으며, 51개국에서 112명이 참가하였다(UNESCO, 1960). 특히 공산권 동유럽 국가와 개발도상국이 대거 참석하여 성인교육에 대한 국제적 관심의 증가와 세계성인교육회의의 중요성을 보여주었다.

1960년대는 선진국의 경제적 발전, 대량 소비사회의 출현, 아프리카－아시아 국가들의 국가주의 팽창, 개발도상국의 산업화 등 급격한 사회변동의 시기였다. 이러한 시대적 배경을 반영하여 상이한 환경에서 성인교육의 역할과 내용, 교육의 방법과 기술, 성인교육의 구조와 조직을 주제로 채택하였다(이다현, 2017).

몬트리올 회의는 두 가지 측면에서 긍정적 평가를 받는다. 첫째, 참석자들의 성인교육에 대한 긍정적 태도이다. 참석자들은 다가올 성인교육의 시대를 맞아 평생교육을 정규교육의 일부로 받아들여야 한다고 인식하고 있었다. 둘째, 국가의 문화 · 경제 · 사회 · 정치가 서로 다름에도 불구하고 보편타당한 성인교육의 원리와 당면과제를 찾으려고 한 점이다(Hely, 1962).

1, 2차회의 이후 교육개혁 추진을 위한 여러 제안이 있었고, 1965년 12월 유네스코

본부인 파리에서 세계성인교육발전위원회가 개최되었다. 이 회의의 의장이었던 폴렝그랑(Paul Lengrand)이 조사보고서에서 영속교육이라는 용어를 사용하였고, 이후 '평생교육(lifelong education)'으로 바꾸어 사용하였다.

제3차 세계성인교육회의는 1972년 일본의 도쿄에서 개최되었으며, 85개국에서 약 400여 명이 참가하였다.

'평생교육에서 성인교육의 역할'을 주제로 제2차 몬트리올 회의 이후의 성인교육의 흐름을 돌아보고, 평생교육 맥락에서 성인교육의 기능을 숙고하고, 성인교육에 대해 발전전략 검토를 목적으로 하였다. 특히 통합적 평생교육 체제 속에서 성인교육의 지위 확립과 교육의 민주화, 그리고 경제 · 사회적 진보와 문화발전의 의의를 갖는다.

제4차 세계성인교육회의는 1985년 3월 19일부터 29일까지 프랑스 파리에서 개최되었으며, 122개국의 대표 841명이 참가하였다. 제4차 회의에서는 '성인교육의 발전'을 주제로 특히 학습권을 선언하였으며, 이는 1948년의 '세계인권선언' 제26조의 교육권, 1975년 '페르세폴리스 선언'의 읽고 쓸 수 있는 능력, 1976년 나이로비의 '성인학습의 발전에 대한 권리'를 통해 발전되어 온 것으로 학습자의 학습할 수 있는 권리를 인정한 것이다.

학습권은 읽고 쓸 권리, 질문하고 분석할 수 있는 권리, 상상하고 창조할 수 있는 권리, 자신의 세계를 이해하고 역사를 기록할 권리, 모든 교육자원을 이용할 수 있는 권리, 그리고 개인과 집단의 기술을 개발할 권리이다(최운실 외, 2018).

또한 성인교육 방향과 성인문해 정책 강조, 성인교육 발전을 위한 방법과 수단 모색의 의의를 지닌다.

제5차 세계성인교육회의는 1997년 7월 14일부터 18일까지 독일 함부르크에서 개최되었다. "성인학습: 21세기를 위한 열쇠(Adult learning: a key for twenty-first century)"를 주제로 다섯 개 지역(Barcelona, Cairo, Dakar, Jomtien, Brasilia)의 자문회의 등 광범위한 준비활동으로 155개국 1,507명이 참가하였고, "권리, 도구, 기쁨과 공유하는 책임으로서의 성인학습(Adult learning as a right, a tool, a joy and shared responsibility)"을 모토로 하고 있다.

이 회의에서 전 생애를 통해 학습하고 교육받을 수 있는 권리로서 읽고 쓸 수 있는 권리, 질문하고 분석할 수 있는 권리, 교육자원을 획득할 수 있는 권리, 개인적 그리고 집단적으로 기술과 경쟁력을 개발하고 연마할 수 있는 권리가 담긴 함부르크 선언을 발표하였다. 제4차(파리) 및 제5차(함부르크) CONFINTEA에서 '학습권'이라는 개념을 주창하여 이후 '학습권' 개념을 보편화시킨 전환점이 되었다.

제6차 세계성인교육회의는 2009년 12월 1일부터 4일까지 브라질 벨렘에서 "실현가능한 미래를 위한 삶과 학습: 성인학습의 힘(Living and learning for a viable future: the power of adult learning)"을 주제로 156개국 1,500명이 참석한 가운데 개최되었다.

전 세계적 경제위기를 극복하고 지속가능한 성장을 하기 위한 각국의 평생교육정책 동향을 공유하고, 발전방향을 모색하였다.

2008년과 2009년에 걸쳐 6차 회의를 위한 사전 지역회의가 멕티코시티, 서울, 나이로비, 부다페스트와 튀니스에서 개최되어 지역 회의에 대한 보고서가 종합되었고, 성인학습과 교육에 관한 지구촌 보고서(GRALE: Global Report on Adult Learning and Education) 준비를 위한 기본 자료로 사용되었다. 또한 사전회의에서의 논의는 벨렘 행동강령을 도출하는 데 이용되었다.

[그림 3-2] 제6차 유네스코 세계성인교육회의 개막식

사진출처: 제6차 세계성인교육회의 결과보고서(2010).

제7차 세계성인교육회의는 2022년 6월 15일부터 17일까지 모로코의 수도 마라케시에서 '지속가능한 발전을 위한 성인학습 및 교육'을 주제로 개최되었다.

이 회의에는 각국 원수와 교육부 장관, 유엔(UN) 고위급 대표 등 148개국에서 1000여 명의 관계자가 참석하였다. 특히 기후 위기 및 급속한 기술 진보, 변화하는 직업세계 등 여러 난제의 상황에서 성인학습 및 교육의 변혁적인 힘을 어떻게 발전시킬 것인지에 대한 심층 논의가 이뤄졌다. 제7차 유네스코 세계성인교육회의 글로벌 · 대륙별 동향, 테마별 · 세션 발표내용, CSO(Civil Society Organization) 시민사회단체 세션 발표 및 CSO 선언, 마라케시 공동선언 내용, 학습도시에의 시사점 및 교훈 등의 내용으로 구성되었다 (평생학습타임즈).

[그림 3-3] 제7차 세계성인교육회의 발표 및 세계성인교육 5차 글로벌 보고서

제7차 세계성인교육회의 기간 동안 발표한 세계 성인학습 및 교육 보고서 5권의 주요 내용(key message)은 '아직도 갈 길이 먼 모두의 배울 권리', '학교에 갈 권리와 교육권을 넘어선 모든 성인의 평생학습권 보장', '아태지역 63% 이상 국가들 대부분의 학습권 취약', '문해교육 강화', '교육 재정 취약, 교육투자의 과감한 확대 절실'이라는 내용으로 구성되어 있다(GNLC실무협의회 정기회의 발표자료, 2022).

성인학습 · 교육의 변혁적 힘을 활용하기 위한 제7차 세계성인교육회의 마라케시 실행계획은 7개의 원칙 및 우선순위 영역, 8개의 변혁적 성인학습 · 교육을 위한 권고, 12개의 재원 확대, 8개의 법 제정 및 모니터링을 위한 국제협력에 관한 계획으로 구성되어 있다 (국가평생교육진흥원, 2022).

3) 글로벌학습도시네트워크(GNLC)

유네스코 글로벌학습도시네트워크(Global Network of Learning Cities, 이하 'GNLC')는 도시 차원의 평생학습 증진을 위한 지식과 우수사례를 공유하고 협력하기 위해 유네스코평생학습연구소가 2015년에 설립한 국제도시 간 협력 플랫폼이다.

GNLC는 유네스코 평생학습원(UNESCO Institute for Lifelong Learning, UIL)을 중심으로, 회원 도시 간 정책 대화 및 동료학습 촉진, 파트너십 구축, 역량 강화 증진, 학습도시 구축 지원 및 활동 모니터링/평가 등을 추진하고 있다.

GNLC 국내 운영 기관으로서 유네스코한국위원회는 관련 국제사회 동향을 파악하고, 국내 지방자치단체의 GNLC 가입 및 활동을 지원하며, 국내 실무협의회를 운영함으로써 도시기반교육 2030 이행을 촉진하고 있다.

GNLC 신규 가입 절차는 유네스코 평생학습원(UIL)의 방침에 따라 2년에 1회 진행된다.

유네스코 한국위원회는 통합적인 국내 GNLC 활동체계를 마련하고자 「한국 유네스코 GNLC 운영지침」을 제정하고 GNLC 국내 실무협의회를 출범하였다.

GNLC 실무협의회는 국가평생교육진흥원, 전국평생학습도시회와 함께 GNLC 국내·외 동향 공유 및 상호 학습 추진, 국내 GNLC 도시 발전을 위한 각종 진흥사업, 국내 관계 기관/단체와의 GNLC 관련 공동 협력사업, 실무협의회 운영을 위한 각종 회의 및 워크숍 개최, GNLC 국내 홍보 등의 활동을 전개함으로써 국내 GNLC 가입도시들의 역량을 강화하고 국제사회에서 우리나라의 선도적 GNLC 활동 역할에 토대를 마련하고 있다.

GNLC 회원도시는 2023년 기준 전 세계 294개 도시이며, 우리나라는 53개 도시가 가입하여 18%가 넘는 비중을 차지하고 있다. 우리나라 GNLC 회원도시 현황은 〈표 3-1〉과 같다.

〈표 3-1〉 우리나라 GNLC 가입현황(2023년 기준)

번호	도시명		가입연도	웹사이트
1	서울	강남구	2016	www.longlearn.go.kr
2		관악구	2016	www.gwanak.go.kr/site/edu/main.do
3		도봉구	2019	https://edu.dobong.go.kr
4		서대문구	2016	www.sdm.go.kr/lll
5		성동구	2016	http://dokseodang.sd.go.kr
6		송파구	2020	www.songpa.go.kr/ssem
7		용산구	2018	http://yedu.yongsan.go.kr
8		은평구	2016	https://www.eplearning.or.kr
9	부산	남구	2020	http://www.bsnamgu.go.kr/edu
10		사상구	2018	https://www.sasang.go.kr/lll
11		사하구	2016	http://www.saha.go.kr/edu/main.do
12		서구	2018	https://www.bsseogu.go.kr/edu
13		연제구	2016	http://www.yeonje.go.kr/edu
14	인천	연수구	2018	https://www.yeonsu.go.kr/lll/
15	대구	수성구	2016	http://lll.suseong.kr
16	대전	대덕구	2016	https://lll.daedeok.go.kr
17		유성구	2016	https://lifelong.yuseong.go.kr
18	울산	남구	2016	ulsannamgu.go.kr/edu/main.do
19	세종시	세종시	2022	www.sjhle.or.kr
20	경기	고양시	2016	https://www.goyang.go.kr/edu
21		광명시	2016	lll.gm.go.kr
22		군포시	2016	gunpo.go.kr/edui/index.do
23		남양주시	2016	www.dasanedu.org
24		동두천시	2016	https://edu.ddc.go.kr
25		부천시	2016	learning.bucheon.go.kr/
26		성남시	2018	learning.seongnam.go.kr/index.do
27		수원시	2016	https://learning.suwon.go.kr/
28		시흥시	2016	www.siheung.go.kr/edu
29		안산시	2018	https://wm.ansan.go.kr/main.do
30		연천군	2016	https://www.yeoncheon.go.kr/learning
31		오산시	2016	https://www.osanedu.go.kr/
32		의정부시	2016	https://www.ull.or.kr/lifeedu/index.do
33		이천시	2016	https://www.icheon.go.kr
34		화성시	2022	u-life.hscity.go.kr
35	강원	영월군	2018	https://lll.yw.go.kr/ywedu/index.do

번호	도시명		가입연도	웹사이트
36		인제군	2018	http://lifelong.inje.go.kr
37		화천군	2016	http://hwacheon.onwayedu.co.kr
38	충북	진천군	2019	incheon.go.kr/jclll/main.do
39	충남	공주시	2020	http://gongju.go.kr/learning
40		논산시	2022	https://lllcity.nonsan.go.kr/kor.do
41		당진시	2016	https://www.dangjin.go.kr/lll.do
42	전북	군산시	2016	https://lll.gunsan.go.kr/
43		익산시	2016	https://www.iksan.go.kr/lll/index.iksan
44		전주시	2016	https://e.jeonju.go.kr
45		진안군	2016	jinan.go.kr/edu/index.jinan?cpath=
46	전남	나주시	2016	https://www.naju.go.kr/edu/
47		순천시	2016	https://www.schc.go.kr/sclc
48		영광군	2016	https://www.yeonggwang.go.kr
49	경북	구미시	2016	https://www.gumi.go.kr/edu/
50		상주시	2016	https://www.sangju.go.kr/le/main.tc
51		안동시	2019	https://www.andong.go.kr/edu
52		포항시	2018	https://lifetimeedu.pohang.go.kr
53	경남	통영시	2016	www.tongyeong.go.kr/tylearning.web

출처: 유네스코한국위원회.

2 OECD의 순환교육

OECD는 1970년대 국제사회의 평생교육 담론을 이끌었던 유네스코와 함께 1990년대 이후부터 국제사회의 평생교육 논의를 평생학습으로 수렴시킨 주역으로서 의의를 갖는다.

OECD(경제개발협력기구, Organization for Economic Cooperation and Development)는 상호 정책조정 및 정책협력을 통해 회원 각국의 경제사회발전을 공동으로 모색하고 나아가 세계경제문제에 공동으로 대처하기 위한 정부 간 정책연구와 협력기구이다.

OECD는 제2차 대전 후 유럽의 경제부흥협력을 추진해 온 '유럽경제협력기구(OEEC)'를 개발도상국 원조 문제 등 새로 발생한 경제정세 변화에 적응시키기 위해 개편한 기구로, 1961년 9월 30일 파리에서 발족하였다. 전 세계 정부가 기능을 발휘할 수 있는 시장과 기관에 대한 신뢰를 회복하고, 미래의 지속가능한 경제성장을 위한 기초로서 건전한 재정을 재정립하도록 돕고 있다.

OECD는 발족 당시부터 교육문제에 깊은 관심을 가졌으며 회원국들의 교육정책에 중요한 영향을 미쳤다.

한국은 1990년 3월 OECD 비회원국으로서 최초로 아시아 신흥공업국 6개국을 포함한 OECD 비공식 경제정책협의회 회의를 서울에 유치하였다. 그리고 OECD 산하 위원회에 참여하여 활동하기 시작했다.

한국 정부는 1991년 4월 OECD 가입 절차를 논의하기 위해 조사단을 파견하였고, 1996년 12월 마침내 OECD의 29번째 회원국이 되었다(https://namu.wiki/w/OECD).

1) OECD 순환교육

순환교육이라는 용어가 나타난 것은 1970년대였다. 1973년 OECD가 「순환교육: 평생학습을 위한 전략」을 발간할 당시 OECD 교육연구혁신 센터장이었던 J. R. Gass는 발간사를 통하여 당시 순환교육을 제안하게 된 이유를 ① 교육은 팽창하였으나 사회평등에는 기여하지 못하고 있으며, ② 급속한 사회 · 경제적 변화로 인해 개인은 그에 적응하기 위한 계속교육이 필요했으며, ③ 형식적인 학교교육과 경험에 의한 학습 간의 괴리로 인한 탈학교 교육의 필요, ④ 청소년층에 과도하게 집중되어 있는 교육 기회를 재분배하여 청소년층과 장 · 노년층 간의 교육 격차를 줄이기 위해 순환교육체제가 등장할 수밖에 없다고 밝혔다(이희수, 2005).

OECD는 1973년 미래교육을 위한 정책문서로 「순환교육: 평생학습을 위한 전략(Recurrent Education: A Strategy for Education Learning)」을 발표하고 OECD 부속연구기관인 교육연구혁신센터(CERI: Center for Education Reserchn and Innovation)에서 순환교육이론과

실천방안을 개발하였다(한우섭 외, 2019).

OECD가 교육개혁 전략으로서 순환교육을 선택하게 된 요인을 살펴보면 다음과 같다. 첫 번째는 당시 유네스코, 유럽회의 등의 국제기구와 각 국가들의 교육개혁 보고서와 미래 교육전략 보고서에서 나타나는 공통의 원리가 '평생교육'이었기 때문이다.

유네스코와 유럽회의에서 발간한 「존재를 위한 학습」과 「영속교육」에 역시 평생교육과 영속교육으로 그 명칭은 다르지만 전 생애에 걸친 교육 기회의 재배분을 핵심 원리로 하는 평생교육이 각 기구를 대표하는 전략으로 채택되었다는 데 영향을 받은 것으로 생각할 수 있다.

두 번째, OECD 스스로가 기존의 정책과 차별되는 참신하면서도 장기간에 걸쳐 추진할 수 있는 교육전략을 필요로 하였다는 것이다. OECD는 회원국들이 직면하고 있는 교육위기에 대처하고 교육 분야의 연구와 혁신활동을 실행하는 것을 목표로 1969년 교육연구혁신센터(Centre for Educational Research and Innovation: CERI)를 설립하였고, 1970년에는 교육위원회를 설립하였다. 이 두 조직을 설립함으로써 마침내 OECD의 교육정책이 독립적으로 연구되고 추진될 수 있는 체제가 갖추어졌다.

'교육'만을 위한 새로운 추진체제가 마련됨에 따라 OECD 조직 내부와 회원국으로부터 OECD만의 새로운 교육전략 수립의 요구가 강하게 제기되면서 순환교육을 교육개혁의 전략으로 선택하게 되었다.

OECD를 대표하는 평생교육 전략으로서 그 위상이 높아진 순환교육은 「순환교육: 평생학습을 위한 전략」에서 정의를 찾아볼 수 있다.

여기에서 순환교육이란 의무교육 이후 교육 또는 기초교육 이후 교육을 대상으로 하는 포괄적인 교육전략으로 교육과 일, 자발적인 비고용 기간, 은퇴가 서로 교차할 수 있으며, 교육은 개인의 전 생애동안 순환적인 방법으로 배분될 수 있다는 순환과 교대를 기본 원리로 삼고 있는 교육방식으로 정의할 수 있다.

1970년대는 순환교육의 전성기라 할 수 있을 정도로 순환교육과 관련하여 국가 보고서 「순환교육: 동향과 이슈」 등의 보고서 발간과 국가별 순환교육 세미나 개최가 활발하게 이루어졌다. 이러한 활동을 통하여 순환교육은 OECD 회원국으로 점차 확산되어 나가기 시작했다(조순옥, 2009).

2) 순환교육의 추진전략

1970년대는 OECD의 순환교육 개념을 위한 고민의 시기인 동시에 전략 모색의 시기로도 볼 수 있다.

OECD의 「순환교육: 평생학습을 위한 전략」에서는 순환교육을 실현시키는 전략으로서 첫째, 의무교육의 가장 마지막 학년에 각 학생들에게 학업을 지속할 것인지와 직업을 선택할 것인지를 선택할 수 있는 교육과정을 제공하는 것.

둘째, 의무교육을 마친 이후, 교육에 대한 접근 기회를 전 생애주기에 걸쳐 적절한 시간에 부여하는 것.

셋째, 언제, 어디서든 필요하다면 이용할 수 있는 곳에 있는 교육시설의 이용이 가능할 것.

넷째, 근무활동과 다른 사회적인 경험을 입학 자격 조건과 교육과정 설계의 기본적인 요소로 고려하는 것.

다섯째, 학업과 경제활동을 교차적으로 실행할 수 있도록 하는 경력을 개발하는 것.

여섯째, 교과과정, 교수내용, 교수활동 방법은 관련되는 (학생, 교사, 행정가 등)이해관계 집단 간의 조정 활동을 통하여 설계되어야만 하고, 서로 다른 연령, 사회적 집단의 관심과 동기에 맞게 적용하도록 하는 것.

일곱째, 학위와 자격증을 교육 사다리의 '최종 결과물'이 아닌 평생교육과 평생 경력, 개인 개발을 위한 과정과 안내로 인식하는 것.

여덟째, 의무교육을 완료한 이후, 필요한 직무와 사회보장을 제공받는 것을 전제로 하는 적절한 기간의 교육휴가권 등을 제시하였다.

정책적 차원에서는 순환교육의 재정 확보, 교육 휴가제, 노동시장과의 상호작용, 즉 순환교육의 결과를 통한 직업 내의 승진, 직업 간 이동의 증진을 강조하였다.

이러한 정책이 실행되지 않으면 순환교육이 절대 현실화될 수 없음을 보고서 전체를 통하여 강조하고 있다. 그러나 이 보고서의 한계는 구체적인 지원방안 없이 그저 관심을 촉구하는 정도에서 그쳤다는 것이다.

1996년 파리에서 열린 OECD교육위원회에서는 21세기의 평생학습이 모든 사람에게 필수적이며, 또 그 기회가 모두에게 부여되어야 한다고 선언한 바 있다. 2001년 파리에서 열린 OECD교육부장관회의에서는 '모든 이를 위한 능력개발에의 투자(Investing Competencies for ALL)'를 주제로 삼았다. OECD교육부장관들은 지식사회에서 요구되는 직업기술과 능력의 함양은 모든 이를 위한 평생학습 전략이 무엇보다도 중요하다는 것을 확인하였다.

결국 OECD의 평생학습 전략은 개인과 국가 모두가 배움을 통한 직능개발을 통해 삶의 질을 높이고 일자리를 얻는 데 도움을 받을 수 있으며, 국가는 평생학습을 통해 경제성장과 사회응집력을 강화하는 공통의 가치를 창출하는 것으로 보고 있다.

유네스코와 OECD의 차이는 〈표 3-2〉와 같다.

〈표 3-2〉 UNESCO와 OECD의 비교

기구명	UNESCO	OECD
설립연도	1945년 11월 16일	1961년 9월 30일
설립목적	교육, 과학, 문화 등 지적 활동 분야에서의 국제협력을 촉진함으로써 세계평화와 인류발전을 증진	경제사회 부문별 공통의 문제에 대한 최선의 정책방향을 모색하고, 상호 정책을 조정함으로써 공동의 안전과 번영 도모
본부	프랑스 파리	프랑스 파리
이념적 지향성	• 주요 이념: 이상주의 학습사회론, 인간중심 평생교육론 • 핵심모토: 모든 이를 위한 교육 • 핵심주제: 존재를 위한 학습 • 주요 회의: 세계성인교육회의	• 주요 이념: 경제주의 학습경제론, 전략적 인간자원개발론 • 핵심모토: 모든 이를 위한 평생학습 • 핵심주제: 평생학습 전략, 순환교육 • 주요 회의: OECD교육부장관회의
관심영역	• 교육 기회의 확장: 기초교육-계속교육 • 교육내용과 주도권의 확장: 교수자 공급중심-학습자 선택중심 • 교수-학습 메커니즘의 확장: 형식교육-비형식, 무형식교육	• 평생에 걸친 직업능력개발 • 인적자본과 사회적 자본 개발 • 일과 학습의 연계 모델 • 투자로서의 평생학습정책

출처: 한우섭 외(2019). 평생교육론.

연구문제

1. 세계성인교육회의의 추진성과에 대해 논하시오.
2. 글로벌학습도시네트워크의 목적에 대해 논하시오.
3. 유네스코와 OECD 평생학습의 차이에 대해 논하시오.

활동 OECD의 순환교육: 평생학습을 위한 전략

▶ **주제:** 순환교육이 어떻게 개인의 기술과 취업기회를 향상시킬 수 있는지에 대해 논의하시오.

사용도구: 기사, 웹사이트 검색 등

▶ **활동가이드**

준비물: A4 용지, 네임펜

- 2인 1조로 진행한다.
- 팀별로 주제 관련 논의를 한다.
- 작성한 것을 토대로 조별 발표를 한다.
- 교수자가 코멘트를 한다.

04 Chapter

성인학습 이해

학습개요

평생교육의 대상자는 모든 연령대가 해당되지만, 학령기의 페다고지 학습자들은 학교교육 학생들인 관계로 평생교육 참여자들은 안드라고지의 성인학습자가 많이 참여하고 있다. 성인학습자는 다양한 학습특성을 나타내고 있으며, 그동안 많은 학자들에 의해 학습특성에 대한 범위와 준거에 대한 연구가 이루어져 왔다.

성인학습자들이 학습을 잘 할 수 있게 도와주기 위해서는 성인학습자의 이해가 중요하다. 성인학습자의 일반적 특성은 물론, 신체적 · 정서적 특성을 파악하여 스스로 학습을 잘 할 수 있도록 조력하는 것은 평생교육사, 교수자가 갖추어야 할 자질이다. 이 장에서는 성인학습자의 이해를 위해 필요한 성인학습의 이론적 지형과 성인학습의 개념과 특성, 성인학습자의 특성과 학습 참여동기와 장애요소를 살펴보고자 한다.

학습목표

1. 안드라고지와 페다고지의 차이점을 구분할 수 있다.
2. 레빈과 놀즈가 제시한 성인학습자의 특성을 설명할 수 있다.
3. 성인학습자의 학습 참여동기와 장애요소를 파악할 수 있다.

Chapter 04

성인학습 이해

1 성인학습의 이론적 지형

지식사회맥락 속에서 성인은 자신의 삶의 가치와 목표를 실현하기 위해 평생학습을 생활화하고 있다. 성인학습자는 다양한 학습특성을 나타내고 있으며, 많은 학자들에 의해 학습특성에 대한 범위와 준거에 대한 연구가 이루어져 왔다. 성인은 평생학습을 전개하는 과정에서 각자의 기질과 성향에 따라 의존성과 자기주도성, 자기결정성 등으로 다양한 학습특성을 형성한다. 이처럼 성인의 다원화된 학습특성을 설명하기 위해 안드라고지(andragogy), 페다고지(pedagogy), 휴타고지(heutagogy)의 학습원리가 이론적으로 정립되어 논의되어 왔다. 또한 '고령자의 교육'이라는 의미로 '노인을 위한, 노인에 의한, 노년기의 학습'이라고 이해할 수 있는 제라고지(Geragogy)가 있다.

1) 안드라고지(Andragogy)

안드라고지는 '성인의 학습을 돕는 기술과 과학'으로 알려져 있으며, 평생교육의 핵심 개념이자 실천을 위한 방향이다. 안드라고지 모형에서는 학습 내용 및 방법에 대한 결정에 학습자가 참여하며, 학습자의 경험이 학습 자원으로 존중되며, 교수자와 학습자가 함께 학습을 이끌고 참여하는 학습자 중심 교육이다(Knowles, 1980).

▶안드라고지의 교육 원리

① **앎에 대한 욕구**: 성인이 학습을 할 때는 학습의 이유를 생각하고 학습의 결과로 유익함이 있는지 검토 후 긍정적으로 여길 때 학습에 임한다. 그러므로 촉진자(교수자)는 학습자 자신이 알고 싶어 하는 욕구를 정확히 인식하도록 도와야 한다.

② **학습자의 자아개념**: 성인은 인정받고 싶은 욕구를 지니고 자신의 삶에 대한 책임과 관련된 자아개념이 분명하다. 성인학습자의 과거 학습 경험은 매우 중요하게 작용하므로 교수자는 성인학습자가 능동적인 학습 경험을 통해 자기주도적인 학습자로 변화하도록 이끌어야 한다.

③ **학습자 경험**: 성인의 다양한 역할을 통해 축적된 풍부한 경험을 학습 자원으로 활용하기 위하여 지식이나 기술 전달 시 경험적 기법을 중시한다. 성인학습자 각각의 다른 동기, 목표 및 학습 유형을 고려한 개별화된 교수-학습 전략이 필요하다. 토론 집단, 사례 연구, 문제해결 활동 등 경험에 기초한 기법을 통해 학습자 간의 상호작용과 협력을 해 나간다.

④ **학습을 위한 준비도**: 성인학습자는 자신의 일상생활에서 활용 가능하고 자신이 흥미를 가질 주제에 대해 학습하기를 원한다.

⑤ **학습에 대한 지향성**: 성인학습자는 생활지향적, 과업지향적, 문제지향적으로 평생교육을 통해 습득한 새로운 지식, 기술, 가치 및 태도를 실제 삶에서 적용할 수 있을 때 학습 효과가 더욱 향상된다.

⑥ **학습동기**: 성인학습자의 학습은 필요성에 의하여 하므로 외재적 동기(연봉 인상, 승진, 이직 등)도 중요하지만, 특히 내재적 동기인 자아존중감, 직무만족도의 향상, 삶의 질 향상 등은 매우 강하게 영향을 미친다.

〈표 4-1〉 안드라고지의 요소와 성인학습자

안드라고지 요소	안드라고지 접근
학습자의 준비	• 참여 준비 • 내용에 대하여 미리 생각함
학습 분위기	• 상호 존중, 협동과 지지 • 개방적이며 진솔, 인간적

안드라고지 요소	안드라고지 접근
계획	• 학습자와 교수자(촉진자)의 상호작용에 의함
욕구진단/목표설정	• 상호 평가와 상호 협의에 따름
학습계획 짜기/학습활동	• 준비한 결과와 문제의 양에 따라 경험 중심의 질문 활동
평가	• 교수자-학습자, 학습자-학습자 상호 간의 평가 • 프로그램에 대한 상호 평가

출처: Knowles, Holton Ⅲ, & Swanson(2016). the adult leaner.

2) 페다고지(Pedagogy)

페다고지 학습특성은 의도된 목표달성을 통해 획일적인 성과를 나타내는 실증주의 관점을 가진다. 즉, 지식은 성인학습자의 외부에 존재하는 객관적인 실체이므로, 교수자가 학습자에게 지식을 전달하여 체계적으로 구조화함으로써 학습이 전개된다. 이때, 학습자는 스스로 학습을 완성할 수 있는 능력이 없는 존재이며, 외부 전문가에 의해 교육이 주도되는 교수자 중심의 학습이 이루어진다.

이처럼 페다고지 이론은 성인학습자보다 교수자의 역할이 중요시되며, 이들은 가르치고 배우는 일방적인 관계를 형성하는 특성을 나타낸다(김진화, 2006).

또한, 페다고지 학습특성은 안드라고지 학습특성과 대비되어 나타나는 교수-학습관점을 가진다.

성인학습자는 시험에 합격하거나 진학하기 위해 알고자 하는 욕구를 가지며, 성인학습자는 전적으로 교수자에게 의존하는 자아개념을 가지고 있어 교수자의 권유나 사회적 압력 등에 의해 학습에 참여하는 외재적 학습동기를 가진다. 그리고 성인학습자의 경험은 학습과정 속에서 가치 있게 다루지 않고, 변화와 성장을 위해 교수자가 전달하는 주제중심적인 지식을 배울 준비가 되어 있으며, 현재의 시점보다는 미래의 삶에 학습을 적용하는 학습성향을 나타낸다(Knowles, 1989). 이상의 내용을 종합해 볼 때 페다고지 학습특성은 학습자의 의도보다 사전에 획일적으로 계획된 목적하에 교수자가 주도하는 지시적 학습이 강조되며, 학습자는 의존적이고 수동적으로 학습에 참여하는 특성이 강조된다.

3) 휘타고지(Heutagogy)

휘타고지 학습특성은 타인에 의해 행동하는 의존적인 성향에서 벗어나 학습자가 자신의 학습내용과 방법을 선택하여 자신의 학습경로를 결정하고 주도하는 자기결정학습관점을 가진다. 이때 교수자는 학습자에게 평생학습 환경과 학습조건을 제공하며, 역량(competence)을 넘어 능력(capability)을 개발할 수 있도록 지원하는 특성을 조망한다. 또한, 휘타고지 학습정향성은 학습자가 접하고 있는 환경과 다양한 조건이 복합적으로 작용하는 복잡성(complexity)의 시대적 맥락 속에서 다양한 매체를 활용하여 필요한 지식과 정보를 탐색하고 결정하는 접속주의(connectivism) 관점을 가진다. 이때 성인학습자는 자신의 학습을 구성하는 능동적 주체자로서 자신의 문제상황 및 과제를 확인하고, 이를 해결하기 위해 지식을 탐색하고 활용하는 특성을 가진다. 이러한 휘타고지 학습특성은 학습자가 생성학습을 경험하며, 지속적으로 자신의 의미를 구성하고 지식을 생성하는 생성주의(generativism) 관점을 가진다. 즉, 성인학습자는 학습과정의 주체자로서 평생학습을 통해 생성적 학습역량(generative learning competences)과 생성적 기술(generative skill)을 향상하게 된다. 이상의 내용을 종합해 볼 때, 휘타고지 학습특성은 학습자가 직접 참여하는 연구형 학습과 생성적 학습특성이 나타나며, 학습자는 필요한 지식과 정보를 능동적으로 탐구하고 활용하는 특성이 강조된다.

4) 제라고지(Geragogy)

노년기는 고령기라고 할 수 있으며, 제라고지는 '고령자의 교육'이라는 의미로 사용되었으며 '노인을 위한, 노인에 의한, 노년기의 학습'이라고 이해할 수 있다.

제라고지는 노인의 생활, 삶의 보람, 취미 등 고령화에 대응하기 위한 계속발달을 지지하는 노인교육을 의미한다. 또한 노년기의 위기를 예방하기 위한 노후설계를 안내하고 노인이 가지고 있는 자원의 활성화를 통해 생산성과 창조성을 높여 나가는 것을 목적으로 한다. 이것은 노년기를 상실과 결핍의 시기로 보는 것이 아니라, 역량과 성과를 높이기 위해 정신력 보존과 자기결정 능력을 개발하며, 학습을 통해 사회참여의 기회를 촉진하는 시기로 보는 것이다. 제라고지는 여러 가지 학문을 통합하여 노인의 성공적 노화를 지지하고, 행복한 삶의 주인공이 되도록 안내하는 학문으로서 노인을 안내하고 이끌어가는 평생교육적인 측면을 의미한다. 즉, 고령사회로 변화하는 사회가 유지, 존속, 발전하기 위한 사회체계 및 사회 구성원의 역할을 할 수 있는 노인상을 제시한다(이복희 외, 2023).

2 성인학습

1) 성인의 개념

유네스코에서 성인을 규정한 개념은 '성인이란 개인의 발달뿐만 아니라 사회, 경제, 문화 발전에 주체적으로 참여하고, 자신이 속한 사회에서 능력을 개발하고, 지식을 확장하며, 기술적 · 전문적 자질을 향상시켜 행동과 태도를 새롭게 변화시킬 수 있는 대상'을 의미한다. 평생교육은 성인을 대상으로 하며 대부분의 사람은 성인을 연령과 관련된 용어로 생각하지만, 성인의 범위와 기준은 사회마다 다르며, 사회가 부여하고 있는 법적 기준에 따라 다양할 수 있다. 즉, 생물학적, 심리적, 사회적, 법적 관점으로 정의하므로 어떤 사회에서도 특정 나이에 의해서만 성인을 규정하지는 않는다.

로저스(Rogers, 1998)는 성인을 정의하는 데 필요한 세 가지 요소를 제시하였다.

첫째, 충분한 성장: 신체적 성장이 충분히 이루어졌으며, 특히 정신적으로 지속적인 성장을 추구하는 것을 의미한다.

둘째, 주관적인 시각 또는 관점: 자신의 모습을 인지할 수 있고, 타인에게 자신이 어떻게 인지되는지, 실제 자신의 모습이 어떠한지를 바르게 인지할 수 있는 관점으로 성인에게 반드시 필요한 것이다.

셋째, 자율성: 신체적, 정신적인 성숙은 물론, 뚜렷한 주관을 갖고 자율성과 책임감을 형평에 맞게 유지하기 위해 계속해서 노력해야 한다.

성인을 정의하는 방법은 다양하지만, 사회적으로 요구되는 일을 수행할 뿐 아니라 자신의 삶에 대해 기본적인 책임을 지닌 자를 성인으로 규정하는 것이 우리 사회에서 보는 일반적인 견해이다. 법적 규정에 의해서 또는 태어난 연도부터 시작하여 성인을 규정하기도 하며, 사회적 역할이나 심리적 자아개념의 독립성 등을 중심으로 정의하기도 한다. 일반적으로 만 18세 이상으로 자신을 관리할 수 있으며 자신의 삶에 1차적 책임을 질 수 있는 사람을 성인이라 한다. 또한 사회적으로 맡은 일에 책임을 지는 사회적 역할의 수행능력이 강조되고 있다. 또한 결혼과 가족 및 직업생활을 통한 생산적 기능의 소유 여부도 강조된다(권대봉, 1999). 각자의 사회적 · 심리적 발달단계가 다른 성인들은 다양한 교육 욕구를 가지고 본인들에게 적절하고 부족한 부분을 채우기 위해 삶의 여러 경험을 가지고 교육에 참여한다.

다시 말해서, 성인이라는 개념은 연령뿐 아니라 나이가 들어감에 따라 일어나는 상황이나 역할과도 관련되므로, 자신의 선택에 따른 여러 역할을 수행하게 되는 것이다. 그러므로 성인이 된다는 것은 자기 자신의 판단에 의해서라기보다는 우리 사회가 요구하고, 타인이 바라보는 방법에 따라 달라질 수 있음을 의미한다.

또한 많은 학자들(Knowles, 1975; 권두승, 조아미, 2001; 한준상, 2002; 이숙원, 2002)은 성인의 개념을 생물학적으로만 파악하지 않고, 사회적 역할에 기초하여 구분하였다. 즉, 성인의 개념을 사회적인 차원에서 일반적인 판단능력, 자율성, 책임감, 성인생활의 역할, 사회 · 심리적 성숙이라는 의미까지를 포함하는 것으로 알 수 있다.

2) 성인학습의 특성

학습(learning)에 대한 개념도 다양하게 정의되고 있다. 학습이라는 말은 '배운다, 혹은 익힌다'는 말로서 어원은 산스크리트의 레이스(leis)라는 단어에 그 뿌리를 두고 있다. 이 말은 원래 밭의 고랑과 같은 것을 지칭하는 말로서, '길을 따라 간다'는 의미를 갖고 있다. 그래서 학습은 인간이 평생 무엇을 따라가며 일구고, 씨를 뿌리고, 거두어들인다는 의미를 가지고 있다(한준상, 2002). 이러한 측면에서 보면 학습은 연습이나 경험의 결과 일어나는 행동의 지속적인 변화로 이해할 수 있다. 행동의 변화에 대한 순수 · 심리학적 견해는 진보적 또는 퇴보적 행동의 변화를 모두 학습으로 간주하지만, 교육적인 견해로는 바람직하고 진보적인 행동의 변화만을 학습으로 간주한다(서울대학교연구소 편, 1995). 학습이 '행동의 변화'를 의미한다고 할 때 행동은 겉으로 드러내는 외형적인 행동뿐 아니라 가치, 신념, 태도 등과 같은 내면적 행동까지도 포함되며, '변화'라는 말은 어떤 행동의 습득이나 수정을 의미하는 것으로 이해될 수 있다. 또한 행동의 변화는 경험이나 훈련 또는 연습에 의해 나타나며, 변화된 행동을 학습으로 간주하기 위해서는 그 효과가 비교적 오래 지속되어야 한다(권두승, 조아미, 2001).

'성인'이나 '학습' 용어에 대한 개념 합의에는 많은 논쟁이 있기 때문에 이들의 합성어인 '성인학습'에 대한 정의 역시 모든 사람들이 수용할 수 있는 보편적인 정의를 합의하기가 어렵다. 먼저 성인학습의 개념을 성인교육에 대칭되는 개념으로 파악한 것이 있는데, 쟈비스(Javis, 1995)는 교육이란 제도화된 학습으로 규정하였다. 즉, 책을 읽는 동안 '학습'이 일어나지만, '교육'은 독서지도 프로그램과 같은 구체적이고 계획된 과정을 통해 일어나는 것으로 학습과 교육을 구분하였다. 메리엄(Merriam)과 브로킷(Brockitt, 1997)은 '교수-학습의 대응관계에 있어서 학습이란 교수자가 수행하는 일에 대응하는 측면으로서 학습자의 내부에서 일어나는 인지적 과정'을 의미하는 것으로 정의한 바 있다. 그러나 권두승(2000)은 성인학습을 성인교육에 대칭되는 개념으로 정의되는 것에 대해 성인이라든가 학습이라는 용어가 지니고 있는 다양성을 고려하지 못하는 한계가 있다고 지적하였다.

성인학습은 교육에 의해 인도되는 행위뿐 아니라 그것을 넘어서는 보다 넓은 의미로 인식되어야 한다는 주장이 있다. 성인교육의 경우, 일반학교 교육과는 달리 '가르친다'라기보다는 '스스로 배운다'는 성인학습이 중심이다. 성인학습은 관찰가능한 행동과 그러한 행동이 이루어지는 보이지 않는 인지적, 정서적인 과정을 포함하는 학습자 중심의 관점으로 보고 있다. 이와 같은 정의는, 성인학습을 개인적으로는 자아실현의 교육적 수단으로, 동시에 사회적으로는 공동체 발전을 위한 사회참여를 촉진하는 복합적인 수단으로 인식하는 일반적인 개념을 다루고 있다고 볼 수 있다. 보다 구체적으로 UNESCO 주최로 1985년에 개최된 제4차 세계 성인교육회의에서 주창된 내용을 통해 성인학습의 의미를 살펴보면, 성인학습이란 저마다 자신의 능력을 개발하게 하고, 기존의 지식을 더 풍부하게 하며, 이미 획득한 기술과 전문 직업자격을 새로운 상황하에서도 더욱 풍부하게 갱신할 수 있게 하며, 지금까지의 태도나 행동양식을 바꾸게 하며, 각 개인의 보다 원숙한 인성발달을 촉진하는 동시에, 국민 한 사람 한 사람이 보다 균형적인 사회 · 경제 · 문화적 발달과업에 참여할 수 있도록 돕는 것을 말한다. 한편 이러한 관점은 마치 정규교육활동을 끝낸 후 이런 저런 이유로 인해 학습의 기회가 제한되어 있거나, 혹은 여러 가지 사정으로 인해 정규교육 기회를 잃은 사람들을 위한 보상적인 '늦깎이 교육과 학습'을 성인학습으로 간주하는 경향이 있다고 비판을 받기도 한다.

키드(Kidd, 1973)는 아동과 청소년 대상 학습이론들을 성인기에 적용할 수 있는가를 탐색하면서 성인생활 여건의 변화, 사회적 여건 변화에 따른 역할의 변화, 성인학습자와 교육자 사이의 평등관계, 성인의 자기주도적 성격, 인간의 신체적 · 정서적 · 문화적 의미, 나이가 들어가고 죽는 것에 대한 태도 등으로부터 성인학습에 대한 개념을 이끌어 냈다. 이상을 종합하면 성인학습은 교수자가 가르치는 것에 대비되는 개념이며, 또한 학습자 개인에게 자신의 정체성을 확인시켜 주는 수단인 동시에 삶의 의미를 일깨워 주는 도구로서 이해할 수 있다. 인간이 배움의 의지를 가지고 학습한다는 것은 자연스러운 것인데, 성인학습자들은 성인학습을 통해 자신의 부족한 것을 보완하고, 잘못 익혀왔던 것을 교정하며, 새롭게 무언가를 보강해 나간다고 할 수 있다.

노울즈(Knowles, 1989)는 성인학습의 특성을 실생활 지향성과 학습경험의 활용을 중시하는 안드라고지적 관점에 기초하여 서술하였다. 그는 성인학습이 생활지향성에 기초하고 있다는 점에서 성인학습을 조직하는 데 삶의 현장 자체를 중요시하였고, 성인학습을 위한 중요한 자원으로 성인학습자의 경험을 중시하였다. 또한 여기에서 교사의 역할은 지식의 전달과 평가를 위한 것이 아니라 성인학습자들과 함께 문제를 탐구해 나가는 동반자의 역할을 수행하는 것으로 보았다.

성인학습자들 간에는 적지 않은 개인차가 존재하는 것으로 보고 성인학습자들의 연령, 학습스타일, 시간, 장소, 학습 속도와 관련된 개인차를 충분히 고려하여야 한다고 하였다. 학습자는 코스의 목적을 이해하고 동의하여야 하며, 학습하고자 하는 욕구가 있어야 하고, 학습과정에 참여하고 이에 대해서 인식하여야 하며, 자신의 학습 속도대로 학습, 자신의 학습 진척도에 대하여 알고 성취감을 가질 수 있어야 한다고 하였다.

학습상황은 자연스럽고 화기애애한 분위기가 유지될 수 있도록 해야 하며, 신체적으로 안락함을 느낄 수 있도록 배려하고, 학습경험 및 수업방법의 다양화를 강조하였다. 카파엘라(Caffaella, 1994)는 성인학습자들에게 특별한 관계를 통한, 그리고 관계를 형성하기 위한 학습을 강조하였는데 학습경험을 계획 · 구성하는 기본적인 방법으로 협동적 상호작용, 교수자와 학습자가 학습과정에서 상호 지원적일 때, 협력적 의사소통을 사용하는 것을 효과적으로 보았고, 감정을 학습과정에 있어서 관계를 향상시킬 수 있는 중요한 요소로 인식하였다.

권두승(2000)은 성인학습의 기본 특성으로부터 성인학습의 방법을, 그리고 성인학습자들의 특성이라든가 성인학습자들이 처해 있는 조건으로부터 성인학습을 효과적으로 지도할 수 있는 원리들을 도출하였다.

성인학습의 방법으로는 크게 자발적 학습원리, 자기주도적 학습원리, 상호학습의 원리, 생활적응의 원리로 제시하였다. 자발적 학습의 원리란 학습자가 타인으로부터 강제된 것이 아닌 스스로의 의지에 기초하여 행하는 학습을 말하고, 자기주도적 학습원리란 학습자가 주체적으로 학습의 목적 및 방법을 결정하고, 자신의 향상을 도모하기 위하여 학습하는 것을 말하며, 상호학습의 원리란 교수자와 학습자 사이에 서로 가르치고 배우는 활동이 일어나는 것을, 생활적응의 원리란 성인이 생활 가운데 당면하게 되는 과제 및 요구에 기초하여 학습을 전개하고, 그 과제 혹은 요구가 충족된 후 생활에 직접 활용 또는 적용하는 것을 말한다.

3) 성인학습자의 특성

평생교육에서 성인학습자는 어떤 것을 배워야 하며, 무엇을 배우고자 하는지, 어떤 기회들이 주어지는지, 그들이 영향을 받는 다양한 환경들에 의하여 달라질 수 있다. 성인으로서 다양한 역할과 책임을 지는 것은 결코 쉬운 일이 아니므로 이에 대한 준비와 학습이 필요하다. 대부분의 사람은 성인기를 거치면서 원하지 않아도 삶의 위기를 만나게 되므로, 성인으로서 위기를 극복하기 위한 대처 능력을 미리 갖출 필요가 있다. 성인기가 되면 25세 이상부터 자연스럽게 성장이 멈추고 노화를 겪게 되는 신체의 변화를 받아들여야 하지만, 변화의 정도는 개인에 따라 차이가 있다.

성인의 신체적 · 사회심리적 발달양상은 각기 다르며, 평생교육에 참여하는 학습자는 여느 성인들과 다름없이 다양한 생애 사건과 위기를 두루 경험한 사람들이라고 미루어 짐작할 수 있다. 그러므로 성인학습자가 성인기 동안에 경험하게 되는 신체적 · 정신적 · 사회적 · 심리적 특성을 이해하고 올바르게 인식하는 것은 평생교육에서 중요한 요소이므로 성인이 갖는 구체적인 특성에 대해 살펴본다.

[그림 4-1] 성인을 규정하는 요소

출처: 권영선 외(2021). 평생교육방법론.

성인학습자는 지식정보사회 속에서 스스로의 생활양식과 패턴을 반영하여 삶의 가치와 목적 실현을 위한 학습경로를 설정하고 실천하는 존재로서 독특한 학습특성을 보인다. 성인학습자라는 용어는 20세기 초반, 성인이 학습자로 등장하게 된 시대적 현상에 주목하여 학술적으로 개념화되었다.

성인학습자는 지식정보사회 속에서 삶의 가치와 목적 실현을 위하여 스스로 학습경로를 탐색하고 실천하는 평생학습을 생활화하는 자기주도적 성장의 주체로 볼 수 있으며, 다양한 지식과 정보를 관리하는 지식관리자인 동시에 새로운 가치를 창출하는 자기 창조자(self-creator)의 속성을 가진 존재로 정의하고 있다(한준상, 1999; 김진화, 2015). 버밀리(Vermilye)는 성인학습자의 속성에 근거해 성인평생학습자(adult lifelong learner), 평생학습자라는 개념을 만들어 냈다(Vermilye, 1974; Gross, 1982; Rohse & Anderson, 2006). Knowles (1980: 24-26)는 자율성과 능동성, 기존 지식과의 연계성, 목표 지향성, 당면문제 지향성, 실용성을 성인학습자의 특성으로 밝혔다.

성인학습자는 자율성과 능동적 학습활동의 특성이 있으므로, 교수자는 사실 제공 위주의 교육보다 촉진자로서의 역할을 하여야 한다. 성인학습자들은 자신이 이미 습득한 지식과 경험을 학습으로 연관짓고자 하며, 교육목표에 맞게 잘 조직된 프로그램을 원한다. 또한 성인학습자는 자신의 흥미가 반영된 주제를 선택하고자 하며, 실용적인 지식에 대한 흥미가 높다.

또한 인지적 특성과 관련하여 성인학습자는 어떠한 연령층에 속하더라도 성인학습활동에 참여가 가능하며, 학습의 효과나 학습성과 등의 차이는 연령차보다 성인학습자들의 지각과정, 태도, 주의집중, 동기, 질병을 포함한 유기체의 생리학적 상태에 기인한 것이므로, 성인들의 학습을 위한 최적의 조건을 구비해 주는 것을 무엇보다도 필요한 조건으로 제시하고 있다. 정의적 특성과 관련하여 성인학습자는 자발적인 선택과 참여를 중요시하므로 동기와 더불어 배움에 대한 두려움, 혐오감, 학습환경과의 연계 속에서 나타날 수 있는 의식적·무의식적 저항의식 및 자기방어, 자신이 얼마나 인정을 받고 있는지에 대한 자기충족적 예언(self-fulling prophecy)이 중요하다. 경험적 특성과 관련하여 성인학습자는 아동과 비교해 훨씬 다양하고 많은 경험을 개인마다 가지므로 성인학습자들의 교육이나 학습활동의 조직과정에서 이들의 다양하고 풍부한 경험들을 학습자원으로 최대한 활용하는 것이 필요하다. 성격적 특성과 관련하여 성인학습자는 소외감, 절망감, 방어적 성격, 독단주의적 성격, 강직성 등이 연령과 함께 늘어가는 추세이며 이로 인해 배움에 거부감을 느끼거나 저해요인으로 작용하는 경우가 있음이 밝혀졌다.

신체적 특성과 관련하여 성인학습자는 감각수용능력 중 특히 시력과 청력이 점차 감소된다. 이 같은 신체적 퇴화는 성인이 학습에 양적·질적으로 영향을 주어 과거 경험을 중심으로 성인의 지식 능력이 점차 고정되게 된다(Botwinick, 1973; Riley et al., 1968; Warren & Warren, 1970; Kidd, 1973). 사회적 특성과 관련하여 성인학습자는 여러 요인과 상호작용을 하는 집단 활동과정을 통해 배움의 효율성을 높일 수 있는데, 학습자와 강사, 학습자와 타 학습자, 학습자 자신과 학습활동 간의 내적인 상호작용 등으로 구분할 수 있다(김진화, 2006).

정리하면, 성인학습자는 전 생애 동안 다양한 생활세계에서 평생학습을 생활화하고 전략화하는 자기주도적 성장의 주체이며, 다양한 지식과 정보를 관리하는 개인적 지식관리자인 동시에 새로운 가치를 창출하는 자기창조자(self-creator)의 속성을 가졌다. 성인학습자는 스스로 학습경로를 선택하고 교육의 품질을 평가하는 주요 주체로서, 자신이 경험하고 지각하는 모든 상황을 평생교육의 환경으로 인식한다.

성인학습자가 성인기 동안에 경험하는 신체적 · 정신적 특성을 이해하는 것은 평생교육을 실행함에 있어 중요하다. 성인학습자는 뚜렷한 자신의 목표와 경험을 바탕으로 학습에 임하며, 실제로 쓰임새가 있는 학습이 되기를 원하기 때문이다. 그러므로 아동기 · 청소년기와는 다른 특성을 지닌 성인의 다양한 특성을 알아야 할 필요가 있다.

〈표 4-2〉 **성인학습자의 특성**

Knowles(놀즈)	Levine(레빈)
자발적이고 자치적	자신의 학습에 독립적, 자발적
삶에 관련한 상당한 경험과 지식을 축적	가치 있는 경험을 상당히 지님
목적지향적	자신의 나이에 해당하는 삶과 관련된 주제에 관심
관계지향적	현재 상황의 문제 해결을 위해 관련 정보나 지식, 아이디어에 관심을 가짐
현실적	바로 적용하여 활용 가능한 정보에 관심
존중되기를 원함	청소년에 비해 학습동기를 자발적으로 만듦

출처: 권영선 외(2020). 평생교육방법론.

4) 성인학습의 특성과 원리

성인 발달의 연구에 따르면 연령이 증가할수록 성인의 학습 과업 수행능력은 점차 감소한다고 한다. 그러나 지능을 볼 때 인간은 유동성 지능과 결정성 지능이 있는데 기억력이나 암기력 등의 유동성 지능은 나이가 들면 감소하지만 이해력의 결정성 지능은 잘 발달시키면 감소하지 않고 계속 증가한다. 그러므로 나이가 들어도 결정성 지능으로 학습이 가능하여 성인들도 학습이 가능하다는 것을 알 수 있다.

시각정보 처리에 있어서 성인은 시각 자료를 좀 더 체계적이고 적극적으로 관찰하려는 특성을 보여 아동들이 주로 개별적 관찰에 머무는 점과 큰 대조를 보인다. 즉 성인은 맥락 안에서 사태를 파악하며 따라서 종합적 시각의 형성을 지향한다는 것이다.

또한 나이가 들수록 체력이 저하되어 성인들은 학습 과제를 완수하는 데에 시간이 더 필요하며 속도가 요청되는 과업에도 젊은 사람들 수준에 미치지 못하다. 즉, 시간이나 속도를 요하는 것은 페다고지 학습자(아동, 청소년)들보다 상대적으로 시간이 더 필요하다. 그러므로 성인들의 교육에서는 성인의 특성을 고려한 학습방법이 필요하다. 성인학습의 촉진책으로 채택될 수 있는 방법은 예컨대 학습 진행 속도의 완화, 과제의 다양성 축소, 과거의 경험 또는 지식의 학습활동에서의 적극 활용 등이 있다.

이러한 논의에 기초하여 성인학습의 특성과 이에 따른 원리를 정리하면 다음과 같다(이복희 외, 2023).

① 성인은 학습 필요성에 유념한다. 즉 그들은 학습할 때, 배움으로써 얻는 이로운 점과 그렇지 않을 때의 불리한 점을 파악하는 데 상당한 관심이 있다. 따라서 성인학습에서는 학습자가 알고자 하는 욕구를 해소시키도록 도와주는 것이 중요한데, 특히 그들의 삶과 관련된 가치를 강조하는 것이 바람직하다.

② 성인은 자율적 학습 욕구를 가지고 있다. 발달심리학적으로 볼 때 사람은 유소년기에는 전적으로 의존적이다가, 나이가 들면서 점차 자율적으로 된다. 따라서 성인학습에서는 성인들의 내면에 있는 이러한 자율성 추구라는 자연적 욕구가 충족될 때 보다 효과적인 학습이 가능하다.

③ 성인은 상이하고 다양한 경험을 지닌 채 학습에 임하게 된다. 따라서 성인교육 방법에서는 강의와 같은 전통적 방법보다는 학습자의 경험을 반영하는 토론이나 모의실험 등과 같은 교수전략을 활용할 필요가 있다.

④ 성인은 실생활에 익숙한 소재로 이루어진 교육에 관심이 많다. 따라서 성인교육에서는 학습자의 요구와 발달단계에 따르는 과제가 정확히 파악되어야 하며 이와 아울러 파악된 과제가 학습활동에 적극 반영되어야 한다. 예컨대 직업인, 배우자, 부모 등의 역할과 관련되는 주제나 소재들이 성인학습 활동에는 효율적으로 작용한다.

⑤ 성인은 과제지향적 또는 문제지향적으로 학습에 임한다. 이는 아동중심의 학교교육에서 강조되는 교과중심 교육에 대치되는 것으로 성인교육 과정은 실제 생활에 즉시 적용될 수 있도록 조직되어야 함을 함축한다.

⑥ 성인은 압력, 승진, 봉급 등과 같은 외재적 동기뿐만 아니라, 내재적 동기에 의해서

도 크게 영향을 받는다. 물론 성인들도 외재적 동기에 의해서 동기화되지만 더 근본적인 동기의 원천은 자아존중 욕구, 책임의식, 권한, 성취욕 등이다. 성인학습에는 이러한 내재적 동기화에 학교교육과는 달리 특히 주의할 필요가 있다.

권두승(2000)은 성인학습의 기본특성으로부터 성인학습의 방법을, 그리고 성인학습자들의 특성이라든가 성인학습자들이 처해 있는 조건으로부터 성인학습을 효과적으로 지도할 수 있는 원리들을 도출하였다. 성인학습의 방법으로는 크게 자발적 학습원리, 자기주도적 학습원리, 상호학습의 원리, 생활적응의 원리로 제시하였다. 자발적 학습의 원리란 학습자가 타인으로부터 강제된 것이 아닌 스스로의 의지에 기초하여 행하는 학습을 말하고, 자기주도적 학습원리란 학습자가 주체적으로 학습의 목적 및 방법을 결정하고, 자신의 향상을 도모하기 위하여 학습하는 것을 말하며, 상호학습의 원리란 교수자와 학습자 사이에 서로 가르치고 배우는 활동이 일어나는 것을, 생활적응의 원리란 성인이 생활 가운데 당면하게 되는 과제 및 요구에 기초하여 학습을 전개하고, 그 과제 혹은 요구가 충족된 후 생활에 직접 활용 또는 적용하는 것을 말한다.

성인학습의 지도 원리로는 근접성의 원리, 적합성의 원리, 동기부여의 원리, 우선성의 원리, 쌍방향 커뮤니케이션의 원리, 피드백의 원리, 참여학습의 원리, 다중감각활용의 원리 및 반복학습의 원리 등 9가지 원리를 제시하였다.

① 근접성의 원리란 선행학습과 후행학습이 시간적, 공간적, 표상적으로 근접 또는 유사성을 띨 때 보다 쉽게 학습되는 것을 말하는데 이를 위해서 학습상황에서 교수자는 요점을 자주 정리해 주고 중요한 내용은 수업 종료 시점에서 다시 한번 강조해야 한다고 하였다.

② 적합성의 원리는 교육용 보조자료, 사례연구, 학습내용, 학습방법 등이 학습자의 요구에 잘 부합되어야 한다는 것을 의미한다. 따라서 교수자나 운영자는 성인학습에 참여하는 학습자의 요구를 분명히 파악하고 있어야 하며, 학습자들이 익숙하게 느끼는 사례를 적절하게 활용할 수 있어야 한다.

③ 동기부여의 원리는 성인학습자들이 배우고자 하는 동기부여가 되어 있고, 목적의식이 강한 경우 학습효과가 높다는 것을 전제로 한다.

④ 우선성의 원리는 처음에 배운 내용이 가장 잘 학습된다는 것을 전제로 수업 도입부에 중요한 사항을 포함시킬 것을 강조하였다.

⑤ 쌍방향 커뮤니케이션 원리란 교수−학습과정이 학습자들과 함께 의사소통을 하면서 진행해야 한다.

⑥ 피드백의 원리에서는 교수−학습 상황에서 교수자는 학습자들이 의도하는 방향으로 학습이 잘 진행되고 있는지, 진행속도는 적절한지를 파악하고 있어야 하며, 피드백과 함께 학습자들의 학습참여활동을 촉진하기 위한 적절한 강화를 사용할 때 학습에 대한 바람직한 결과를 가져온다고 보았다.

⑦ 참여학습의 원리는 학습자들이 학습에 능동적으로 참여할 때 학습의 효과가 높다는 것이다.

⑧ 다중감각을 활용한 원리는 학습의 도움이 되는 범위에서 학습자들의 다양한 감각을 학습에 활용하는 방법을 도입한다.

⑨ 반복학습의 원리는 반복학습한 내용이 가장 잘 기억되며 배운 지식에 대한 활용도는 높아진다고 보았다.

한상길(2001)은 지식을 많이 축적한 학습자는 새로운 정보의 습득능력이 높으며, 복잡한 사고가 가능해진다고 보고 성인의 학습 준비도를 높이기 위해서는 선험학습이 중요하다고 보았다. 또한 성인학습자들이 지니고 있는 풍부한 교육적 경험으로 인해 다양한 교육활동이 전개될 수 있으며, 성인학습자의 내재적 및 외재적 욕구충족을 위한 교육활동이 제공될 때 계속적인 학습참여가 보장될 수 있다고 하였다. 청소년기 학교교육의 부정적인 경험으로 인하여 두려움과 불안감을 갖고 있는 성인학습자들이 적지 않으므로 정적 강화가 부적 강화보다 훨씬 효율적인 것으로 보고 학습에 있어서 자신감과 성취감을 느끼도록 하는 것이 중요하다고 보았다. 학습방법에 있어서는 일정한 시간적 간격을 두고 체계적으로 반복하여 실시할 것과, 성인학습자들은 스스로의 발전을 위하여 학습에 참여하는 성향이 강하기 때문에 수동적으로 학습활동에 참여하는 것보다는 자발적인 참여를 유도하고, 학습자의 성장과 발달을 통해 자아실현을 도와줄 수 있어야 한다고 하였다.

다양한 학자들이 성인학습자의 특성에 대하여 제시하였으나 레빈과 놀즈는 다음과 같이 제시하고 있다.

① 성인은 자기주도적이다

성인은 자신의 목표와 경험을 바탕으로 하여 확고한 가치, 견해를 지니고 행동하는 자기주도적인 존재이므로 직접적인 학습목표를 가지고 학습에 참여한다.

② 성인은 행동지향적이다

성인의 학습동기는 대개 문제해결이나 또는 실용적인 목표가 있을 때이므로 광범위한 개념을 폭넓게 다루는 학습을 좋아하며 효과가 향상된다.

③ 성인은 수동적인 활동에 흥미를 느낀다

성인은 자신이 수행할 수 있는 적당한 활동의 학습에 관심을 보이며, 활동량이 많은 것보다는 신체에 부담을 느끼지 않을 정도의 학습이 적당하다.

④ 성인은 두려움이 많다

성인학습자는 기존에 경험에 보지 않은 새로운 학습 상황에 대해 낯설어하며 적극적으로 임하지 못한다. 학령기에 경험한 학습 실패에 대한 두려움이 있거나 특히 교육수준이 낮은 성인의 경우에는 학습에 대한 두려움이 있을 수 있다.

⑤ 성인은 실리적 이익을 원한다

성인학습자는 학습에 투자하는 비용과 시간, 학습을 함으로써 얻게 되는 실제 이익을 고려하며 학습에 임한다. 그러므로 성인학습자들에게 경험에 기반을 둔 학습동기와 학습내용이 될 수 있도록 고려하고, 학습으로 얻게 될 실제적 이득이 무엇인지를 제시하여야 한다.

⑥ 성인학습자는 배운 것을 바로 활용하기를 원한다

성인은 현재 혹은 가까운 미래에 필요한 활용을 위해 학습을 하는 성향이 강하므로 배운 것을 직업, 일상생활에 적용할 수 있도록 프로그램을 제공한다.

⑦ 가치와 기대를 갖는다

성인은 누구나 자신만의 가치체계를 가지며, 또 과거의 경험에서 비롯된 편견이나 태도 역시 적지 않게 지니고 있다. 놀즈(Knowles, 1984)는 성인이 경험에 대하여 갖는 의미에 대하여 성인에게 있어서 경험은 자신이 누구인가를 결정하고 자아정체성을 창조하는 데 핵심적이라고 하였다.

대부분의 성인학습자는 학습에 대한 나름대로의 기대를 가지고 학습에 참여한다. 성인 중에는 과거에 학교에서 학습했던 경험을 가지고 있는 사람도 있지만 그렇지 못한 비문해자도 있을 수 있다. 그럼에도 불구하고 학습을 시작하게 되면서 어떤 학습자는 학교생활 경험 중에서 성공적이고 행복했던 경험을 떠올리고 기대를 하거나 그렇지 못했던 경험을 바탕으로 새로운 기대를 가지고 평생교육에 참여한다.

또한 학교생활을 전혀 해 보지 못한 비문해학습자 혹은 저학력 학습자는 경험하지 못한 학습에 대한 높은 기대를 가지고 학습에 참여하게 됨을 알아야 한다.

5) 평생교육환경과 성인교육

(1) 평생교육환경

평생교육환경의 개념은 교육환경에 대한 논의들을 통해 정립해 볼 수 있다.

교육환경은 교육적인 활동에 관여하는 학습자에게 영향을 주는 모든 물리적 · 심리적 환경, 또는 정서적 조건, 사회적 · 문화적 영향으로 정의할 수 있다. 이는 효율적인 학습 증진을 위해 지원하는 상황적 · 맥락적 조건을 의미한다. 이러한 개념은 인간에게 교육적으로 긍정적인 영향을 미치는 외적 조건과 자극의 개별적, 총합적인 구조와 작용으로 정의할 수 있다. 즉, 학습자를 둘러싸고 있는 모든 상황이 교육환경에 포함될 수 있으므로 교육환경은 단순히 물리적 조건뿐만 아니라 심리적인 조건까지 포함하는 것을 말한다.

교육환경에 대한 그간의 논의는 주로 학교와 교실을 중심으로 이루어졌다(이수근, 2018; 김동민, 1984). 교실환경은 교육의 주체인 교사와 학생들에 대한 목적의식과 의도성을 가지고 있어야 하며, 내면적인 자극과 의도성을 표현할 수 있는 가시적인 물리적 환경이 필요하다(이수근, 2018). 특히, 학습공간의 물리적 요인은 거의 모두가 환경요인으로 관여하고 있다. 온도, 빛, 습도, 진동 등 에너지와 관련된 거의 모든 것과 소음, 통풍 등 대기환경, 교육시설의 공간 및 구조, 시설물의 배치와 크기, 조명, 동선 등도 물리적 요인에 포함될 수 있다. 이러한 물리적 요인 외에도 학습자의 학습활동에 영향을 주는 학교 및 학급의 조직풍토, 분위기 등은 학교사회를 구성하는 교사, 학습자, 교육행정가 등 구성원들의 상호작용으로 만들어진 학교의 심리·사회적 환경요인으로 작용한다. 따라서 학습자의 인지적인 성장과 정서적인 성장 측면에서도 인간발달에 긍정적으로 영향을 미칠 수 있도록 교육적 환경을 조성해야 할 필요가 있다.

학교와 교실중심의 교육환경은 아동과 청소년에 관한 인지적·정서적 특성에 맞추어 다루게 되므로 성인학습자의 특성을 고려하지는 않았으나, 교육환경에 있어 물리적 요인 외에도 심리·사회적 요인의 중요성을 강조하였다는 점에서 평생교육환경에 시사하는 바가 크다.

위의 논의를 토대로 평생교육환경의 개념을 정리하면 다음과 같다. 성인학습자는 페다고지적 관점과는 차별적인 학습특성과 요구를 갖는다(Knowles, 1990; O'Tool & Essex, 2012). 특히 성인학습자는 삶의 가치와 목적을 실현하기 위해 스스로 학습경로를 설정하고 탐색하여 평생교육에 참여한다는 점을 고려할 때, 평생교육환경은 성인학습자의 교육환경에 대한 인식에 따라 유·무형의 모든 상황과 맥락이 환경으로 작용하는 것을 알 수 있다. 즉, 평생교육환경은 평생교육 활동에 관여하는 학습자의 성장과 발달에 영향을 주는 교육상황에서의 모든 상황적·맥락적 조건이다.

(2) 평생교육환경의 이론적 관점

성인친화형 학습환경 패러다임 전환의 관점에서 평생교육은 지식사회와 평생학습시대라는 시대적 맥락과 조건이 반영되어 형성된 개념이므로 평생교육환경 또한 성인친화형 학습환경 패러다임 전환의 관점에서 접근할 필요가 있다. 학습환경 패러다임 전환이란 평생교육이 학교환경과 교실환경 속에서 교사와 학생이 경험하는 제한된 학습환경의 패러다임에서 벗어나 성인학습자의 특성에 초점을 맞춘 성인친화형 학습환경으로의 전환을 말한다. 이는 학습자의 욕구에 관한 이해와 변화로 설명될 수 있다. 매슬로우

(Maslow, 1943)의 욕구체계이론에 따르면 욕구는 가장 기초적인 생리적 욕구로부터 안전의 욕구, 애정 및 소속의 욕구, 자기존중의 욕구, 자아실현의 욕구에 이르기까지 다양하다.

(3) 학습생태학적 관점

학습생태학적 관점(learning ecology perspective)은 학습이 이루어지는 환경에 주목하여 인간과 학습환경의 상호작용과 연계성을 강조한다.

생태학적 학습환경은 과학기술의 발전으로 다양한 전자 네트워크가 학습환경으로 확산되는 현상을 보이고 있으며, 교수자와 학습자 간 이루어지는 상호작용을 학습과 교수에 대한 체계적인 접근과 관계성에 기반하여 학습생태학적인 원리로 설명하였다(Frielick, 2004). 이는 학습이 이루어지는 과정이 인지적 요소로만 전개되는 것이 아님을 강조한 것이다.

일반적으로 학교의 수업환경은 학생들의 학습에 직 · 간접적으로 영향을 주는 물리적, 심리적 환경으로 구분할 수 있다. 물리적 환경은 교실의 시설이나 교재 및 교구, 매체의 구축 상태 등이고, 심리적 환경은 수업상황 속에서 일어나고 있다고 지각하는 심리적 변인으로 형성된 환경으로서 교실 분위기, 교사와 학생의 상호작용, 교사의 학생에 대한 역할 기대, 구성원 상호 간의 태도, 물리적 환경에 대한 만족도 등을 말한다. 그런데 물리적 환경은 학생의 인지과정을 통해 심리적 환경으로 전환되기 때문에 수업환경에서 물리적 환경과 심리적 환경은 서로 다른 대립적 관계라기보다는 상호작용적 관계로 보는 것이 타당하다(이재천, 1998).

이 같은 연구는 평생교육환경 또한 학습자에게 일방적으로 공급되는 것이 아니라, 성인학습자를 중심에 둔 학습생태계로 이해해야 함을 시사한다. 더불어, 과거에는 성인학습자의 요구가 주로 교육내용이나 교육방법 중심이었다면, 최근에는 문화적으로 이질적인 대중의 증가로 인해 학습자들의 요구 또한 다양해져 교육내용이나 방법 외에도 교육 기자재, 직원 서비스, 교육시설, 강사 자질 등 여러 측면에서의 요구가 높아지고 있다(전선영, 2013). 그러므로 학습생태학적 관점은 인간이 경험하는 학습과 관련된 환경에 주목하여 학습생태계라는 고유한 개념으로 특화시킴으로써 성인학습자가 평생교육에서 학습생태계를 구성하는 다양한 요인과 상호작용하는 현상을 조망한다는 점에서 의미하는 바가 크다(최정연, 2020).

3 성인학습자의 학습 참여 동기

1) 성인학습자의 학습 참여 동기

성인학습자가 평생학습 프로그램에 참여하는 동기는 평생학습기관 및 교수자, 평생교육사가 알아야 하는 요소이다. 학습은 학령기에만 할 수 있다는 잘못된 고정관념에서 벗어나 성인도 얼마든지 학습이 가능하다는 것을 알게 되는 부분이다. 성인학습자가 학습에 참여하는 동기를 파악하고 분석하고 그들의 욕구를 인식하여 프로그램에 반영하게 되면 다양한 연령대의 성인학습자들이 프로그램에 참여하게 될 것이다. 그러므로 평생학습의 참여 확대 및 평생교육의 활성화를 도모하기 위해서 성인학습자의 학습 참여 동기는 중요한 부분이다.

성인학습자의 학습 참여 동기는 학습자의 성향에 따라 다양하다. 실제적으로 평생교육에 참여하는 학습 동기는 학습자가 가지고 있는 관심사와 학습내용이 적절한 관계가 있을 때 나타난다. 그러므로 평생교육기관이나 교수자는 성인학습자가 갖고 있는 다양한 학습욕구를 알고 어떠한 배경에서 생겨난 동기인지 좀 더 근본적으로 파악할 필요가 절실하다.

호울(Houle, 1961)은 평생교육에 참여하는 성인학습자들은 무엇인가 보상받고자 하는 학습목적을 지니고 있으며 각자의 참여 동기 유형이 다를 것이라고 전제하고 있다.

〈표 4-3〉 호울의 성인학습자 학습 참여 동기 유형

유형	내용
목적지향	참여 동기가 외부에 분명히 드러나는 유형으로 현실적인 필요나 이득, 이해관계를 충족시키려는 욕구에 의한 것이다. 학습자들의 유형은 생활 속에서 일어나는 실제적 문제해결의 도구로서 활용하기를 원하며 적극적으로 학습에 참여하는 특성을 갖고 있다.
활동지향	학습하는 활동 그 자체를 즐기며 교수자, 학습자와 사회적인 상호작용하는 것을 주 목적으로 참여한다. 학습자들은 반복되는 일상의 단조로움을 피하고 지루함, 고독함 등의 소외의식으로부터 변화를 갖기 위하여 참여한다. 또는 가정, 직장생활에서 마주하게 되는 여러 어려운 상황들로부터 회피하기 위하여 학습에 참여한다.
학습지향	교육에 대한 참여를 통해 지식을 습득하고자 하는 욕구를 지니고 학습 자체에 의미를 두고 있다. 학습자들은 모든 학습활동들이 자체의 목적과 의미를 갖고 각각의 학습활동이 지니고 있는 의미의 총체에 참여 동기를 두고 있다.

출처: 권두승, 조아미(2001). 성인학습 및 상담.

▶ 우로도우스키(R. J. Wlodowski, 1999)가 제시한 성인학습자의 참여 동기

① 성공(Success): 학습에 있어 성공적인 학습자가 되기를 원함

② 의욕(Volition): 학습에 있어 선택된 감정과 학습을 하려는 의지가 많음

③ 가치(Value): 학습을 함에 있어 가치가 있다고 생각하는 것을 하기 원함

④ 즐거움(Enjoyment): 학습하는 것이 즐겁다는 것을 경험하고 싶어함

성인학습자들이 평생학습에 참여하는 동기는 학자들마다 다양하게 유형화하고 있어 일반화된 유형을 제시하기는 쉽지 않다. 한 개인이 갖는 욕구가 다양하고 많은 것처럼 학습자들은 하나의 참여 동기만으로 접근하는 것이 아니라 참여 동기와 학습목적을 다양하게 갖기 때문이다. 그러므로 교수자는 학습자들의 요구조사를 바탕으로 프로그램을 개발하고, 그에 적절한 교수방법과 학습내용을 선정 · 적용하는 것이 필요하다.

2) 성인학습자의 학습 참여 장애요소

성인학습자는 한 가지 일을 하는 것이 아니라 다양한 조직에 속해 있는 사람들이다. 예를 들어 직장에 다니는 학습자, 가정주부, 은퇴자, 대학생 등 다양한 학습자들은 그들의 책임과 의무를 감당하며 평생교육 현장에 참여하는 사람들이다. 그러므로 성인교육 참여에 영향을 주는 요인은 다양하다 할 수 있다. 평생교육에 참여하는 학습자들의 참여 동기는 개인적 요인과 사회환경적 요인의 총체적 영향력에 따라 참여 정도가 나타난다. 학습자들은 사회구조적 요인으로서 사회적 배경, 학력 등을 반영하는 가족상황, 학습을 투자로 여기고 성인교육의 프로그램에 참여하는 등 자신들에게 얼마나 영향을 미치는가에 따라 참여 동기가 다르다.

성인이 학습에 참여하지 못하는 장애요소는 시간 부족, 경제적 문제로 나누어 볼 수 있다. 특히 성인은 자신뿐만 아니라 가족을 부양하거나 다양한 관계를 맺고 있으므로 시간적, 경제적으로 여유롭지 못하다. 성인이 학습에 참여하고 싶으나 저해되는 일반적 요인은 다음과 같다.

첫째, 상황적 요인

개인의 생활환경이 교육에 참여하는 것을 어렵게 만드는 경우이다. 예를 들어 가장 흔한 것은 시간의 부족으로 직장일이나 가사일로 인하여 학습에 참여하지 못하는 경우이다. 또한 가족을 돌봐야 하는 부양의 책임으로 인하여 경제적 여유가 없어 평생교육에 참여하지 못하는 경우 등이다.

둘째, 교육기관이나 제도의 문제

프로그램에 관련된 규칙이나 절차 등이 학습자의 참여를 제약할 수 있다. 교육시간이나 학습자가 원하는 프로그램을 가까운 기관에서 찾지 못하는 경우가 해당된다. 또한 평생교육기관의 행정처리나 거주지 제한 등도 저해요인이 된다.

셋째, 개인의 속성요인

학습자가 교육에 관련된 부정된 경험을 한 적이 있거나 소극적인 성향을 가진 사람들이 교육에 참여하는 것을 꺼리는 경우이다. 또는 자신이 학습에 참여할 경우에 적응하지 못할 수 있다는 불안감이나 다른 학습자들보다 뒤떨어질까 염려를 해서 학습에 참여하지 못하는 경우이다.

넷째, 정보의 요인

학습자 개인들이 교육 기회에 대한 정보를 제대로 파악하지 못하거나 충분한 정보가 없어 참여하지 못하는 경우가 있다. 그러므로 평생교육에 참여하지 않는 학습자들이 자신의 삶에 만족하거나, 더 이상 학습할 것이 없어서 참여하지 않는 것이라고 섣불리 판단해서는 안 된다.

연구문제

1. 성인학습자의 특성과 학습원리에 대하여 논하여 보시오.
2. 휘타고지(Heutagogy)와 제라고지(Geragogy) 학습자에 대하여 논하여 보시오.
3. 성인학습자의 학습장애 요소에 대하여 토론하여 보시오.

활동 호울(Houle의 학습 참여 동기

▶ **활동주제:** 호울(Houle)의 학습 참여동기 유형에 따른 토론

1단계: 목적지향, 활동지향, 학습지향에 대한 의미나 시사점 도출을 위한 토론

2단계: 팀별로 3가지 유형 또는 1~2개 유형으로 논의

3단계: 팀원들이 논의한 것들을 모아 전지에 기록
(다양한 의견을 정리하여 발표를 할 수 있도록 준비)

4단계: 각 팀별로 논의된 것을 발표

5단계: 전체의 발표 내용에서 공통된 시사점이나 문제점 등을 정리

▶ **활동가이드:**

- **준비물:** 전지 또는 이젤패드, 네임펜
- **소요시간:** 30분

05

Chapter

평생교육법과 제도

학습개요

우리나라 평생교육의 법적 제도로는 그 근간을 이루는 헌법과 교육기본법 그리고 평생교육법이 있다. 우리나라의 「평생교육법」은 1982년에 제정된 「사회교육법」을 근간으로 하고 있다. 사회교육법은 3차례의 개정을 거쳐, 1999년 평생교육법으로 제정 · 공포되어 2007년 전부 개정되었다.

「평생교육법」의 전면 개정은 누구나, 언제, 어디서나 원하는 교육을 받을 수 있는 열린교육사회 실현을 위한 평생교육의 법적, 제도적 기틀이 되었다. 이 장에서는 우리나라의 평생교육법을 초기 평생교육법, 개정 평생교육법, 현 평생교육법의 내용으로 구분하여 살펴보고, 평생교육제도 중 평생교육 추진체제 및 평생학습계좌제, 학점은행제 그리고 평생교육기관 유형에 대해 살펴보고자 한다.

학습목표

1. 우리나라 평생교육법의 변천과정을 설명할 수 있다.
2. 우리나라 평생교육제도 중 평생학습계좌제와 학점은행제에 대해 설명할 수 있다.
3. 평생교육법에 의한 평생교육기관 유형을 분류하여 설명할 수 있다.

Chapter **05**

평생교육법과 제도

1 우리나라 평생교육법

1) 초기 평생교육법

1948년 「대한민국헌법」이 제정된 이후 총 9차례에 걸쳐 헌법이 개정되었다. 1980년 국민의 균등한 기회와 능력을 발휘하기 위한 국가의 의무와 책임을 강조하는 내용을 담은 제5공화국 헌법은 국가의 평생교육진흥 책무를 담고 있어 평생교육에 큰 영향을 미쳤다.

1949년 12월에 「교육법」이 제정 · 공포되면서 교육체제가 본격적으로 갖추어지기 시작하였다.

법체계상 평생교육법의 전신인 「사회교육법」이 「교육법」의 하위법으로 존재하였다.

그러다가 1995년 5.31 교육개혁 이후 「교육법」이 폐기되고, 1997년 「교육기본법」이 제정되면서 명실상부하게 모든 교육의 기본법이 되었다. 「교육기본법」의 제정으로 평생교육 관계법은 「대한민국헌법」 제31조 제5항과 제6항, 「교육기본법」 제3조(학습권)와 제10조(평생교육)로 이어지는 체계를 갖추게 되었다(국가법령정보센터).

평생교육에 대한 국가의 책무를 규정한 「사회교육법」은 1999년 「평생교육법」으로 전부 개정되었다. 평생교육의 진흥을 국가와 지방자치단체의 책임과 의무로 규정하고, 모든 국민이 전 생애에 걸쳐 교육받을 수 있는 권리를 보장하여, 학교교육과 동일하게 학력을 인정할 수 있는 새로운 형태의 평생교육시설을 설치 및 운영할 수 있도록 하는 것이 개정 이유이다.

우리나라의 평생교육법은 1982년에 「사회교육법」으로 처음 제정되었다. 이 법은 제5공화국의 헌법 조항에 평생교육진흥 조항이 규정됨에 따라 만들어졌다. 그 후 1999년에 법명이 「평생교육법」으로 개정되었고, 이로써 산업사회에서 지식사회로 변화하는 시점에서 필연적으로 나타난 평생학습시대에 발맞춰 총체적인 평생학습 지원체제를 구축할 수 있게 되었다.

1973년에는 유네스코에서 추진하는 평생교육 이념의 실천을 받아들이는 일환으로 성인교육에 관한 학술세미나가 열리는 등 교육체제를 개편하려는 학문적 연구가 진행되기 시작했다. 동경에서 열린 제3차 세계성인교육회의에서 각국에 성인교육을 권장한다는 결의에 따라 UNESCO 한국위원회가 주관하는 1973년 8월 춘천에서 「평생교육의 이념과 실천 전략」이라는 주제로 학계 및 교육계 인사들을 주축으로 학술회의를 열게 되면서 국가의 관심사가 되었다.

1982년 12월 31일에는 사회교육법(법률 제3648호)이 공포되었다. 사회교육법은 6장 30조 부칙으로 구성되었는데, 국가 및 지방자치단체의 임무, 전문요원, 사회교육시설, 학교 및 대중매체와 사회교육 등이 주된 내용이었다. 이 법은 1999년 8월 31일에 평생교육법이 제정됨으로써 폐기되었다.

2) 개정 평생교육법

「평생교육법」의 탄생은 우리나라 평생교육의 급속한 선진화에 크게 이바지하고 있다는 데 의의가 있다. 다수의 평생학습자들이 자신의 평생학습 욕구를 충족시킬 수 있도록 하기 위해 소수의 교육제공자를 규제한 조문들로 구성된 「평생교육법」은 세계 최초로 헌법에 근거를 두고 만들어진 성문법이라고 할 수 있다.

1996년 10월부터 1997년 5월까지 '교육개혁위원회 연구팀'이 구성되었고, 1996년 11월부터 1997년 3월까지 교육부 실무 작업팀을 중심으로 '평생학습시안 제정 연구팀'이 구성되었다. 이를 토대로 하여 교육부는 1998년 6월 15일에 「평생학습법」 시안을 제정하였다.

교육부는 1차(1998.6.15~6.23)와 2차(1998.8.13.~8.26)에 걸쳐 의견을 조사하였고, 공청회를 개최하여 공감대를 형성한 후 관보게재 및 입법예고하였다. 그 후 1998년 9월 8일에는 교육부 '교육규제완화위원회'의 심의를 거쳤으나, 법제처의 심의과정에서 「평생학습법」이 아닌 「평생교육법」으로 변경되어 최종적으로 국무회의 의결을 거쳐 법률 제6003호로 탄생하였다.

2000년에는 평생교육시설의 설비 기준, 인가와 등록과 신고 방법 및 절차, 평생교육사의 자격 기준을 따로 정하는 평생교육법 시행령 및 시행규칙을 제정·공포하였다.

현재 평생교육법은 제8장 제46조와 부칙, 평생교육법 시행령 제6장 제78조와 부칙, 평생교육법 시행규칙 제25조와 부칙으로 구성되어 있다.

〈표 5-1〉 **평생교육법의 변천과정**

1980~1999년	2007년
• 1980년 헌법에 '국가의 평생교육진흥 의무' 명문화 • 1982년 「사회교육법」 제정 · 공포 • 1990년 정부조직법 개편, 교육부 장관에게 평생교육 관련업무 수행 의무 명시 • 1990년 「독학에 의한 학위취득에 관한 법률」 제정 • 1999년 「사회교육법」에서 「평생교육법」으로 전부개정	• 2007년 「평생교육법」 전부 개정

3) 현 평생교육법의 내용

평생교육법은 학교의 정규교육 과정을 제외한 모든 형태의 조직적인 교육활동에 관한 사항을 규정하고 있다. 이 법은 국가 및 지방자치단체의 임무, 평생교육사, 평생교육시설, 학교 및 대중매체와 평생교육 등에 관한 내용을 포함하고 있다.

헌법에 규정된 평생교육의 진흥에 관한 국가의 책무를 완수하기 위해 1982년 12월 31일에 제정된 사회교육법을 1999년 8월 31일에 전부개정(법률 제6003호)으로 탄생하게 된 8장 46조 부칙으로 구성된 법이다.

제1장은 총칙으로서 법의 목적, 평생교육 및 관련 용어의 정의, 평생교육의 이념, 국가 및 지방자치단체의 임무, 학습휴가 및 학습비 지원 등에 관한 내용으로 구성되어 있다.

제2장은 평생교육진흥기본계획 등에 관한 규정으로 구성되어 있는데, 교육부장관은 5년마다 평생교육진흥계획을 수립하도록 정하고 있다.

제3장은 평생교육 진흥 업무를 지원하기 위한 조직으로서 국가평생교육진흥원 등에 관한 규정이다.

제4장은 평생교육과 관련한 일을 전문적으로 수행하는 평생교육사의 자격 취득 등에 관한 규정이다.

제5장은 평생교육기관에 관한 규정이다. 학교부설, 학교형태, 사내대학형태, 원격대학형태, 사업장부설, 시민사회단체부설, 언론기관부설, 지식·인력개발 관련 평생교육시설의 평생교육 관련 사업, 설치 및 폐쇄 등에 관해 규정하고 있다.

제6장은 문자해득교육에 관한 규정이다. 소정의 문자해득교육 프로그램을 이수한 자에 대해서는 그에 상응하는 학력을 인정하도록 규정하고 있다.

보칙은 평생교육시설의 등록 취소 및 폐쇄, 교육부장관이 교육감 또는 평생교육진흥원에 위임하는 사항, 위반자에 대한 과태료 등에 관한 내용으로 구성되어 있다.

한국의 평생교육법은 2021년 12월 9일에 일부 개정되어 시행되었다. 이 개정은 모든 국민이 평생교육 참여 기회를 골고루 보장받을 수 있도록 평생교육 바우처의 발급 대상을 현행 저소득층에서 전 국민으로 확대하였다. 또한, 평생교육 바우처의 발급 및 사용 등에 관한 제도적 기반을 마련하였고, 평생교육 통계조사를 위한 자료 연계, 국가평생교육통계센터 지정 등 평생교육 통계조사를 위한 법률적 기반을 마련하였다.

타 법 개정으로 2022년 3월 「평생교육법 시행령」 일부가 개정되었으며, 같은 해 8월 다시 일부개정되었다. 8월 일부개정의 이유와 주요 내용을 살펴보면 다음과 같다.

첫째는 전문대학 졸업자와 동등한 학력 및 학위가 인정되는 평생교육시설의 교지(校地) 기준에 관한 것이다. 현재는 「대학설립 및 운영 규정」을 표준으로 삼아 적용하였으나, 전문대학 학력인정 평생교육기관의 특성이 반영될 수 있도록 하였다.

둘째는 학습비 반환 사유에 관한 것으로 기존에 평생교육기관에서 제공하는 수업 방식에 상관없이 총 수업시간 중 일정기간 경과 여부를 기준으로 산정하였다. 개정 이후 원격교육에서는 학습자가 실제 학습한 부분을 기준으로 학습자에게 반환할 금액을 산정함으로써 온라인 기반 수업의 특성을 반영하여 합리적으로 산정할 수 있도록 하였다.

「평생교육법 시행규칙」은 「평생교육법」 같은 관련 법령이 개정됨에 따라 개정되었다. 평생교육이용권 발급 신청 절차 및 관련 서식 등을 구체적으로 규정하고, 국가 및 지방자치단체의 장이 소속 공무원으로 하여금 관리 감독할 수 있도록 법률 및 같은 법 시행령에서 위임된 사항과 필요한 사항을 정하려는 것이다. 제2조의 2(평생교육이용권의 발급 등)가 신설되어 종전의 제2조의 2는 제2조의 4로 이동하였다. 평생교육이용권 회수 및 환수의 통지에 대한 제2조의 3의 시행규칙이 신설되었다. 제24조의 2 지도·감독 시행규칙의 각 호의 사항이 본 조에 신설되었다.

2022년 4월에는 평생교육법 시행령과 같이 타 법 개정으로 인해 시행령이 일부개정이 되었으며, 9월에는 학력인정시설 지정 신청 행정양식을 제외한 원격평생교육시설 신고와 설치자 지위승계 신고, 문해교육 프로그램의 지정 신청 시 제출해야 하는 신고·신청인의 이력서 제출을 제외하였다. 2021년 평생교육법 일부개정 주요 내용은 〈표 5-2〉와 같다.

〈표 5-2〉 평생교육법 일부개정 주요 내용

[시행법령] '평생교육법' (일부개정 2021. 12. 9. 시행)
가. 평생교육의 목적을 모든 국민이 평생에 걸쳐 학습하고 교육받을 수 있는 권리를 보장함으로써 모든 국민의 삶의 질 향상을 도모하는 것으로 수정함(제1조). 나. 모든 국민에게 적합한 평생교육을 선택하고 참여할 수 있도록 국가 및 지방자치단체가 상담 및 지원활동을 하도록 함(제5조 제5항 신설). 다. 교육부장관은 국가 및 지방자치단체에서 추진하는 평생교육사업에 대해 조사·분석하고, 그 결과를 관계 기관의 장에게 통보하고 평생교육진흥위원회에 제출하도록 함(제9조의2 신설). 라. 장애인 평생학습도시 관련 사항을 규정하고, 장애인 평생학습도시 활성화를 위해 국가는 대통령령으로 정하는 바에 따라 관계 중앙행정기관의 장 및 유관기관 등이 참여하는 협의체를 구성·운영할 수 있도록 함(제15조의2 신설). 마. 국가 및 지방자치단체는 모든 국민에게 평생교육의 기회를 제공할 수 있도록 평생교육 이용권을 발급할 수 있고, 이를 발급받은 사람은 평생교육프로그램을 제공하는 자에게 평생교육 이용권을 제시하여 평생교육을 제공받을 수 있음(제16조의2 및 제16조의3 신설). 바. 정확한 평생교육통계 조사를 위한 기관 간 자료 연계, 수집된 자료의 제공, 통계조사 업무의 위탁 근거를 마련함(제18조 제3항부터 제5항까지 신설). 사. 교육부장관은 평생교육 관련 정보를 체계적·효율적으로 관리하고 국민의 평생교육 참여 확대를 위하여 평생교육 종합정보시스템을 구축·운영할 수 있도록 함(제18조의2 신설).

출처: 국가법령정보센터 https://www.law.go.kr/

2 평생교육 주요 제도

1) 평생교육 추진체제

평생교육 추진체제는 모든 국민이 평생에 걸쳐 학습하고 교육받을 수 있는 권리를 보장하기 위해(「평생교육법」 제1조) 평생교육 중앙정부와 지방자치단체가 구축 및 운영하는 평생교육 정책 및 사업 관련 기구 및 단체의 체계를 의미한다.

평생교육법령 및 유관법령에 의한 평생교육 추진체제는 행정기구, 전담기구, 심의·협의기구로 구분된다([그림 5-1] 참조). 그리고 평생교육 추진체제는 평생교육 정책 및 사업의 실행과 직접적으로 관여되는 평생교육기관과 타 법령 및 조례에 의해 평생교육을 수행하는 기관을 포함한다.

심의 · 협의기구	행정기구	전담기구
평생교육진흥위원회 시 · 도평생교육협의회 시 · 군 · 구평생교육협의회 문해교육심의위원회 학습계약자문위원회	교육부 시 · 도지방자치단체 시도교육청 시 · 군 · 구기초자치단체 지역교육청 직속기관	국가평생교육진흥원 국가장애인평생교육센터 시도평생교육진흥원 시군구평생학습관 읍면동평생학습센터

법정위원회(경제사회발전노사정위원회, 국가교육회의 등)
평생교육기관(평생교육시설, 도서관, 사회복지관, 지역시설 등)

[그림 5-1] 평생교육 추진체제

평생교육 추진체제에서 심의·협의기구는 행정기구의 장이 평생교육진흥 정책과 사업 계획의 심의 및 자문을 구하기 위해 설치 및 운영하는 기구이다. 교육부는 평생교육진흥위원회, 시·도광역자치단체는 시·도평생교육협의회, 시·군·구기초자치단체는 시·군·구평생교육협의회를 설치 및 운영한다. 이 외에 특수 목적에 따라 문해교육심의위원회, 학습계약자문위원회 등도 심의·협의기구에 포함된다. 행정기구는 국가 및 지방자치단체로, 평생교육 진흥정책과 평생교육사업을 수립 및 추진해야 하는 임무를 수행하는 기구이다. 행정기구에는 교육부, 시·도 광역자치단체, 시·군·구 기초자치단체, 시 · 도 교육청, 지역교육청, 직속기관이 포함된다.

전담기구는 평생교육 정책 및 사업 수행의 전문성 확보를 위해 행정기구에 의해서 설치 · 운영되는 기구이다. 교육부는 국가평생교육진흥원, 국가장애인평생교육센터, 국가문해교육센터, 중앙다문화교육센터 등을 설치 · 운영한다. 시 · 도광역자치단체와 시 · 도 교육청은 시 · 도평생교육진흥원, 시 · 도문해교육센터, 시 · 도평생교육정보센터 등을 전담기구로 설치 · 운영한다. 시 · 군 · 구기초자치단체와 지역교육청은 시 · 군 · 구 평생학습관과 읍 · 면 · 동평생학습센터를 설치 · 운영한다.

이 외에 법령 및 조례에 따라 설치된 국가위원회 및 회의, 각종 연구기관 등이 평생교육 추진체제에 포함된다.

(1) 심의 · 협의기구

① 평생교육진흥위원회

평생교육진흥위원회는 중앙정부 수준의 심의 · 협의기구이다. 「평생교육법」 제10조 제1항에 따라 평생교육진흥정책에 관한 주요 사항 심의를 위해 교육부장관이 평생교육진흥위원회를 설치한다.

평생교육진흥위원회의 심의사항은 「평생교육법」 제10조 제2항에 따라 평생교육진흥기본계획, 평생교육진흥정책의 평가 및 제도개선, 평생교육지원 업무의 협력과 조정, 그 밖에 평생교육진흥정책을 위하여 대통령령으로 정하는 사항이다.

그 밖에 평생교육진흥정책을 위하여 대통령령으로 정하는 사항은 「평생교육법 시행령」 제4조에서 규정하고 있다. 구체적으로는 평생교육 시설 · 장비 등 평생학습 기반 확충에 관한 사항, 학습계좌 운영 및 학습결과의 활용촉진 등 제도개선에 관한 사항, 평생학습문화의 조성 및 지원에 관한 사항, 평생교육진흥위원장이 필요하다고 판단하여 심의를 요구한 사항으로 규정하고 있다.

「평생교육법」 제10조 제3항에 따라 평생교육진흥위원회는 위원장을 포함하여 20명 이내의 위원으로 구성된다. 위원장은 교육부장관이 맡고, 위원은 평생교육과 관련된 관계 부처 차관, 평생교육 · 장애인교육과 관련된 전문가 등으로 구성된다.

② 국가교육위원회

국가교육위원회는 평생교육을 포함한 교육 전반에 걸쳐 교육정책을 논의하는 기구로 교육혁신 및 중장기 교육정책 논의를 주도하기 위해 설립되었다.

「국가교육위원회 설치 및 운영에 관한 법률」 제2조에 따라 국가교육위원회는 사회적 합의에 기반한 교육 비전, 중장기 정책 방향 및 교육제도 개선 등에 관한 국가교육발전계획 수립, 교육정책에 대한 국민의견 수렴 · 조정 등에 관한 업무를 수행하기 위하여 대통령 소속으로 설치되었다.

국가교육위원회의 위원은 위원장 1명을 포함하여 21명 이내로 구성된다. 「국가교육위원회 설치 및 운영에 관한 법률」 제3조에 따라 국가교육위원회 위원은 교육에 관하여 전문지식과 경험이 풍부하고 소관 업무를 공정하고 독립적으로 수행할 수 있다고 인정되는 사람으로 국회가 추천하는 9명, 대통령이 지명하는 5명, 교육부차관, 교육감협의체의 대표자, 교원 관련 단체가 추천하는 2명, 한국대학교육협의회가 추천하는 1명, 한국전문대학교육협의회가 추천하는 1명, 시 · 도지사 협의체가 추천하는 1명으로 구성된다. 위원장과 상임위원 2명, 사무처장 그리고 3개의 위원회(국민참여위원회, 전문위원회, 특별위원회)로 구성된다. 그리고 위원회를 지원하기 위한 3개의 과(교육발전총괄과, 교육과정정책과, 참여지원과)가 편성되어 있다.

국민참여위원회는 사회 각계의 의견을 폭넓게 수용하고 시민참여와 사회적 합의에 기반하여 그 소관사무를 추진하기 위해 운영된다.

전문위원회는 소관사무에 관하여 실무적인 자문이나 심의 · 의결사항에 관한 사전검토 등을 위해 필요한 경우 운영되고, 특별위원회는 긴급하고 중요한 교육의제를 심의 · 의결하기 위하여 사전검토 또는 자문 등이 필요한 경우 운영된다.

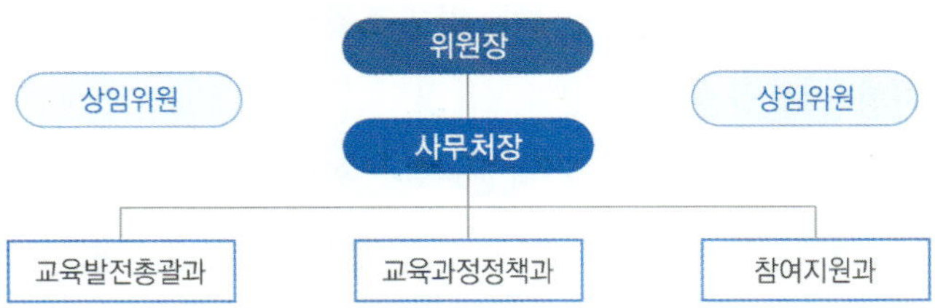

[그림 5-2] 국가교육위원회 조직도

출처: 국가교육위원회 홈페이지.

③ 시 · 도 평생교육협의회

광역지방자치단체 수준의 심의기구는 시 · 도 평생교육협의회이다. 시 · 도 지방자치단체장은 「평생교육법」 제12조 제1항에 따라 시 · 도지사 소속으로 시 · 도 평생교육협의회를 설치할 수 있다. 시 · 도 평생교육협의회의 역할은 시 · 도 지방자치단체의 평생교육 기본계획에 따라 연도별 평생교육진흥시행계획의 수립과 시행에 필요한 사항을 심의하는 것이다.

「평생교육법」 제12조에 따라 시 · 도 평생교육협의회는 의장과 부의장을 포함하여 20명 이내의 위원으로 구성된다. 의장은 시 · 도지사가 하고 부의장은 시 · 도 부교육감이 한다. 이 외의 위원은 관계 공무원, 평생교육과 관련된 전문가, 장애인 평생교육 전문가, 평생교육 관계 기관의 운영자 등 평생교육에 관한 전문지식 및 경험이 풍부한 자로 구성된다.

④ 시 · 군 · 구 평생교육협의회

기초자치단체의 평생교육 심의 · 협의기구는 시 · 군 · 구 평생교육협의회이다.

이 외에 필요에 따라 시 · 군 · 구 평생교육실무협의회, 문해교육심의위원회, 학습계약자문위원회 등의 심의 · 협의기구가 구성 및 운영된다. 「평생교육법」 제14조 제1항에 따라 시 · 군 · 구 기초자치단체는 지역주민을 위한 평생교육의 실시와 관련되는 사업 간 조정 및 유관기관 간 협력 증진을 위하여 시 · 군 · 구 평생교육협의회를 설치할 수 있다.

시 · 군 · 구 평생교육협의회는 「평생교육법」 제14조에 따라 의장 1인과 부의장 1인을 포함하여 12인 이내의 위원으로 구성된다. 의장은 시 · 군 · 구 자치단체장이 하고, 위원은 시 · 군 · 구 자치단체 및 지역교육청의 관계 공무원, 평생교육 전문가, 장애인 평생교육 관계자, 관할지역 내 평생교육 관계기관의 운영자 중에서 의장이 위촉한다.

이 외의 시 · 군 · 구 평생교육협의회에 대한 사항은 지방자치단체의 조례로 규정한다. 예를 들어, 「광주광역시 서구 평생교육 진흥 조례」에 따르면, 서구평생교육협의회는 의장(구청장), 부의장, 당연직 위원(평생교육 담당국장, 광주광역시 서부교육지원청 평생교육 담당국장), 위촉직 위원(구의원, 전문분야 교수, 학교장, 장애인 평생교육 관계자, 관할 지역 내

평생교육 관계기관의 운영자 등 평생교육과 관련하여 학식과 경험이 풍부한 자)으로 구성된다.

서구평생교육협의회는 평생학습에 관한 기본계획의 수립 및 지원에 관한 사항, 평생학습 도시 조성에 관한 사항, 그 밖에 평생학습에 대하여 구청장이 부의하는 사항을 협의 · 조정 및 심의 · 의결한다(자치법규정보시스템, 2023).

평생교육의 실천은 지방자치단체에서 이루어진다는 점에서, 그동안 지방자치단체의 평생교육 추진체제의 강화와 이를 위한 예산 지원 및 권한 위임 등이 다양하게 진행되었다. 하지만 인구감소와 지역소멸이라는 전 국가적 위기상황이 가시화되면서 지방자치단체 부활을 위한 핵심적 요소로서 평생교육이 더욱 강조되고 있다.

(2) 행정기구

① 교육부

교육부는 국가 행정기구로서 평생교육 주무부처이다. 평생교육 추진체제로서 교육부는 「헌법」 제31조 제5항 국가의 평생교육진흥 의무와 「교육기본법」 제3조 학습권 보장을 행정적으로 지원하고 「평생교육법」 제5조의 국가 임무를 수행한다. 2023년 2월 현재 교육부의 평생교육 주무부서는 평생직업교육정책관 산하의 평생직업교육기획과와 평생학습지원과이다. 평생직업교육기획과는 K-MOOC, 매치업, 평생교육통계, 자격제도, 원격대학, 장애성인 평생교육 등의 업무를 주요하게 수행한다. 평생학습지원과는 평생교육바우처, 평생학습계좌제, 학점은행제, 학습계좌제, 지역평생교육활성화 등의 업무를 관장한다.

〈표 5-3〉 평생직업정책관 산하 평생교육관련 부서 담당업무 및 인원

과	담당업무	인원
평생직업교육기획과	K-MOOC, 매치업, 평생교육통계, 자격제도, 원격대학, ACU, 장애인 고등교육 지원, 장애인 평생교육지원, 국가장애인평생교육진흥센터 운영 지원 등	14명
평생학습지원과	학원, 평생바우처, 학점은행제, 독학학위제, 성인문해교육, 전공대학, 평생교육시설, 평생학습진흥 지원(계좌제, 평생교육사, 박람회), 지역평생교육활성화 지원, 사회적협동조합 등	12명

출처: 교육부 홈페이지.

② 시 · 도 광역자치단체와 시 · 도 교육청

광역자치단체 수준의 행정기구는 시 · 도 광역자치단체와 시 · 도 교육청이다.

1999년 이후 평생교육법의 지속적 개정과 함께 평생교육 정책 및 사업의 일부는 중앙정부와 시 · 도 광역자치단체와 시 · 도 교육청이 협력하여 진행하도록 하여 시 · 도 광역자치단체와 시 · 도 교육청의 권한을 크게 강화해 왔다. 이로 인해 시 · 도 광역자치단체와 시 · 도 교육청의 추진체제도 함께 확장되었다.

예를 들어, 「평생교육법」에 명시된 교육부장관의 권한을 대통령령에 따라 시 · 도 교육청의 장인 교육감이 위임받을 수 있다. 구체적으로 평생교육사 양성, 평생교육사 자격증 교부 및 재교부, 평생교육사 양성기관 지정, 평생교육 이용권의 발급 및 사용관리, 평생교육 종합정보시스템의 구축 · 운영(「평생교육법」 제44조) 등의 임무가 위임될 수 있다. 더불어 「평생교육법」에 의해 평생교육시설의 지도 감독 및 조사, 청문 등의 권한도 시 · 도 교육감과 광역자치단체장에게 부여된다.

2023년 2월 현재 17개 시 · 도 광역자치단체 및 시 · 도 교육청은 각각 평생교육 전담부서나 담당을 배치하였다. 서울특별시와 경기도는 평생교육국을 설치하고, 하위에 평생교육과를 주무부서로 두었다. 광주, 대구, 대전, 부산, 전북, 제주, 충북, 충남은 평생교육(정책)과 또는 평생교육팀을 설치 · 운영한다. 이 외의 광역자치단체는 평생교육 담당 또는 교육지원팀(강원)의 방식으로 평생교육 업무를 배치하였다.

부서의 직제에 따라 직원 수는 시 · 도 지방자치단체별로 상당한 차이가 있다.

경기도는 평생교육과에 30명, 서울은 평생교육과에 17명을 배치하였고, 제주는 평생교육정책과에 7명을 배치하였다.

〈표 5-4〉 시 · 도 광역자치단체와 시 · 도 교육청 부서명 및 직원 수

시 · 도	시 · 도 광역자치단체		시 · 도 교육청	
	부서명	직원수	부서명	직원수
강원	교육법무과 교육지원팀	1	예산과 평생학습담당	5
경기	평생교육국 평생교육과	30	평생교육과 평생교육담당	9
경남	기획조정실 교육담당관 평생교육담당	4	교육복지과 평생교육담당	4
경북	교육협력과 평생교육 담당	4	창의인재과 평생교육담당	6
광부	인재육성과 평생교육팀	3	중등교육과 평생교육팀	7
대구	교육협력정책관 평생교육팀	4	교육복지과 평생교육담당	7
대전	교육도서관 평생교육팀	3	교육복지안전과 평생교육담당	4
부산	청년산학국 창조교육과 평생교육팀	3	교육혁신과 평생교육팀	6
서울	평생교육국 평생교육과	17	평생진로교육국 평생교육과	37
세종	자치행정국 교육지원과 평생교육 담당	4	운영지원과 학원평생교육담당	8
울산	행정국 인재교육과 평생교육 담당	3	민주시민교육과 평생교육팀	4
인천	기획조정실 교육협력담당관 평생교육 담당	4	미래학교혁신과 평생교육팀	5
전남	희망인재육성과 평생교육담당	1	행정과 평생교육팀	8
전북	교육협력추진단 평생교육팀	3	미래인재과 평생교육담당	7
제주	문화체육교육국 평생교육정책과	7	미래인재교육과 평생교육담당	3
충남	기획조정실 교육지원담당관 평생교육팀	4	교육혁신과 평생교육팀	7
충북	청년정책담당과 평생교육팀	2	재무과 사학학운위팀 평생교육담당	1

출처: 2022 평생교육백서_각 시도 광역자치단체별 홈페이지, 각 시도 교육청별 홈페이지(2023).

③ 시 · 군 · 구 기초자치단체와 지역교육청

시 · 군 · 구 기초자치단체도 행정기구, 전담기구, 심의 · 협의기구의 평생교육 추진체제가 운영된다.

행정기구는 시 · 군 · 구 기초자치단체, 지역교육청, 그리고 직속 기관이다. 「평생교육법」 제5조에 따라 기초자치단체는 광역자치단체와 동등하게 평생교육 임무를 부여받는다. 즉, 평생교육진흥정책과 평생교육사업을 수립 · 추진, 장애인 평생교육에 대한 정책을 수립 · 시행, 장애인 평생교육을 위한 유기적 협조체제 구축, 소관 단체 · 시설 · 사업장 등의 설치자에 대한 평생교육 실시 권장, 평생교육 정보 제공 및 상담 등 지원 활동 등의 임무를 부여받고 있다.

평생교육법에서 정한 기초자치단체의 평생교육 임무를 수행하기 위한 구체적 사항은 지방자치단체마다 조례를 통해 규정한다.

지역교육청은 시 · 도 교육청의 산하 교육지원청이다. 지역교육청은 시 · 도 교육청의 평생교육 임무를 기초자치단체 수준에서 지원하고 실천할 수 있도록 지역 특성을 반영하여 차별적인 교육정책 및 사업을 추진하는 행정기구이다.

2021년 현재 전국 17개 시 · 도 교육청 산하에 176개의 교육지원청이 있다(교육통계서비스 홈페이지, 2023).

(3) 전담기구

① 국가평생교육진흥원

국가 및 중앙정부 수준의 전담기구로는 교육부 산하의 국가평생교육진흥원이 있다. 평생교육법 개정으로 2008년 개원한 국가평생교육진흥원은 「헌법」 제31조 제5항, 「교육기본법」 제3조에 기초한 「평생교육법」 제19조 제1항에 의해 국가 주도의 평생교육진흥에 관한 업무를 수행하기 위하여 설립되었다. 「평생교육법」 제19조에 따라 국가평생교육진흥원은 평생교육진흥과 관련된 업무를 효율적으로 수행하며, '평생교육진흥을 통한 국민 평생학습 활성화'를 미션으로 한다.

국가평생교육진흥원의 비전은 '온(溫) 국민 평생교육 안전망, 온(on) 시민 평생학습 플랫폼'이며, 핵심가치는 공공성, 도전성, 혁신성, 신뢰성이다.

미션	평생교육 진흥을 통한 국민 평생학습 활성화			
비전	온(溫) 국민 평생교육 안전망, 온(on) 시민 평생학습 플랫폼			
핵심 가치	공공성	도전성	혁신성	신뢰성

[그림 5-3] 국가평생교육진흥원 미션 · 비전 · 핵심가치

출처: 국가평생교육진흥원(2023).

국가평생교육진흥원은 공공기관이자 법인으로서 기관의 중요사항을 심의 · 의결하기 위한 이사회를 비롯하여 재무 상황 및 회계 현황을 검사하여 정당성 여부를 조사하는 감사를 두고 있다. 2023년 3월 현재, 국가평생교육진흥원의 이사회는 이사장 1인, 이사 12인(당연직 국가평생교육진흥원장, 교육부 평생직업교육정책관, 기획재정부 사회예산심의관 포함), 감사 1인 등 14명으로 구성된다. 이사회는 사업계획 및 예산, 사업실적 및 결산, 임원 선임 및 해임, 정관 변경 등에 대한 심의 · 결정 기능을 수행한다.

국가평생교육진흥원은 이사회 산하에 원장과 1실 5본부의 직제로 구성된다([그림 5-4] 참조).

[그림 5-4] 국가평생교육진흥원 조직도

출처: 국가평생교육진흥원(2023).

국가평생교육진흥원의 5본부 중 먼저 기획경영본부는 기획조정실, 인사총무실, 재무회계실, 대외협력실, 정보화실의 5개 실로 구성된다. 기획경영본부는 기관 전체 및 타 4개 본부의 원활한 업무 수행을 위한 경영지원을 주요 임무로 한다. 구체적으로 기획경영본부는 기관 발전계획수립에 관한 사항, 채용 · 퇴직 · 전보 · 파견 등 인사관리에 관한 사항, 수입 · 지출 등 예산의 집행 및 관리 · 통제에 관한 사항, 국내 · 외 유관기관 간 연계 · 협력에 관한 사항, 정보화 추진계획수립 · 시행에 관한 사항 등의 직무를 수행한다.

다음으로 평생교육정책본부는 지역 평생교육 활성화, 성인 문해교육 지원, 평생교육 바우처 운영, 평생교육사 자격 관리 및 연수, 평생교육 정책연구 등에 관한 업무를 수행하기 위하여 5개의 실 · 센터(지역평생교육실, 국가문해교육센터, 평생교육바우처실, 평생교육사 자격실, 정책연구실)를 운영하며, 시 · 도 평생교육 진흥 및 연계 · 협력, 대한민국 평생학습박람회 등 지역 평생학습 문화 조성, 시 · 도 문해교육센터 및 문해교육기관 운영 지원, 평생교육바우처 지원사업의 기획 및 운영 · 관리, 평생교육사 자격제도 관리 · 개선, 평생교육정책 수립을 위한 기초조사 및 연구 등의 직무를 관장한다.

학점 · 학력인증본부는 4개의 실(평가기획운영실, 사후관리 지원실, 학사행정 · 상담실, 독학학위검정실)을 통해 학점은행제, 독학학위제 운영 및 이를 통한 다양한 학점 · 학력의 인증에 관한 업무를 수행한다.

디지털평생교육본부 또한 4개의 실(디지털 정책기획실, K-MOOC운영실, 평생학습시스템구축실, 학습플랫폼운영실)로 구성되어, 산업 맞춤 단기 직무 능력 인증 과정(매치업 사업), 한국형 온라인 공개강좌(K-MOOC 사업), 국가평생학습포털(늘배움), 평생학습계좌제의 운영 · 관리와 온국민 평생배움터 구축 등의 평생교육 정책 및 사업 운영의 역할을 수행한다.

끝으로, 대학 · 학교평생교육본부는 4개의 실 · 센터(대학평생교육실, 전국학부모지원센터, 중앙다문화교육센터, 평생학습연계지원실)를 통해 대학 및 학교의 평생교육 진흥을 관장하며, 대학의 평생교육체제 지원, 학부모교육, 다문화교육, 장애대학(원)생 지원, 검정고시 운영 지원, 학교협동조합 활성화 및 네트워크 구축 등을 위한 평생교육 정책 및 사업 추진의 역할을 수행한다.

② 국가장애인평생교육진흥센터

국가장애인평생교육진흥센터는 2016년 「평생교육법」이 개정되면서 장애인 평생교육에 대한 국가 책무가 추가되었고, 이를 바탕으로 2008년 설립되었다.

「평생교육법」 제19조의2에 따르면 장애인평생교육진흥센터의 업무는 ① 장애인 평생교육진흥을 위한 지원 및 조사 업무, ② 평생교육진흥위원회가 심의하는 기본계획에 관한 사항 중 장애인 평생교육진흥에 관한 사항, ③ 장애 유형별 평생교육프로그램 개발의 지원, ④ 장애인 평생교육 종사자의 양성 · 교육 및 연수와 공무원의 장애인 의사소통 교육, ⑤ 장애인 평생교육기관 간의 연계체제 구축, ⑥ 발달장애인의 평생교육과정의 개발, ⑦ 발달장애인의 의사소통 도구의 개발과 보급, ⑧ 장애인 평생교육프로그램을 운영하는 각급학교와 평생교육기관 양성을 위한 지원, ⑨ 장애 유형별 평생교육 교재 · 교구의 개발과 보급, ⑩ 그 밖에 장애인평생교육진흥센터의 목적 수행을 위하여 필요한 사업 등이다.

국가장애인평생교육진흥센터는 임무와 기능을 수행하기 위해 운영목표를 '평생교육을 통한 장애인의 사회참여 증진과 삶의 질 향상 도모'와 '누구나 교육 받을 수 있는 평생교육 환경'으로 설정하였다. 그리고 '장애인 평생교육 진흥을 통한 장애인 행복 실현'을 비전으로 제시하였다(국가장애인평생교육진흥센터 홈페이지, 2023).

③ 시 · 도 평생교육진흥원

광역자치단체 수준의 전담기구는 시 · 도 평생교육진흥원이다. 「평생교육법」 제20조 등에 따라 시 · 도 광역자치단체장은 시 · 도 평생교육진흥원을 설치 또는 지정 · 운영할 수 있다. 또한 「평생교육법」 제20조 제2항에 따라 시 · 도 평생교육진흥원은 해당 지역의 평생교육 기회 및 정보의 제공, 평생교육 상담, 평생교육프로그램 운영, 장애인 대상 평생교육프로그램 운영, 평생교육기관 연계체제 구축, 국가 및 시 · 군 · 구 협력 · 연계 등의 업무를 수행한다. 2022년 현재 17개 광역자치단체는 모두 시 · 도 평생교육진흥원을 단독 법인이나 법인 하위 부서 등의 다양한 형태로 설치 · 운영하고 있다.

④ 시 · 군 · 구 평생학습관과 읍 · 면 · 동 평생학습센터

기초자치단체 전담기구는 시 · 군 · 구 평생학습관과 읍 · 면 · 동 평생학습센터 등이다. 「평생교육법」 제21조에 따라 시 · 군 · 구 자치단체장과 시 · 도 교육감은 해당 지역의 주민 평생교육 프로그램 운영과 평생교육 기회 제공을 위해 평생학습관을 설치 또는 지정하도록 의무 규정되어 있다. 또한 「평생교육법」 제21조의3에 따라 시 · 군 · 구 자치단체장은 읍 · 면 · 동 평생학습센터를 설치할 수 있다. 이와 함께 지역교육청도 시 · 도 교육감의 위탁을 받아 평생학습센터를 운영할 수 있다.

「평생교육법」 제21조에 따르면 시 · 군 · 구 평생학습관은 평생교육프로그램의 개발 ·

운영, 장애인 대상 평생교육프로그램의 개발 · 운영, 평생교육 상담, 평생교육 종사자에 대한 교육 · 훈련, 평생교육 관련 정보의 수집 · 제공, 읍면동 평생학습센터에 대한 운영 지원 및 관리, 그 밖에 평생교육 진흥을 위하여 필요하다고 인정되는 사업을 수행한다. 예를 들어, 부산광역시 서구 평생학습관은 평생학습도시인 부산광역시 서구의 평생교육 사업의 중추 역할을 한다. 구체적으로 행복학습센터 13개소 운영, 서구 평생학습 동아리 지원, 성인문해교육 운영, 1동-1교 희망교육 네트워크 지원사업, 서구미래아카데미, 손바닥학당, 배달강좌, 온라인학습관, 서구장학회 등 다양한 평생교육 프로그램을 제공하고 있다(부산광역시 서구 평생학습관 홈페이지, 2023).

2022년 현재 전국의 평생학습관은 총 523개로 2021년 대비 22개가 증가하였다. 이 중 시 · 도 교육감에 의해 설치 및 지정된 평생학습관은 341개, 지방자치단체에 의해서 설치된 평생학습관은 182개이다. 설립 주체별로는 국가 및 지자체 437개, 법인 61개, 개인 15개, 기타 10개이다.

시 · 도 자치단체별로는 경기 93개, 서울 82개로 다른 지방자치단체에 비해 2~3배 이상 많았다. 다음으로 경상북도 39개, 강원도 35개, 경상남도 35개의 순이었다(교육부 · 한국교육개발원, 2022).

2) 평생교육 지원체제

(1) 평생학습계좌제

① 평생학습계좌제의 필요성

평생학습계좌제란 「평생교육법」 제23조에 따라 국민의 다양한 학습경험을 개인별 학습계좌에 누적 · 관리하고, 그 결과를 학력 · 자격 등 사회적으로 활용하는 제도이다. 이는 개인의 학습경험을 자기주도적으로 관리하고 또 그 경험을 사회적으로 인정받아 개인의 쓸모에 맞게 활용하도록 지원함으로써 국민의 평생학습 참여를 촉진하기 위함이다.

평생학습계좌제는 '학습과정 평가인정', '학습이력관리시스템', '학습결과 활용'으로 구성되어 서로 유기적으로 연계되어 운영된다([그림 5-5] 참조).

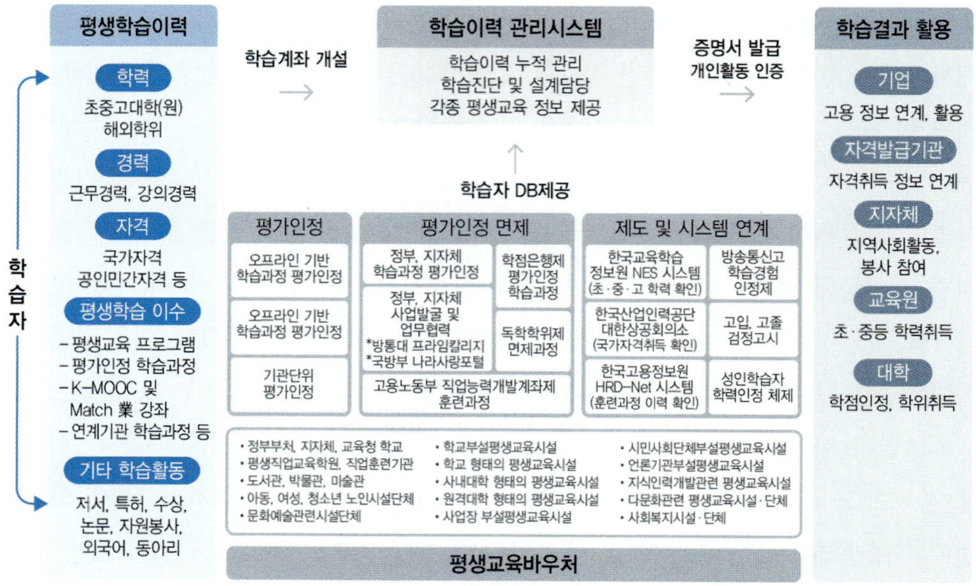

[그림 5-5] 평생학습계좌제 운영체계도

출처: 국가평생교육진흥원 홈페이지(2023).

평생학습계좌제의 필요성은 다음과 같다.

첫째, 학습설계·관리를 통한 학습경험의 성찰 및 통찰이다. 전 생애의 학습경험을 성찰하고 통찰할 수 있는 도구(평생학습이력관리시스템)를 활용하여, 학습자 스스로 체계적인 학습설계와 관리를 할 수 있는 역량과 환경을 조성하기 위함이다.

둘째, 평생교육 프로그램의 신뢰 제고와 학습자의 학습 선택권 다양화이다. 일정한 질적 수준을 담보하는 평생교육 프로그램을 국가가 평가(평가인정)하고 관리하여, 평생교육 프로그램에 대한 학습자의 신뢰를 제고하고, 학습선택권의 안정성을 담보하기 위함이다.

셋째, 개인의 평생학습 이수 결과를 사회적으로 인정 및 활용하는 것이다. 개인의 다양한 학습경험(평가인정 학습과정 이수, 자격, 경력, 자원봉사 등)을 평생학습계좌(이하 학습계좌)에 등록하고, 평생학습이력증명서를 발급받아 사회적(학력취득, 사회참여, 취업자료 등)으로 활용하도록 하기 위해 필요하다.

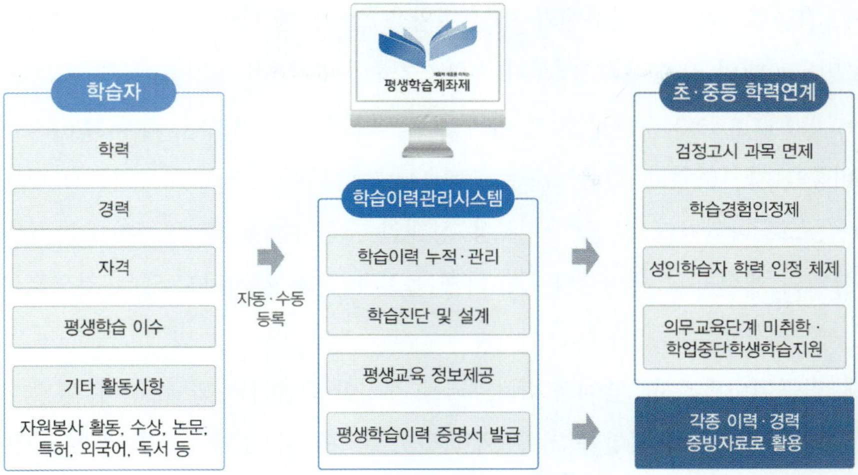

[그림 5-6] 평생학습계좌제

출처: 평생학습계좌제 홈페이지(www.all.go.kr).

② 평생학습계좌제의 이용자 현황

평생학습계좌제는 학습이력관리시스템(www.all.go.kr)이라는 온라인 학습플랫폼을 기반으로 대국민 학습이력 등록·관리 서비스를 제공하고 있다. 해당 시스템에 회원가입을 하면 개인별 학습계좌가 부여된다. 학습계좌 개설자는 시행 첫해인 2010년 977명으로 시작해서 2022년에는 53,600명으로 전년 대비 42,640명과 대비하여 25.7% 증가하였다.

특히, 2020년은 국가적으로 법정의무교육 이수가 강화되면서 평생학습계좌제에서도 연계 서비스가 시범으로 제공된 해로 학습계좌 개설자가 비약적으로 증가한 특이점이 있다. 최근 5년을 기준으로 살펴보면 매해 지속해서 증가 추세(〈표 5-5〉 참조)를 보이고 있다.

〈표 5-5〉 연도별 학습계좌 개설 현황 (2022.12.31. 기준 / 단위: 명)

연도	2018	2019	2020	2021	2022	계
개설자 수	11,267	19,135	325,365	42,640	53,600	518,599

출처: 국가평생교육진흥원(2022) 내부자료.

둘째, 연령별 · 직업별 학습계좌 개설 현황을 살펴보면 다음과 같다. 우선 연령별로 살펴보면, 20대의 학습계좌 개설자 비율(27.38%)이 가장 높았고, 그다음으로 40대(26.81%), 30대(18.45%) 순으로 높게 나타났다. 직업별로 살펴보면, 학생(22.83%)이 가장 높은 비중을 차지하였고, 다음으로는 주부(14.93%), 무직(14.7%), 교육전문가 및 관련직(6.7%) 순으로 나타났다. 더불어 비고용 상태인 개설자(학생, 주부, 무직자)는 52.47%로 고용 상태의 개설자(47.53%)보다 근소하게 높은 비중을 차지하고 있는 것으로 확인되었다.

셋째, 학습이력관리시스템에서 학습계좌를 개설한 학습자는 학력, 자격, 경력, 평생학습 이수이력, 기타 활동사항을 기록 · 누적하고 관리할 수 있다. 해당 이력을 기반으로 학습이력 진단과 설계를 위한 기초자료로 활용할 수 있다. 2022년 기준 신규 등록 학습이력 건수는 총 113,438건으로 그중 평생학습 이수 이력이 104,688건으로 가장 높게 나타났고, 이어서 자격, 학력, 경력, 기타 순으로 높게 나타났다.

〈표 5-6〉 연도별 학습이력 등록 현황 (2022.12.31. 기준 / 단위: 건)

연도	학습이력 등록 합계	구분				
		학력	자격	경력	평생학습 이수	기타*
2018	53,549	3,920	3,142	3,351	37,017	6,119
2019	89,083	3,815	2,974	2,762	75,370	4,162
2020	497,127	4,385	3,067	3,136	483,162	3,377
2021	113,269	2,805	2,490	1,441	103,952	2,851
2022	113,438	2,579	2,647	1,849	104,688	1,675
계	1,081,527	45,890	32,697	31,828	921,430	49,682

* 자원봉사, 수상, 논문 등 기고활동, 특허출원, 어학연수, 외국어교육, 독서, 취미 및 동아리 활동 등.
출처: 국가평생교육진흥원(2022). 내부자료.

③ 학습과정 평가인정 현황

평생학습계좌제 학습과정 평가인정은 「평생교육법」 제23조 및 「평생학습계좌제 학습과정 평가인정 등에 관한 규정」에 근거하여 평생교육기관 등의 학습과정을 평가인정 기준에 따라 평가하여 학습계좌에서 관리할 학습과정으로 인정하는 행위를 의미한다.

평생교육기관의 학습과정(평생교육 프로그램)을 국가 차원에서 공식적으로 평가함으로써 해당 학습과정에 대한 학습자의 신뢰도를 높이고, 질 높은 학습과정을 제공한다는 점에서 의미가 있다.

평가인정 신청대상 기관은 「평생교육법」 제2조 제2호에 해당하는 평생교육기관 또는 「평생교육법」 제16조 제1항에 따라 평생교육진흥사업을 수행하는 국가 및 지방자치단체(산하기관 등 포함) 중 평생교육사를 배치한 기관이다. 평가인정은 개별 학습과정 단위와 전체 학습과정 단위로 분류되며 유형별 신청요건은 다음의 〈표 5-7〉과 같다.

〈표 5-7〉 평가인정 유형 및 신청요건

평가인정 유형	개별 학습과정 단위		전체 학습과정 단위	
	오프라인 학습과정	온라인 학습과정	기관단위 평가인정	평가면제
신청 대상 기관	「평생교육법」 제2조 제2호에 해당하는 평생교육기관 또는 동법 제16조 제1항에 따른 평생교육 진흥사업을 수행하는 국가 및 지방자치단체(산하기관 등 포함)			
유형별 신청 요건	(학습과정) '최소 2주 이상+총15시간 이상' 학습과정 (기관) 평생교육사를 배치한 기관	(기관) 최근 1년 이상, 학습과정을 연간 45시간 이상 운영한 기관이면서, 평생교육사를 배치한 기관 (학습과정) 차시당 20분+총15차시 이상 또는 총 수업시수 '300분 이상' 학습과정	(기관) 평생학습계좌제 평가인정 학습과정을 최소 3개 이상 운영한 실적이 있으면서 평생교육사를 배치한 기관	(학습과정) 정부부처 및 지방자치단체(산하 · 소속기관)에서 평가 인정 받은 학습과정
법적근거	「평생교육법」 제23조, 동법 시행령 제14조의2		「평생학습계좌제 학습과정 평가인정 등에 관한 규정」 제10조 제2항	

출처: 교육부(2022). 제18차 평생학습계좌제 학습과정 평가인정 공고.

평생학습계좌제 학습과정 평가인정을 통해 등록된 학습과정 현황을 살펴보면 〈표 5-8〉과 같다. 2022년을 기준으로 평가인정 학습과정은 총 3,121개로 학습과정 평가인정과 평가면제 등의 절차를 학습이력관리시스템에서 등록하여 관리되고 있는 학습과정을 의미한다. 대부분의 학습과정은 오프라인 학습과정으로 지난 3년간(2019~2022년) 코로나19 팬데믹으로 인해 지속해서 감소하였으나, 2022년 처음으로 증가하여 전년 대비 34%의 증가 추세를 보였다.

〈표 5-8〉 평생학습계좌제 평가인정 학습과정 등록 현황 ('22.12.31. 기준 / 단위: 개)

연도	'18	'19	'20	'21	'22	계
학습과정 수	4,583	4,810	2,572	2,329	3,121	39,045

출처: 국가평생교육진흥원(2022). 내부자료.

「초·중등교육법 시행규칙」 제37조에 근거하여 만 18세 이후의 성인학습자가 평생학습계좌제 평가인정 학습과정 중 검정고시 연계 학습과정을 90시간 이상 이수하여 해당 과목의 시험을 면제 받을 수 있다. 이를 위해 평가인정 학습과정 중 검정고시 과목 면제 평가를 신청한 학습과정을 대상으로 검정고시 면제 연계 과목 및 학습과정의 학력 수준(초졸, 중졸, 고졸)에 대한 평가를 실시하고 있다. 단, 초졸 검정고시는 국어, 수학을 제외한 기타 시험과목으로 중졸 및 고졸 검정고시는 국어, 수학, 영어를 제외한 기타 시험과목을 대상으로 면제 평가를 실시한다.

검정고시 연계 평가는 2012년부터 시작되어 총 누적 학습과정 수는 7,923개이다. 2022년은 전년 대비 173%가 증가한 364개의 학습과정이 해당 기준을 충족하여 검정고시 연계 학습과정으로 등록되었다. 최근 5년간 검정고시 연계 학습과정 현황을 살펴보면 다음 〈표 5-9〉와 같다.

〈표 5-9〉 평생학습계좌제 검정고시 연계 학습과정 등록 현황

연도	제11차('18)	제12차('19)	제13차('20)	제14차('21)	제15차('22)	계
학습과정 수	277	568	36	133	364	7,923

출처: 국가평생교육진흥원(2022). 내부자료.

④ 학습이력관리시스템 운영·관리 현황

평생학습계좌제는 개인의 학습이력 등록 및 관리를 위하여 온라인 기반의 대국민 학습이력관리시스템(www.all.go.kr)을 운영·관리하고 있다.

학습이력관리시스템의 주요 기능은 개인 학습자의 학습이력 관리와 평가인정 학습과정 및 교육기관 정보 제공이다. 우선 학습자 대상의 주요 기능은 개인의 학습이력 누적·관리를 바탕으로 학습이력 진단 및 설계, 평생학습이력증명서의 발급이다.

학습자는 학습계좌를 발급한 후 학력, 경력, 자격, 평생학습 이수, 기타 활동사항 등의 다양한 평생학습 경험을 누적·관리할 수 있다.

학습이력관리시스템에 수록할 수 있는 정보는 다음 〈표 5-10〉과 같다.

학습계좌에 누적된 다양한 학습이력 중 원하는 항목만을 선택하여 평생학습이력증명서로 출력, 활용할 수 있다. 특히, 2019년부터는 정부24와의 연계를 통해 평생학습이력증명서를 발급받을 수 있고, 2022년은 공공마이데이터 플랫폼과의 연계를 완료하여 2023년부터 본인 및 제3자에게까지 평생학습이력증명서의 데이터를 제공할 수 있게 되었다.

〈표 5-10〉 국가학습이력관시스템 수록 정보

인적사항	학력	경력	자격	평생학습 이수	기타 활동사항
성명, 생년월일, 주소/연락처, Email 등	학력사항, 장학사항 등	근무경력, 강의경력 등	국가기술자격,국가전문자격, 국가공인 민간자격, 순수민간자격, 해외자격 등	평가인정학습과정, 연계기관 학습과정, 그 외의 다양한 학습경험	수상, 해외경험/어학연수, 논문 및 기고, 독서, 자원봉사활동, 취미 및 동아리 등

출처: www.all.go.kr

⑤ 주요 성과

첫째, 4차 산업혁명위원회는 「미개방핵심데이터 제공 방안 Ⅲ('21.11)」에서 누구에게나 개방이 가능하고 활용도가 높은 마이데이터의 우선 도입 대상인 교육데이터의 종류를 발표하였다. 그중 평생학습계좌제 학습이력증명이 평생교육 분야의 우선 도입대상 데이터로 정해져 공공마이데이터와의 연계를 추진하였다.

마이데이터 2수준의 연계를 통해 학습자는 평생학습계좌제 학습이력을 확인하는 것, 본인 및 제3자에게까지 데이터를 제공하는 것이 가능해졌다. 이로 인해 학습자가 PDF 파일 또는 종이증명서 등으로 서류를 발급하여 원하는 기관에 제출해야 하는 시간과 비용을 절감하게 되었다. 또한, 필요한 최소 정보만을 원스톱으로 쉽고 편리하게 이용할 수 있는 서비스를 제공함으로써 불필요한 개인정보 노출 방지도 가능하게 되었다. 이로써 데이터 시대를 맞이하여 국민 스스로가 교육데이터에 대한 정보의 주체가 되는 환경이 마련되었다.

둘째, 학습자가 보다 편리하고 안정감 있게 학습이력관리시스템을 사용할 수 있도록 학습자 친화적 서비스 기능을 고도화하였다. 우선 사용자 중심 로그인 기능인 OAuth (Open Authorization) 서비스를 구축하여 학습자가 로그인 시 카카오, 네이버 등 타 플랫폼 계정을 통해 학습자의 별도 인증 없이 시스템에 로그인할 수 있도록 하였다. 평생학습이력증명서 출력 시 디지털화 추진으로 QR코드, URL형태로 증명서 생성과 출력 기능을 도입함으로써 학습자의 편의성을 증진함과 동시에 페이퍼리스(paperless)를 실천하였다.

셋째, 학습자의 학습권을 보장하고 양질의 평가인정 학습과정 제공을 더욱 확대하였다. 특히 학습과정 평가인정 신청대상을 '운영종료 학습과정'에서 '운영예정 학습과정'까지 확대하고, 찾아가는 권역별 설명회 개최 등으로 평가인정 참여기관 확대를 위해 노력하였다. 또한 환경부 산하 환경보전협회(국가환경교육센터)의 우수환경교육프로그램과 문화체육관광부 산하 한국저작권위원회의 원격저작권교육을 평가인정 면제 학습과정으로 발굴하여 공신력 있는 교육기관의 신뢰할 수 있는 학습과정 제공으로 학습자의 활용성을 제고하였다.

넷째, 교육기관을 대상으로 평생학습계좌제 운영을 위한 구체적인 가이드라인을 제공하고자 학습과정 평가인정 관련 규정을 개선하였다. 「평생학습계좌제 학습과정 평가인정 등에 관한 규정」의 재검토 시기(2022.7.) 도래에 따라 현장 및 학계 전문가 등을 중심으로 현장의 상황과 의견을 반영하였다는 점에서 의미가 크다. 주요 개선내용은 평생학습계좌제 학습과정 평가인정서 교부 근거 마련, 평가인정 지표 개선 등이다. 2010년에 제도 도입 시기에 마련된 「평생학습계좌제 평가인정 학습과정 운영지침」을 전면 개정함으로써 적극 행정을 구현하고 평가인정 학습과정의 질 관리를 위한 방향을 제시하였다는 점에서 주목할 만한 성과라고 하겠다.

마지막으로, 평생학습계좌제 활용 확대를 위해 초·중등 학력 연계를 활성화하고 타기관과의 연계를 확대하였다.

방송통신중·고등학교 학습경험인정제 연계 확대를 통해 성인학습자의 중·고등학교 학력 조기 취득 확대를 지원하였다.

학교 밖 청소년의 초등·중학교 학력 취득 확대를 지원하기 위해 의무교육단계 미취학·학업중단학생 학습지원 시범사업(꿈이음)과의 연계를 확대하였다. 또한, 누적 학습이력 활용의 안정적 환경 마련을 위해 타 부처 관계기관인 법무부 산하 교정본부, 환경부 산하 환경보전협회(국가환경교육센터), 문화체육관광부 산하 한국저작권위원회, 국무총리 산하 한국교육개발원과의 업무협약을 체결하여 유기적이고 공식적인 학습결과의 활용 협의체제를 구축하였다(2022 평생교육백서).

(2) 학점은행제

① 추진 배경 및 목적

학점은행제는 정규학교에서 뿐만 아니라 학교 밖에서 이루어지는 다양한 형태의 학습과 경험을 학점으로 인정받고, 학점이 누적되어 일정 기준을 충족하면 학사 또는 전문학사 학위 취득이 가능한 제도이다. 교육 부문 간 균형 발전을 위하여 학교 밖에서 이수한 결과도 제도적으로 연계하고, 성인학습자의 다양한 학습경험을 인정하여 학위 취득의 기회를 제공함으로써 국민의 평생학습권을 보장하고 궁극적으로 열린 평생학습사회를 구현하는 것을 목적으로 한다.

1995년 5월 대통령 직속 교육개혁위원회는 열린 평생학습사회를 조성하는 새로운 교육체제에 대한 비전을 제시하면서 학점은행제를 제안하였고, 그 후속 조치로 「학점인정 등에 관한 법률」 등 관련 법령을 제정하였다. 이에 따라 학점은행제를 토대로 학교뿐만 아니라 학교 밖 다양한 형태의 학습과 경험을 객관적인 기준에 비추어 정규대학에서 취득한 학점과 동등하게 인정하고 있다. 이처럼 학점은행제는 정규 고등교육의 한계를 다양한 측면에서 보완하고 있는 우리나라의 대표적인 개방형 평생학습제도이다. 학점은행제는 1997년 한국교육개발원을 위탁기관으로 하여 1998년 3월부터 시행하였고, 2007년 전면개정된 「평생교육법」에 따라 국가평생교육진흥원에서 2008년부터 운영하고 있다.

② 주요 현황 및 성과

학점은행제는 다음 〈표 5-11〉과 같이 평가인정학습과정 이수, 학점인정대상학교 이수, 시간제등록 이수, 독학학위제 시험 합격 및 면제과정 이수, 국가자격과 공인을 받은 민간자격취득, 국가무형문화재 보유자 및 전수교육 등 고등교육 수준에 해당하는 다양한 학습경험을 학점으로 인정한다.

〈표 5-11〉 학점은행제 학점원

평가인정학습과정	학점인정대상학교(전적 대학)
대학부설 평생(사회)교육원,학원, 직업전문학교, 각종 평생교육시설 등에서 평가인정 받은 과목	제적 혹은 졸업한 전문대학 및 제적한 4년제 대학에서 이수한 학점 ※ 졸업한 4년제 대학에서 이수한 학점은 인정받을 수 없음
시간제등록	**자격**
대학(전문대학 및 사이버대학 포함)에서 일반인에게 해당학교의 수업을 이수하게 하는 제도로서 각 학교의 학칙에 의거하여 운영	교육부장관의 승인을 받아 국가평생교육진흥원장이 고시한 자격 ※ 고시에 포함된 자격만 학점인정 가능
독학학위제	**국가무형문화제**
독학학위제 과정별 시험에 합격하였거나, 면제교육 과정으로 이수한 과목	「무형문화제법」에 의한 국가무형문화제 기·예능 보유자이거나, 그 전수자의 전수교육경험

출처: 국가평생교육진흥원(2022). 내부자료.

학점은행제는 「학점인정 등에 관한 법률」 제9조에 따라 고등학교를 졸업한 자 또는 이와 동등 이상의 학력이 있다고 인정된 자가 법령에서 요구하는 일정한 학점을 인정받고 정해진 요건을 충족하면 학위를 수여한다.

학점은행제 학위 수여는 교육부장관 명의에 의한 수여 방식과 대학의 장 명의에 의한 수여 방식 두 가지가 있고, 학위 수여 요건은 다음 〈표 5-12〉와 같다.

〈표 5-12〉 학점은행제 학위 수여 요건

<table>
<tr><th rowspan="2">구분</th><th rowspan="2">학사 학위</th><th colspan="3">전문학사 학위</th><th rowspan="2">비고</th></tr>
<tr><th>2년제</th><th colspan="2">3년제</th></tr>
<tr><td>①</td><td>총학점</td><td>140학점 이상</td><td>80학점 이상</td><td>120학점 이상</td><td rowspan="5">공통</td></tr>
<tr><td>②</td><td>전공</td><td>60학점 이상</td><td>45학점 이상</td><td>54학점 이상</td></tr>
<tr><td>③</td><td>교양</td><td>30학점 이상</td><td>15학점 이상</td><td>21학점 이상</td></tr>
<tr><td>④</td><td colspan="4">이수학점 중 평가인정학습과정 또는 시간제등록을 통해 이수한 학점이 반드시 18학점 이상 포함되어야 함</td></tr>
<tr><td>⑤</td><td colspan="4">전공필수는 희망하는 전공에 따라 학점 또는 과목 수로 충족하여야 함</td></tr>
<tr><td>⑥</td><td>해당 대학의 학점</td><td>84학점 이상</td><td>48학점 이상</td><td>65학점 이상</td><td rowspan="2">대학의 장 등에 의한 학위 수여</td></tr>
<tr><td>⑦</td><td colspan="4">학칙으로 정한 요건을 충족하여야 함</td></tr>
</table>

※ 학점은행제 전문학사 전공 중 3년제는 '이료(理療)' 전공만 개설되어 있음. 그 외의 전공은 전부 2년제 과정임.
출처: 국가평생교육진흥원(2022). 내부자료.

학점은행제 학위 수여는 표준교육과정에서 정한 학위 종류와 전공에 따라 이루어진다.

표준교육과정은 「학점인정 등에 관한 법률 시행령」 제17조(표준교육과정)의 규정에 따라 학위의 종류에 따른 전공, 교양과목 및 전공별 전공과목과 해당 학점, 전공별 학위 수여 요건 등을 제시하고 있다.

이는 평가인정의 기준, 학점인정의 기준, 학력인정의 기준 및 학위 수여 요건에 관한 사항을 종합적으로 연계하기 위해서이다. 교육과정 구성의 적합성, 학문적 타당성 및 현실성, 노동시장 등 사회적 요구와의 부합성 등을 검토하여 교육부장관이 고시하고 있다.

③ 학습자 현황

학점은행제 학습자는 분기별로 최초 학점인정 신청 시 관련 서류 제출을 통해 인적사항 · 학력 및 학점인정사항 등을 등록하고 학습자 번호(학번)를 부여한다. 2022년에는 약 14만 9천여 명의 학습자가 학점은행제를 활용하기 위해 등록하였고, 최근 5년간(2018~2022년) 등록 학습자는 연평균 약 15만 명이며, 2022년은 전년 대비 소폭 감소하였다. 2022년까지 학점은행제로 등록한 누적 학습자 수는 약 216만 명이다.

〈표 5-13〉 최근 5년간 학점은행제 등록 학습자 수 (단위: 명)

연도	전문학사	학사	계
2018	40,426	77,892	118,318
2019	50,407	99,957	150,364
2020	56,227	109,101	165,328
2021	55,275	108,310	163,585
2022	47,937	101,976	149,913

출처: 국가평생교육진흥원(2022). 내부자료.

④ 학위 수여 현황

학점은행제 학위취득자는 최근 5년간 연평균 약 6만 1천여 명이고, 2022년에는 전년 대비 약 3.2% 증가한 약 7만여 명이 학위를 취득하였다.

최근 5년간 학위취득자는 학사 학위취득자가 전문학사 학위취득자보다 많다. 2018년 약 5만 2천 여명의 학위취득자에서 2022년 약 7만 여명의 학위취득자가 나오기까지 꾸준한 증가 추세를 보이고 있다. 이와 같은 학점은행제 학위취득자 수의 변동은 자격취득 등의 목적으로 특정 시기까지 학위를 취득하고자 하는 학습자의 요구가 반영되었기 때문으로 분석된다.

예컨대 「사회복지사업법 시행령」이 2020년 12월 개정되어 사회복지사 자격취득 기준이 강화됨에 따라 종전 자격취득 기준 적용이 가능한 학습자들의 학위취득이 지속되고 있는 것으로 볼 수 있다.

〈표 5-14〉 최근 5년간 학위취득자 현황 (단위: 명)

연도	전문학사	학사	계
2018	21,604	30,001	51,605
2019	22,373	32,714	55,087
2020	24,253	34,812	59,065
2021	29,247	38,813	68,060
2022	30,492	44,322	74,814

출처: 국가평생교육진흥원(2022). 내부자료.

⑤ 평가인정 현황

학점은행제 평가인정은 평생교육시설, 대학(전문대학) 부설 평생교육원, K-MOOC 운영기관(대학), 전문대학 전공심화 및 특별과정, 직업훈련시설, 학원 등 대학 수준에 부합하는 평생교육·직업훈련 학습과정을 운영하는 시설 및 기관을 대상으로 한다.

2022년도 학점은행제 교육훈련기관은 총 418개로 나타났으며, 기관 유형별 현황은 다음의 〈표 5-15〉와 같다. 세부적으로 살펴보면, '대학 부설 평생교육원'이 124개(29.7%)로 가장 많았고, 그 다음으로는 '평생교육시설' 109개(26.1%), '전문대학 부설 평생교육원' 66개(15.8%), '직업훈련시설' 59개(14.1%) 등의 순으로 나타났다.

전체 교육훈련기관의 약 48.6%에 해당하는 203개 교육훈련기관이 대학 및 전문대학 부설 평생교육원 등 대학에서 운영하는 기관으로서, 여러 기관 중 대학의 역할이 가장 크다는 것을 확인할 수 있다. 또한 원격교육을 실시하는 곳은 100개로 전체 기관 중 23.9%를 차지한다.

〈표 5-15〉 학점은행제 평가인정 교육훈련기관 현황 (단위: 개, %)

기관유형		기관 수	비율
대학 등	대학 부설 평생교육원	124	29.7
	전문대학 부설 평생교육원	66	15.8
	전공심화 및 특별과정	4	1.0
	K-MOOC	9	2.2
	소계	203	48.6
직업훈련시설		59	14.1
평생직업교육학원		9	2.2
특수학교 및 고등기술학교		7	1.7
정부 · 지자체 등 교육시설		31	7.4
평생교육시설		109	26.1
계		418	100.0

⑥ 표준교육과정 현황

표준교육과정은 1998년 2월에 41개 전공을 고시한 이후, 2022년까지 27차에 걸쳐 학사 117개, 전문학사 111개 전공이 개발 · 고시되었다.

표준교육과정의 학위 종류 및 전공을 살펴보면, 학사학위과정에는 가정학사, 간호학사, 경영학사 등 26개 학위 종류의 117개 전공을, 전문학사 학위과정에는 가정전문학사를 비롯하여 13개 학위 종류의 111개 전공을 고시하여 운영하고 있다.

2022년에는 이벤트경영학 전공이 신설되었다. 이벤트경영학 전공은 국내 · 외에서 지속적으로 성장하고 있는 이벤트산업에서 요구하는 이벤트경영 전문인력 양성에 부응하고, 관련 산업으로 진출하고자 하는 수요자의 학습 기회를 확대할 필요에 따라 신설하였다.

전공 신설에 따라 이벤트연출론 등 21개 교과목을 신설하였고, 학문 발전 · 시대 변화 등에 따라 교과목 통합, 삭제 등의 표준교육과정 개정이 이루어졌다.

〈표 5-16〉 학점은행제 표준교육과정 학위 종류 현황 (단위: 개)

구분	학위 종류	전공 수
학사	가정학사, 간호학사, 경영학사, 경제학사, 공학사, 관광학사, 광고학사, 군사학사, 무용학사, 문학사, 문헌정보학사, 미술학사, 미용학사, 법학사, 보건학사, 세무학사, 수사학사, 신학사, 예술학사, 음악학사, 이학사, 지식재산학사, 체육학사, 패션학사, 해양학사, 행정학사(총 26개)	117
전문학사	가정전문학사, 경영전문학사, 공업전문학사, 관광전문학사, 군사전문학사, 농업전문학사, 사업예술전문학사, 생명산업전문학사, 언어전문학사, 예술전문학사, 이료전문학사, 체육전문학사, 행정전문학사(총 13개)	111

출처: 교육부(2022). 「학점인정법」에 따른 제27차 표준교육과정(제2022-10호).

⑦ 운영 성과

2022년 학점은행제 학위를 취득한 학습자는 총 74,814명(교육부장관에 의한 학위수여자 70,259명, 대학의 장 4,555명)이다.

교육부장관 명의 학위수여자의 경우 2017년 6만 6천여 명으로 크게 급증하였다가 이후 감소하여 2018년 4만 6천여 명, 2019년 4만 9천여 명의 학위수여가 이어졌다. 이후 2020년 5만 4천여 명, 2021년 6만 3천 명으로 증가 추세에서 2022년에는 처음으로 연간 7만 명이 넘는 사람이 학점은행제 학위를 취득하였다.

학점은행제 등록 학습자도 216만 명으로 개방성과 다양성을 바탕으로 성인학습자들에게는 새로운 배움과 미래 성장 경로를 제시하며, 제도 시행 25년 동안 능동적인 평생학습문화 형성에 기여하고 있다.

2022년에는 각종 법령 및 규정 개정을 통한 제도개선이 이루어졌다. 먼저, 양질의 다양한 학습경험을 학점으로 인정하기 위해 평가인정 대상 교육훈련기관의 범위를 공공기관의 교육·훈련시설까지 확대하며, 강사의 자격을 정하는 절차를 간소화하였다.

또한 학위취득자가 학점은행제로 다시 학위를 취득하려는 경우 다른 전공분야의 경우에만 학위 취득 요건을 완화하던 것을 동일 분야의 전공까지 학위 취득 요건을 완화하도록 「학점인정 등에 관한 법률 시행령」을 개정하였다.

이는 학사학위 또는 전문학사학위를 취득한 사람이 학점인정을 통해 다른 전공분야의 학위를 취득하려는 경우에는 학습 전력을 고려하여 생애 최초로 학위를 취득하려는 사람에게 요구되는 학위취득 기준보다 낮은 기준을 적용하고 있는 것과 마찬가지로, 이전에 학위 받은 전공분야와 동일한 전공분야의 학위를 학점인정을 통해 다시 취득하려는 경우에도 학위취득에 필요한 학점 기준을 완화하여 적용함으로써 학습자 간 학점인정에 대한 형평을 맞추었다.

이 밖에도 학점은행제 운영을 내실화하기 위해 원격기반 평가인정 학습과정의 접속방식 관련 규제를 완화하여 원격 학습과정 접속 시 다양한 인증방식을 활용할 수 있도록 규제를 완화하여 학습자 편의성을 증대하였다.

3 평생교육기관

1) 평생교육기관의 개요

평생교육기관은 평생교육이 실천되고 성과가 창출되는 플랫폼을 의미하며, 학습자가 본인의 생애주기에 맞추어 프로그램에 참여하고, 교수-학습을 통해 다양한 경험을 공유하는 장소와 공간을 제공한다(권인탁 외, 2022). 즉 평생교육기관은 학습자와 교수자, 학습 동료와의 관계가 형성되는 학습의 실제적 장소로 학습자의 참여를 넘어 학습이념, 목표, 운영 방침, 프로그램을 결정하며, 학습자의 상호작용, 학습역량 등 학습 전반에 유의미한 영향을 미치는 곳이다(이효영, 2019). 이와 같은 평생교육기관은 단순한 장소와 공간 제공자의 의미 이상을 제공하므로 모든 학습자가 차별 없이 폭넓게 프로그램을 이용할 수 있도록 국가를 포함해 사회구성원들의 관심이 필요하다.

2) 평생교육기관의 분류

평생교육기관은 다음의 세 가지 조건 중 어느 하나에 해당하는 시설 · 법인 또는 단체를 말한다(평생교육백서, 2022).

첫째, 「평생교육법」에 따라 인가 · 등록 · 신고된 시설 · 법인 또는 단체

둘째, 「학원의 설립 · 운영 및 과외교습에 관한 법률」에 따른 학원 중 학교교과교습학원을 제외한 평생직업교육을 실시하는 학원

셋째, 그 밖에 다른 법령에 따라 평생교육을 주된 목적으로 하는 시설 · 법인 또는 단체가 그것이다(「평생교육법」 제2조 2항). 「평생교육법」 외에도 다양한 법률에 근거하여 평생교육을 실시하고 있는데, 평생교육기관의 분류는 다음과 같다.

〈표 5-17〉 평생교육기관의 분류

법적근거		평생교육기관 분류	기관유형
평생교육법	제15조	평생학습도시	비형식
	제20조	시도평생교육진흥원	비형식
	제20조의 2	장애인평생교육시설	비형식
	제 21조	시군구평생학습관	비형식
	제21조의 2	장애인 평생교육과정을 운영하는 학교 (유치원, 초중등학교)	비형식
	제21조의 3	읍면동 평생학습센터	비형식
	제29조	학교(초중등학교, 대학교)	비형식
	제30조	학교 부설 평생교육시설	비형식
	제31조	학교 형태의 평생교육시설	비형식/준형식
	제32조	사내대학 형태의 평생교육시설	준형식
	제33조	원격대학 형태의 평생교육시설	비형식/준형식
	제35조	사업장 부설 평생교육시설	비형식
	제36조	시민사회단체 부설 평생교육시설	비형식
	제37조	언론기관 부설 평생교육시설	비형식
	제38조	지식인력개발 평생교육시설	비형식
학원설립운영 및 과외교습에 관한 법률	제2조	학원(입시검정 및 보충학습, 교습소 제외)	비형식
학점인정등에 관한 법률	제3조 등	평가인정 운영기관	준형식
지방자치법	제9조 제2항	시군구자치구의 주민자치센터	비형식/준형식 미구분
동법 시행령	제8조		
도서관법	제2조	도서관	
문화예술진흥법	제12조	문화시설	
동법새행령	제19조		

법적근거		평생교육기관 분류	기관유형
문화예술지원법	제2조		
지방문화원진흥법	제8조	지방문화원	
문화예술교육지원법	제2조		
박물관 및 미술관 진흥법	제4조	박물관, 미술관	
사회복지사업법	제34조	사회복지관	
노인복지법	제36조	노인복지관	

출처: 교육부 · 국가평생교육진흥원(2023).

교육부와 한국교육개발원이 공표한 평생교육통계는 비형식 평생교육기관으로 부설형[초 · 중등 및 대학(원) 부설, 사업장 부설, 시민사회단체 부설, 언론기관 부설], 독립형(원격 형태, 지식 · 인력개발 형태), 전담형(시 · 도평생교육진흥원, 평생학습관), 복합형[학원; '평생직업교육학원'만 해당(학교교과교습학원은 제외)]을 포함한다. 준형식 평생교육기관으로는 초 · 중등교육 형태 평생교육기관(공민학교, 고등공민학교, 고등기술학교, 각종학교, 산업체부설고등학교, 근로청소년을 위한 특별학급, 방송통신중학교, 방송통신고등학교, 학교 형태의 학력인정 평생교육시설), 고등교육 형태 평생교육기관[방송통신대학, 산업대학, 기술대학(대학, 전문대학), 각종학교(대학, 전문대학), 원격/사이버대학(대학, 전문대학), 사내대학(대학, 전문대학), 기능대학, 전공대학, 특수대학원]을 포함한다.

한편, 「학점인정 등에 관한 법률」에 의해 학점인정 평생교육 프로그램을 운영하는 평가인정운영기관은 학점은행제 교육훈련기관이 대표적이다. 학점은행제는 학교 안팎에서 이루어지는 다양한 형태의 학습과 자격을 학점으로 인정하고, 학점이 누적되어 일정 기준을 충족하면 학위 취득을 가능하게 하는 제도로서, 이를 운영하는 교육기관으로는 대학(교) 부설 평생교육원, 직업훈련기관, 정부관련기관, 학원, 원격교육시설, 기타 평생교육시설 등이 있다.

(1) 평생교육기관 유형

우리나라 평생교육기관은 정규학교를 제외한 준형식 평생교육기관과 비형식 평생교육기관으로 유형을 구분한다.

① 준형식 평생교육기관

준형식 평생교육기관은 초·중등교육 형태의 평생교육기관으로 직접 해당 학력을 인정하고 학위를 부여할 수 있는 기관을 의미한다.

〈표 5-18〉 준형식 평생교육기관

형태	기관
초·중등교육	공민학교, 고등공민학교, 고등기술학교 초·중·고·특수학교와 유사한 각종 학교 산업체부설고등학교, 근로청소년을 위한 특별학급 방송통신중학교, 방송통신고등학교, 학교형태의 학력인정 평생교육시설
고등교육형	방송통신대학, 산업대학, 기술대학 대학 수준의 신학교·예술학교·승가학교 등의 각종학교(대학, 전문대학) 원격/사이버대학, 사내대학 기능대학, 전공대학, 특수대학원

출처: 교육부·한국교육개발원(2022). 교육통계 분석자료집.

② 비형식 평생교육기관

비형식 평생교육기관은 평생교육법에 따라 인가·등록·신고된 시설로 법인 또는 단체를 의미하며, 크게 부설형, 독립형, 전담형, 복합형으로 구분한다.

㉠ 부설형

- 초·중등 및 대학(원)부설: 초·중등학교, 대학(원) 및 전문대학에서 운영하는 평생교육기관
- 사업장부설: 산업체, 백화점, 문화센터 등에서 부대시설로 설립·운영하는 평생교육기관
- 시민사회단체부설: 법인으로 행정관청에 등록하여 회원이 300인 이상인 시민사회단체가 소속회원 외에 일반 시민을 대상으로 하는 평생교육기관
- 언론기관부설: 신문, 방송 등의 언론기관에서 운영하는 평생교육기관

㉡ 독립형

- 원격형태: 정보통신매체를 이용하여 특정 또는 불특정 다수인에게 원격교육을 실시하거나 다양한 정보를 제공하는 등의 교육을 시행하는 평생교육기관

- 지식 · 인력개발 형태: 기업 또는 고용노동부와 연계하여 운영되는 시설로 지식정보의 제공과 교육훈련을 통한 인력개발(HRD)을 주된 목적으로 운영하는 평생교육기관

ⓒ 전담형

- 시 · 도평생교육진흥원: 시 · 도별 평생교육 기회 및 정보의 제공, 평생교육 상담, 평생교육 프로그램 운영 및 평생교육기관 간 연계체제 구축업무를 위해 시 · 도지사가 대통령령으로 정하는 바에 따라 법인으로 설립 또는 지정 · 운영하는 기관
- 평생학습관: 지역주민을 대상으로 평생교육 프로그램 운영 등 지역평생교육센터로서의 기존의 역할과 아울러 평생교육에 관한 연구, 연수 및 정보제공의 기능을 하는 곳으로서, 교육감이 설치 및 지정한 평생교육기관 혹은 지자체에서 설치한 평생교육기관

〈표 5-19〉 비형식 평생교육기관

형태	기관
부설형	• 학교부설(초 · 중등학교부설, 대학(원)부설) • 사업장부설(유통업체, 산업체) • 시민사회단체부설 • 언론기관부설
독립형	• 원격 형태 • 지식 · 인력개발 형태
전담형	• 시도평생교육진흥원 • 평생학습관
복합형	학원: '평생직업교육학원'만 해당(학교교과교습학원은 제외)

출처: 교육부 · 한국교육개발원(2022). 교육통계 분석자료집.

3) 평생교육기관의 현황

2023년 평생교육통계자료에 따르면 전체 평생교육기관 6,082개 중 비형식 평생교육기관은 5,029개(82.7%), 준형식 평생교육기관은 1,053개(17.3%)로 나타났으며, 프로그램수, 학습자 수, 교 · 강사 수도 비형식 평생교육기관이 준형식 평생교육기관에 비해 많은 것으로 나타났다.

〈표 5-20〉 2023년 평생교육기관의 현황 (단위: 개, 명)

구분	기관 수	프로그램 수	학습자 수	교·강사 수
비형식 평생교육기관	5,029	244,344	18,381,954	86,979
준형식 평생교육기관	1,053	–	492,618	7,631
총계	6,082	244,344	18,874,572	94,610

출처: 교육부·한국교육개발원(2023). 교육통계 분석자료집.

평생교육법에 따라 인가, 등록, 신고되어 운영 중인 비형식 평생교육기관은 5,029개이다. 이들 기관이 한 해 동안 제공한 프로그램은 244,344개이며, 참여 학습자는 18,874,572명에 이른다. 이 중 가장 많은 수를 차지하는 기관 유형은 언론기관부설 평생교육 및 원격형태 평생교육기관이었으며, 공공영역의 기관에 해당하는 시·도평생교육진흥원과 평생학습관은 512개로 집계되었다(교육부·한국교육개발원, 2023).

〈표 5-21〉 2023년 비형식 평생교육기관의 현황 (단위: 개, 명)

구분	기관 수	프로그램 수	학습자 수	교·강사 수
초·중등부설	10	45	777	35
대학(원)부설	418	21,110	667,744	14,047
원격형태	1,237	94,047	15,146,472	18,337
사업장부설	377	67,192	811,738	16,822
시민사회단체부설	408	3,203	108,092	2,621
언론기관부설	1,528	9,137	347,581	6,612
지식·인력개발 형태	539	7,505	462,769	5,453
시·도평생교육진흥원	17	3,308	28,629	1,541
평생학습관	495	38,797	808,152	21,511
총계	5,029	244,344	18,381,954	86,979

출처: 교육부·한국교육개발원(2023). 교육통계 분석자료집.

평생교육기관의 연도별 추이를 살펴보면 2010년 3,213개에서 2023년 5,029개로 증가하였으며 프로그램의 수도 2010년 160,249개에서 2023년 244,344개로 증가한 것으로 나타났다. 특히 원격기관의 경우 2010년 47,702개였던 프로그램의 수가 2023년 94,047으로 2배 이상의 증가를 보인 것은 코로나19로 인한 환경의 변화가 많은 영향을 미쳤을 것으로 예상된다.

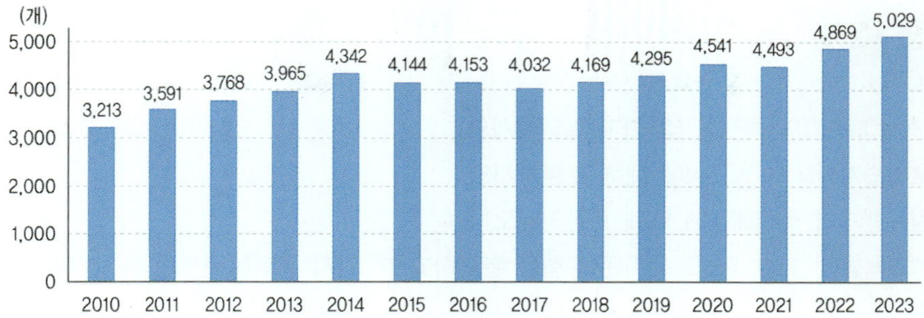

[그림 5-7] 비형식 평생교육기관의 연도별 개황

출처: 교육부 · 한국교육개발원(2023). 2022~2023 교육통계 분석자료집 재인용.

평생교육통계를 통해 평생교육기관과 프로그램의 양적 증가가 확대되었음을 확인하였다. 그러나 이러한 평생교육기관의 양적 확대가 지역별 학습자의 요구를 만족시키는지 여부는 학습자 관점에서의 심층적인 분석이 필요하다.

지역을 구분해 보았을 때 2023년 수도권에서 운영 중인 비형식 평생교육기관의 수는 전체 기관 수의 약 67% 정도를 차지하고 있는 것으로 나타났다. 따라서 수도권과 비수도권 학습 환경 격차를 해소할 수 있도록 비수도권 지역의 학습자를 위한 기관 여건의 시급한 개선이 필요하다고 볼 수 있다.

〈표 5-22〉 비형식 평생교육기관의 연도별 · 지역별 현황(2014~2023) (단위: 개)

구분	2014년	2017년	2020년	2021년	2022년	2023년
전체	4,342	4,032	4,541	4,493	4,869	5,029
수도권	2,560	2,429	2,979	2,962	3,268	3,348
비수도권	1,782	1,603	1,562	1,531	1,601	1,681

출처: 교육부 · 한국교육개발원(2023). 2022~2023 교육통계 분석자료집 재인용.

우리나라는 2000년 초반 평생교육법의 시행과 더불어 평생교육의 불평등을 해소하기 위해 많은 정책적 · 실천적 노력들을 해왔다. 이에 따라 다양한 형태의 평생교육기관 및 시설이 만들어졌다. 평생교육기관의 양적인 성장과 더불어 질적인 성장을 위해서는 지역 간 기관의 환경적인 측면을 고려하고 평생교육기관 운영의 질적인 면에서의 향상을 위한 노력이 필요할 것으로 보인다.

연구문제

1. 현 평생교육법의 특징을 몇 가지 설명하시오.
2. 평생학습계좌제의 필요성에 대해 토론하시오.
3. 학점은행제의 추진배경에 대해 토론하시오.
4. 평생교육법에 의한 평생교육기관 유형을 분류하고 한 가지 유형을 선택하여 설명하시오.

활동 평생교육제도의 구성요소에 관한 토론

▶ **주제:** 평생교육제도의 구성요소가 시스템에 미치는 영향

- 학생들은 그룹으로 나뉘어 평생교육제도의 다양한 구성요소(예: 정부 관계자, 교육자, 학생 등)를 대표하여 각 구성요소가 시스템에 어떻게 기여하는지 토론하고 발표한다.

▶ **활동가이드**

준비물: 사전에 평생교육제도의 구성요소에 대해 조사하고 정리한다.

- 구성요소 중 대표자의 역할을 선정한다.
- 선정된 것을 토대로 역할별로 토론한다.
- 교수자가 코멘트를 한다.

▶ **유의점**

- 한 사람이 토론의 주도권을 장악하지 않도록 시간 안배에 신경 쓴다.

06

Chapter

평생교육사

학습개요

현대사회는 4차 산업혁명 시대가 도래함에 따라 우리의 사회, 경제, 일상생활에 빠르게 영향을 미치고 있다. 급변하는 사회에서 지속적인 지식과 기술 습득 및 역량 강화는 더욱 강조되고 있어 평생교육이 필수불가결한 요소로 자리 잡게 되었다.

평생교육사는 평생교육기관에서 평생교육의 기획, 진행, 분석, 평가 및 교수업무 등을 담당하는 핵심 전문인력으로 평생교육의 이념을 실천하는 실천가이다. 따라서 평생교육분야를 진로로 관심 갖는 사람은 평생교육사에 대한 정보를 필수적으로 갖추어야 한다. 평생교육사는 누구인지, 어떤 자격을 갖추고 역할을 수행하는지, 매년 얼마나 양성되고 기관에 배치되어 있는지 알아 볼 필요가 있다.

그러므로 이 장에서는 평생교육사의 정의와 배경, 역할과 직무, 자격제도를 살펴보고 더 나아가 평생교육사의 양성과 배치현황을 파악하고자 한다.

학습목표

1. 평생교육사 자격제도의 변천을 이해하고 설명할 수 있다.
2. 평생교육사의 역할과 직무를 설명할 수 있다.
3. 평생교육사의 양성과 배치현황을 파악하고, 설명할 수 있다.

Chapter 06

평생교육사

1 평생교육사

1) 평생교육사의 정의

평생교육사는 평생학습사회에서 평생교육 진흥을 위해 일정한 전문 자격을 갖추고 평생교육기관 및 시설에서 평생교육과 관련 업무를 수행하는 전문가이며, 평생교육의 이념을 실천하는 실천가이다.

평생교육사라는 명칭은 처음부터 생겨난 것은 아니며, 과거 사회교육 현장에서 활동해 오던 사람들이 사회교육자, 사회교육지도자, 사회교육종사자, 성인교육자 등 다양한 용어로 불렸다. 1999년 8월 「사회교육법」이 「평생교육법」으로 전부개정되면서, '사회교육전문요원'의 명칭이 '평생교육사'로 변경되었다. 이는 평생교육에 대한 사회적 요구의 증가와 함께 평생교육기관이 급증하면서, 국가 차원에서도 평생교육에 대한 관심과 지원이 강화된 것이라고 볼 수 있다. 이에 따라 평생교육기관에서는 평생교육을 전문적으로 수행할 수 있는 인력이 필요하게 되었고, 이들에 대한 국가적 차원에서의 인증제도가 요구되면서 평생교육사가 만들어지게 된 것이다.

평생교육사가 등장하게 된 사회적 배경으로는 평생학습사회로의 패러다임이 바뀌면서 교육이 학교교육으로 끝나는 것이 아니라 살아가는 데 있어 필요한 지식을 계속적으로 학습해야 하는 계속교육과 순환교육의 개념으로의 변화를 꼽을 수 있다. 사회가 급변화하면서 개인적인 차원에서는 지속적인 직업교육 및 재교육에 대한 요구가 증대되고,

사회적인 차원에서도 시민의식의 향상 등 사회안전망의 일환으로 평생교육의 중요성이 강조되고 있기 때문이다.

평생학습사회의 도래는 국민들로 하여금 계속교육에 대한 요구를 증대시켰으며, 교육이 국민 모두가 누릴 수 있는 권리로 인식하게 됨으로써 평생교육에 대한 공공성의 논의를 확장시켰다. 이러한 사회적 변화에 따라 평생교육을 담당하는 교육전문가를 요구하게 되었으며, 그 결과 평생교육사 자격제도가 생겨나게 된 것이다.

평생교육 현장은 매우 복잡하고 다양하여 평생교육사에게 요구되는 역할과 전문성은 지속해서 변화되고 있다. 급변하는 사회 속에서 학습자의 요구는 점점 고도화되고 있으므로, 그에 따른 평생교육사들의 전문성은 더욱 강화되어야 할 것이다.

2) 평생교육사 자격제도의 변천

평생교육사 자격은 1982년 「사회교육법」이 제정되면서 사회교육 전문요원 제도의 기초와 사회교육 전문요원 배치의 규정을 마련한 것으로부터 시작되었으며, 1999년 8월 「사회교육법」이 「평생교육법」으로 전부개정되면서 사회교육 전문요원에서 평생교육사로 명칭이 변경되었다.

2007년 「평생교육법」 전부개정을 통해 평생교육사 양성과정을 위한 학점 수와 교과목을 개정하였으며, 평생교육사 1급과 2급의 승급과정 시행과 대상기관별 평생교육사 배치규정을 강화하였다. 2008년 평생교육법 시행령 개정을 통하여 현장실습이 120시간(3주)에서 160시간(4주)으로 강화되는 등 제도적 기준을 강화하였다.

2013년에는 평생교육사 자격증 교부의 권한이 교육부장관으로 일원화되면서 국가평생교육진흥원에 자격증 발급과 관련한 권한을 위탁하였다.

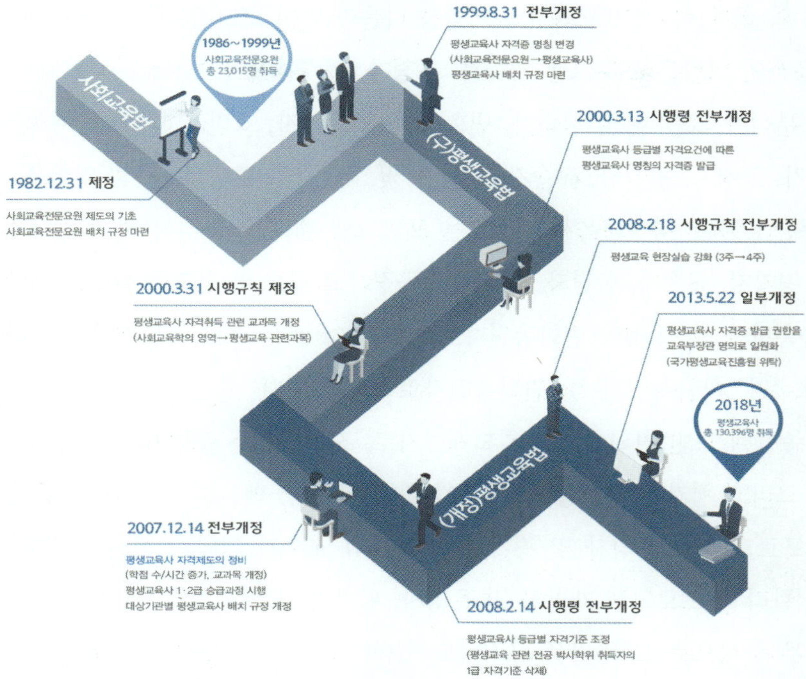

[그림 6-1] 평생교육사의 주요 직무

출처: 국가평생교육진흥원 자격관리 홈페이지(https://lledu.nile.or.kr).

2 평생교육사의 역할과 직무

1) 평생교육사의 역할

「평생교육법」 제24조 2항에서는 평생교육사를 평생교육의 기획 · 진행 · 분석 · 평가 및 교수업무를 수행하는 자로 정의하고 있다. 평생교육사는 평생교육의 실천영역과 학습대상 및 내용의 확장에 따라 변화하는 환경 속에서 차별화되고 전문화되어야 한다. 평생교육기관의 유형과 조직 규모, 직무환경에 따라 평생교육사에게 요구되는 역할은 다르게 나타날 수 있다.

국내 · 외 학자들은 평생교육사의 역할을 다음과 같이 보고 있다. Knox(1980)가 제시한 평생교육사의 역할은 프로그램 개발자, 조정자, 협력자이며, Knowles(1989)는 프로그램 개발자, 분석가, 조정자 및 협력자, 변화촉진자, 상담자, 그리고 Cranton(1992)은 프로그램 개발자, 조정자, 평가자, 교수자, 촉진자 및 상담자로 평생교육사의 역할을 제시하였다. 권두승(1999)은 평생교육사의 역할을 프로그램 개발자, 분석가 및 조정자, 운영자와 협력자, 평가자, 교수자, 촉진자, 상담자로 규정하고 있으며, 정민승(2002)은 개발자, 분석가, 학습촉진자 및 상담자, 변화촉진자로, 현영섭(2010)은 프로그램 개발자와 관리자, 조정자, 교수자, 학습촉진자 및 변화촉진자로 구분하였다.

이를 종합해 보면 기획에서는 기획개발자로, 진행에서는 조정자로, 교수에서는 학습촉진자, 그리고 평가에서는 상담자의 역할로 나타난다. 백은순 외(2002)는 평생교육사의 역할을 프로그래머, 운영자 및 평가자, 상담자와 교수자 역할로 제시하였으며, 김진화(2003)는 관리자, 프로그램 개발자 및 운영자, 평가자, 교수자 및 상담자, 평가, 컨설팅과 같은 직무 중심으로 그 역할을 규정하고 있다. 즉 각 영역에서 대표적인 역할로 맡게 되는데, 프로그램 기획에서 개발자 역할은 다수 연구자들에게서 공통적으로 확인되고 있으며, 프로그램 운영자로서의 역할, 교수자로서의 역할, 학습상담자로서의 역할, 평가 및 컨설팅 전문가로서의 역할, 조정자로서의 역할로 나누어 볼 수 있다.

〈표 6-1〉 평생교육사의 역할

역할	내용
프로그램 개발자	• 변화하는 사회적 맥락 속에서 평생교육기관이 지향하는 이념과 학습자의 요구와 필요를 읽어내고 적절한 프로그램을 기획하여 개발하는 능력을 말함 • 분석능력, 내용구성능력이 요구됨
프로그램 운영자	• 평생교육 프로그램을 운영하고 기관을 관리해야 하는 관리자로서의 역할을 의미
교수자	• 학습자의 수준과 스타일에 따라 교수–학습활동을 촉진시키는 역할 • 상황에 따른 강의 활동의 역할도 포함
학습상담자	• 학습자의 문제점과 애로사항, 학습자의 미래 비전과 현재 상태의 접점을 찾아 가이드라인을 제시하는 역할 • 학습 후 진로에 대한 지도 병행
평가 및 컨설팅 전문가	• 평생교육기관 운영의 효율성을 체계적이고 과학적으로 조사 · 분석하고 평가하고 발전적인 대안을 제시하는 역할
조정자	• 지역사회 내 다양한 기관과의 네트워킹을 형성하고 조정하는 역할

출처: 한국방송통신대학교 평생교육실습 p.7 재구성.

2) 평생교육사의 직무

직무란 직책이나 직업상에서 책임을 지고 담당하여 맡은 사무(표준국어대사전)이다. 평생교육사의 직무란 평생교육 영역을 책임지고 담당하는 일이라 할 수 있다. 평생교육 실천현장에서 평생교육사들이 직무를 원활하게 수행하기 위해서는 요구되는 몇 가지 요소들이 있다. 평생교육 프로그램의 기획 및 개발, 프로그램의 운영, 평생교육기관 관리, 네트워크, 교수-학습 및 상담, 평가 등의 업무가 수반되어야 한다.

한국직업능력개발원(1999)은 평생교육사의 직무를 평생교육 프로그램 관련 기획 및 개발, 운영 및 평가를 수행하는 것으로 정의하였다. 또한, 성인학습자의 상담과 지원, 학습환경에 대한 교육적 자문을 수행하며, 직무 내용과 흐름에 따라 8개 직무 내용을 구성하였다.

〈표 6-2〉 한국직업능력개발원의 평생교육사 직무모델

직무	내용과 흐름	
기획	• 사회와 조직 교육요구 분석 • 교육조직 및 기관의 비전 수립 • 교육사업의 전략 수립 • 중장기 계획 수립	• 연간 교육계획 수립 • 마케팅 • 사업성과 분석
프로그램 개발	• 프로그램 타당성 검토 • 프로그램 개발 공동작업 • 교육요구 파악 및 분석 • 프로그램 목표 설정	• 프로그램 내용 선정 • 프로그램 설계 • 프로그램 실행 매뉴얼 작성
프로그램 운영	• 시설 및 매체 확보 • 강사 및 교수자 섭외 • 프로그램 홍보 및 마케팅	• 프로그램 실행 • 교육매체 조작 • 교육성과 분석
기관관리	• 행정업무 • 재정관리 • 조직관리 및 개발 • 법규정책 해석 및 활용	• 교육시설 및 환경관리 • 학습자관리 • 강사관리 • 기관 홍보
네트워킹 및 지원	• 지역사회의 학습지원 조사 • 인적/물적 자원 교류 • 정보 공유	• 사업 제휴 • 공동 연수 • 네트워킹 조직 구축

직무	내용과 흐름	
교수-학습	• 교수대상자 분석 • 교수계획 수립 • 교수자료 수립	• 교수자료 개발 • 강의 실행 • 강의평가
학습상담	• 학습자 진단 • 교육정보 제공	• 교수 및 학습방법 조언
교육컨설팅	• 교육문제 진단 • 해결안 제안	• 실시와 피드백

출처: 한국직업능력개발원(1999).

〈표 6-2〉와 같이 한국직업능력개발원(1999)의 직무모델은 평생교육사의 직무 연구에 기초가 되고 있으나, 「평생교육법」 제정 전에 개발된 직무모델이라는 한계를 가진다. 평생교육의 실제 현장성을 반영한 직무모델 개발의 필요성이 커지게 됨에 따라, 김진화(2003)는 평생교육사의 역할을 관리자 및 프로그램 개발자, 교수자와 상담자, 조정자, 그리고 평가·컨설팅 전문가 등 6개의 직무로 분류하여 제시하였다. 이후 김진화 외(2008)는 「평생교육법」에 근거를 두고 평생교육 현장에서 실제로 수행하고 있는 업무를 반영시킨 직무모델을 개발하였다. 평생교육 현장에서의 수행 업무에 기초하여 직무모델과의 연계성 확보를 위해 평생교육사 직무모델을 설정하였으며, 이를 통해 9개의 직무와 72개의 업무로 분류·정리하였다.

〈표 6-3〉 김진화 외(2008)의 평생교육사 직무모델

직무	업 무	직무	업 무
조사 분석	• 학습자 특성 및 요구조사·분석 • 평생학습 참여율 조사 • 평생학습 자원 조사·분석 • 평생학습권역 매핑 • 평생학습 SWOT 분석 • 평생학습 프로그램 조사·분석 • 평생학습 통계 데이터 분석 • 평생학습자원 및 정보 DB 구축	기획 계획	• 평생학습 비전과 전략 수립 • 평생학습 추진체제 설계 • 평생학습 중·장기/연간계획 수립 • 평생학습 단위사업계획 수립 • 평생학습 축제 기획 • 평생학습 공모사업 기획서 작성 • 평생학습 예산 계획 및 편성 • 평생학습 실행계획서 수립

직무	업 무	직무	업 무
네트워킹	• 평생학습 네트워크체제 구축 • 인적 · 물적 자원 네트워크 실행 • 사업 파트너십 형성 및 실행 • 사이버 네트워크 구축 및 촉진 • 조직 내 · 외부 커뮤니케이션 촉진 • 협의회 및 위원회 활동 촉진 • 지원세력 확보 및 설득 • 평생교육사 임파워먼트 실행	프로그램 개발	• 프로그램 개발 타당성 분석 • 프로그램 요구분석 및 우선순위 설정 • 프로그램 목적/목표 설정 및 진술 • 프로그램 내용 선정 및 조직 • 프로그램 매체 및 자료 개발 • 프로그램 실행 계획 및 매뉴얼 제작 • 프로그램 실행 자원 확보 • 프로그램 특성화 및 브랜드화
운영지원	• 학습자 관리 및 지원 • 강사관리 및 지원 • 프로그램 홍보 및 계획 • 학습시설 · 매체관리 및 지원 • 프로그램 관리운영 및 모니터링 • 학습결과 인증 및 관리 • 평생학습 예산관리 및 집행 • 기관 홈페이지 관리 및 운영	교수학습	• 학습자 학습동기화 촉진 • 강의 원고 및 교안 작성 • 단위 프로그램 강의 • 평생교육사업 설명회 및 교육 • 평생교육 관계자 직무교육 • 평생교육사 실습지도 • 평생교육 자료 및 매체 개발 • 평생교육사 학습역량 개발
변화촉진	• 평생학습 참여 촉진 • 평생학습자 인적자원 역량개발 • 학습동아리 발굴 및 지원 • 평생학습 실천지도자 양성 • 평생교육단체 육성 및 개발 • 평생교육 자원봉사활동 촉진 • 평생학습 관계자 멘토링 • 평생학습 공동체 및 문화조성	상담컨설팅	• 학습자 상황분석 • 학습장애 및 수준 진단 · 처방 • 평생학습 상담사례 정리 및 분석 • 생애주기별 커리어 설계 및 상담 • 평생학습 온/오프라인 정보제공 • 평생학습 상담실 운영 • 학습자 사후관리 및 추수지도 • 의뢰기관 평생학습 자문 및 컨설팅
평가보고	• 평생학습 성과지표 창출 • 목표대비 실적평가 • 평생학습 영향력 평가 • 평생학습 성과관리 및 DB구축 • 우수사례 분석 및 확산 • 공모사업 기획서 평가 • 평가보고서 작성 • 평가발표자료 제작 및 발표		

출처: 김진화 외(2017).

국가평생교육진흥원(2011)은 김진화 외(2008)의 직무모델을 바탕으로 행정경영 직무에서 8개 업무를 추가하고, 프로그램 개발 직무에서 2개 업무와 평가보고 직무에서 2개 업무를 추가하여 최종 10개 직무와 84개의 업무로 확장하여 제시하였다. 확장된 평생교육사의 주요 직무는 [그림 6-2]와 같다.

[그림 6-2] 평생교육사의 주요 직무

출처: 국가평생교육진흥원 자격관리 홈페이지(https://lledu.nile.or.kr).

김진화 외(2008)가 제시한 평생교육사의 직무모델은 현장에서 수행되는 실제적 업무 내용을 중심으로 과업을 설정함으로써 평생교육 현장의 특성을 반영한 표준직무로의 활용 가능성을 제공하였다는 점에서 의의가 있다.

2013년부터 진행된 국가직무능력표준화(NCS: National Competency Standards)에 의해 현재 평생교육사의 직무는 국가적 차원에서 분석되고 있다. 즉 직무수행을 위해 요구되는 지식 · 기술 · 태도를 기준으로 직무 내용을 범주화하고 표준화한 것이다. 2018년 기준으로 개발된 평생교육사 직무는 〈표 6-4〉에 제시된 것처럼 평생교육 프로그램과 관련하여 기획 · 개발 · 평가와 운영 · 상담 · 교수로 2개의 직무로 나뉜다.

〈표 6-4〉 국가직무능력표준에서 제시한 평생교육사의 직무

직무명	평생교육 프로그램 기획 · 개발 · 평가	평생교육 프로그램 운영 · 상담 · 교수
직무내용	• 평생교육 상황분석 • 평생교육 요구분석 • 평생교육 자원조사 • 평생교육 프로그램 설계 • 평생교육 교수학습자료 개발 • 기관프로그램 통합관리 • 평생교육 프로그램 평가 • 평생학습 결과인정	• 평생교육 프로그램 홍보 • 평생학습 설계 • 평생교육 인적자원 관리 • 평생교육 실무행정 • 평생교육 교수업무 실행 • 학습동아리 운영 • 평생교육 조직운영 • 프로그램 현장관리 • 평생교육 네트워크 관리 • 평생교육 현장실습 관리

출처: 국가직무능력표준 홈페이지(https://www.ncs.go.kr).

표준화된 평생교육사의 직무모델 제시에도 실제적으로는 평생교육 현장에서 다양하고 복잡하게 진행되는 평생교육사의 직무를 활동 영역이나 특정 업무에 따라 세분화하여 파악해야 한다는 주장도 있다. 평생교육사는 지방자치단체, 사업장 부설 문화센터, 대학교 부설 평생교육원, 교육청, 언론기관 부설 평생교육원 등의 다양한 분야에서 종사하고 있으며, 각 영역에서 수행하는 업무 또한 활동 영역의 특성에 따라 다양하게 나타난다.

평생교육사의 직무모델 변천을 정리하면 다음 〈표 6-5〉와 같다.

〈표 6-5〉 평생교육사의 직무모델 변천

한국직업능력개발원(1999) 8개 직무 46개 과업		김진화 외(2008) 9개 책무 72개 과업		국가평생교육진흥원(2011) 10개 책무 80개 과업	
기획	프로그램 개발	조사 분석	기획 계획	기획 계획	상담 컨설팅
프로그램 운영	기관관리	네트워킹	프로그램개발	조사 분석	교수-학습
네트워크 및 지원	교수-학습	운영 지원	교수-학습	프로그램 개발	네트워크
학습상담	교육컨설팅	변화촉진	상담 컨설팅	운영 지원	변화촉진
신 자격제도 시작되기 이전 2000년 이후 평생교육 현장 반영 X		평가 보고		평가보고	행정 경영

3 평생교육사의 자격제도

1) 평생교육사 자격제도

평생교육사 자격증은 1급, 2급, 3급으로 나누어지며, 이수과정은 승급과정과 양성과정으로 구성되어 있다. 평생교육사 양성과정은 전문대학, 대학, 대학원 및 학점은행기관 등 평생교육사 양성기관에서 운영하는 관련 과목을 일정 학점 이상 이수하여 2급 또는 3급의 자격을 취득하는 과정이며, 승급과정은 일정 자격요건을 갖춘 평생교육사 자격증 소지자가 상위 급수로 승급하기 위해 이수하는 연수과정(1급, 2급 승급과정)을 말한다. 평생교육사 양성 및 승급과정은 「평생교육법 시행령」 제18조에 근거하여 실시된다.

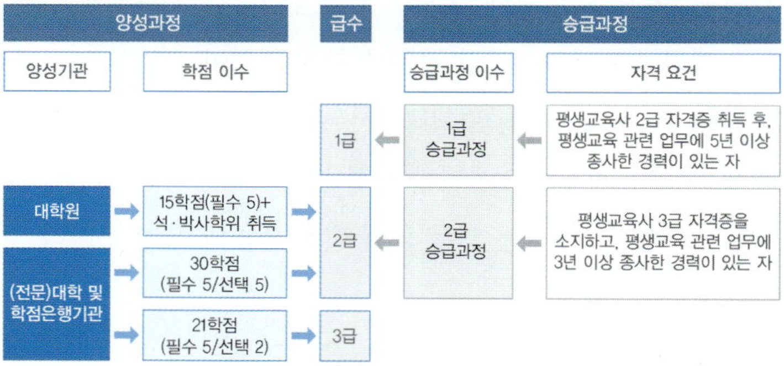

[그림 6-3] 평생교육사 이수과정

출처: 국가평생교육진흥원 자격관리 홈페이지(https://lledu.nile.or.kr).

2) 평생교육사 등급별 자격요건

평생교육사는 일정 이상의 관련 과목을 이수하여 자격증을 취득할 수 있고, 이후에 자격증 승급을 위한 자격취득은 승급연수 과정을 이수해야 한다. 평생교육사의 등급별 자격요건은 「평생교육법 시행령」 제16조에서 규정하고 있다.

평생교육사 1급은 평생교육사 2급 자격증을 취득한 후 평생교육 관련업무 5년 이상 종사한 경력이 있는 자로서 국가평생교육진흥원이 운영하는 1급 승급과정을 이수한 자

(2급 자격취득 이후 경력만 인정)는 평생교육사 1급의 자격을 갖는다. 평생교육사 2급은 대학원에서 필수과목을 15학점 이수하거나 대학 및 학점은행기관 등에서 평생교육 관련 과목 30학점을 이수하고 학위를 취득한 자가 해당되며, 평생교육사 3급 취득 후 3년 이상 평생교육 관련 경력이 있는 자로 평생교육사 2급 승급과정을 이수한 자가 취득할 수 있다. 평생교육사 3급은 대학 또는 학점은행기관 등에서 관련 과목을 21학점 이상 이수하고 학위를 취득한 자 등이 취득할 수 있다.

〈표 6-6〉 **평생교육사의 등급별 자격요건**

등급	자격기준
평생교육사 1급	평생교육사 2급 자격증을 취득한 후, 교육부장관이 정하는 평생교육과 관련된 업무(이하 "관련업무"라 한다)에 5년 이상 종사한 경력이 있는 자로서 진흥원이 운영하는 평생교육사 1급 승급과정을 이수한 자
평생교육사 2급	1. 「고등교육법」 제29조 및 제30조에 따른 대학원에서 교육부령으로 정하는 평생교육과 관련된 과목(이하 "관련과목"이라 한다) 중 필수과목을 15학점 이상 이수하고 석사 또는 박사학위를 취득한 자. 다만, 「고등교육법」 제2조에 따른 학교(이하 "대학"이라 한다)에서 필수과목을 이수한 경우에는 선택과목으로 필수과목 학점을 대체할 수 있다. 2. 대학 또는 이와 같은 수준 이상의 학력을 인정할 수 있는 기관, 「학점인정 등에 관한 법률」에 따라 평가인정을 받은 학습과정을 운영하는 교육훈련기관(이하 "학점은행기관"이라 한다)에서 관련과목을 30학점 이상 이수하고 학위를 취득한 자 3. 대학을 졸업한 자 또는 이와 같은 수준 이상의 학력이 있다고 인정되는 자로서 다음 각 목의 어느 하나에 해당하는 기관에서 관련과목을 30학점 이상 이수한 자 가. 대학 또는 이와 같은 수준 이상의 학력을 인정할 수 있는 기관 나. 법 제25조 제1항에 따른 평생교육사 양성기관(이하 "지정양성기관"이라 한다) 다. 학점은행기관 4. 평생교육사 3급 자격증을 보유하고 관련업무에 3년 이상 종사한 경력이 있는 자로서 진흥원이나 지정양성기관이 운영하는 평생교육사 2급 승급과정을 이수한 자
평생교육사 3급	1. 대학 또는 이와 같은 수준 이상의 학력을 인정할 수 있는 기관, 학점은행기관에서 관련과목을 21학점 이상 이수하고 학위를 취득한 자 2. 대학을 졸업한 자 또는 이와 같은 수준 이상의 학력이 있다고 인정되는 자로서 다음 각 목의 어느 하나에 해당하는 기관에서 관련과목을 21학점 이상 이수한 자 가. 대학 또는 이와 같은 수준 이상의 학력을 인정할 수 있는 기관 나. 지정양성기관 다. 학점은행기관 3. 관련업무에 2년 이상 종사한 경력이 있는 자로서 진흥원이나 지정양성기관이 운영하는 평생교육사 3급 양성과정을 이수한 자 4. 관련업무에 1년 이상 종사한 경력이 있는 공무원 및 「초·중등교육법」 제2조 제1호부터 제5호까지의 학교 또는 학력인정 평생교육시설의 교원으로서 진흥원이나 지정양성기관이 운영하는 평생교육사 3급 양성과정을 이수한 자

출처: 「평생교육법 시행령」 제16조 2항 별표1의 3.

3) 평생교육사 이수과목

2016년에 개정된 평생교육법 시행규칙에 의거하여 평생교육사 자격취득을 위해서는 등급별 자격요건에 따라 교육과정을 이수해야 한다. 평생교육사 필수과목은 평생교육실습 과목을 포함한 5과목이며, 선택과목은 평생교육 실천영역의 8과목, 평생교육 방법영역의 13과목으로 총 21과목을 이수해야 자격증 취득이 가능하다. 각 과목당 학점은 3학점으로 하고, 성적은 각 과목을 100점 만점으로 하여 평균이 80점 이상이 되어야 하며, 160시간의 평생교육 현장실습을 이수해야 한다. 평생교육 관련과목과 과목명이 동일하지 않은 과목은 국가평생교육진흥원장의 승인을 받은 경우에 한해 동일과목으로 인정되며, 대학의 시간제 등록 또는 학점은행기관을 통해 이수한 과목은 국가평생교육진흥원 학점은행제에 학점인정신청 및 등록이 완료되어야만 자격증 취득을 위한 학점으로 활용할 수 있다.

〈표 6-7〉 평생교육사 자격취득을 위한 이수과목

과정	구분	과목명
양성 과정	필수	평생교육론, 평생교육방법론, 평생교육경영론, 평생교육프로그램개발론
		평생교육실습(4주 이상)
	선택	아동교육론, 청소년교육론, 여성교육론, 노인교육론, 시민교육론, 문자해득교육론, 특수교육론, 성인학습 및 상담(1과목 이상 선택하여야 함)
		교육사회학, 교육공학, 교육복지론, 지역사회교육론, 문화예술교육론, 인적자원개발론, 직업 · 진로설계, 원격(이러닝, 사이버)교육론, 기업교육론, 환경교육론, 교수설계, 교육조사방법론, 상담심리학(1과목 이상 선택하여야 함)

비고

1. 양성과정의 과목명칭이 동일하지 아니하더라도 교과의 내용이 동일하다는 국가평생교육진흥원장의 승인을 받은 경우 동일과목으로 본다.
2. 필수과목은 평생교육실습을 포함하여 15학점 이상을 이수하여야 한다.
3. 과목당 학점은 3학점으로 하고, 성적은 각 과목을 100점 만점으로 하여 평균 80점 이상이어야 한다.
4. 평생교육실습 과목은 법 제19조부터 제21조까지에 해당하는 평생교육기관 또는 법 제39조 제2항에 따라 문해교육 프로그램으로 지정받은 기관에서의 4주 이상(총 수업일수 20일 이상, 총 수업시간 160시간 이상)의 현장실습을 포함한 수업과정으로 구성한다.

출처: 평생교육법 시행규칙 [별표 1] 〈개정 2016. 8. 10〉

평생교육사 자격취득 이수과목에서 중요한 또 한 가지는 평생교육실습 과목이다. 평생교육실습은 예비평생교육사가 학습한 이론과 기술을 평생교육 현장에 적용하여 실무 능력과 자질을 함양하는 과정으로 평생교육 현장에 따른 구체적인 직무를 이해하고, 수행방법을 습득하는 과정이라고 할 수 있다. 평생교육사로서의 삶의 준비와 소질이 갖춰졌는지 실습생 스스로가 평가하고 검증하는 시간이며, 평생교육사로서의 직업적 적성을 확인할 수 있는 중요한 활동이다.

평생교육실습 과목을 신청하기 전에는 반드시 선수과목이 이수되었는지 확인해야 하며, 선수과목은 평생교육 필수과목 중 대학(교)은 평생교육 실습을 제외한 4개의 필수과목을 모두 이수한 후에 대학원은 필수과목 3과목을 이수해야 평생교육실습 과목을 신청할 수 있다. 이수(양성)기관은 평생교육실습 교과목으로 편성된 실습오리엔테이션을 이수한 자에 한하여 현장실습을 실시할 수 있으며, 현장실습 시행에 대한 계획 수립, 실습기관 선정, 평가 등 현장실습 전반에 대한 관리를 수행한다.

평생교육실습을 실시할 수 있는 기관은 「평생교육법 시행령」 제69조 제2항에 따른 기관이어야 한다. 실습시간은 4주(20일 이상), 160시간 이상이어야 하며, 평생교육을 주된 목적으로 하는 기관 및 시설이어야 함과 동시에 평생교육사 1급 자격증 소지자 또는 2급 자격증을 보유하고 관련 업무에 2년 이상 종사한 자 혹은 평생교육사 3급 자격을 보유하고 관련업무에 3년 이상 종사자 한 자를 실습지도자로 두고 있어야 한다.

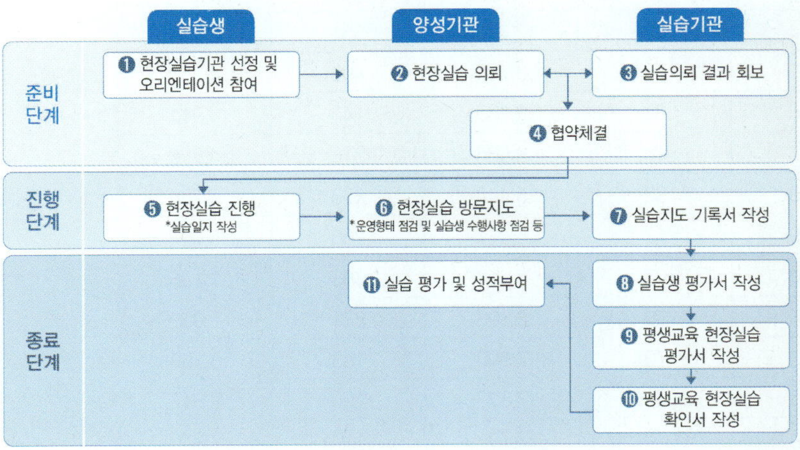

[그림 6-4] 평생교육사 현장실습 운영절차

출처: 국가평생교육진흥원. 평생교육사 자격취득 안내자료(2022).

4 평생교육사의 양성과 배치

1) 평생교육사 양성 현황

평생교육사 양성 현황을 살펴보면, 2000년도 이후부터 지속적으로 증가하고 있다. 가장 많은 평생교육사를 양성한 해는 2015년 8,404명이고, 최근 3년간 평생교육사 양성 현황을 살펴보면 2020년 6,741명, 2021년 6,734명, 2022년 6,693명이 양성되었다. 2022년 12월 기준으로 총 157,235명의 평생교육사가 양성되었다. 평생교육사 자격 등급별 양성 현황을 살펴보면 1급이 985명(0.6%), 2급이 148,432명(94.4%), 3급이 7,818명(5.0%)으로 대부분의 양성된 평생교육사들이 2급 자격을 소지한 것으로 나타났다.

〈표 6-8〉 연도별 평생교육사 양성(자격증 발급) 현황 (단위: 명)

연도	1급	2급	3급	총계	비고
1986~1999	0	21,007	2,008	23,015	(구)사회교육전문요원
2000	22	1,548	344	1,914	평생교육사
2001	25	2,878	513	3,416	
2002	38	2,957	636	3,631	
2003	31	2,982	601	3,614	
2004	32	2,776	551	3,359	
2005	26	3,734	490	4,250	
2006	33	3,735	143	3,911	
2007	16	4,566	316	4,898	
2008	33	5,448	273	5,754	
2009	57	5,447	260	5,764	
2010	55	6,697	383	7,135	
2011	30	6,808	221	7,059	
2012	70	7,900	183	8,153	
2013	58	7,633	156	7,847	
2014	42	7,791	113	7,946	
2015	44	8,278	82	8,404	
2016	38	6,923	81	7,042	

연도	1급	2급	3급	총계	비고
2017	43	6,386	67	6,496	
2018	87	6,618	83	6,788	
2019	76	6,532	63	6,671	
2020	38	6,626	77	6,741	
2021	44	6,625	65	6,734	
2022	47	6,537	109	6,693	
총계	985	148,432	7,818	157,235	

출처: 교육부 · 국가평생교육진흥원(2022). 2021년 평생교육백서.

2018년부터 2021년까지 4년간 평생교육사 양성기관의 유형별 자격 교부 현황을 살펴보면, 학점은행제를 운영 중인 일반평생교육시설이 2021년 2,766명, 4년간 9,650명(35.8%)으로 가장 많은 평생교육사를 양성하였다. 다음으로 방송통신대학교가 2021년 1,084명, 4년간 5,210명(19.3%), 일반대학이 2021년 855명, 4년간 3,914명(14.5%)의 평생교육사를 양성하였다.

양성과정은 정규교육과정과 비정규교육과정 두 개로 구분하여 살펴볼 수 있다. 2021년에는 대학, 대학원 등 정규교육과정을 거쳐 3,926명(58.3%)을 양성하였다. 이는 평생교육사가 비정규교육과정보다 정규교육과정을 거쳐 더 많이 양성하였음을 알 수 있다. 정규교육과정에 의한 양성 비율은 2020년에 비해 5.8% 감소한 반면, 비정규교육과정에 의한 양성 비율은 2020년 35.9%에서 2021년 41.7%로 증가하였다.

〈표 6-9〉 양성기관 유형별 평생교육사 자격 교부 현황(2018~2021) (단위: 명)

기관 유형 \ 연도	2018	2019	2020	2021	계
정규교육과정	4,431	4,380	4,323	3,926	17,060
비정규교육과정	2,357	2,291	2,418	2,808	9,874
전문대학	832	864	853	886	3,435
교육대학	–	4	–	–	4
대학	1,098	1,007	954	855	3,914
방송통신대학	1,397	1,372	1,357	1,084	5,210
산업대학	95	111	138	119	463

기관 유형 \ 연도	2018	2019	2020	2021	계
각종학교	1	–	–	1	2
원격 및 사이버대학	840	857	874	832	3,403
대학원대학	122	125	120	112	479
전공대학	46	40	27	37	150
국가평생교육진흥원	78	67	37	42	224
일반평생교육시설	2,279	2,224	2,381	2,766	9,650
계	6,788	6,671	6,741	6,734	26,934

출처: 교육부 · 한국교육개발원(2019~2022). 연도별 평생교육통계자료집.

2) 평생교육사 배치 현황

「평생교육법」 제16조에 따르면 평생교육기관에 평생교육사를 배치하여야 한다는 의무 배치를 규정하고 있다. 동법 시행령 제22조에서는 평생교육사 배치 대상 기관과 배치 기준을 다음과 같이 규정하고 있다.

국가 및 시 · 도 평생교육진흥원의 경우 1급 평생교육사 1명 이상을 포함한 5명 이상을 배치해야 한다. 시 · 군 · 구 평생학습관의 경우 정규직원이 20명 이상일 때 1급 또는 2급 평생교육사 1명을 포함한 2명 이상, 정규직원이 20명 미만일 때 1급 또는 2급 평생교육사 1명 이상을 배치해야 한다. 장애인평생교육시설의 경우 평생교육사 1명 이상, 이외 학점은행기관, 평생교육시설 등은 평생교육사 1명 이상을 의무 배치해야 한다.

〈표 6-10〉 평생교육사 배치 대상 기관 및 배치 기준

배치대상	배치기준
1. 진흥원, 시 · 도 진흥원	• 1급 평생교육사 1명 이상을 포함한 5명 이상
2. 장애인평생교육시설	• 평생교육사 1명 이상
3. 시 · 군 · 구 평생학습관	• 정규직원 20명 이상: 1급 또는 2급 평생교육사 1명을 포함한 2명 이상 • 정규직원 20명 미만: 1급 또는 2급 평생교육사 1명 이상

4. 법 제30조에서 제38조까지의 규정에 따른 평생교육시설(학력인정 평생교육시설은 제외한다), 「학점인정 등에 관한 법률」 제3조 제1항에 따라 평가인정을 받은 학습과정을 운영하는 교육훈련기관 및 법 제2조 제2호 다목의 시설·법인 또는 단체	• 평생교육사 1명 이상

출처: 「평생교육법 시행령」 제22조 별표2.

평생교육사의 2022년 평생교육기관 배치율을 살펴보면 77.4%로, 2021년 79.2% 대비 1.8% 감소하였다. 배치 기관 현황을 자세히 보면, 전체 4,869개 평생교육기관 중 77.4%인 3,770개 기관에 평생교육사가 배치되었다. 시·도 평생교육진흥원은 17개 모든 기관에 평생교육사가 배치되었으며, 시·군·구 평생학습관은 501개 중 81.6%인 409개 기관에 배치되어 있는 것으로 나타났다. 평생교육시설 중에서는 94.9%로 사업장 부설 평생교육시설의 평생교육사 배치율이 가장 높았고, 이어서 79.5%인 대학(원) 부설 평생교육시설이 두 번째로 높았다. 이에 반해 언론기관 부설 평생교육시설과 시민사회단체 부설 평생교육시설은 각각 72.4%, 74.9%로 다른 평생교육시설에 비해 상대적으로 배치율이 낮았다.

〈표 6-11〉 평생교육기관 유형별 평생교육사 배치 기관 현황

(단위: 개, %)

구분			총기관 수	배치 기관 수	배치율
평생교육기관	시·도 평생교육진흥원		17	17	100.0
	시·군·구 평생학습관		501	409	81.6
	학교 부설 평생교육시설	초·중등학교	9	7	77.8
		대학(원)	419	333	79.5
	사업장 부설 평생교육시설		389	369	94.9
	언론기관 부설 평생교육시설		1,343	973	72.4
	지식·인력개발 형태 평생교육시설		564	432	76.6
	시민사회단체 부설 평생교육시설		423	317	74.9
	원격 형태 평생교육시설		1,204	913	75.8
	소계		4,869	3,770	77.4

출처: 교육부·한국교육개발원(2022). 2022 교육통계분석자료집-평생교육통계편.

평생교육기관에 배치되어 있는 평생교육사 현황을 살펴보면, 3,770개 기관에 5,869명이 배치되어 있는 것으로 나타났다. 전체 평생교육기관 4,869개에 배치되어 있는 평생교육사 수를 분석해 보면, 평생교육기관당 평균 1.2명이 종사하고 있다. 17개 시 · 도 평생교육진흥원은 208명의 평생교육사가 배치되어 기관당 12.2명으로 기관당 평균 평생교육사 수가 가장 많았다. 시 · 군 · 구 평생학습관은 926명의 평생교육사가 배치되어 평생학습관당 평균 1.8명이 종사하고 있다. 언론기관 부설 평생교육시설은 1,105명이 배치되어 기관당 0.8명, 초 · 중등학교 부설 평생교육시설은 8명이 배치되어 기관당 0.9명으로 기관당 평균 1명 미만의 평생교육사가 배치되어 있는 것으로 나타났다.

〈표 6-12〉 평생교육기관 유형 및 평생교육사 자격 등급별 배치 현황 (단위: 개, 명)

구분			총 기관 수	평생교육사 수				기관당 평생교육사 수
				계	1급	2급	3급	
평생교육기관	시 · 도 평생교육진흥원		17	208	43	162	3	12.2
	시 · 군 · 구 평생학습관		501	926	113	799	14	1.8
	학교 부설 평생교육시설	초 · 중등학교	9	8	–	7	1	0.9
		대학(원)	419	645	33	601	11	1.5
	사업장 부설 평생교육시설		389	478	20	448	10	1.2
	언론기관 부설 평생교육시설		1,343	1,105	40	859	206	0.8
	지식 · 인력개발 형태 평생교육시설		564	615	17	568	30	1.1
	시민사회단체 부설 평생교육시설		423	440	23	393	24	1.0
	원격 형태 평생교육시설		1,204	1,444	61	1,323	60	1.2
	소계		4,869	5,869	351	5,162	362	1.2

출처: 한국교육개발원 교육통계서비스(2022). 기관유형별 평생교육사 자격증 소지별 사무직원수(2022).

연구문제

1. 평생학습시대에 평생교육 현장에서 평생교육사의 역할의 중요성에 대해 논하시오.
2. 평생교육사 자격제도의 문제점과 개선방안을 찾아보시오.
3. 평생교육사 배치를 확대할 수 있는 방안을 모색하시오.

활동 평생교육사의 역할 논의

▶ **활동 주제**

평성교육 현장에서 중추적인 역할을 담당하고 있는 평생교육사가 전문가로서 인정받기 위해 요구되는 역할은 무엇이 있으며, 그에 따른 핵심역량 3가지를 찾아보고 그 이유를 이야기해 보시오.

- 평생교육사에게 요구되는 역할:

- 전문가로서의 역할을 하기 위해 필요한 핵심 역량:

▶ **활동가이드**

- 각자 평생교육사에 대한 정의를 이야기해 본다.
- 평생교육사가 평생교육 현장에서 전문적으로 활동하여 변화되거나 성장한 사례를 찾아본다.
- 평생교육 영역에서 평생교육사에게 요구되는 역할에 대해 이야기해 보고 그 이유를 구체적으로 작성한다.
- 전문직으로서 수행을 위한 핵심 역량 3가지와 그 이유를 구체적으로 작성한다.
- 각자가 발표 내용을 듣고 평생교육사에게 요구되는 역할과 핵심 역량의 우선순위를 결정한다.
- 우선순위의 결정은 다수의 의견으로 한다.

07

Chapter

지역사회 평생교육

학습개요

지역사회는 일정한 지리적 · 물리적 공간을 전제로 지역주민의 교육적 성장을 통한 지역학습공동체를 형성하고, 지역 내 다양한 자원을 활용하여 지역의 성장과 발전에 기여한다. 현대의 평생교육은 지역사회를 중심으로 학습공동체를 형성하고 지역경쟁력 강화와 성과를 창출하는 데 기여하고 있으며, 다양한 기관과의 동반자적 관계를 통해 지역의 특정 현안 과제 해결과 지역주민의 민주적 의사결정 능력을 향상하는 데 기여한다.

이 장에서는 지역사회에서 이루어지는 평생교육의 개념과 추진 방향을 살펴보고 학습공동체의 기본이 되는 학습동아리의 개념과 가치, 유형 등을 살펴보고자 한다. 또한 교육기관 중 가장 우수한 인적 · 물적 인프라를 보유하고 있어 지역사회 주민의 거점 시설로 확대 발전시킬 필요성이 있는 학교평생교육과 언제, 어디서, 누구나 원하는 학습을 즐길 수 있는 학습공동체의 건설을 도모하는 총체적 도시재구조화 운동이라 할 수 있는 평생학습도시에 대해 살펴보고자 한다.

학습목표

1. 지역사회 평생교육의 궁극적 목적에 대해 설명할 수 있다.
2. 학습동아리의 특징과 유형을 분류하고 설명할 수 있다.
3. 대학 평생교육의 필요성에 대해 설명할 수 있다.
4. 평생학습도시의 발전 방안에 대해 설명할 수 있다.

Chapter 07

지역사회 평생교육

지역사회 평생교육은 지역사회 영역(community area)이라는 일정한 지리적 공간성을 기반으로 지역주민의 주도하에 지역 문제를 해결하고, 지역 정체성 확립과 공동체 의식 함양 등이 이루어질 수 있도록 하는 교육이다. 이와 같은 지역사회 평생교육은 지역성, 공동체성과 함께 사회경제적 문제 해결을 통해 개인, 조직, 지역사회가 함께 성장하여 삶의 질을 향상하는 핵심 원동력이 된다. 따라서 이 장에서는 지역사회가 가지는 다양한 특성을 살펴보고 지역사회 교육의 의미와 우리나라 지역사회 평생교육의 목적과 방향을 살펴보고자 한다.

1 지역사회 평생교육

1) 지역사회 교육의 특징

지역사회(community)에 대해 사회학에서는 공통된 장소에서 상호작용하는 사람들의 집단으로 정의되어 왔다. 일반적으로는 지리적 공간의 개념으로 수용되지만, 지역사회는 지리적 공간의 개념뿐 아니라 다중적이고 중첩적인 성격을 가지고 있다. 김한별(2022)은 일정한 지리적인 영역으로서의 구분을 통해 공동유대감을 바탕으로 사회적 상호작용을 하는 사람들의 집합체를 지역사회라고 정의하였으며, 이들은 공동체 모습에 가까운 개인이나 집단 조직체를 의미한다고 하였다. 이러한 지역사회는 일정한 지리적 영역을 토대로 하되 환경요인의 실체와 그 영향력에 따라 지리적 범위가 달라질 수 있는 융통성을 가진다(홍진옥, 2016).

지역사회에서 사람들은 다양한 지역사회단체를 조직하여 지역의 문제를 해결하거나 자신들의 능력을 활용하여 지역 또는 이웃을 위해서 봉사하는 등 지역을 위한 활동에도 참여한다. 김희아(2009)는 이러한 지역사회를 공동유대나 공동체 의식을 가지고 상호작용의 관계를 맺으며 비교적 근거리에서 생활, 문화, 자원, 필요 그리고 활동에 기초를 두고 있는 공동체라고 정의하였다.

지역사회는 개인과 개인이 함께 모임으로써 그 실체가 드러나지만, 이들이 모여 있는 구조와 성격에 따라 단순한 군집이나 사람들의 집합과는 분명히 구별된다. 특히 지역사회는 사람들이 모여서 상호작용하는 가운데 고유의 문화적 양식과 생활 원리를 창출해 가는 역동적 성격을 갖는다. 한 지역사회의 특징은 해당 지역사회의 물리적 환경에 따라서 다양하게 나타나기 때문에 지역의 물리적 · 지리적 조건을 이해하는 것은 지역사회를 파악하는 핵심적인 작업이 된다.

이상과 같은 학자들의 견해에 따라 지역사회의 개념을 종합하면 다음과 같다.

첫째, 지역사회는 지리적 · 물리적 형태의 공간으로서의 개념을 의미한다. 지역사회는 지리적 분포를 강조하는 관점으로 지역의 사람들에게 주거, 경제, 교육 등과 같은 물리적 환경을 제공한다. 이와 같은 지역의 물리적 환경은 지역주민들의 생활에 다방면으로 영향을 미치기 때문에 지역의 지리적 · 물리적 조건을 이해하는 것은 지역사회를 파악하는 데 매우 중요하다.

둘째, 지역사회는 공동의 유대감을 바탕으로 사회적 상호작용을 하는 사람들의 집합체를 의미한다. 지역사회는 지역주민들의 이익과 이해관계로 형성된 집합체이므로 지역사회 주민들 간에 공통의 관심과 가치, 공동체성 등과 같은 공동의 노력이 강조된다. 지역사회 공동가치를 실현하기 위해서는 개인의 관심과 자유를 기반으로 공동의 선을 지향하고 지역 구성원 상호 간에 유대감을 바탕으로 한 소통과 협력이 필요하다. 요약하면, 지역사회는 일정한 지리적 · 물리적 공간을 전제로 지역 구성원들의 관심사를 서로 연결하므로 사회적 상호작용이 이루어지는 공간이라고 할 수 있다. 이러한 지역사회는 사회자본 형성을 위한 공간으로서 지역주민들이 상호작용을 하는 평생학습의 장으로 주도적 역할을 한다(한상길 외, 2020).

20세기 초부터 사회이론가들과 성인교육 실천가들은 지역사회 내 관계의 소멸을 안타깝게 생각하여, 시민의식을 향상하기 위한 교육적 개입을 위해서 지역사회에 관심을 가져왔다(Hugo, 2002). 이를 위해서 많은 성인교육자들과 사회지도자들은 지역사회 교육 프로그램들을 기획하고 이를 시민에게 제공하여 왔다(박상옥, 2010).

지역사회 교육은 지역주민의 교육적 필요에 대비함으로써 전체 지역사회에 봉사하는 철학적인 개념으로, 공동체를 지향하며 지역사회와 더불어 이루어지는 교육이다(이재민, 2016). 이러한 지역사회에서의 교육은 오랫동안 중요한 주제로 여겨져 오고 있다. 또한 지역사회 교육은 지역주민들을 대상으로 인적자원과 물적자원을 동원하여 개인의 자기 성장의 기회 제공과 지역사회의 문제에 대해 공동으로 해결하고 충족시키는 과정이기도 하다. 김남선(2003)은 지역사회 교육을 지역사회 단위에서 전개되고 있는 학교교육을 제외한 모든 체계적인 교육활동으로 정의하고 학교교육과 같은 정규교육과 무형식교육도 지역사회 교육으로 포함하여 개념화하기도 하였다.

이렇듯 지역사회 교육은 시대적 상황과 맥락에 따라 조금씩 다르게 규정되고 있지만, 지역사회가 가지는 지리적 공간, 공동체성, 경제성에 종합하였을 때 지역사회 교육은 다음과 같은 개념적 특성을 가진다(이재민, 2016).

첫째, 지역주민의 교육적 성장을 통한 지역학습공동체 형성의 목적을 가진다.
둘째, 지역의 발전, 지역사회 문제 해결, 지역사회 개발이라는 목표를 가진다.
셋째, 지역 내 사용 가능한 인적·물적 자원을 활용한다.
넷째, 다양한 교육과 방식(형식·비형식·무형식)을 활용한다.

지역사회 교육의 개념에는 지역사회의 공동체적 성격, 지역사회의 자원 활용, 평생학습, 그리고 지역사회의 성장과 발전이라는 요소가 포함된다. 이러한 지역사회 교육의 핵심은 교육이 지역사회 주민 개개인과 함께 지역사회 전체 공동체의 변화와 발전에 기여해야 한다는 것이다.

지역사회의 다양한 자원을 활용한 지역사회 교육은 정부의 교육정책에 따라 다양한 유형과 형태로 나타난다. 한국의 지역사회 교육정책은 [그림 7-1]과 같이 정책접근 방향과 지역사회 교육 특성을 기준으로 구분해 볼 수 있다.

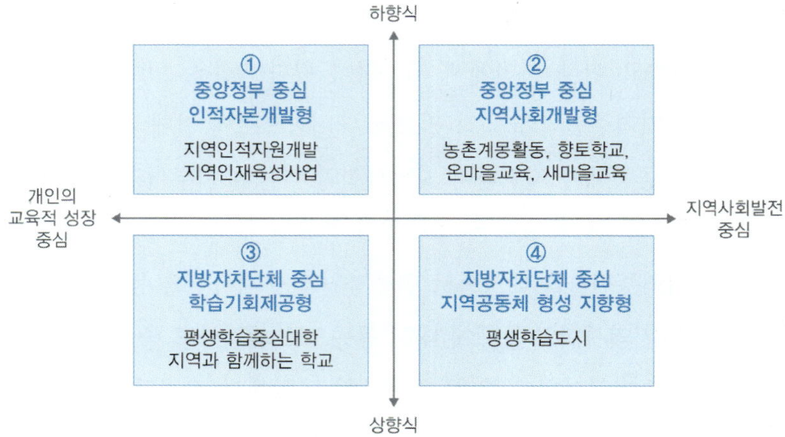

[그림 7-1] 지역사회 교육 특성에 따른 정책 유형

출처: 이재민(2016). 한국지역사회 교육정책 변천과정의 특성 연구 재인용.

첫째, 중앙정부 중심의 인적자본개발형의 경우 개인의 교육적 성장을 지향하는 유형으로, 지역주민을 대상으로 지역 인재 양성에 목적을 두는 인적자원개발을 비롯하여 지역인재육성사업을 포함하는 하향식 정책접근 방향을 취한다.

둘째, 중앙정부 중심의 지역사회개발형은 지역사회 발전을 위한 교육정책이 두드러지게 나타나는 유형으로, 중앙정부 중심의 농촌계몽활동, 향토학교, 온마을교육, 새마을교육을 포함한 지역사회 발전 중심을 지향하는 하향식 접근 방향을 취한다.

셋째, 지방자치단체 중심의 학습 기회 제공형은 개인의 교육적 성장을 위해 학습 기회를 제공하고 학습기반을 형성하기 위한 유형으로 지역과 함께하는 학교와 평생학습중심대학이 포함된 상향식 정책접근 방향을 취한다.

넷째, 지방자치단체 중심의 지역공동체 형성 지향형은 지역사회 발전 중심을 지향하는 상향식 정책접근 방법으로 이 유형에는 평생학습도시가 포함된다.

대부분의 지역사회 교육정책은 지역공동체 형성을 표면적인 목적을 가지고 있지만 정책집행과 정책성과를 제시하는 과정에서는 지역의 경제성이나 경쟁력을 강조하는 경향이 크다. 이러한 차이로 인하여 한국의 지역사회 교육정책은 교육 인프라 확대와 제도적인 구축이라는 긍정적인 결과를 얻었으나 지역공동체로 나아갈 수 있는 심화적인 단계에서는 정체되어 있다고 볼 수 있다(이재민, 2016).

지역사회 교육의 활성화를 위해서는 지역사회 주민의 삶의 질 향상이라는 정확한 비전과 살기 좋은 지역을 만들기 위한 명확한 목적을 갖는 것이 중요하다. 지역사회 교육의 비전과 목적을 위한 접근 방법으로는 개인적 부문, 경제적 부문, 사회적 통합 부문으로의 접근이 있다. 개인적 접근 방법으로는 기술 향상과 재교육, 고용 가능성을 높이는 방법이 있으며, 경제적 부문으로는 학습경제 공동체 만들기, 학습경제 구현 등이 있다. 사회적 통합 부문으로는 학습마을 및 도시 만들기, 공동체 마을 형성하기, 지역재생 등으로의 접근이 필요하다.

이러한 다양한 접근을 통해 경쟁력을 갖춘 미래지향적이고 현실적인 지역사회를 위해서는 다음과 같은 지역사회 교육의 과제가 필요하다.

① 지역사회에서 일과 학습 그리고 능력의 연계를 위한 지역사회 대학 중심의 평생교육체제를 실현해야 한다. 지역사회 성인학습자가 자기개발과 직무능력을 향상시킬 수 있도록 대학을 성인친화형 열린 대학으로 개편하여 학생 선발, 학과 신설, 학사 운영을 유연화할 필요가 있다.

② 지역사회 주민이 누구나 언제나 어디서나 학습할 수 있게 하고, 평생학습에 대한 접근성과 편리성을 높이기 위해 온·오프라인 평생학습 종합지원체계를 구축해야 한다. 기관별로 산재되어 있는 온·오프라인 학습정보와 콘텐츠를 한데 모아 제공하고, 지역 평생교육기관 및 대학 등 오프라인 지원체계와의 유기적인 연계를 강화해야 한다. 특히 평생교육시설이 부족한 소외지역 주민들에게도 평생교육을 지원하기 위하여 읍·면·동 행복학습센터를 설치하여 확대 운영해야 한다. 그리고 평생교육기관 인증 및 정보공시를 실시하여 평생교육의 질을 지속적으로 개선할 수 있도록 여건 마련을 위해 노력해야 한다.

③ 사회통합을 위한 생애주기별, 계층별, 맞춤형 평생학습 등 원스톱 서비스 지원이 이루어져야 한다. 지역사회 주민들을 위한 평생학습을 통한 재취업, 지속적인 자기계발 등 세대별로 평생학습 요구에 부합하는 다양한 지역사회 교육이 제공되어야 한다. 세대별 교육으로는 취업 및 창업 산업현장의 직무능력 향상, 재취업 창업 등 생애전환학습 등 노년층 삶의 질 향상과 지역사회에 공헌할 수 있는 교육이 이루어져야 한다. 아울러 지역사회에서 소외계층을 위한 지역사회 교육프로그램의 개발과 양극화 해소를 위한 정책이 마련되어야 할 것이다.

④ 지역사회에서 학습공동체가 다양하게 생성, 조직되고 미래 발전을 위한 학습 프로그램들이 개발되어야 한다. 지역사회 기반의 자발적 평생학습 참여문화를 조성하기 위해서는 학습공동체 확산과 더불어 시민참여 교육과 다양한 평생교육 프로그램 개발을 활성화해야 한다. 또한 지역사회 교육진흥을 위해 인생 100세 시대, 제2의 인생 설계를 통한 지역사회 주민 개개인의 행복 실현과 창조학습 사회 구현을 위해 적극적으로 노력해야 한다(임구원, 2020).

2) 지역사회 평생교육의 개념

우리나라에서 지역사회와 관계된 평생교육의 개념은 지역사회 교육에서 찾을 수 있다. 해방 이후 본격화된 지역사회 교육은 문교부를 중심으로 하여 농촌계몽활동, 농촌문고설치, 지역사회학교 운동 등으로 시행되었으며, 1970년 새마을운동으로 전개되었다. 이 시기 지역사회 교육은 중앙정부의 적극적인 주도로 이루어졌으며, 캠페인형 계몽교육과 기술교육이 주된 내용이었다(이재민, 2016). 이후 평생교육법 제정으로 지방자치단체의 평생교육 기능이 강화되기 시작하였다. 이를 통해 지방자치단체의 평생교육 임무가 명시되었으며, 평생교육 지원 · 추진기구인 지역 평생교육 정보센터, 평생학습관, 평생교육협의회가 발족되었다. 이러한 분위기 속에서 지역주민의 학습요구 해소와 학습역량을 강화하기 위한 전략으로 지역 평생학습정책이 본격화되었으며, 평생학습도시, 평생학습 마을 만들기 등이 추진되었다. 더불어 지역사회의 경쟁력과 활력을 강조하며 지역을 경제성장의 핵심으로 보는 학습 경제적인 양상이 확대되면서, 지역의 인적자본 형성과 효과적인 학습체제를 강조하는 정책이 나타나기도 하였다(조정옥, 2021).

지역사회 평생교육은 참여자들이 지역주민과 함께 학습의 사회적 과정에 참여하여 지역사회 공간에 주민의 횡적인 연계를 가능하게 하는 지역사회의 공론장이라 할 수 있다. 특히 동일한 지역에 거주하고 있지만 상호작용과 소속감이 없던 주민들에게 지역사회 기반 평생교육체제는 학습 참여를 계기로 주민 간 연대를 이끌 사회조직체가 되기도 한다. 따라서 지역사회 평생교육은 지역사회 주민들의 교육적 필요에 대비함으로써 전체 지역사회에 봉사하는 철학적 개념으로 지역성, 공동체성과 함께 지역의 사회경제적 문제 해결을 통해 개인, 조직, 지역사회가 함께 성장하여 삶의 질을 향상시키는 활동이라 할 수 있다(김경년 외, 2018).

지역사회는 물리적 조건을 전제로 주민들 간의 지속적인 교류를 통한 지역 고유의 문화와 생활 원리를 창출하는 가능성에 주목하며, 자유로운 행위 주체로서 주민을 고려한다. 이러한 지역사회의 특징을 감안하여 지역사회 평생교육의 특성에 대해 살펴보면 다음과 같다(김한별, 2022).

첫째, 지역사회 평생교육은 지역의 물리적·문화적 환경을 개선하려는 의도를 내포한 교육이어야 한다. 지역사회에는 다양한 평생교육시설과 교육시설은 아니지만, 지역주민을 대상으로 프로그램을 운영하는 기관이 존재한다. 실천적인 측면에서는 이처럼 지역을 기반으로 운영하는 모든 형태의 교육을 지역사회 평생교육이라고 지칭할 수 있다. 하지만 지역 안에서 프로그램이 운영된다고 하더라도 현실적으로 지역의 여건을 고려하지 않거나, 지역과 무관한 교육은 진정한 지역사회 평생교육이라고 하기 어렵다. 또한 지역적 기반을 전제로 교육이 운영된다고 하더라도 교육의 목적이 지역사회 문제와 무관한 개인적 흥미와 만족에만 치중되어 있는 것도 지역사회 평생교육과는 거리가 있다. 지역에서의 평생교육은 프로그램의 전반적인 운영과 내용이 지역주민들의 환경과 생활에 밀접한 관련성을 바탕으로 지역의 문화적 특성을 고려하여 효과적으로 운영되어야 한다. 이를 통해 지역사회의 경제적, 문화적, 교육적 발전에 기여할 수 있어야 한다.

둘째, 지역사회 평생교육은 지역주민의 참여와 상호 연대를 통해 이루어지는 교육활동이어야 한다. 이를 통해 지역의 현안에 대해 함께 문제를 인식하고 해결해 나감으로써 지역사회에 대한 애착과 공동체 의식이 형성될 수 있다. 지역의 특성을 고려하여 교육 내용을 기획하고 운영한다고 하더라도 지역주민의 참여와 협력을 전제하지 않은 채 특정 개인이나 집단의 이익을 위해 실행된다면 진정한 의미의 지역사회 평생교육이라고 보기 어렵다. 지역사회 평생교육은 지역주민들이 지역에 대한 애착심과 책임의식을 바탕으로 지역사회의 성장에 필요한 목소리를 적극적으로 낼 수 있도록 운영되어야 한다. 따라서 지역주민은 지역사회 평생교육을 통해 지역의 현안을 고민하고 지역사회의 미래를 위해 깊은 관심을 가지는 주체적인 존재로 거듭나야 한다.

셋째, 지역사회 평생교육은 지역주민의 자발성과 주도성에 의해 이루어지는 교육이어야 한다. 지역사회 평생교육은 교육을 실시하는 주체이자 교육의 주요 대상으로 지역주민을 고려한다. 지역사회 평생교육을 이해하기 위해서는 지역주민을 단순히 물리적인 공간에 존재하는 거주자의 의미를 넘어, 시민(citizen)으로 이해하는 것이 필요하다. 시민으로서의 지역주민은 자유롭고 평등한 존재이며 사회 · 정치 · 경제적으로 권리를 스스로 행사할 수 있는 존재이다. 이와 같은 특징을 가진 시민은 다양한 외적 조건에 대한 결정권과 가치판단을 할 수 있는 존재이다. 따라서 교육의 주체이자 대상인 지역사회 구성원인 시민의 개별성과 자율성을 침해하지 않고 존중하는 교육의 실천이 이루어지도록 유의해야 한다.

3) 지역사회 평생교육의 목적과 방향

지역사회 평생교육의 궁극적인 목적은 지역주민의 성장과 변화를 통해 지역사회의 성장과 발전에 기여하는 것이다. 현대의 평생교육은 지역사회를 중심으로 학습공동체를 형성하고 지역 경쟁력 강화와 정책적 성과를 창출하는 데 기여하고 있으며, 지역주민의 학습 기회를 확대하기 위해 다양한 기관과의 동반자적 관계를 통해 네트워크를 구축하고 있다. 이를 통해 지역의 특정한 현안 과제에 대한 해결과 지역주민의 민주적 의사결정 능력을 향상하는 데 기여한다. 또한 참여자와 지역주민 간의 공동체 의식 함양과 네트워크 형성에 기여한다.

우리나라는 2000년부터 지역 평생교육의 활성화를 위하여 지역 평생교육 정보센터,

평생학습관, 평생교육협의회가 운영되고 있다. 교육인적자원부에서는 평생 학습마을 도시 조성 지원 사업과 지역 단위 인적자원개발 사업추진을 통해 지역 평생교육 활성화에 기여하고 있다. 뿐만 아니라 주민자치센터가 설치되어 마을 단위 평생학습 장(場)으로서의 역할을 하는 등 지역 단위 평생교육체제 구축이 다양하게 시도되고 있다(임구원, 2020). 이러한 변화는 1982년 제정된 사회교육법이 1999년에 평생교육법으로 전면개정됨을 기점으로 본격화되었다. 체계적인 평생교육정책 구현을 위해 평생교육법에 근거하여 1차 평생교육종합발전 5개년 계획 수립을 비롯해 평생교육센터(한국교육개발원 위탁)의 설치 운영과 지역 단위의 평생교육지역정보센터, 지역 평생학습관 지정 운영 등이 시작되었다(조정옥, 2021).

2001년부터 1차 평생학습진흥종합계획에 반영된 평생학습도시 조성사업을 기점으로 기초자치단체의 적극적인 참여가 가능해져 실질적으로 지역사회 전 영역에 걸쳐 지역 단위의 평생교육 실현이 구체화되기 시작하였다. 교육행정과 일반행정이 분리된 우리 사회환경 속에서 불가능한 행정 장벽을 넘어서 전 지역주민을 향한 접근성을 확보할 수 있게 된 것이다. 이러한 변화가 토대가 되어 2008년 시행된 평생교육법에서 지역 평생교육 체계 구축과 활성화를 위한 광역 시·도지사의 책임과 역할을 부여하고, 평생학습도시 조성사업의 법적 기반을 마련하였으며, 기초자치단체 차원의 평생학습 활성화를 지원하는 토대를 만들게 되었다(홍숙희, 2010).

지역사회 평생교육 발전의 핵심은 지역의 다양한 평생교육 자원들을 효율적으로 활용하여 지역주민에게 최대한 교육적 서비스를 제공하는 것이다. 평생교육자원은 교육에 필요한 모든 종류의 자원을 의미하는 것으로 〈표 7-1〉과 같이 인적자원, 물적자원, 정보자원, 프로그램자원(기획·개발·활용 측면) 등으로 구분한다.

〈표 7-1〉 지역 내 평생교육 자원의 종류

구분		내용
인적자원	정치인	• 대통령, 국회의원, 시장, 전·현직 시·도의원 등
	경제인	• CEO, 사장, 재력가, 경제전문가 등
	법조인	• 법관, 회계사, 법무사, 노무사 등
	행정인	• 공무원 및 준공무원

<table>
<tr><th colspan="2">구분</th><th>내용</th></tr>
<tr><td rowspan="8"></td><td>예술인</td><td>• 연예인, 스포츠선수, 인간문화재 등</td></tr>
<tr><td>교육인</td><td>• 교수, 교장, 교사, 교육청 관계자, 강사, 평생교육사, 청소년지도사, 학습매니저, 학습동아리 운영자 등</td></tr>
<tr><td>지도자</td><td>• 주민자치위원, 마을 리더 · 활동가, 조직의 장 등</td></tr>
<tr><td>종교인</td><td>• 기독교, 불교, 천주교 등의 종교인</td></tr>
<tr><td>의료인</td><td>• 병원장, 약사, 의사 등</td></tr>
<tr><td>시설 · 단체장</td><td>• 사회단체 및 시설의 장</td></tr>
<tr><td>생활의 달인</td><td>• 직업별 달인, 지역의 명사</td></tr>
<tr><td>지역의 어른</td><td>• 지역에서 소개되어야 할 사람</td></tr>
<tr><td rowspan="7">물적자원</td><td rowspan="5">자연환경
(경관자원)</td><td>• 국 · 공립 공원, 자연휴양림, 산림수목원, 등산로, 산책로, 걷고 싶은 길 등</td></tr>
<tr><td>• 하천, 저수지, 낚시터, 온천, 생태습지, 연못 등</td></tr>
<tr><td>• 정자목, 보호수, 보호 동식물, 환경 관련 지구(자연생태 보전지구, 조수 보호구역) 등</td></tr>
<tr><td>• 약초, 고랭지채소, 화훼, 산채, 버섯, 특산물 등</td></tr>
<tr><td>• 경작지, 목장, 과수원 등</td></tr>
<tr><td rowspan="2">인위적 환경
(생태문화
자원)</td><td>• 전통가옥, 우물, 빨래터, 폐교, 농장, 과수원, 도예, 교회, 마을회관, 창고, 정자 등</td></tr>
<tr><td>• 생태학습장, 학교 및 교육 시설, 기업, 교량, 특정 작물 재배단지, 유원지, 골프장, 펜션, 태양열주택, 민박, 낚시터 등</td></tr>
<tr><td>정보자원</td><td>평생교육기관
정보자원</td><td>• 평생교육 프로그램에 관한 정보
• 프로그램의 콘텐츠(내용) 정보
• 평생교육 강사에 대한 정보
• 자원봉사자에 대한 정보
• 직원 정보
• 교육기자재에 관한 정보
• 교재교구에 관한 정보</td></tr>
<tr><td rowspan="4">프로그램자원</td><td>문화재
(유 · 무형)</td><td>• 역사적 위인, 유적 · 유물, 전통풍습, 전래놀이, 사찰, 종교성지, 기념품, 전통 구조물 등</td></tr>
<tr><td>지역 콘텐츠</td><td>• 지역 축제, 각종 마을 만들기 성과, 특산물, 향토음식, 주말농장, 공동행사 등</td></tr>
<tr><td>민간단체</td><td>• NGO, NPO, 마을조직(~회, ~계) 등</td></tr>
<tr><td>무형의 지역자원</td><td>• 지명의 유래, 향토 역사, 지역의 이미지, 어메니티, 지역(마을)이야기, 마을 설화 등</td></tr>
</table>

출처: 권인탁 외(2022). 미래사회와 평생교육.

위와 같은 평생교육 자원은 넓은 의미에서는 평생교육이 운영되는 지역사회 전체를 의미하기도 하고, 좁은 의미로는 평생교육 프로그램을 기획하고 운영하는데 있어 직접 운영되는 모든 자원으로 지역사회 평생교육의 발전에 기여한다.

정부는 제5차 평생교육진흥 기본계획(2023~2027년)을 통해 지역사회 평생교육의 활성화를 위한 추진 방향을 다음과 같이 제시하였다.

① 지역 교육자원을 적극적으로 활용한 평생학습 인프라 확충

- 지자체(시 · 도, 시 · 군 · 구, 시 · 도 교육청)가 중심이 되어 지역에 있는 각 교육자원의 특성을 활용한 평생학습 인프라를 확충하고 추진한다. 이를 위한 방안으로 기존 교육기관에서 양질의 평생학습을 제공하는 경우, 우수 학습기관으로 지정 및 인센티브를 마련한다.
- 지역 내 평생학습 인프라 및 프로그램 간 중복을 조정하고 사각지대 발굴 등을 통해 자원 활용의 다양성과 효율성을 제고한다. 이를 위해 시 · 도 평생교육진흥원(광역)이 중심이 되어, 기초지자체 등 지역 내 인프라를 확충하고 프로그램 조사 · 연계 · 조정 등을 실시한다. 이러한 방안을 실시하기 위해 시 · 도 교육청(학교 등 교육자원), 시 · 군 · 구 평생학습관(읍 · 면 · 동 실태 파악) 등과 협력을 추진한다.

② 국가 · 지자체 역할 확대 및 정책 전달체계 강화

- 국가 · 지자체가 지역 평생학습 진흥을 위해 연계 · 협력할 수 있는 방향으로 주체별 역할을 확대 · 강화 · 추진한다. 이를 위해 정책연구, 의견수렴 등을 거쳐 주체별 추가적인 역할 부여 등 법제화를 추진한다.
- 체계적이고 효율적인 지역 평생학습 진흥을 위해, 국가 · 지자체 간 수직적 · 수평적 정책 전달체계를 강화하기 위해 다음과 같이 시행한다.

  첫째, 읍 · 면 · 동 평생학습센터를 포함하여 공공 평생교육기관에는 행정 · 교육을 전담할 수 있는 인력을 배치하는 것을 의무화한다. 둘째, 기초지자체의 평생학습 수요에 대응하여 광역지자체가 프로그램을 지원하는 등 수요와 공급 측면에 있어 수직적 연계를 강화한다. 이를 위해 광역 단위에서 먼저 기초지자체의 평생학습 수요를 발굴할 수 있는 경로도 구축한다. 셋째, 시 · 도청과 시 ·

도 교육청 간 평생학습 관련 협의회 개최 활성화 등 지자체 내 수평적 교류와 협력의 계기를 지속적으로 확대한다. 예를 들면 평생학습을 위한 초·중·고교 등 활용에 관한 협의회 개최, 전국학부모지원센터를 중심으로 각 지역 학부모 지원센터(전국 103개, '22년) 간 연계를 강화하는 것이다. 위와 같은 국가·지자체 역할 확대 및 정책 전달체계를 강화하기 위해 2023년 정책연구와 의견수렴을 통해 2024~2025년 관련 법령개정을 추진하고, 2026~2027년 국가·지방자치단체 간 교류·협력을 활성화할 방안을 구상하고 있다.

③ 기업 등 민간이 적극적으로 참여하는 지역 평생학습 진흥

현재 평생교육기관 설립조건 규제 등으로 인해 기업, 민간 등의 지식·기술이 사회적으로 충분히 공유·거래되지 못하고 있다. 기업은 사내대학을 설치·운영할 수 있으나, 현재 8개에 불과한 현실이고 실제 사내대학은 자사 직원을 대상으로 한 교육만 가능한 상황이다. 따라서 국가·지자체 뿐만 아니라 기업, 민간 등이 평생학습 제공자로 적극적으로 참여할 수 있도록 관련 규제를 혁신하는 것이 필요하다. 이를 위해 평생교육 서비스업 진흥과 국민이 누리는 실용교육을 확대·다양화하고 평생학습을 공공재(public goods)에서 공공과 민간이 지식·기술을 함께 제공하고 공유하는 공동재(common goods)로 전환하는 것이 필요하다.

지역사회 평생교육 활성화를 위한 정부의 위와 같은 추진 방향이 활성화되기 위해서는 평생교육이 작동할 수 있는 기반을 확충하기 위한 다음과 같은 노력이 필요하다.

첫째, 창조적 평생학습을 통한 국민 행복실현을 위해 세대별·계층별 맞춤형 평생교육 프로그램을 제공하고 지속해서 관리하는 것이다. 구체적으로 경력단절 여성, 은퇴(예정)자 등 대상별 맞춤형 평생학습 프로그램 지원으로 국민 개개인의 역량 개발 및 경력단절 극복을 지원하며, 학습자에 대한 상담 지원 및 사후관리를 통한 평생학습 성과 및 만족도를 제고하는 것이다.

둘째, 지역사회 평생교육 활성화를 위해 국가와 지자체, 유관기관 간의 협력과 교류가 필요하다. 시·도 평생교육진흥원은 시·군·구 평생교육 컨설팅, 연수, 사업지원 및 공동사업 추진, 행복학습센터 운영 유관 사업, 학습동아리 활성화와 지역 수요에 기반한 시 · 도 평생교육정책 및 사업 개발 · 운영(다모아 평생교육정보망 확대, 광역 규모 취 · 창업 등 학습형 일자리 창출) 등을 통해 지역의 평생교육 활성화를 위해 노력하고 있다(권인탁, 2022).

지역사회 평생교육에 있어 개인과 지역사회는 어느 하나 선택의 문제가 아니라 서로 결합되어 있는 공통의 관심사라고 볼 수 있다. 따라서 주민이 함께 교육에 참여하고 함께 문제를 해결해 나가는 공동의 노력이 필요하다. 이 과정에서 지역사회 주민들이 행복한 삶을 영위해 나갈 수 있도록 지역사회와 주민들의 교육적 삶을 살피고 지역사회 평생교육을 설계하는 노력이 필요할 것이다(윤여각, 2021).

2 학습동아리

1) 학습동아리 개념

학습동아리는 구성원들이 공통의 주제를 가지고 학습을 목적으로 자발적으로 조직하여 지속적으로 참여하는 자생집단이라고 할 수 있다. 학습동아리는 학습목표부터 학습 내용, 방법, 평가에 이르기까지 구성원 스스로가 자율적으로 수행해 나가는 '자기주도학습의 집단 형태'라고 할 수 있다.

또한, 학습동아리는 학습만이 목적이 아니라 학습의 과정을 중시하며 지역사회에 살고 있는 사람들이 인식하는 문제들에 대해 해결 방안을 찾기 위해 지속적으로 학습하거나 토의하는 것이 중심이 되는 소모임이라고 할 수 있다. 이렇듯 학습이 수반되는 자생집단 형태의 학습동아리는 우리나라에서 오랜 전통을 갖고 있다. 농민들의 자발적 활동 집단인 두레에서 시작해 민주화 전후로 생겨난 사회운동 중심의 대학생 학습 모임도 학습동아리의 한 형태라고 할 수 있다.

학습동아리는 평생교육 진흥에 초점을 맞춘 정부의 top-down(하향식) 방식이 아닌 마을 기반 평생학습을 위해 제안된 bottom-up(상향식) 형태를 보인다. 그렇기에 학습동아리는 지역사회를 떼어놓고 설명하긴 힘들다. 학습동아리의 주된 목적은 학습이지만 동시에 성장하면서 지역사회 문제를 개선하고 해결하기 위한 실천운동에 참여하기 때문이다. 따라서 학습동아리는 '학습을 주된 목적으로 하며, 지역사회 문제를 개선하고 해결하기 위해 학습이 수반되어 자발적인 활동을 하는 집단'으로 정의할 수 있다.

학습동아리는 구체적으로 '학습동아리'라는 명칭으로 법에 정의되어 있지는 않지만, 유사한 의미를 가진 용어들이 「평생교육법」에 내재되어 있다.

평생교육법 제16조(경비보조 및 지원)

① 국가 및 지방자치단체는 이 법과 다른 법령으로 정하는 바에 따라 다음 각 호의 어느 하나에 해당하는 평생교육진흥사업을 실시 또는 지원할 수 있다. 〈개정 2021. 6. 8., 2023. 4. 18.〉

1. 평생교육기관의 설치 · 운영
2. 제24조에 따른 평생교육사의 양성 및 배치
3. 평생교육프로그램의 개발(온라인 기반의 평생교육프로그램의 개발을 포함한다)
4. 「초 · 중등교육법」 및 「고등교육법」에 따른 각급학교의 장의 평생교육과정의 운영
5. 제16조의2에 따른 평생교육이용권의 발급 등 국민의 평생교육의 참여에 따른 비용의 지원
6. 그 밖에 국민의 평생교육 참여를 촉진하기 위하여 수행하는 사업 등

② 지방자치단체의 장은 해당 지방자치단체의 조례로 정하는 바에 따라 주민을 위한 평생교육진흥사업을 실시하거나 지원할 수 있다. 이 경우 교육감 또는 지역교육장과 협의하여야 한다.

[시행일: 2024. 4. 19.] 제16조

제21조의4(자발적 학습모임의 지원 등)

① 지방자치단체는 지역사회 주민이 평생학습을 주된 목적으로 자발적으로 참여하는 모임(이하 "자발적 학습모임"이라 한다)의 활동을 지원할 수 있다.
② 지방자치단체는 자발적 학습모임이 창출한 성과를 활용하여 사회적 가치를 창출할 수 있도록 노력하여야 하고, 자발적 학습모임이 지역사회의 문제 해결에 참여할 수 있도록 지원하여야 한다.

[본조신설 2023. 4. 18.]
[시행일: 2024. 4. 19.] 제21조의4

2) 학습동아리의 가치

학습동아리의 가치는 5가지로 특징지어진다.

첫 번째는 공유적 가치이다. 많은 지자체에서는 지역 내 카페, 미술관, 박물관, 작은 도서관, 경로당, 지하철 역사 등 다양한 유휴시설을 발굴하여 지역사회의 다양한 문제에 대한 정보와 자료, 고민과 해결방안 등을 나눔으로써, 지역사회 전체를 학습활동 공간으로 연계·활용하는 공유적 가치를 실현하고 있다.

두 번째는 포용적 가치이다. 학습동아리는 학습 기회를 놓쳐 학습의 수혜를 제대로 받지 못한 사람들에게 열린 학습 기회를 제공함으로써 평생학습사회의 혜택을 누릴 수 있도록 한다. 또한 동아리 구성원을 비롯한 지역사회 내의 다양한 세대와 계층의 특성과 가치를 존중하고 배려하며 활동적인 시민성을 증진시킴으로써 보다 포용적인 시민사회를 형성하는 데 기여하는 포용적 가치를 실현하고 있다.

세 번째는 문화적 가치로서 학습동아리는 구성원들이 지역 내에서 쉽고 친근하게 학습과 다양한 활동을 수행하게 하는 통로가 될 수 있다. 학습활동이 일상생활로 안착되게 할 뿐만 아니라, 지역사회 활동으로 연결되게 하는 선순환 구조를 형성하여 주민의 주도적이고 자발적인 지역사회 참여와 실천이 문화로 정착되게 하는 문화적 가치를 창출하고 있다.

네 번째는 혁신적 가치이다. 학습동아리의 학습 내용과 활동 영역, 범위가 점진적으로 확대되고 변화됨에 따라 새로운 활동을 기획·개발하여 지역사회의 다양한 이슈와 문제를 새로운 방법으로 대응해 나감으로써 사회의 변화를 주도해 나가는 혁신적 가치를 발현하게 된다. 즉, 학습을 통해 평생학습마을 조성, 지역사회 참여, 주민자치활동, 단체 설립 등의 '자립화'를 실천하며, '전에 없던 새로운 방법'으로 지역사회의 변화를 이끌어 가는 혁신적인 가치를 내포하고 있다.

마지막으로 경제적 가치로서의 학습동아리는 자기계발과 심화학습을 위해 시작하지만 점진적으로 다양한 지역사회 활동에 참여하면서 사회공헌 활동이 증진된다. 이러한 사회공헌과 지속적인 학습활동이 결합하여 학습동아리의 역량이 강화되며, 나아가서는 다양한 형태의 일자리(파트타임, 사회공헌형, 생계형 등)가 창출된다. 이에 따라 지역사회 연계 학습동아리 활동은 동아리 회원의 개인적 존재가치뿐만 아니라, 지역사회 내에서의 경제적 가치 구현에 기여하게 된다.

3) 학습동아리 특징

학습동아리에서 학습은 '민주적인 조건'에서 이루어지며, '실천하는 과정'에서 학습하고, 학습결과는 '변화와 생성'을 일으킨다. 학습동아리는 학습자 중심이며 학습자의 자발성, 적극성, 주도성에 기초한다.

평생교육의 꽃이라고 불리는 학습동아리는 무엇보다 학습자의 '주체적 참여'를 촉진한다는 점을 특징으로 한다. top-down 형태의 평생교육 정책은 국민 개개인에게 영향을 미치기 어렵지만, 학습동아리는 학습자가 주체적으로 참여할 수 있어 평생학습에서의 평등성과 평생학습 기회 확대에 기여하는 모습을 보인다.

학습동아리 내에서의 운영규칙과 활동계획 등은 동아리 구성원들에 의해 자율적으로 결정되며, 이때 구성원은 평등에 입각한 대화를 바탕으로 의사결정을 하게 된다. 또한, 학습동아리는 지역사회 내에서 봉사와 연계될 때 자발성과 적극성이 더욱 높아진다.

학습동아리는 자발성에 기초해 형성된 뒤 구성원 간 역동적이고 유의미한 상호작용이 이루어진다. 특히 구성원 간의 상호작용은 구성원들이 자신의 경험과 생각을 공유하고 지역사회 문제 해결을 위한 실천으로 나아갈 때 더욱 역동적으로 이루어질 수 있다. 학습동아리에게 "실천"은 이러한 상호작용을 촉진시키는 매우 중요한 학습과정이다. 학습동아리의 실천은 일상생활에의 적용, 자원봉사 활동, 지역사회 문제 해결 등 다양한 방식으로 이루어질 수 있다. 그러나 이러한 실천을 통한 학습 성과는 구성원 개인에 따라 차이가 있으며, 구성원 간 지식 공유는 이러한 차이를 고려해 이루어져야 한다.

다음으로 학습동아리는 살아 있는 유기체의 특성을 지닌다. 학습동아리는 탄생에서부터 성장, 성숙, 소멸 그리고 재탄생의 과정을 거친다고 할 수 있다. 학습동아리를 유기체로 인식할 때 학습동아리 리더 및 지원단체는 학습동아리가 탄생한 이후 성장, 성숙하고 재탄생할 수 있도록 노력해야 한다. 특히 '학습'을 주된 목적으로 형성된 학습동아리는 성장과정에서 학습뿐만 아니라 지역사회 발전에 기여할 수 있는 활동으로 이어질 필요가 있다.

또한 지역사회 발전에 기여하는 지역공동체 학습동아리와 동아리의 자체 성장 등 다른 목적을 갖는 일반적 학습동아리로 구분해 보면, 일반적 학습동아리가 지역공동체 학습동아리로 변화하는 것이 성장일 수도 있으나, 원래 목적이 성취되었을 때 새로운 목적을 설정하고 재탄생하는 것 역시 성장의 모습이라 할 수 있다. 따라서 이러한 학습동아리의 생애주기를 이해하고 학습동아리의 성장과 조직화 단계에 따른 맞춤형 컨설팅 지원과 리더 및 구성원을 위한 교육이 제공될 필요가 있다.

4) 학습동아리 유형

학습동아리는 학습 목적, 과정, 특징에 따라 다양한 유형화가 이루어지고 있다. 학습동아리의 활동은 특정한 성격으로 구분되지 않고, 동시에 2~3가지 성격이 공존하여 활동을 전개할 수 있기 때문이다. 이지혜 외(2001)에 따르면 학습동아리는 학습 목적, 특성, 의미에 따라 심화 학습형, 전문 탐구형, 문제 해결형, 재능 기부형, 취·창업 준비형으로 구분된다.

(1) 심화 학습형

심화 학습형 학습동아리는 일정한 과정의 교육 프로그램 종료 후 배운 지식에 대한 심층 학습, 기술 습득의 목적으로 결성된 동아리 유형이다. 그렇기에 개인의 능력 신장이 주 목표이며, 학습계획이 일정하다는 특성을 지닌다. 이러한 심화 학습형 학습동아리는 대부분 주민자치센터나 문화센터에서 많이 볼 수 있다.

(2) 전문 탐구형

전문 탐구형 학습동아리는 지적 능력을 공유한 학습자들로 구성된다는 특징을 지닌다. 그렇기에 구성원들이 전문가로서의 전문 능력을 함양하고자 하는 주제를 주로 정한다.

학습과정에서는 자체적으로 개발한 자료나 전문 강사를 선택적으로 활용하고, 구성원들 간 정보 교류와 연구 토론하는 것을 중심으로 이루어진다. 이러한 학습을 통해 전문성을 확대할 수 있는 연구를 진행하고 자료를 개발하는 등 생성적 전문능력 재생산을 주 목표로 한다.

(3) 문제 해결형

문제 해결형 학습동아리는 지역사회가 당면한 과제 해결을 목적으로 만들어진 동아리이다. 앞서 다른 학습동아리와 달리 지역사회의 문제를 해결하고자 하는 동아리로 사회적 참여를 실천한다. 토론과 성찰을 통해 문제 해결 방안을 모색하며, 지역사회에 대한 공동체 의식을 함양하고, 사회 문제 해결에 기여하게 되는 학습을 경험하게 된다.

(4) 재능 기부형

재능 기부형 학습동아리는 학습 성과를 사회에 환원하는 목적으로 만들어진 동아리 유형이다. 학습을 통해 습득한 재능을 나누고자 지역을 연고로 활동하며 지역 내 소외계층이나 지역주민회관 등을 찾아 구성원이 가지고 있는 재능을 공유하거나 기부하는 형태로 운영된다.

(5) 취 · 창업 준비형

취 · 창업 준비형 학습동아리는 자격증 취득과 전문성 향상을 목표로 동일한 직무 및 직종의 취 · 창업을 준비하는 학습자들로 구성된 동아리이다. 훈련형 공동체를 운영하고, 이를 기반으로 전문성 향상과 역량을 강화할 수 있도록 질 높은 경력개발을 목표로 한다. 공동작업을 통해 취 · 창업 네트워크 구성, 학습자 간 커뮤니케이션 강화 및 진로 방향성 다양화, 자기주도적으로 취업 및 진로 탐색을 진행할 수 있도록 정보 교류의 장을 마련하는 것이 특징이다.

2018년 국가평생교육진흥원과 경기도평생교육진흥원이 전국의 학습동아리 대표를 대상으로 한 설문조사 결과에 따르면 학습동아리는 활동기간이 길어질수록 자기계발을 위한 '심화 학습형'에서 자기계발을 통한 역량을 지역과 공유하고 확산시키는 '지역사회 봉사형'으로 변화하는 경향을 보이며, 이는 평생학습이 개인의 성장은 물론 사회통합과 지역의 경쟁력 강화에 기여한다는 평생학습의 사회적 가치라고 볼 수 있다. 학습동아리의 가장 큰 활동성과는 '참여자의 삶의 질 향상과 활력 증진'(43.3%)이었으며, 그 다음으로 '지역사회 봉사로 자긍심과 사회적 성취감 고취'(26.6%), '지역사회 활동가로 사회참여 확대'(11.2%), '일자리 기회 실현'(8.8%), '공동체 의식 향상'(6.6%) 순으로 나타났다.

학습동아리에게 필요한 지원은 학습동아리 운영경비(30.9%), 모임 장소 확충(21.6%), 지역사회 활동 연계(15.9%), 강사 등 전문인력(11.5%) 순으로 나타났으며, 활동기간 1년 미만의 초기 모임은 공공의 지원이 필요할 것으로 보인다. 활동 공간이 부족하다고 느끼지만, 활동 장소를 지원받거나 공공기관을 이용하는 경우가 적고 담당 공무원과의 상호작용도 미미해서 학습동아리 안착을 돕기 위한 공공의 노력이 요구된다. 활동 초기 학습동아리는 모임 간 네트워크나 정보 교환 및 홍보 목적의 포털 사이트를 지원받기를 원하는 비율이 상대적으로 높아, 초기 학습동아리에 대한 지원 시 네트워크와 정보 교환을 위한 고려가 필요하다고 볼 수 있다. 지역사회 참여 활동 시 대부분의 학습동아리가 활동에 대한 예산 때문에 어려움을 겪고 있다고 하며, 특히 회원 수가 많을수록 어려움이 크다고 응답했다.

평생교육법 제정으로 학습동아리(자발적 학습모임)에 대한 지원 확대와 주민의 자발적 참여 촉진이 이루어질 것으로 기대해 본다.

5) 학습동아리 지원 정책 사례

(1) 학습동아리 인증제

서울 강남구에서는 자발적 배움을 도모하는 학습동아리 활성화를 위해 학습동아리별 맞춤형 서비스 제공을 위한 인증제도를 시행하고 있다.

① 인증 대상: 강남구 평생학습 홈페이지에 등록된 학습동아리 전체

② 인증 주기: 매년 1회

③ 인증 기준: 강남구 학습동아리 승인 기준 충족

운영의 지속성 및 모임 활성도

지역사회 실천 및 재능기부 활동 의지

※ 종교, 시험 · 취업 대비, 대학교 동아리 등 승인 불가

④ 인증 혜택: 평생학습 축제 등 강남구 평생학습 프로그램 지원 시 우선

셀프리학습제 등 평가대상자 선정 시 혜택 부여

학습동아리 홍보(학습 성과, 신규 회원 모집 등) 등 동아리 활성화 지원

(2) 셀프리(selfree)학습제[1)]

셀프리학습제는 강남구에서 제공하는 교육서비스로 자발적으로 모인 참여자들이 시간 · 장소 제약 없이 원하는 강사를 초빙하여 강좌를 이끌어가는 자기주도적 학습모임을 말한다. 2023년 상반기 셀프리학습제로 선정된 기관 수는 37개다.

① 공모 기간: 상반기 2~3월 / 하반기 7~8월

② 운영 기간: 상반기 4~6월 / 하반기 9~11월

③ 모집 분야: 불가 영역(영리, 종교, 정치)과 교과 지원(생활체육, 교과 지원)을 제외한 평생학습 전 분야

④ 모집 대상: 강남구민 70% 이상, 학습자 7명 이상으로 구성된 팀

⑤ 지원 내용: 1팀당 강사료 최대 60만 원 지원

3 학교평생교육

1) 학교평생교육의 개념

학교평생교육의 실천적 흐름은 1999년 평생교육법 제정 이후 초 · 중등교육법에 평생교육진흥을 위한 시 · 도 교육감의 역할과 각급 학교의 기능이 명시되고, 2001년 교육부

1) 영어단어 'self'와 'free'의 합성어로, 키워드인 '자발성'과 '제약을 받지 않음'을 의미

의 '평생교육 시범학교' 사업을 시작으로 시 · 도 교육청, 학교, 지자체 등의 주도하에 다양한 유형의 학교평생교육 실천활동이 전개됨에 따라 본격화되었다.

학교평생교육에 대한 개념은 「평생교육법」 제2조 평생교육의 정의를 바탕으로 여러 연구(이희수 외, 2002; 양흥권, 2006; 박현민 외, 2019; 이병희 외, 2019)를 통해 다양하게 논의되고 있다.

이희수 외(2002)는 학교평생교육을 학교의 정규교육을 제외한 방과 후 활동과 청소년 수련 활동을 비롯한 지역주민을 위하여 학교를 개방하거나 학교시설을 이용하여 평생교육 프로그램을 운영하는 것으로 정의하였다. 학교평생교육은 학교를 기반으로 전개되는 정규교육 이외의 다양한 형태의 학생과 주민을 대상으로 하는 평생교육 실천활동을 의미하며, 학교평생교육의 대상, 내용, 형태 등이 전통적 학교교육과는 다른 차이점이 있다. 즉, 교육대상이 학생을 포함한 지역에 거주하는 주민 전체를 대상으로 하며 교육내용 또한 지식 위주의 학교 교육과정과는 다른 학습자의 요구와 필요에 기반한 지식, 기능, 태도 등 일상생활과 관련된 교육도 교육내용으로 포함한다. 교육 형태 또한 엄격한 규정에 기반한 교육보다 다양하고 융통성 있게 진행된다.

「평생교육법」 제29조에서는 각급 학교의 장은 해당 학교의 교육여건을 고려하여 학생 · 학부모와 지역주민의 요구에 부합하는 평생교육을 직접 실시하도록 규정함으로써 평생교육의 장소와 대상을 고려한 학교의 평생교육에 대한 역할을 명시하고 있다. 즉 학교평생교육은 학교와 지역사회의 연계를 바탕으로 학교 구성원과 지역주민들의 다양한 학습욕구를 충족시키기 위해 학교와 지역사회의 각종 인적 · 물적자원을 적극적으로 연계 · 활용하여 평생교육프로그램(학교의 비정규교육과정 포함)을 운영 및 지원하는 다양한 유형의 교육활동이라 할 수 있다(박형민 외, 2019).

학교를 기반으로 한 평생교육은 학교 정규교육의 범위를 넘나드는 평생교육의 넓은 관점에서 학교공동체의 구성원인 학생, 학부모, 교직원과 지역주민을 대상으로 지역교육공동체로 확장되고 있다. 이러한 측면에서 학교평생교육은 학교를 기반으로 전개되는 정규교육 이외의 교육활동으로 한정짓지 않고 지역공동체와의 협력을 통해 지역사회 주민의 거점시설로서의 기능을 점차 확대 · 발전시켜야 할 필요성이 증폭되고 있다(이병희 외, 2019).

개인과 사회가 함께 성장하는 지속 가능한 학교평생교육을 위해서는 학교와 지역사회의 인적 · 물적자원이 연계되고 협력하여 학교와 지역사회가 함께 성장 · 발전하는 지역교육공동체 학교평생교육의 모습이 필요하다. 제5차 평생교육진흥 기본계획에 따르면 교육기관 중 가장 우수한 인적 · 물적 인프라를 보유하고 있고 신기술분야의 재교육 · 향상교육 등을 제공하기에 가장 적합한 대학을 지역사회 평생교육기관으로 적극 활용하여 대학의 위기와 인구소멸 위기 등에 대처할 필요가 있다고 강조하였다. 따라서 이 장에서는 학교평생교육의 형태 중 대학평생교육에 대해 중점적으로 살펴보고자 한다.

2) 대학평생교육의 필요성과 추진 방향

(1) 대학평생교육의 필요성

디지털 대전환과 인공지능(AI)의 발달 등 기술혁신에 따른 과학기술의 발전은 인간의 수명 연장과 초고령 사회로의 진입 등 사회환경의 급격한 변화를 가져오고 있다. 이러한 환경의 변화는 성인학습자들의 생애주기별, 사회계층별 학습수요에 대한 사회적 대응의 필요성을 증가시켜 고용시장 뿐만 아니라 고등교육 체제에도 적지 않은 변화를 가져오고 있다(황재연, 2018; Knapper & Cropley, 2000). 특히 평생교육의 역할이 인간의 삶을 결정짓는 중요 요소로 여겨지면서 대학 등 고등교육기관이 성인학습자들의 전문성 개발과 직업세계의 변화에 적극적으로 대응해야 한다는 사회적 요구가 확산되고 있다(서창수, 2022; 조대연, 김정주, 2017; 연지연, 2019; 최손환, 2022).

오늘날 평생에 걸친 학습 기회의 확장이 강조되면서 대학은 다양한 교육적 요구를 충족시키는 장으로서 기존 대학생들과 더불어 성인들을 대상으로 하는 교육 기능을 수행하게 되었다. 이제 대학은 평생교육을 통해 평생교육의 이념을 실현하는 것뿐만 아니라 지역사회에 봉사하고, 학습이 필요한 사람들을 위해 계속교육 또는 순환교육 등의 역할과 기능을 수행하여 특정인들에게 제한되었던 고등교육 기회를 확대할 것을 요청받고 있다. 대학은 본질적으로 교육 · 연구의 기능을 수행하면서 교육기관 중 가장 우수한 인적 · 물적 인프라를 보유하고 있어, 실용적 기능, 실리적 기능 외에 지역사회 공헌이라고 하는 사회적 기능이 부가된다(전광수, 2017). 1990년대 이후 성인학습자의 급속한 증가로 인해 대학의 사회적 기능이 평생학습 기능으로 대체되기 시작하면서, 대학의 의미와 지평을 넓히고 재구조화를 추진하기 위한 논의가 전면적으로 부상하기 시작하였다. 지식경제와 학습사회라는 대학의 새로운 조건은 대학의 특징과 기능을 변화시키고, 전반적인 고등교육 생태계의 원리와 규칙을 바꾸는 직접적인 원인으로 작용하게 되었다(양유정 외, 2020). 이제는 생애 초기에 교육을 마친다는 생각에서 벗어나 전 생애에 걸쳐 삶과 학습이 하나가 되는 교육 패러다임이 필요한 시기이다(교육부, 2023). 그러나 대학 교육환경은 아직 학령기 및 학위과정 중심으로 운영되고 있어 일반 성인들이 접근하기 어려운 교육이라는 인식이 있다. 대학의 위기와 지역 인구소멸 위기 등에 대처하기 위해서는 대학을 지역사회 평생교육기관으로 적극 활용하는 것이 필요하다.

대학평생교육은 일반 성인을 대상으로 한 대학자원의 개방 및 제공, 교육 기회 확대와 봉사 제공, 비정규 교육과정과 프로그램, 대학평생교육 실천기관 등을 강조하는 관점으로 대학 확장, 대학개방과 개방대학, 대학성인교육과 대학사회교육, 성인계속교육, 성인고등교육 등의 다양한 용어들로 표현되어 왔다(고영화, 2011).

UNESCO(1965)는 대학평생교육을 대학이 제공하는 일정한 장소에서 대학의 정규학생이 아닌 성인들을 위한 교육활동을 비롯한 대학자원을 제공하는 것이라고 정의하였다. 한상훈(2001)은 대학평생교육을 비정규 교육과정과 프로그램을 강조한 관점으로 대학이 성인학습자를 대상으로 교육의 내용, 방법, 조건과 관계없이 실시하는 학위과정과 비학위과정을 포함한 모든 형태의 교육활동으로 정의하였다. 홍혜자(2006) 또한 성인들을 대상으로 제공하는 모든 교육활동을 포괄하는 상위개념으로 학위과정, 비학위과정, 교양교육, 직업준비교육, 전문직 계속교육을 포함한 개념이 대학평생교육이라고 정의하였다. 대학평생교육을 자원 활용의 관점으로 제시한 한상길(2001)은 성인들에게 대학의 모든 인적 · 물적자원을 활용하여 비학점 과정(학점은행제, 원격교육, 정시제 학생등록제, 독학학위 취득 제도 등)으로서 대학부설 평생(사회)교육원 운영 및 특수대학원의 연구과정 및 전문가 특별과정, 직업훈련과정, 보육교사 교육훈련과정 등을 포함하는 것이 대학평생교육이라고 정의하였다. 이와 같은 대학평생교육은 지역주민과 일반 성인들을 대상으로 교육과정, 운영, 방법을 평생학습의 수요자 관점으로 개발 · 시행하여 대학부설 평생교육기관 설치를 통해 모든 형태의 조직적인 교육활동을 진행한다. 이렇듯 최근에는 대학평생교육이 다양한 형태로 운영되면서 성인의 요구에 부응하는 방향으로 나아가고 있으며, 이에 따른 정책 및 제도의 필요성을 바탕으로 확산되어 가고 있는 추세이다.

대학평생교육이 학습자의 개인적 · 사회적 필요와 목적 실현을 도와주고, 대학의 평생교육적 기능을 확장하며, 모든 이를 위한 고등평생교육이 되기 위해서는 다음과 같은 원칙들을 지킬 필요가 있다(한정란 외, 2020).

첫째, 교육 기회 확대를 위한 대학교육의 개방성(openness)

둘째, 교육 기회와 참여보장을 위한 대학교육 학습 내용에의 접근성(accessibility)

셋째, 학습 결과의 공유와 사회, 국가에의 기여를 위한 대학교육의 공익성(sharing)

넷째, 활용의 최적화를 위한 대학의 혁신성(innovation)

다섯째, 학습자 개인에게는 배운 것을 나눌 수 있는 능력을 드러내 보이는 학습인간(Homo Eruditio)으로서의 자존감(self hood)을 보장하는 원칙 등이다.

서구의 대학들은 이미 보편적 접근체제(universal access system)와 평생교육체제(lifelong education system)를 통해 모든 일반 성인들에게 교육프로그램을 제공함으로써 대학평생교육의 전국화 및 세계화를 지향해 오고 있다. 영국, 독일, 프랑스 등 EU 국가들의 대학들은 지역사회에 대한 교육서비스를 강조할 뿐만 아니라, 지역민들에게 청강생제도(3AUs: Third age universities), Elder-hostel, 선행학습인정(RPL: Recognition of Prior Experience Learning) 등과 같은 제도에 의한 다양한 고등교육 기회를 제공하고 있다(조대연 외, 2016; 이희수 외, 2014). 특히, 미국의 대학평생교육은 확장교육(extension program)에서 성인계속교육(adult & continuing education program)으로 변화 되었으며, 최근에는 학력취득과 전문자격을 제공하는 전문계속교육(continuing professional education program)으로 변천하고 있다(임영희 외, 2018).

국내에서도 대학평생교육은 몇 가지 동인에 의해 지속되어 오고 있다.

첫째, 대학평생교육은 지역사회의 요구와 대학의 교육과 봉사 기능을 수행하는 차원에서 시작되었다. 대학평생교육과 지역사회 평생교육은 밀접한 관련을 맺고 있다. 대학은 지역 평생교육 성공에 중요한 파트너이고 지역사회 또한 대학평생교육 성공의 중요한 요소가 된다. 대학은 지역의 교육기관 중 가장 많은 인적 · 물적 교육 인프라를 갖추고 있기에 다양화 · 고도화 하고 있는 성인의 학습요구를 충족하기 위해서는 지역사회가 대학과 협력체계를 갖출 필요가 있다. 2000년대 들어서면서 대학을 중심으로 지방자치단체와 산업체가 대학평생교육원과 연계하여 위탁 프로그램을 운영하는 등 유관기관과의 연계, 협력체계를 구축하기 시작하였다. 대학과 지역사회는 협력을 통해 교육의 질 향상, 기관 간 상호 이해 증진, 수강생 증대, 교육비용 절감, 지역 수요자의 다양한 요구 충족 등의 긍정적인 효과를 누릴 수 있다.

둘째, 고령층, 재직자 등 다양한 고등교육 수요를 만족하기 위해 정부 차원에서 대학평생교육을 활성화하였다. 고등교육 보편화 단계에서 고령층으로 갈수록 고등교육 이수 비율이 줄어들어 세대 간의 고등교육 격차가 나타난다(양병찬, 2021). 이러한 격차를 줄이기 위한 개인과 정부의 필요성에 따라 대학평생교육이 필요하였다. 또한, 일과 학습을 병행하고자 하는 재직자의 수요에 따라 정부 주도로 성인학습자가 일과 학습을 병행하면서 수준 높은 고등교육을 받을 수 있도록, 대학자원을 활용한 다양한 후 학습 지원체계 구축을 추진하였다(교육부, 2021).

셋째, 대학은 재정난을 타개하기 위해 대학평생교육을 적극적으로 추진하기 시작하였다. 대학의 입장에서 평생교육은 주요한 수입원이다. 대학은 학령인구 감소와 등록금 동결로 등록금 수입이 감소함에 따라 학생의 범위를 학령기 학생에서 성인학습자로 넓히기 시작하였다. 특히, 학령인구 감소의 여파를 직격탄으로 맞아 재정이 어려워진 비수도권 대학과 전문대학이 평생교육에 적극적으로 참여하고 있는 추세이다(이다인 외, 2022). 이처럼 대학의 평생교육이 강조되는 이유는 학령인구의 감소에 따라 고등교육의 새로운 자원인 성인학습자를 유치할 수 있도록 하는 일종의 고등교육 구조 개혁 방안에 따른 것이다. 또한 글로벌 지식경제에 빠르게 편입되면서 일터와 사회에서 요구하는 새로운 역량을 익히기 위해 추가적인 고등교육과정 이수가 요구되기 때문이다(허지숙, 2021).

(2) 대학평생교육의 변천과정

대학평생교육의 기원은 1873년 영국 캠브리지(cambgridge) 대학에서 '대학확장'이라는 명칭으로 일반 성인들에게 대학프로그램을 개방하기 위해 개설된 야간학교 운동에서 시작되었다. 당시 영국에서는 산업혁명과 그에 따른 과학기술의 급속한 발전에 대한 국민의 관심과 교육 요구의 증대와 고등교육의 기회를 확대해 줄 것을 요구하는 노동자들의 주장 등에 영향을 받아, 소수 엘리트 집단이 독점하던 고등교육을 일반인들에게도 개방하는 대학확장 교육운동이 적극적으로 전개되었다. 이후 대학들은 성인지도학습이나 독자적인 교외강좌를 통해 일반 대중의 교육 요구에 부응하는 한편 근로자교육협회와 지역교육청과의 상호 협조체제를 조직하여 성인교육 강좌를 개설하거나 교수를 파견하는 등의 지원 활동을 전개하였다(김한별, 2022). 이후 캠브리지(Cambridge) 대학을 필두로 옥스퍼드(Oxford), 런던(London) 대학 등이 참여하게 되었고 미국의 위스콘신(Wisconsin-Madison) 대학에서도 공식적으로 평생교육담당학부(extension division)를 설치하여 지역주민들을 위한 강좌를 제공하였다. 영국의 대학확장 운동은 서구 여러 나라에 공개강좌 형식의 대학 성인교육을 전개 및 발달시켰을 뿐만 아니라 국내의 고등교육 개혁과 대학 평생교육의 태동에 영향을 미쳤다(박지영 외, 2019).

국내에서는 대구대학교에서 '한국사회경영대학'을 설립해 청각 · 시각장애인을 위한 기술교육 프로그램(1962), 교정원 방문프로그램(1975), 노인복지 프로그램(1975) 등을 운영하는 기관을 설치하여 장애인, 제소자, 노인 등과 같은 사회적 소외계층을 대상으로 평생교육을 운영하였다. 1970년 계명대학교는 시민교육위원회를 설치하고 대구시 및 브라이드 대학교와 공동으로 주부대학(1971)을 설립 · 운영하였으며, 1973년 지역사회연구소를 설치하여 '평생교육 소식지'를 발간하였다. 1984년에는 사회교육원을 개원하여 평생교육사업을 운영하였다(권인탁 외, 2022).

국내 대학평생교육의 본격적인 시작은 1982년 '사회교육법' 제정과 1983년 '사회교육법 시행령'이 공포되면서 다양한 형태의 국가 평생교육 사업추진으로 대학평생교육진흥정책과 사업이 시작되면서부터이다. 이 시기의 대학평생교육은 대학에서 일반인과 비전통적 학생들을 대상으로 하는 다양한 형태의 교육과정을 개설하고 학위과정과 비학위과정을 병행하여 대학평생교육을 운영하였다. 이후 2000년 '평생교육법'이 시행되면서 대학의 인적, 물적자원을 활용한 프로그램과 강좌가 개설되어 운영되었으며 이 과정에서 지역주민의 수요를 적극적으로 반영한 대학평생교육이 확대되었다(양흥권, 2019).

한국의 대학평생교육은 1990년대 이후 대학사회교육에서 대학평생교육 또는 성인평생교육으로 확대 시행되었지만 이 시기에 대학평생교육은 대학의 기본 골격은 유지한 상태에서 성인학습자를 학령인구의 보충적 자원으로 인식하고 이들에게 특별한 학위과정을 제공한다는 입장을 취하였다. 따라서 성인학습자는 여전히 주변인인 존재로 인식되었다(한숭희 외, 2016). 이러한 대학평생교육 운영체제는 2008년 이후 정부가 '제2차 평생교육진흥종합계획'을 추진하면서 대학 중심 평생교육 지원사업에 전환기를 맞이하게 되었다. 학습자에 대한 대학의 개방과 성인학습자들의 친화적인 체제 전환을 유도하기 위해 진행된 '평생학습중심대학사업'은 2008~2009년에는 '평생학습중심대학 육성사업'으로, 2010~2011년까지는 '대학평생교육 활성화 지원사업'으로 변경되었다. 2012년에는 '대학중심 평생학습 활성화 지원사업'과 '선취업 후진학 지원 시스템 구축사업'으로 분리되었다가 2015년 '평생학습중심대학 사업'으로 변경되었다. '평생학습중심대학 지원사업'은 지역 단위 평생교육을 지원하고 학과 단위 개편 지원, 정원 외 전형인 재직자 특별전형을 활용하여 학교가 자율적 정원 활용이 가능하게 하였다. 대학을 중심으로 하는 평생교육사업은 일반인의 평생학습 기회 확대, 다양한 평생교육 프로그램 운영, 지자체와 대학의 협력 구축, 성인친화적 대학 학사제도 개편, 중년을 위한 생애 설계 준비에 대한 인식을 확산하는 계기가 되었다. 대학평생교육의 획기적 전환은 2016년 '평생교육단과대학 신설방안 확정 및 후진학제도 개선(안)'의 발표부터이다. 이를 계기로 대학중심 평생교육 활성화 지원사업은 선취업 후진학이라는 정책 방향과 통합되었다. 이에 따라 대학평생교육 정책은 단순히 대학의 평생교육 기회 제공에서 대학운영 체제 전반을 재직자의 후진학 계속교육을 본격적으로 지원하는 형태로 전환되었다(교육부, 2017). 교육부는 '평생교육단과대학 지원사업'과 '평생학습중심대학 지원사업'의 내용이 중복된다는 문제제기에 따라 사업의 효율성 제고 측면에서 두 가지 사업을 통합하여 2017년 '대학평생교육체제 지원사업'을 추진하였다. 대학평생교육체제 지원사업의 성과는 대학이 자율적으로 대학중심 평생교육체제전환 모형을 추구하는 동기를 유발하였으며, 지역사회 수요에 맞추어 성인학습자를 위한 학위과정을 설치 · 운영하였고, 성인학습자를 전담지원하는 별도의 행정조직을 설치하여 수업의 질 관리를 위한 교직원 확보와 전임교원의 강의비율 확대를 권고하였다(양홍권, 2019).

국내의 대학평생교육은 평생교육법 제정과 함께 종합적이고 체계적인 평생교육진흥 기본계획 수립 및 추진 등의 노력을 통해 진전되었다. 1~5차까지 수립된 계획에서 대학

평생교육 관련 세부 과제의 흐름을 파악해 보면 〈표 7-2〉와 같다.

제1차 평생교육진흥종합계획은 2002~2006년 '배우는 즐거움, 나누는 기쁨, 인정받는 학습사회 실현'이라는 비전으로 지역, 사회통합, 성인교육 기반의 평생학습 생활화와 사회화 추진과제 등을 기반으로 사내대학 설치 활성화를 통한 일터의 학습 조직화, 평생교육 담당자 연수 확대 및 배치 등의 평생교육의 전문화를 위한 과제를 주요 정책과제로 제시하였다.

제2차 평생교육진흥기본계획은 생애단계별 창조적 학습자 육성 등을 추진과제로 평생학습중심대학 운영, 전문대학을 활용한 일터–학습 연계 강화 등 평생학습사회 구현을 위한 대학 관련 주요 과제를 제시하였다.

제3차 평생교육진흥기본계획에서는 대학 중심 평생교육체제를 실현하기 위한 대학의 평생교육체제 지원 사업, 지역대학의 평생교육 역할 강화, NCS(국가직무능력표준) 기반 학습·자격 연계 강화를 통해 100세 시대 창조적 평생학습을 통한 국민 행복을 실현하기 위한 비전을 제시하였다.

제4차 평생교육진흥기본계획은 개인과 사회가 함께 성장하는 지속 가능한 평생학습사회 실현을 위해 K-MOOC 개발 및 제공을 확대하고 전문대학의 평생직업교육 혁신, 지역대학과 연계한 시민역량 강화 등 대학을 평생·직업교육의 허브로 육성하고 평생학습 기반 지역사회 미래가치 창출을 위해 지역대학과 연계한 비학위 과정 질 제고 등의 정책과제를 제시하였다(교육부, 2018).

제5차 평생교육진흥기본계획은 '누구나 누리는 맞춤형 평생학습 진흥'이라는 비전 아래 디지털 대전환, 초고령사회 등 시대적 변화에 대비한 평생학습 대전환을 정책 방향으로 삼았다. 대학평생교육 주요 과제로는 지역대학 우수 인프라를 활용한 평생학습동아리 지원, 대학의 이동수업을 전면 허용한 기업 맞춤형 대학 위탁과정, 디지털 활용 및 역량·스킬 과정 등 대학의 평생학습 상시 플랫폼으로서의 역할을 확대하기 위한 다양한 정책을 제시하였다(교육부, 2023).

〈표 7-2〉 제1~5차 평생교육진흥기본계획 **대학평생교육정책** 변천 비교

기간	핵심	비전	추진과제	대학 관련 주요 과제
제1차 2002~ 2006	지역, 사회통합, 성인교육, 기반	배우는 즐거움, 나누는 기쁨, 인정받는 학습사회 실현	• 평생학습의 생활화와 사회화 • 사회적 통합증진을 위한 평생학습지원 강화 • 지식기반사회 부응을 위한 성인교육기회 확대 • 일터의 학습 조직화 • 평생학습기반 구축	• 평생교육 담당자 연수 확대 및 배치 • 원격대학 설치 확대 및 운영 • 학점은행제 연계교육계좌제 도입 • 사내대학 설치 활성화 • 평생교육사 배치
제2차 2008~ 2012	창조적 학습자, 사회통합	배우는 즐거움, 일구어 가는 내일, 평생학습사회 구현	• 생애단계별 창조적 학습자 육성 • 사회통합을 위한 평생학습 기관 참여 및 연계 • 평생학습 인프라 구축 및 네트워크 활성화	• 평생학습중심대학 운영 • 교양과목 중심의 대학 정규교육과정 확충 • 전문대학을 활용한 일터-학습 연계 강화
제3차 2013~ 2017	대학, 온라인, 사회통합, 지역	100세 시대 창조적 평생학습을 통한 국민 행복 실현	• 대학중심 평생교육체제 실현 • 온·오프라인 평생학습 종합지원체제 구축 • 사회통합을 위한 맞춤형 평생학습 지원 • 지역사회의 학습역량 강화	• 성인학습자를 위한 대학체제 전환(평생교육단과대학 지원사업→대학의 평생교육체제 지원 사업) • 지역대학의 평생교육 역할 강화 • NCS 기반 학습·자격 연계 강화
제4차 2018~ 2022	누구나, 일자리, 지역, 기반	개인과 사회가 함께 성장하는 지속가능한 평생학습사회 실현	• 국민 누구나 누리는 평생학습 • 일자리와 함께 언제나 누리는 평생학습 • 지역 어디서나 누리는 평생학습 • 기반이 튼튼한 질 높은 평생학습	• 온라인 평생교육 생태계 구축/KMOOC • 유연한 학사운영을 통한 성인친화적 대학 • 전문대학 평생직업 교육 혁신 • 전문대학 성인평생교육 기능 강화 • 지역대학교 연계한 시민역량 강화
제5차 2023~ 2027	지속 가능성, 기회, 연계	누구나 누리는 맞춤형 평생학습 진흥	• 평생학습 상시 플랫폼으로서 대학의 역할 확대 • 지자체, 대학, 기업 등이 함께 지역 평생학습 진행 • 3050 생애도약을 위한 평생학습 지원 • 사각지대 없는 따뜻한 평	• 일반 성인 대상 학점 제공이 가능한 재교육·향상교육 과정 운영 • 성인학습자 특화형 전담학부·학과개설 확대 • 디지털(K-MOOC) 활용, 역량·스킬 단기과정 등

기간	핵심	비전	추진과제	대학 관련 주요 과제
			생학습사회 • 다양한 경력, 자격, 학력 등의 연결 강화	• 기업 맞춤형 대학 위탁과정은 대학의 이동수업 전면 허용 • 기초지자체-전문대학 연계 고등직업교육거점 확대 • 지역대학 우수 인프라를 활용한 평생학습동아리 지원

출처: 교육부 제1~5차 평생교육진흥기본계획.

(3) 대학평생교육의 활성화 추진방안

대학은 생애주기에 따른 평생교육 기회를 확대하기 위한 교육기관으로서의 역할을 요구받고 있다. 학령인구의 감소와 고령인구의 증가는 대학의 평생교육에 대한 사회, 경제적 수요 증가로 이어져 대학의 평생교육체제 구축이 더욱 중요해질 전망이다. 이러한 맥락에서 교육부에서는 제5차 평생교육진흥기본계획을 통해 대학의 역할을 전 국민 재교육·향상 교육의 상시 플랫폼으로 확대한다고 발표하였다. 그에 따른 대학평생교육 활성화 추진방안을 살펴보면 다음과 같다.

첫째, 성인 역량 향상을 위한 대학의 역할을 강화한다.

대학평생교육 활성화를 위해 성인의 여건을 고려한 대학의 역할을 강화하는 방안이다. 이를 위해 「고등교육법」, 「학점인정 등에 관한 법률」에 근거하여 다양한 비학위과정의 확대, 성인맞춤형 학위과정 개설, 성인친화적 대학 교육환경 마련을 위해 일반 성인 대상 맞춤형 전담반 운영 등에 관한 근거와 비학위과정에 대한 학점 인정 근거를 마련한다. 세부 추진방안으로는 대학의 성인맞춤형 재교육·향상교육 혁신, 성인학습자 전담대학(LIFE 대학)의 확대, 대학의 우수한 강좌 개방·공유 확대가 있다.

둘째, 기업 수요 맞춤형 교육을 위한 대학의 역할을 강화한다.

대학평생교육 활성화를 위해 대학의 우수한 인적·물적 인프라를 활용해 기업과 대학이 다양한 방식으로 협력하여 평생학습을 할 수 있도록 관련 지원을 확대하는 방안이다. 추진방안으로는 기업맞춤형 대학 위탁과정 활성화, 기업-대학이 교육과정 공동개발·

운영, 대학 유휴공간·시설 활용 활성화 방안이다.

셋째, 지역주민의 평생학습을 위한 대학의 역할을 강화한다.

지역주민의 삶의 질 향상을 위한 평생학습의 일환으로 대학은 지자체와 협력하여 대학을 선정하고 학위·비학위과정과 프로그램을 운영하는 방안이다. 구체적 방안으로는 한국형 커뮤니티 칼리지 모델 도입, 기초지자체-전문대학 연계 고등직업교육거점 확대와 평생학습동아리 등 평생학습 활성화를 위한 대학 활용 활성화 방안이다.

대학은 현재의 사회적 변화와 수요에 맞춰 달라지고 있다. 대학의 평생교육을 더욱 활성화하기 위해서는 대학을 지역사회 평생교육기관으로 적극적으로 활용하여 성인학습자의 대학 진입 구조를 넓히고, 대학체제 내 성인 전담 지원체계를 안착시킴으로써 고등교육과 평생교육의 구조적 연계 기반을 구축하는 노력이 필요할 것이다.

4 평생학습도시

평생학습도시는 학습을 통하여 도시의 번영과 사회적 통합, 지속 가능한 발전을 목적으로 하는 네트워킹 학습사회를 의미하는 것으로(양병찬, 2002), 우리나라의 평생학습도시 조성은 '지역 평생교육 활성화 지원사업'의 일환으로 이루어지고 있다(국가평생교육진흥원, 2022).

우리나라에서의 평생학습도시 관련 사업은 지역자치단체의 자발적인 움직임 속에서 시작되었다. 1994년 창원시가 평생교육 관련 조례를 제정하였으며, 1999년 광명시가 한국 최초로 평생학습도시를 선언하였다. 2001년부터 우리나라는 정부 차원에서 평생학습도시 조성사업을 시작하였다. 교육과학기술부는 광명시, 전북 진안군, 대전 유성구를 평생학습도시로 지정하여 각 도시마다 특별교부금 2억 원을 집행한 이후 매년 평생학습도시 수를 늘려왔으며, 2021년부터는 국가-시·도-시·군·구로 이어지는 지역 평생교육 추진체계를 활성화하고자 평생학습도시 조성사업의 세부 사업인 특성화 지원사업에 시·도평생학습도시 컨소시엄을 새롭게 추가하여 지원하였다(교육부, 2021).

1) 평생학습도시의 개념

우리나라에서 '평생학습도시'라는 용어는 일반적으로 지역의 크기나 규모에 상관없이 시 · 군 · 구 단위에 사용되고 있다.

유네스코 평생학습연구소는 학습도시를 "포용의 원칙에 따라 학습도시는 특히 형평성, 결속 및 평화를 촉진하는 평생학습 프로그램을 통해 지속 가능한 개발을 촉진하는 정책과 관행을 발전시킨다. 지방정부가 지역사회와 사회 행위자가 평생학습 전략 및 프로그램의 구현에 참여할 수 있도록 권한을 부여하면 지속 가능한 개발 목표(SDG) 달성을 후원하는 도시다"라고 설명하고 있다.

국가평생교육진흥원(2021)은 평생학습도시를 "개인의 자아실현, 사회적 통합증진, 경제적 경쟁력을 제고하여 궁극적으로 개인의 삶의 질 제고와 도시 전체의 경쟁력을 향상시킬 수 있도록 언제, 어디서, 누구나 원하는 학습을 즐길 수 있는 학습공동체 건설을 도모하는 총체적 도시 재구조화 운동이자 지역사회의 모든 교육자원을 기관 간 연계, 지역사회 간 연계, 국가 간 연계시킴으로써 네트워킹 학습공동체를 형성하려는 지역시민에 의한, 시민을 위한, 시민의 지역사회교육운동"이라고 정의한다.

시 · 군 · 구 기초자치단체를 대상으로 하는 평생학습도시 조성은 주민이 언제 어디서나 평생학습을 받을 수 있도록 지방자치단체가 평생학습 인프라를 구축하여, 지역의 여건 및 특성과 수요를 충분히 반영하면서도 주민이 원하는 교육서비스를 제공하는 것을 목적으로 한다(교육부, 2021).

2) 평생학습도시 추진 유형

Yarnit(2000)는 학습도시를 네 가지 유형으로 구분한다.

첫째, 지역 기업체 주도의 산업혁신형이다. 이 유형은 지역(region)을 위하여 주로 기업체가 주도하는 산업단지 및 산업복합단지에서 혁신을 증진시키려는 것을 주된 목적으로 하는 접근이다.

둘째, 교육훈련 제공 및 이용자를 위한 학습파트너십형이다. 이 유형은 교육훈련 제공자와 학습자를 위하여 자원, 지역사회 학습 파트너십 체제를 형성하여 협력을 증진하고 학습에의 참여를 심화시키는 것을 특징으로 한다.

셋째, 지역사회 재생형이다. 현대사회와 같은 급속한 변화의 시대에 새로운 역할 또는 정체성 탐색을 목표로 시, 군, 구 범위에서 종합적이고도 광범위한 재생(regeneration) 전략을 기본 특징으로 한다.

넷째, 지역공동체 형성형이다. 이 유형은 이웃 공동체를 형성하기 위해 시민교육을 강조하며, 지역주민을 대상으로 형식학습, 비형식학습, 성찰적 학습을 활용하여 새로운 형태의 이웃 공동체 관리를 추구한다. 이를 통해 시민정신의 쇠락을 막고, 주도적이고 적극적인 시민정신을 유지하는 것이 특징이다(변종임, 2005: 20-21). 이를 정리하면 〈표 7-3〉과 같다.

〈표 7-3〉 야니트(M. Yarnit)의 학습도시 유형

유형		특징
경제발전 중심	산업혁신형	지역을 위하여 주로 기업체가 주도하는 학습지역운동으로 산업단지 및 산업복합단지에서 혁신을 증진시키려는 것을 주된 접근으로 함
	학습파트너형	교육 훈련 제공 및 이용자를 위한 학습파트너십형은 교육훈련 제공자와 학습자를 위하여 자원, 지역사회 학습파트너십 체제를 형성하여 협력을 증진하고 학습에의 참여를 심화시킴
시민사회 중심	지역사회 재생형	현대사회와 같은 급속한 변화의 시대에 새로운 역할 또는 정체성 탐색을 목표로 시 · 군 · 구 범위에서 종합적이고도 광범위한 재생(regeneration)전략을 기본 특징으로 함
	지역공동체 형성형	주민을 위한 형식학습, 비형식학습, 성찰적 학습을 통하여 새로운 형태의 지역공동체 형성으로 시민정신과 공동체의 쇠락을 막고 적극적인 시민정신을 주도하는 것을 특징으로 하는 지역공동체 형성을 위한 시민교육형에 초점을 둠

출처: Yarnit, M., Towns, Cities and Regions in the Learning Age: A Survey of Learning Communities, London: LGA Publications for the DFEE, NCA, 2000, pp.79-80.

아울러 변종임(2005)은 우리나라의 평생학습도시의 유형을 학습도시의 목적과 추진양식을 기준으로 하여 ① 시민공동체형성형 ② 직업능력개발형 ③ 지역사회통합형 ④ 산업기반혁신형으로 제시하면서, 2001년부터 2004년까지 정부로부터 지정된 19개의 평생학습도시에 대한 시 · 군 · 구별 특징과 유형 분포를 다음 〈표 7-4〉와 같이 제시하고 있다.

〈표 7-4〉 우리나라 평생학습도시 유형의 특징

유형	특징	사례
시민공동체 형성형	• 학습도시의 구축에 있어 주민들의 자율적인 학습공동체를 형성하도록 한다. • 주민들의 요구에 부응하고 지역의 특색을 강조한 다양한 교육프로그램의 내용들이 추진되며, 시민단체 및 NGO들의 자발적인 활동과 연계가 두드러진다. • 관광, 여가, 환경, 시민의식 함양, 전통문화 등의 교육프로그램들이 활발하다.	부천시 이천시 광명시 금산군
직업능력 개발형	• 학습도시 구축에 있어 개인의 능력개발 및 자아실현을 지향하며, 운영방식으로는 지역 민간단체 및 사업체 등에서 주도적으로 참여한다. • 주로, 지역주민 개개인의 직업능력개발, 직업교육 및 훈련 프로그램이 강조된다.	칠곡군 청주시
지역사회 통합형	• 학습도시 구축에 있어 개인보다는 사회적 통합성 및 공공의 이익을 강조하며, 운영방식으로는 정부, 지자체가 주도적으로 추진한다. • 전체 사회통합을 위해 소외계층 평생교육 프로그램 추진, 사회복지와의 연계, 학습시설 및 인프라 구축이 강조된다.	순천시, 서귀포시 연수구, 거창군 제주시, 목포시 진안군, 관악구 해운대구
산업기반 혁신형	• 학습도시 구축에 있어 개인의 능력개발 및 자아실현을 지향하며, 운영방식으로는 민간기업체 혹은 민간단체 혁신에 중점을 둔다. • 민간기업체를 지역에 유치하거나 학습을 통한 지역사회 인력양성 및 활용 기반에 관심을 가진다.	전주시, 창원시 유성구, 안동시

출처: 변종임(2005). 지역사회 혁신을 위한 평생학습도시 활성화, 한국교육개발원 평생학습센터, p.80. 재구성.

우리나라 평생학습도시의 대부분은 '지역사회 통합형' 영역에 속해 있으며, 일부가 '시민공동체 형성형'이나 '산업기반 혁신형'에, 그리고 직업능력 개발형은 소수인 것을 볼 수 있다.

주로 정부 및 지자체에서 학습도시 형성을 추진하는 성향이 강한 경우 장점으로는 단기간 내에 학습도시의 기반 정비 및 추진이 진행될 수 있다는 이점이 있으나, 지역사회 주민들의 이해 및 인식의 확산, 이들의 자발적인 학습도시 구축에 대한 의지를 확보하는 데는 어려울 수 있는 단점도 갖고 있다.

또한 '산업기반 혁신형'의 경우에는 평생학습을 통해 지역사회의 산업기반 혁신을 연계시켜 지역의 경제적 경쟁력을 향상시킬 수 있는 가능성이 있음에도 불구하고 이러한 유형의 학습도시 구축은 미비한 것을 볼 수 있다. 현재 산업기반 혁신형으로 구분해 놓은 평생학습도시의 경우도 문화산업 기반이 형성되어 있거나 산업기반이 조성되어 있는 정도일 뿐, 실질적으로 산업기반 형성을 위한 학습도시의 적극적 노력은 아직 시작 단계라고 볼 수 있다. 따라서 앞으로 지역별 특성에 따른 다양한 평생학습도시 모델 개발과 활성화 정책을 개발하는 데 더욱 집중해야 할 것이다.

3) 우리나라의 평생학습도시 도입 및 운영

(1) 평생학습도시의 지정 및 운영

2001년 당시 교육인적자원부는 평생학습의 지역화 · 지방화를 촉진하고, 평생교육을 학습자중심 운동으로 추진하기 위한 방안으로 각 시 · 도 교육청에서 추천한 시 · 군 · 구 자치단체와 지역교육청의 공동사업계획서를 심사한 결과 경기 광명시, 대전 유성구 및 전북 진안군을 우리나라의 첫 평생학습도시로 선정하였다. 선정된 3개 지역교육청은 평생학습도시 조성사업을 의해 특별교부금 2억 원씩을 지원 받았으며, 해당 지방자치단체들은 이에 상응하는 대응 투자를 하였다.

평생학습도시는 2001년 이후 매년 꾸준히 증가하여 2023년에 7개의 도시가 추가 지정되어 총 195개의 평생학습도시가 지정 · 운영되고 있다(표 7-5 참조).

〈표 7-5〉 평생학습도시 지정현황

회원도시: 회원 263명(자치단체장 195, 교육장 74)

지역	계	지정도시(지정연도)
서울	22	관악구('04), 양천구('05), 성북구('05), 영등포구('06), 강동구('07), 강서구('07), 마포구('07), 은평구('12), 금천구('13), 송파구('13), 서대문구('13), 강남구('13), 노원구('13), 도봉구('13), 용산구('16), 구로구('18), 중랑구('18), 성동구('19), 동대문구('20), 동작구('21), 광진구('22), 종로구('22)
부산	16	해운대구('02), 연제구('06), 사상구('07), 영도구('11), 부산진구('12), 남구('13), 사하구('13), 서구('13), 금정구('13), 기장군('14), 동구('16), 북구('17), 중구('17), 수영구('18), 동래구('19), 강서구('22)
대구	5	달서구('05), 동구('05), 수성구('11), 북구('13), 남구('20)
인천	8	연수구('03), 부평구('05), 미추홀구('06), 남동구('11), 서구('14), 계양구('17), 동구('22), 중구('22)

지역	계	지정도시(지정연도)
광주	5	남구('05), 동구('06), 광산구('06), 북구('11), 서구('15)
대전	4	유성구('01), 대덕구('07), 동구('12), 서구('13)
울산	5	울주군('06), 중구('07), 북구('12), 동구('16), 남구('18)
경기	31	광명시('01), 부천시('02), 이천시('04), 수원시('05), 구리시('05), 안산시('06), 용인시('06), 시흥시('06), 평택시('06), 과천시('07), 안양시('07), 남양주시('11), 포천시('12), 군포시('13), 의정부시('13), 김포시('13), 성남시('13), 화성시('13), 양주시('13), 의왕시('13), 가평군('13), 고양시('14), 양평군('14), 연천군('14), 오산시('15), 여주시('17), 파주시('18), 광주시('19), 하남시('19), 동두천시('20), 안성시('20)
강원	15	삼척시('06), 화천군('06), 강릉시('07), 횡성군('07), 동해시('12), 평창군('13), 인제군('13), 홍천군('14), 철원군('15), 영월군('16), 춘천시('18), 원주시('20), 양구군('21), 태백시('22), 양양군(‘ 23)
충북	11	청주시('04), 제천시('05) 단양군('05), 진천군('06), 음성군('13), 옥천군('13), 증평군('14), 충주시('15), 괴산군('21), 영동군('21), 보은군(‘ 23)
충남	15	금산군('04), 부여군('05), 태안군('06), 아산시('06), 서산시('06), 서천군('07), 천안시('07), 당진시('12), 홍성군('13), 예산군('14), 논산시('15), 공주시('16), 보령시('18), 계룡시(‘ 23), 청양군(' 23)
전북	12	진안군('01), 전주시('04), 익산시('05), 김제시('06), 남원시('06), 정읍시('06), 군산시('07), 완주군('11), 부안군('17), 고창군('19), 무주군('20), 순창군('22)
전남	15	순천시('03), 목포시('04), 무안군('04), 여수시('06), 광양시('06), 곡성군('06), 강진군('07), 영암군('07), 담양군('14), 화순군('15), 고흥군('16), 영광군('17), 완도군('17), 해남군('19), 나주시('20)
경북	13	안동시('03), 칠곡군('04), 경산시('07), 구미시('07), 포항시('12), 경주시('13), 영주시('13), 청도군('14), 의성군('17), 상주시('21), 영천시('21), 문경시('22), 봉화군(‘ 23)
경남	15	거창군('03), 창원시('04), 김해시('05), 남해군('05), 양산시('06), 하동군('06), 진주시('07), 통영시('07), 창녕군('13), 합천군('14), 함안군('16), 밀양시('17), 산청군('17), 거제시('20), 고성군(‘ 23)
제주	2	제주시('02), 서귀포시('03)
세종	1	세종특별자치시('19)
합계	195개	

출처: 교육부 · 국가평생교육진흥원(2023.3.22.)에 '23년도 지정도시 추가.

〈표 7-6〉 국내 74개 교육지원청 (2023년 1월 현재)

지역(광역)	계	교육지원청
서울	6	동작관악교육지원청, 성북강북교육지원청, 강서양천교육지원청, 남부교육지원청, 서부교육지원청, 강동송파교육지원청
부산	3	해운대교육지원청, 동래교육지원청, 북부교육지원청
대구	2	남부교육지원청, 동부교육지원청
인천	3	동부교육지원청, 북부교육지원청, 남부교육지원청
광주	2	동부교육지원청, 서부교육지원청
대전	2	동부교육지원청, 서부교육지원청
울산	2	강남교육지원청, 강북교육지원청
경기	10	광명교육지원청, 부천교육지원청, 이천교육지원청, 수원교육지원청, 구리남양주교육지원청, 안산교육지원청, 평택교육지원청, 용인교육지원청, 시흥교육지원청, 안양과천교육지원청
강원	4	삼척교육지원청, 화천교육지원청, 강릉교육지원청, 횡성교육지원청
충북	4	청주교육지원청, 단양교육지원청, 제천교육지원청, 진천교육지원청
충남	7	금산교육지원청, 부여교육지원청, 천안교육지원청, 서산교육지원청, 태안교육지원청, 아산교육지원청, 서천교육지원청
전북	7	전주교육지원청, 익산교육지원청, 남원교육지원청, 김제교육지원청, 정읍교육지원청, 군산교육지원청, 진안교육지원청
전남	8	순천교육지원청, 목포교육지원청, 무안교육지원청, 여수교육지원청, 광양교육지원청, 곡성교육지원청, 강진교육지원청, 영암교육지원청
경북	4	안동교육지원청, 칠곡교육지원청, 경산교육지원청, 구미교육지원청
경남	8	거창교육지원청, 창원교육지원청, 김해교육지원청, 남해교육지원청, 양산교육지원청, 하동교육지원청, 진주교육지원청, 통영교육지원청
제주	2	제주시교육지원청, 서귀포교육지원청
합계	74개	

출처: 교육부 · 국가평생교육진흥원(2023).

평생학습도시는 그동안 지역주민들의 교육욕구 충족을 위해 지방자치단체, 각급 학교, 공공도서관, 주민자치센터, 구민회관 등 다양한 기관에서 개별적으로 실시하고 있는 평생교육 프로그램들을 협력과 공유를 통해 연계 · 운영하여 교육서비스의 질을 향상시키는 데 크게 기여해 오고 있다는 평가를 받고 있다.

〈표 7-7〉 평생학습도시와 비평생학습도시 간 평생학습 실태 및 성과 요약

평생학습실태		평생학습 도시	비평생학습 도시	비고
평생학습 참여시간	형식교육	385.1h	395.6h	유의한 차이 없음
	비형식교육	107.8h	112.3h	유의한 차이 없음
평생학습 자기부담 학습비용	형식교육	362.1만원	400.7만원	유의한 차이 없음
	비형식교육	30.0만원	40.8만원	$p<.01$에서 유의한 차이 있음
비형식 프로그램 참여 수	학력보완교육	0.02개	0.01개	$p<.05$에서 유의한 차이 있음
	문화예술 스포츠교육	0.28개	0.35개	$p<.01$에서 유의한 차이 있음
〈평생학습성과〉				
평생학습참여율	형식교육	2.5%	2.2%	유의한 차이 없음
	비형식교육	35.4%	33.2%	$p<.001$에서 유의한 차이 있음
	무형식교육	23.9%	32.2%	$p<.001$에서 유의한 차이 있음
학습자에게 도움 정도	육체적 건강유지	3.54	3.53	유의한 차이 없음
	정신적 건강 심리적 만족	4.00	4.03	유의한 차이 없음
	교양함양 자기개발	4.02	3.94	$p<.05$에서 유의한 차이 있음
	취업이직 창업	3.31	3.28	유의한 차이 없음
	업무능력 향상	3.95	3.75	$p<.001$에서 유의한 차이 있음
	소득증대	3.14	2.96	$p<.001$에서 유의한 차이 있음
	고용안정	3.34	3.17	$p<.01$에서 유의한 차이 있음
	시민의식 증진	3.36	3.22	$p<.01$에서 유의한 차이 있음
	지역사회 참여	3.05	3.00	유의한 차이 없음
	사회적 상호작용	3.37	3.27	$p<.05$에서 유의한 차이 있음

출처: 국가평생교육진흥원(2023).

(2) 평생학습도시 재지정 평가

우리나라는 1997년 경기도 광명시가 학습도시를 선언한 이래 2001년부터는 시·군·구 단위에서 평생학습도시를 조성해 왔다. 구체적으로는 2001년에 경기도 광명시, 대전광역시 유성구, 전라북도 진안군 등 3개 시·군·구가 처음 평생학습도시로 지정되었고 이후 꾸준히 그 수가 증가하여 2023년 기준 195개 기초자치단체가 평생학습도시로 지정되었는데, 이는 전체 226개 기초자치단체 기준 86.2%에 이르는 수치이다(교육부,

2023.3.7.). 또한, 2007년 전부개정된 「평생교육법」 제15조에 평생학습도시 조항이 포함되어 국가는 지역사회의 평생교육 활성화를 위해 시 · 군 및 자치구를 대상으로 평생학습도시를 지정 및 지원할 수 있으며, 이에 따른 평생학습도시 간의 연계 · 협력 및 정보교류의 증진을 위하여 전국평생학습도시협의회를 둘 수 있게 되었다(국가평생교육진흥원, 2023).

평생학습도시를 활성화하는 것은 지역주민의 평생학습 기회를 확장하고, 지역사회 내 자원을 활용하여 학습공동체 형성, 지역의 사회통합 및 지속 가능성 확대를 유도하는 것을 의미한다. 이를 통해 개인과 지역사회의 문화적, 경제적, 정치적 능력 향상을 촉진시킬 수 있다. 평생학습도시 사업은 주민 개인의 성장뿐만 아니라 도시 전체의 재구조화를 통해 도시의 성장을 도모하는 것을 목적으로 하고 있으며, 이를 위해서는 지방자치단체가 추진체제를 갖추는 것이 중요하다(김신일, 2020).

이러한 지점에서 평생학습도시 개수의 양적 확대를 넘어, 평생학습도시가 개인의 성장과 도시 전체의 성장을 하기 위한 질 관리 체제를 제대로 구축하고 있는지에 대해 평가해야 할 필요가 제기된다. 이는 평생학습도시가 지정된 이후로 실제 어떻게 운영되고 있는지에 대한 지속적인 모니터링이 부재하여 그 성과를 창출하고 확산하는 데 한계가 있다는 견해도 반영되었다(교육부, 국가평생교육진흥원, 2020). 이상의 필요를 배경으로 하여 2018년 평생학습도시의 지속가능 발전과 질 관리를 위해 평생학습도시 재지정 평가 도입이 결정되었다. 2020년부터 1주기 재지정 평가의 기본방향은 다음 [그림 7-2]와 같다.

[그림 7-2] 평생학습도시 재지정 평가 기본방향

출처: 교육부 · 국가평생교육진흥원(2020).

연구문제

1. 지역사회 평생교육 활성화를 위한 개인과 지역사회와 국가의 노력에는 무엇이 필요한지 작성해 보시오.
2. 지역주민의 평생학습을 촉진하기 위한 학습동아리의 조직화와 활동의 중요성에 대해 논의해 보시오.
3. 국내/국외 대학평생교육의 우수사례를 찾아보고 시사점을 작성하시오.
4. 평생학습도시 두 곳을 선택하고 그 도시의 평생학습 계획을 조사한 후 프로그램 설계와 지역사회 참여 및 결과에 대해 비교 분석하시오.

활동 지역사회 평생교육의 의미와 방향

▶ **주제:** 지역사회 평생교육은 우리의 삶에 어떤 의미가 있으며 우리가 해야 할 역할에는 어떤 것들이 있는지 개인과 조직의 관점에 비추어 생각하고 나누어 봅시다.

① 지역사회 평생교육의 의미

② 우리의 역할

– 개인의 관점

– 조직의 관점

③ 지역사회 평생교육이 나아가야 할 방향

▶ **활동가이드**

- 지역사회 평생교육의 우수사례를 다양한 채널을 통해 검색한다.
- 우수사례에서 나타난 지역사회 평생교육의 의미와 방향에 대해 개인별로 정리한 내용을 발표한다.

▶ **유의사항**

- 지역사회 평생교육의 범위는 광범위하므로 사전 공지를 통해 자료를 정리할 수 있도록 안내한다.
- 발표자의 내용을 토대로 교수자가 피드백한다.

08
Chapter

노인 및 장애인 평생교육

학습개요

평생교육은 누구나 자신의 자아실현을 위해 자발적인 교육 참여가 가능하며, 노인과 장애인 역시 사회 구성원으로서 평생교육에 대한 교육권을 보장받아야 할 계층으로 참여가 가능해야 한다.

노인의 삶의 질과 관련된 노인 평생교육은 고령화 시대 노인의 역할을 새롭게 하고 학습의 주체로서 성장 기회를 제공하는 중요한 역할을 담당한다. 또한 장애인 평생교육은 정규교육과정에 참여하고 있지 않은 장애인을 대상으로 하는 평생교육으로 누구나 소외됨 없는 교육 기회의 평등 측면에서 매우 중요하다고 할 수 있다. 따라서 이 장에서는 노인과 장애인 학습자의 이해를 바탕으로 평생교육의 필요성과 현황을 파악하고자 한다.

학습목표

1. 노인 학습자의 특성을 설명할 수 있다.
2. 노인 평생교육의 현황과 활성화 방안을 파악하고 설명할 수 있다.
3. 장애인 평생교육의 필요성과 정책을 이해하고 설명할 수 있다.

Chapter **08**

노인 및 장애인 평생교육

1 노인 평생교육

1) 노인 평생교육의 이해

(1) 노인 평생교육 배경

노인의 대부분은 노년기에 풍요로운 삶의 질을 추구하고 젊은 날에 이루지 못한 자아를 실현하고 싶어한다. Erikson(1982)은 노인기에 자아통합감을 이룬 사람들은 자신의 삶을 의미 있고 만족스럽게 인식하는 반면, 그렇지 않은 사람들은 자신의 삶에 대해 원망과 고독, 불만족을 느낀다고 하였다. 이에 노년기를 맞이하는 노인이 인생의 회고를 통해 자아와 화해하고 성공적으로 노년기를 맞이할 수 있도록 노인에 대한 사회적 인식 전환이 필요하다.

우리 사회가 노인을 바라보는 시각은 여전히 보호해야 할 대상으로 보거나 무엇이든 능동적으로 실행하기에는 이미 나이 든 사람으로 인식하는 경우가 많다. 그러나 노인들의 삶의 경험은 결코 무의미한 소비 시간이 아니고, 수많은 배움의 흔적이 농축되어 있는 시간이다(김한별, 2022). 노화에 따라 신체적으로 노쇠해지고 사회적으로 생산성이 저하되는 것 또한 부인하기 힘든 사실이지만 노인의 가치 있는 경험과 지혜를 어떻게 활용하느냐에 따라 개인의 성장은 물론이고 사회 발전에도 중요한 기회가 될 수 있다.

인구의 고령화는 필연적으로 노인인구의 질적인 변화를 초래하고, 노인문제는 복지적 해결책의 제시나 문제의 분석만으로는 더 이상 해결할 수 없을 만큼 어렵고 복잡한 과제가 되었다. 이러한 노인 문제를 보다 근본적으로 해결하고 노인들의 삶의 질을 향상시키며 고령화사회의 진전에 적극적으로 대응하기 위한 방안이 노인교육이다(김근홍 외, 2016).

노인교육은 1965년 유네스코 성인교육추진 국제위원회에서 평생교육을 강조하면서 전 세계적으로 그 인식이 확산되었다. 우리나라에서 평생교육의 일환으로서 노인교육은 1973년 유네스코 한국위원회에서 개최된 '평생교육 발전을 위한 전국 세미나' 이후 본격적으로 논의되기 시작했다. 노인교육은 노년기 삶에 대한 긍정적 적응과 나아가 성공적인 삶을 위한 중요한 토대를 제공하고 있다. 노인을 위한 평생교육은 사회환경에 대한 적응능력과 연령에 적합한 정신적 활동, 적절한 삶의 방식과 생활의 만족을 위한 심리적 상태 유지 등을 통해 새로운 사회관계를 형성할 수 있는 계기가 된다는 점에서 성공적인 노화를 위한 중요한 전제로 볼 수 있다(김삼덕, 2013).

평생교육은 개인의 삶을 통해 경험한 다양한 배움이 현재의 삶과 학습을 지탱하는 밑거름이기에 스스로 활동할 수 있는 잠재력과 삶의 경험을 통해 쌓아온 지식을 가지고 있는 노인에 대한 평생교육은 고령화사회에 노인의 역할을 새롭게 모색할 수 있는 계기가 될 것이다.

(2) 노인 평생교육 목적

노인 평생교육의 초점은 노년기 특징을 이해하고 노인이 스스로 건강하고 생산적인 삶을 지속할 수 있도록 촉진하는 데 있다. 그러나 아직까지도 노인에 대한 교육은 좁은 의미의 노인만을 위한 교육이나, 노인복지 차원의 여가 프로그램 정도로 인식되고 있는 것이 현실이다. 이러한 인식의 부족은 노인 평생교육 프로그램의 다양성을 해치고, 그 질적 수준을 떨어뜨리는 주요 원인이 될 수 있다(한정란 외, 2020).

노인교육에 대해 Jarvis(2001)는 노년기를 제3세대(third-age)라 명명하고 노인교육의 개념을 노인을 위한 교육, 노인과 노화에 관한 교육, 노인 관련 직업 종사자를 위한 교육으로 설정하고, 노인들과 노화에 관한 교육적 노력의 연구와 실천으로 정의하였다. 신복기 외(2006)는 노인교육은 공식적 · 비공식적인 방법으로 노인들의 지적 감퇴를 방지하고 세대 간 혹은 세대 내 지식의 격차를 줄이기 위해 제공되는 실천 가능한 교육적 중재

전략이나 활동을 의미한다고 하였다(이형주, 2017).

노인교육은 페다고지(pedagogy)와 안드라고지(andragogy)와 함께 교육학의 3대 중심 체계를 구축하고 있으며, 최근에는 이러한 교육을 결합하거나 또는 새로운 교육의 의미를 갖는 용어도 생겨나고 있다. 이렇듯 오늘날 노인교육은 단순히 대상별 구분을 의미하는 교육이 아니라 연령, 성별, 지위 등에 관계없이 각자의 관심과 이해에 따라 모든 세대가 함께 모여 상호작용함으로써 새로운 정보와 지식을 만들어 만들어 내는 적극적인 과정이라 할 수 있다(최운실 외, 2017).

학자들의 정의를 통해 노인교육은 단순히 노년층만을 위한 교육이 아니라 누구나 다가오는 노화에 대한 이해와 준비를 통한 잠재적 학습자들에 대한 교육까지도 포함됨을 알 수 있다. 이러한 맥락에서 한정란(2015)은 노인과 관련한 교육을 노인을 위한 교육, 노인에 관한 교육, 노인에 의한 교육으로 구분하여 제시하였다.

한정란(2015)이 제시한 노인교육의 형태를 통한 노인교육의 목적은 [그림 8-1]과 같다.

첫째, 노인을 위한 교육은 노인이 일생을 통하여 이미 습득한 기술을 유지하고 새로운 기술 변화에 적응하는 자기성장과, 삶에서 자신의 능력을 발휘하여 노년기 임파워먼트(empowerment)를 획득할 수 있도록 돕는 것을 의미한다. 따라서 노인을 위한 교육은 노년기에 필요한 건강이나 여가 활용, 직업준비 등의 교육을 통해 사회적응력을 높이고 여가 활용과 재교육을 통한 직업을 준비할 수 있게 구성되어야 한다.

둘째, 노인에 관한 교육은 잠재적 노인인 모든 연령의 학습자를 대상으로 하는 교육이다. 노화의 특성과 노년기의 발달과업 등 노인 및 노화에 관한 지식을 습득함으로써 노인을 보다 수용적인 태도로 대하고 자신의 노화과정을 준비할 수 있도록 돕는 것을 의미한다. 이러한 노인에 관한 교육은 사회 구성원들에게 노인에 대한 이해 수준을 높이고 노인과 효과적으로 상호작용하는 방법을 통해 노인에 대한 이해와 다가오는 노후를 대비할 수 있게 한다.

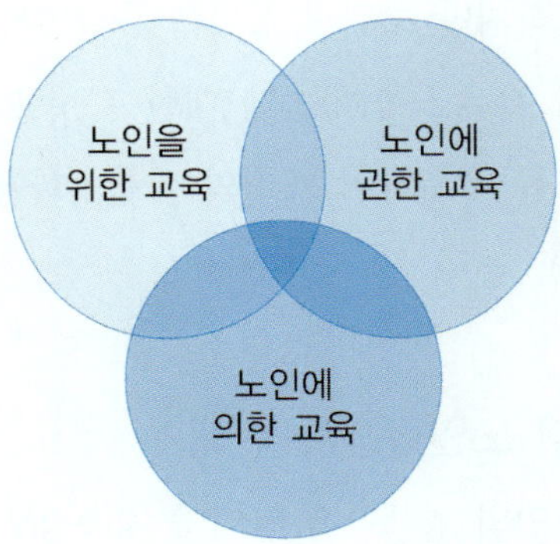

[그림 8-1] 노인교육의 형태

출처: 한정란(2015). 노인교육론.

셋째, 노인에 의한 교육은 노인이 인생을 살아오면서 겪은 다양한 인생 경험과 지혜를 가치 있게 활용하기 위해 노인이 직접 가르치는 교육을 의미한다. 이와 같은 경험을 통해 체득한 지식과 정보는 다른 사람의 성장을 돕는 유용한 교육자원이 될 수 있으며 세대 간 이해의 확장과 사회봉사와 사회 참여에 기여할 수 있게 한다.

이와 같은 노인교육에 대한 세 가지 형태는 각각이 독립적으로 실행되는 것이 아니라 상호 보완적인 관계를 통해 노인의 자기성장과 공동의 유대감 형성, 타인 조력이 노인 평생교육이 추구하는 목적임을 보여 준다.

노인 평생교육에서 중요한 것은 노인에 대한 이해를 바탕으로 노인의 지식과 기술을 최대한 활용하고 그들이 능동적으로 사회에 참여하여 주도적으로 자신의 삶을 발견하고 이끌어 갈 수 있도록 돕는 것이다. 또한 효과적인 노인 평생교육을 위해서는 노인의 신체적, 심리적 조건을 고려하여 삶의 경험을 존중하고 융통성 있게 교육을 진행하는 것이다.

노인평생교육의 성공을 위해서는 노인이 학습하는 동안 수용한 정보를 성공적으로 탐색, 회생, 재생, 반응시킬 수 있는 충분한 시간적 여유를 제공하는 것이 필요하다(기영화, 2007). 노인학습은 학습에 대한 학습자의 인식과 학습자원, 학습방법, 학습환경 등이 상호작용한다. 노인학습을 어렵게 하거나 흥미롭게 하는 요소는 노인학습자의 교육에 대한 필요성과 욕구, 학습 스타일, 학습 기대, 학습 과정, 학습 결과 등이 결정적 역할을 한다. 또한 교육 전략을 수립하는 데 있어 노인학습자의 다양한 특성을 고려하는 것도 중요하지만 보편적 경험을 통한 학습 동기를 유발하는 것이 가장 중요한 요인이 된다. 이와 같은 노인학습에 대한 특성을 고려하는 것은 노인학습자의 능력을 최대한 발휘하도록 유도하여 개인의 학습성과에 영향을 미치는 효과를 가져올 수 있다(한상길 외, 2020).

(3) 노인학습자 이해

노인의 평생학습 참여가 지속적으로 이루어지게 하기 위해서는 노인의 심리적, 신체적, 환경적 특성을 포함한 전반적인 이해와 노인교육의 원리를 면밀히 파악하고 반영하는 것이 중요하다.

노인에 대한 기준은 노인 스스로의 자각이나 사회 · 문화적 환경과 상황에 따라 각기 다른 양상으로 나타난다. UN(1965)에서는 노인의 기준을 65세로 규정하고 있으며, 한국의 노인연령 기준도 1981년 제정된 노인복지법상 65세 이상으로 규정하고 있다. 최근에는 기대수명 연장에 따른 노인연령을 점진적으로 상향 조정하는 방안이 논의되고 있는 추세이다.

노인에 대한 개념은 단순히 '나이'라는 숫자에 의해 규명될 수 있는 것은 아니다. 국제노년학회(International Association of Gerontology)에서는 노화과정에서 나타나는 환경적 · 심리적 · 생리적 행동의 변화가 복합적인 형태로 상호작용하는 과정에 있는 사람을 노인이라 정의하였다. 레나드와 브랜은(Lenard & Breen, 1976)은 노인에 대해 첫째, 생리적, 육체적으로 퇴화기에 있는 사람, 둘째, 심리적인 면에서 지위와 역할이 상실되고 있는 사람, 셋째, 사회적인 면에서 지위와 역할이 상실된 사람으로 정의하였다(양승연, 2023).

노화의 과정으로 나타나는 특징은 신체적, 심리적으로 많은 변화를 가져온다. 노인의 신체적 특징으로는 시각적, 청각적 능력이 급격히 쇠퇴하고 자극에 대한 반응이 늦어지며, 내장기관에 대한 면역력이 저하됨으로써 관절염이나 고혈압, 당뇨병, 심장질환, 폐질환 등 만성질환의 질병에 대한 감염도가 높아진다. 이러한 신체적 특징의 변화로 사고의 경직성과 변화에의 저항감 등 부정적인 성격 변화를 보이기도 한다. 또 다른 특성으로는 내향성과 수동성이 증가하고, 감각능력이 상실되면서 조심성이 증가하고 과거에 대한 집착과 고집스러움이 증가되는 경향을 띠게 된다. 이러한 신체적인 변화로 인한 스트레스는 노인 우울증을 증가시킴으로 인해 불면증과 체중 감소, 강박감 등 구체적인 증상으로 유발되기도 한다(한우섭 외, 2021).

노화의 과정에서 나타나는 노인의 신체적, 심리적, 환경적인 변화는 평생교육 프로그램에 참여하는 노인학습자의 행동과 적응능력에 영향을 주는 중요한 요인이 될 수 있다. 따라서 노인학습자의 특성을 고려하는 것은 노인학습자의 건강한 노후와 효과적인 노인 평생교육의 발전을 기대할 수 있다.

노인학습자 특성에 따른 고려사항은 다음과 같다.

첫째, 노화에 따른 노인학습자의 신체적 변화를 고려하는 것이다. 노화로 인한 노년기의 신체적 · 생리적 기능 퇴화와 같은 생물학적 변화는 불가피한 것이기에 이러한 노인학습자의 특성을 평생교육 프로그램에 적용한다면 일상생활의 활력과 건강한 노후를 보낼 수 있을 것이다.

둘째, 노화에 따른 노인학습자의 심리적 변화를 고려하는 것이다. 노년기를 맞이하는 노인은 심리적으로 우울감, 죽음, 자아효능감 저하 등 정서적 변화와 삶의 만족도에 따른 사회 적응과 더불어 기억력 및 학습능력의 변화를 포함하는 인지적 변화의 특성이 나타난다. 노인의 신체적인 변화를 일차적 변화라고 한다면, 심리적인 변화는 이차적 변화라 할 수 있다. 노인의 이러한 심리적 변화는 신체적인 변화보다 더 큰 영향을 미칠 수 있다. 따라서 노인의 심리적 안정감과 학습능력의 변화 등을 고려한 프로그램을 노인평생교육에 적용한다면 노인의 자아효능감 변화와 죽음에 대한 공포와 불안을 극복하여 긍정적인 노후를 맞이할 수 있을 것이다.

셋째, 노년기에 접어든 노인학습자가 환경의 변화에 적응할 수 있도록 고려하는 것이다. 노년기를 맞이하게 되는 노인들은 부부관계의 변화와 손자녀와의 관계, 급속도로 변하는 디지털 기술의 발전과도 같은 환경의 변화에서 정서적 고립 상태에 놓일 수 있다. 따라서 이러한 노인의 환경적 변화를 고려한 평생교육 프로그램이 지속적으로 개발되고 적용된다면 노후의 삶의 만족도가 향상될 것이다.

〈표 8-1〉 노인학습자 특성에 따른 고려사항

노인학습자 특성 고려사항	
신체적 변화	• 외적인 변화 – 피부, 머리카락, 신장, 체중 등 • 체력저하로 인한 건강 상태 변화 – 기초대사율 감소, 근육 퇴화, 보행속도 둔화 등 • 감각의 변화 – 시각, 청각, 미각, 후각 • 노인성 질병 – 인지능력 저하, 노인성 질병 증가

심리적 변화	• 대인관계 축소로 경직성과 폐쇄성 – 소외감, 고독감, 우울감 증대 및 자신감 상실 • 자아존중감 및 자기효능감 저하 – 자격지심, 강박관념, 분노, 불안, 고집, 두려움, 욕구불만 등 • 신체적 변화로 인한 의사소통 능력 감소 • 죽음 경험으로 상실감 또는 심리적 위축 • 의존성 증가 – 신체적 의존성, 관계적 의존성, 인지적 의존성, 경제적 의존성
환경적 변화	• 가족관계의 변화 – 부부, 손자녀, 부모-자녀 관계 • 디지털 기술의 발전으로 인한 소외 • 직업능력 축소로 인한 경제적 변화 • 사회적 지지체계의 변화

출처: 최운실 외(2017). 노인교육론. 노인의 특성 재구성.

국제보건기구(WHO)에서는 노인에 대한 사회적 시선의 변화에 대한 긍정적 노년 담론의 의미로 '활동적 노화'를 제창하였다. '활동적 노화'란 노인의 삶의 질을 향상시키기 위해 건강, 참여, 안전의 기회를 적절하게 부여하는 것으로 이 세 가지 요소 중 '참여'를 활성화하는 핵심으로 평생학습을 제시하였다(WHO, 2002).

활동적 노화에 대한 개념은 2017년 대한민국 정부에서 수립한 「신중년 인생 3모작 기반구축 계획」에서 제시되었다.

노인의 '활동적 노화'는 학습을 매개로 한 다양한 세대 간 활동이 함께 이루어질 때 긍정적인 효과를 거둘 수 있다. 그 방법으로 첫째, 손자녀 세대와 노인 세대 간 활동인 1~3세대 간 활동이다. 1~3세대 간 활동은 노인이 자원봉사자로 학교의 보조교사, 보조사서, 급식 도우미 등으로 참여하는 활동과 중고생들이 노인교육기관에서 필요한 컴퓨터 교육 또는 보조교사로 참여하는 것이 있다. 둘째, 중년 세대와 노인 세대 간 활동인 2~3세대 간 활동이다. 2~3세대 간 활동은 노인세대가 은퇴 전 경력을 활용하여 중년 세대의 창업이나 중소기업 운영에 필요한 일을 지원하거나 멘토링을 하는 과정이다. 이러한 활동을 통해 2~3세대 간 상호 이해와 이익을 도모할 수 있다. 셋째, 3~3세대 간 활동이다. 3~3세대 간 활동은 평생학습기관에서 자신의 전문적인 지식이나 경험을 활용하여 학습자가 강사가 되는 '또래 가르치기' 또는 건강한 노인이 거동이 불편한 노인의 학습을 지원하고 이를 포인트로 적립하여 노후에 사용할 수 있는 시스템 등이 있다(권인탁 외, 2022).

(4) 노인 평생교육의 필요성

의학의 발달과 생활수준의 향상으로 인간의 평균수명이 지속적으로 증가됨에 따라 65세 이상의 노인인구가 차지하는 비율이 가파르게 증가하고 있다.

통계청에서 발표한 장래인구추계에 따르면 65세 이상 인구는 2025년에 1,000만 명을 넘고, 2026년에는 21.8%로 UN이 정한 초고령사회의 기준인 20%를 넘을 것으로 예측된다(통계청 보도자료, 2022).

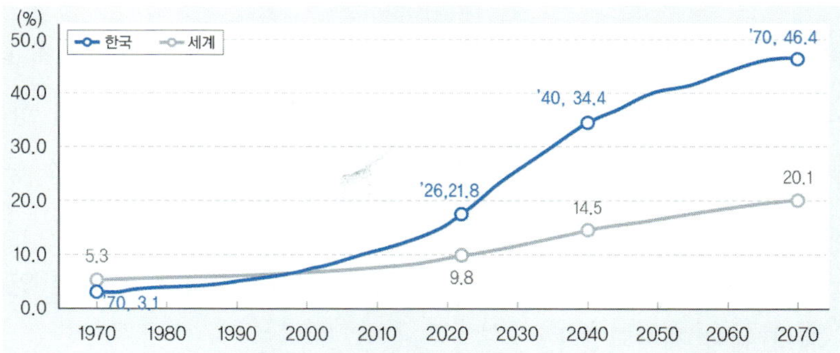

[그림 8-2] 세계와 한국의 고령인구 구성비 추이

출처: 통계청 보도자료(2022).

초고령사회로의 진입 속도는 프랑스 154년, 미국 94년, 일본 36년, 한국 25년으로 전 세계에서 가장 빠른 속도로 초고령사회로의 진입을 앞두고 있다(이은주 외, 2022). 또한 세계와 한국의 인구 현황 및 전망 보도자료에 따르면 한국의 생산연령인구 구성비는 1970년 54.4%에서 2012년 73.4%를 정점으로 감소하여 2022년 71.0%, 2040년 56.8%, 2070년에는 46.1% 수준까지 낮아질 것으로 전망했다(통계청 보도자료, 2022).

초고령사회를 향한 급속한 사회변화는 노인복지 비용의 증가와 노동력 부족 등과 같은 경제적 문제를 초래할 수 있다. 또한 사회변화에 쉽게 적응하지 못하는 노인 소외계층이 많아질 가능성이 높다.

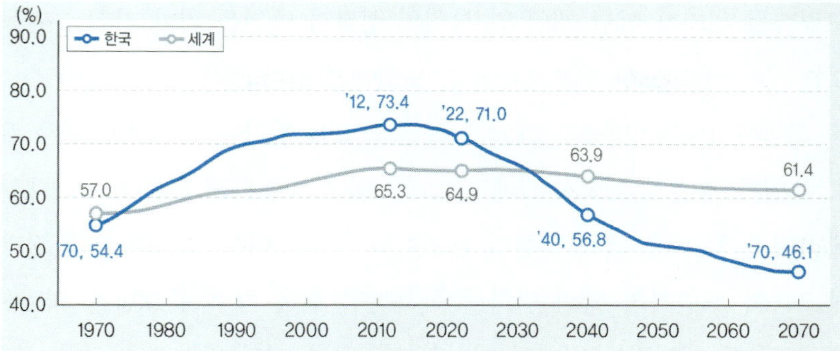

[그림 8-3] 세계와 한국의 생산연령인구 구성비 추이

출처: 통계청 보도자료(2022).

긴 생애 후반기를 맞이할 상황에 직면해 있는 노인은 급변하는 사회에 적응하기 위해 사회적 관계를 형성하고 지속시키면서 후반기 생애의 삶의 질을 유지하기 위한 노력이 필요하다(김근홍 외, 2016). 이에 노인이 갖고 있는 잠재력을 적극적으로 활용하여 의미 있는 노후를 보낼 방안으로 노인 평생교육 필요성이 제기된다.

노인교육의 필요성에 대해 기영화(2007)는 다음과 같이 제시하였다.

첫째, 노인인구의 증가로 인해 노인교육에 대한 필요성이 증가되고 있다.

둘째, 노인교육은 노인들에게 학습주체로서의 성장 기회를 제공한다. 평생교육적 차원에서 노인기는 쇠퇴의 시기가 아니라 계속적인 발전과 성장의 기회로 간주된다.

셋째, 노인교육은 젊은 세대가 노후를 설계하고 노인에 대한 이해를 증진시키도록 한다. 노인에 대한 지식의 습득과 올바른 태도의 형성은 노인들과 효과적으로 관계형성을 할 수 있는 가능성을 높여 주고 세대 간의 화합과 이해를 증진시켜 더불어 사는 사회를 만드는 데 기여한다.

넷째, 노인교육은 고령화사회에서 노인의 역할을 새롭게 모색한다. 노인들의 일생을 통해 축적한 귀중한 경험과 지식, 기술이 버려지지 않고 사회에 다시 환원되어 부가적인 가치를 발휘하도록 해야 한다.

다섯째, 노인교육은 젊은 세대에게 노인과 노화에 관한 자연스러운 교육이 이루어지게 한다(한우섭 외, 2021).

인구 고령화를 위기가 아닌 개인 및 사회의 성장과 발전을 위한 기회로 만들기 위해 가장 필요한 것이 바로 노인 평생교육이다. 노인에게 있어 평생교육은 노인 스스로 당면한 문제를 해결하기 위한 방법을 깨닫게 하는 역할을 한다는 측면에서 매우 유용하다. 퇴직 등으로 인해 기존의 사회적 관계망이 축소됨을 경험하게 되는 노인세대는 관계의 외연을 넓혀 참여의 폭을 넓혀야 한다(김근홍 외, 2016). 이는 노인의 삶의 질과 관련된 노인 평생교육이 노년기의 삶의 변화를 극복하기 위해 매우 중요함을 의미한다.

노인 평생교육은 개인적 차원에서 개인의 역량을 높이기 위한 자아실현, 사회참여의 동기부여를 제공하고, 사회적 차원에서는 노인인구의 생산활동과 사회 참여활동의 증가, 세대 간 갈등 해소, 자원봉사 등을 제공한다. 이는 노인 평생교육이 개인의 노화에 적응하고 사회변화에 대처할 수 있도록 돕는 데 중요한 역할을 담당한다는 것을 의미한다. 이러한 의미에서 노인의 평생교육 참여는 신체적, 정신적 건강은 물론이고 노인의 사회적응과 인적자원 활용이라는 측면에서 시사하는 바가 크다.

2) 노인 평생교육의 현황과 방안

(1) 노인 평생교육 현황

노인 평생교육은 노년기 당면과제인 신체적, 심리적인 부분을 해소하여 건강관리와 사회적응력을 높여 만족스러운 삶의 질을 향상한다.

2023년 한국 성인의 평생학습 실태조사에 따르면 60~69세 25.9%, 70~79세 23.0%로 연령 중 가장 낮은 참여율을 보였으며 대부분 비형식교육에 참여하는 것으로 나타났다(교육부 · 한국교육개발원, 2023).

직장으로부터의 퇴직과 자녀들의 독립으로 일생 중 개인의 여가시간이 가장 긴 노년층임에도 불구하고 평생학습 참여가 저조하다는 사실은 노인 평생교육에 대한 적극적인 정책과 사회적 관심과 지원이 필요함을 시사한다.

정부에서는 노년층이 활기찬 노후 생활을 보낼 수 있도록 다양한 여가 활동을 지원하여 노인들의 사회활동 참여 욕구를 충족시키고 노후 생활을 보람 있게 보내도록 하기 위해 2006년부터 경로당을 대상으로 지역사회 내의 프로그램과 서비스를 연계 · 조정 · 지원할 수 있는 맞춤형 프로그램 발굴과 보급 및 운영을 지원하고 있다.

「노인복지법」 제36조에 따르면 이러한 노인여가복지시설은 노인복지관, 경로당, 노인교실을 의미한다. 노인교실은 일반적으로 '노인대학', '노인교실', '노인학교' 등의 다양한 명칭으로 통용되고 있다. 노인복지관은 노인의 교양 · 취미생활 및 사회참여활동 등에 대한 각종 정보와 서비스를 제공하고 건강증진 및 질병예방과 소득보장 · 재가복지, 그 밖에 노인의 복지증진에 필요한 서비스를 제공하는 것을 목적으로 하는 시설을 의미한다. 경로당은 지역 노인들이 자율적으로 친목도모나 취미활동, 공동작업장 운영 및 각종 정보교환과 기타 여가활동을 할 수 있도록 하는 장소를 제공하기 위한 시설을 의미한다. 노인교실은 노인들에 대하여 사회활동 참여욕구를 충족시키기 위하여 건전한 취미생활, 노인건강 유지, 소득보장 등 기타 일상생활과 관련한 학습프로그램을 제공하는 것을 목적으로 하는 시설이다.

2023년 기준 우리나라 65세 이상 노년층을 위한 노인여가복지시설은 전국에 69,786개소가 운영 중이며, 노인복지관 366개, 경로당 68,180개, 노인교실 1,240개소를 설치하여 운영하고 있다.

〈표 8-2〉 **2023년 노인여가복지시설 현황** (단위: 개소, 명)

시 · 도	65세 이상 노인인구 (2022.12.31 주민등록 인구기준)	합계	시설수		
			노인복지관	경로당	노인교실
합계	9,267,290	69,786	366	68,180	1,240

출처: 보건복지부(2023). 2023 노인복지시설 현황.

정부의 노력에도 불구하고 노인인구의 급증으로 인해 노인들의 창조적이고 적극적인 여가 요구를 충족시키기 위해서는 노인의 특성과 규모 변화에 따른 지속적인 관심과 시설 확충이 필요하다.

① 노인복지관

노인복지관은 「노인복지법」에 규정된 '노인여가복지시설'로 다양한 사업을 추진하고 있다. 그중 노인 평생교육은 매우 중요한 비중을 차지하는 기본사업 중 하나로서, 2018년부터는 명칭을 '노년사회화교육사업'으로 변경하여 운영하고 있다.

노인복지관은 만 60세 이상의 노인을 위한 노인여가복지시설로서, 주로 지방자치단체의 보조금을 재원으로 운영되며 지방 조례에 근거하여 사회복지사, 간호사, 물리치료사 등 복지 및 의료 전문인력이 배치된다. 하지만, 노인복지관 프로그램 중 절반 이상이 노인 평생교육 프로그램임에도 불구하고 평생교육사 배치에 관한 규정은 전혀 없는 상태여서, 노인복지관의 노인 평생교육 프로그램들 대부분이 평생교육보다는 사회복지의 관점에서 기획·운영되고 있다.

노인복지관에서 운영되고 있는 노년사회화 평생교육 프로그램들을 살펴보면 다음과 같다.

첫째, 정기적으로 운영되는 프로그램들로서, 체조나 댄스 등 건강교육, 어학이나 인문 등 교양교육, 예술과 문화 등 취미여가교육, 정보화 교육 등과 같은 기관별 특화 프로그램으로 운영된다. 특히 최근에는 민주시민의식 교육이나 남성 독거노인들을 위한 생활교육, 세대 간 유대 강화를 위한 세대공동체 교육, 경제교육과 웰다잉 교육 등으로 다양하게 확대하여 운영하고 있다.

둘째, 외부 지원을 통해 비교적 장기적으로 다양하게 운영되는 노인 평생교육사업들이 있다. 대표적으로는 2010년부터 문화체육관광부와 한국문화예술교육진흥원의 지원으로 이루어지고 있는 '복지기관(노인 분야) 문화예술교육 지원사업'을 들 수 있다. 이 사업에서는 노인 학습자들이 문화예술을 접하고 향유하며, 체험, 학습, 표현, 창작할 수 있도록 진흥원에서 양성, 선발한 음악, 무용, 연극, 미술, 사진 등 5개 분야의 전문 예술강사(문화예술교육 활동가)와 강사비 전액을 지원한다. 또한 기관별로 교육지원금도 지원한다. 본 지원사업의 가장 큰 장점은 전문성이 높은 강사 확보를 통해 질 높은 교육이 전달되고 그에 따라 노인 학습자의 일상생활의 활력이 증가하고 자신감 상승과 즐거움과 건강, 그리고 스트레스 해소 등의 효과가 기대된다(한정란 외, 2015).

셋째, 2016년부터 현대자동차그룹의 지정 기탁 사업으로 운영 중인 '교통안전 베테랑

교실'도 있다. 이 사업은 고령자 교통안전을 위한 교육 및 인식개선사업으로서 2022년에는 전국 40개 노인복지관을 통해 안전보행교육(이론교육, 실전교육), 안전운전교육(이론교육, 인지능력 자가진단), 시니어 교통안전 골든벨 및 캠페인, 나눔 서포터스 양성 및 운영 시스템 구축 등을 전개하였다(2022 평생교육백서).

② 노인교실

1970년 부산 범일동에 '한얼노인대학'이 설립된 이후 1978년 문교부(현 교육부)의 「노인교실 설치요강」에 따라 정부가 초등학교 학구 단위 노인교실 설립 및 운영비를 지원하면서 전국적으로 노인교실 설립이 급속히 증가하였다(한정란, 2015). 노인교실은 「노인복지법」상의 명칭일 뿐 실제 현장에서는 노인대학, 노인학교, 장수대학, 실버대학 등 다양한 명칭의 기관들이 법적 노인교실에 해당한다. 또한 지방자치단체에 노인교실로 등록을 한 경우만 재정 지원을 받을 수 있다. 이와 같은 실정이다 보니 사실상 많은 미등록 노인교실들이 제도의 사각지대에 놓여 있으며, 노인교실의 정확한 수효나 실태조차 제대로 파악되어 있지 않은 실정이다. 전국에 노인교실이 1,240개소가 등록되었지만(보건복지부, 2023) 이는 각 지방자치단체에 등록된 시설을 취합한 숫자일 뿐 실제로는 전국에 노인교실이 어느 정도 존재하는지 정확히 파악할 수 없다. 노인교실의 운영 주체는 크게 대한노인회, 종교단체, 기타 법인단체, 개인 등인데, 종교단체에서 운영하는 노인교실이 가장 많고, 대한노인회에서 운영하는 노인교실이 그 다음으로 많다(평생교육백서, 2022).

노인교실에서 주로 많은 부분을 차지하는 교육은 취미·여가, 건강, 교양 프로그램들이 주로 운영되고 있으며 노년기의 적극적인 사회참여를 위한 교육은 소극적으로 진행되고 있는 편이다(손의성 외, 2018).

(2) 노인 평생교육 방안

향후 초고령사회의 진입으로 인해 노인의 평생학습과 사회참여에 대한 개인적 욕구와 사회적 필요성이 더욱 증가하고 있다. 하지만 여전히 우리 사회에서는 노인 평생교육은 노인 자신에 대한 역량 개발의 차원이기보다는 여가 활용과 복지의 개념으로 평생교육을 인식하는 경향이 있다.

인구 고령화 및 저출산으로 인한 인구위기와 고령인구의 질적 변화에 대응하기 위해서는 돌봄과 여가 위주의 노인복지 차원의 교육이 아니라 노년층의 인생 후반전을 위한 역량강화와 자기계발 그리고 적극적인 사회참여에 초점을 맞춘 다음과 같은 다양한 노인 평생교육의 활성화 방안이 필요하다.

첫째, 길어진 노년기를 감안할 때 잠재적 노인인구로부터 노년기에 이르기까지 전 연령층에서 노인을 이해하고 노후 대비를 통한 노인세대의 삶의 질을 중시하는 노인에 관한 교육의 확대가 필요하다.

둘째, 노인의 경제적 여유와 지적 욕구를 감안한 노인을 위한 평생교육의 필요성이다. 노년기에는 일회성 또는 단기교육보다는 지속성 있는 교육을 통해 삶의 활력을 얻고 더불어 사회에 공헌도 할 수 있는 '일' 자체에 관한 학습 요구가 증가하고 있다. 또한 노인 평생교육을 통한 사회적 관계를 만들어 갈 수 있는 포괄적인 지원을 요구하는 노인이 늘어나고 있음에도 여전히 미진한 상황이므로 사회적 · 제도적으로 적극적인 관심이 필요하다(이은주 외, 2022).

셋째, 생산인구 감소로 인한 대안으로서의 노인에 의한 평생교육적 접근이 필요하다. 노인이 자신의 경험과 전문성을 바탕으로 새로운 직업적 역량을 획득하거나 지역사회에서 다양한 봉사를 할 수 있는 시스템을 갖춘다면 노년의 삶을 더욱 풍성하게 이끌어 갈 동력으로 작용할 것이다.

넷째, 평생교육 시설에 따라 노인학습자들의 특성과 수준에 차이가 있음을 고려하여 프로그램의 내용과 수준을 차별화하는 노력이 필요하다. 프로그램의 수준을 제고하기 위해서는 문해 및 기초학력 부족의 문제나 건강악화로 인한 이동성 문제, 빈곤과 생계 문제로 인한 시간적 여유 문제 등 노년기 평생교육 참여를 가로막는 장애요인들을 감소시키기 위한 정책적 노력도 요구된다(안수인 외, 2021).

특히 코로나19 대유행 이후 노인 평생교육 현장에서도 대면중심의 교수-학습 방식에서 탈피하여 온라인 또는 온 · 오프 융합 프로그램을 도입하고 교육에 적용할 수 있는 학습시설과 도구의 개선 또한 필요하다.

교육부에서는 이와 같은 노인평생교육 활성화 방안을 추진하기 위한 일환으로 제5차 평생교육진흥기본계획(2023~2027년)을 통해 초고령사회에 대비한 고령층의 사회참여 촉진과 삶의 질 향상, 고령층이 보유한 지식 · 기술의 사회 공유 등을 위한 고령층 특화형 평생학습정책을 강화하는 방안을 발표했다.

① 고령층 특화형 대학 전담과정 개설 · 운영

첫째, 대학 등(평생교육원 포함)에 고령층의 사회활동 참여를 위한 일자리, 자격증 등과 관련한 '액티브 시니어 트랙'(가칭)을 신설한다. 이를 위한 방안으로 연금공단 등에서 추진 중인 고령층 지원 프로그램 등과 연계하여 전담과정을 개발하고 운영한다.

예) 공무원연금공단(은퇴설계 교육), 사립학교교직원연금공단(노인 사회참여 활동 프로그램), 제대군인지원센터(제대군인 교육프로그램) 등

둘째, 고령층의 수요가 높은 인문, 자연, 건강, 문화예술 등 대학강좌를 고령층 눈높이에 맞게 재구성하여 대학, 대학 평생교육원, 커뮤니티 컬리지, 지자체 시민대학 등을 통해 제공한다.

셋째, 고령층의 지식과 기술을 기부 · 공유하고 고령층의 일자리 확대를 위해 고령층의 평생학습 강사 활동을 지원한다.

해외에서는 고령층을 위해 대학 등을 활용하여 〈표 8-3〉과 같이 평생학습정책을 운영하고 있다.

〈표 8-3〉 해외 사례: 대학 등을 활용한 고령층 평생학습정책

국가	과정명	특징
프랑스	U3A	• University of the Third Age, 인생 제3기 대학 • 주로 60세 이상 대상으로 대학 정규과정을 지역주민에게 개방. 입학시험 없음. 비학위. • (소요재원) 회원등록비, 정부보조금으로 충당
대만	노인 교육정책	• 정부 노인교육 정책에 따라 학교, 문화센터, 도서관, 민간시설을 활용하는 러닝학습센터 운영 • (소요재원) 정부보조금 및 개인 일부 부담금
파리	UPP	• 3년 이상 거주한 55세 이상 시민대상으로 파리시 소유 건물, 공공기관 등에서 평생교육 제공 • (소요재원) 파리시에서 일체 지원 • (프로그램) 미술, 영화, 환경, 역사, 음악, 철학 등

출처: 교육부(2023). 제5차 평생학습 진흥방안.

② 고령층 특화형 평생학습도시 지정 · 운영

지자체가 중심이 되어 고령층 학습 인프라를 구축하고 일자리 지원 등을 추진하는 평생학습도시를 지정하고 운영한다. 이를 위해 고령층 특화형 평생학습도시를 2027년까지 최소 30개 목표로 지정하고 운영할 예정이다. 운영방안은 다음과 같다.

첫째, 평생학습에서 사회참여, 경제활동에서 세대 간 교류 등으로 이어지는 지역 내 선순환구조 모델 개발에 주력한다.

둘째, 고령층과 젊은층이 함께 참여하여 서로의 지식 · 기술을 공유할 수 있는 세대 간 융합 프로그램을 개발하고 확대한다.

③ 마을 단위 고령층 평생학습 프로그램 강화

고령층 특화형 평생학습 정책의 또 하나는 고령층을 대상으로 한 마을 단위 평생학습 프로그램을 강화하는 것이다.

첫째, 고령층 맞춤형 학습컨설팅 프로그램을 개발하여, 읍 · 면 · 동 평생학습센터, 지역 도서관 등에서 운영하는 것이다. 이를 위해서는 시 · 도 평생교육진흥원, 시 · 군 · 구 평생학습관, 지역대학 등이 협력하여 양질의 프로그램을 개발하여, 읍 · 면 · 동 평생학습센터, 도서관 등에 지원하는 방안이다. 고령층 맞춤형 프로그램들은 새 일자리 찾기, 평생학습 참여, 건강관리 등 지역의 고령층 수요에 맞는 프로그램을 개발하고 제공하는 방안이다.

둘째, 찾아가는 고령층 평생학습 프로그램을 확대하고 활성화하는 방안이다. 이동이 어려운 고령층을 감안하여 찾아가는 방식의 고령층 평생학습 프로그램 우수사례를 발굴하고 확산한다. 특히, 독거노인을 대상으로 한 프로그램을 개발하고 확산할 예정이다.

④ 정책기반 강화 및 협업체계 구축

인구 고령화에 따라 노인 평생교육의 중요성은 그동안도 꾸준히 제기되어 왔으나, 고령인구가 가진 비생산인구라는 특성으로 인해 항상 정책의 우선순위에서 밀려나 있었던 것이 사실이다. 이제 정부는 곧 도달하게 될 초고령사회로 인한 인구절벽 현상 등은 더 이상은 늦출 수 없는 현실이다. 이에 제5차 평생교육진흥기본계획을 통해 초고령사회에 대비한 고령층 평생학습 강화를 위한 정책 및 협업체계를 구축하기 위한 방안을 다음과 같이 제시하였다.

첫째, 고령층 특화형 평생학습 지원을 위한 법적 근거를 강화한다. 이를 위해 국가 · 지자체의 의무로 고령층 평생학습 정책 및 프로그램 확대를 규정하고, 국가평생교육진흥원, 시 · 도 평생교육진흥원, 시 · 군 · 구 평생학습관의 역할로 지정한다.

둘째, 관계부처 · 지자체 등과 협력체계를 구축하여, 고령층 특화형 평생학습 지원체계를 구축하고 운영한다. 부처별 역할은 교육부(총괄, 대학 전담과정 등), 복지부(노인복지 등), 고용부(직업훈련, 일자리 지원 등), 과기부(디지털 역량 강화) 등이다.

고령화 및 4차 산업혁명 등 급변하는 시대상을 반영한 위와 같은 노인평생교육 활성화 방안은 노인의 자기계발과 자아실현, 노년을 위한 준비, 풍요로운 여가생활 영위, 자아 상실감 해소 등 개인의 삶의 질 향상 측면에서 풍요로운 노인의 삶을 제공할 것이다. 또한 세대 간 지식 및 정보의 격차 해소를 통해 노인의 사회문제를 해결하고 능동적이고 활동적인 노인으로의 인식전환을 통해 사회적 멘토로서 노인의 역할을 수행할 수 있게 할 것이다.

2 장애인 평생교육

평균수명 증가와 급변하는 사회는 정규과정인 학교교육을 마친 후에도 지속적으로 학습하는 평생학습의 중요성을 강조한다. 비장애인 뿐만 아니라 장애인 역시 정규 교육과정 이후에도 사회에서 자립할 수 있는 생애주기별 평생교육이 촘촘하게 필요하다.

우리나라의 만 18세 이상 장애 성인의 비율은 전체 장애인의 96.9%를 차지하고 있으며, 고령 장애인 수도 지속적으로 증가하고 있는 추세이다(보건복지부, 등록장애인 현황 통계 2022). 그러나 현재 우리나라에서 성인기에 진입한 장애인들의 경우, 의무교육 기한을 마친 후 직업활동을 하거나 지역사회 구성원으로서 사회활동에 참여하기보다는 실업 상태로 가정에 머무는 등 고립된 생활을 하는 경우가 많았으며(강동선, 2016), 취업에 성공하더라도 고용유지율이 낮고 불안정한 대인관계를 유지하는 경우가 많다(김민영, 홍성두, 2016).

성인 장애인이 경험하는 사회적 고립과 단절을 해소하고 사회의 한 구성원으로서 참여할 수 있도록 하기 위해서는 장애인 평생교육의 필요성은 매우 중요하다고 할 수 있다. 그러나 장애인의 접근성을 충분히 고려하지 않는 경우가 다수이며, 특히 문해교육 지원 부분에서 미흡한 부분이 많이 존재한다. 전국 장애인의 54.4%는 최종학력이 중졸 이하로 학력 소외 현상이 심각함에도 저학력·비문해 성인을 위한 장애인 맞춤형 문해교육은 찾기 어려운 실정이다(교육부, 2019).

장애인은 비장애인과 마찬가지로 인간으로서 교육권과 삶의 질이 보장되어야 한다. 특히 장애인은 발달의 속도와 형태가 비장애인과는 다른 양상을 보인다는 점(송소현 외, 2011)에서 더욱 평생교육의 필요성이 강조된다. 장애인을 위한 평생교육의 가치는 변화 속도가 빠른 현대사회에 적응할 수 있는 역량 함양과 사회적 통합의 기회 제공이라는 측면에서 강조된다고 할 수 있다(윤점룡 외, 2010).

1) 장애인 평생교육의 개념

장애인 평생교육은 요람에서 무덤까지의 교육의 수직적 통합과 가정교육, 학교교육, 사회교육의 수평적 통합 교육으로 보는 광의의 정의를 받아들여 교육의 자기실현과 종합성, 보편성, 연계성, 융통성, 다양성, 자율성을 특징으로 하는 의도적이고 조직적인 모든 교육활동이라 정의할 수 있다(정동영 외, 2006). 2007년 제정된 특수교육법은 장애인 평생교육을 학교 형태의 장애인 평생교육시설에 한정하여 문해교육 위주로 제한된 영역이었으나, 2016년 평생교육법을 개정하여 장애인 평생교육으로 옮겨오면서 장애인 관련 법령에만 명시된 제한된 분야가 아닌 일반 평생교육 체계로 확장하였다.

장애인 평생교육은 비장애인과 함께 교육받는 통합교육 뿐만 아니라 장애 유형과 정도의 차이를 고려해야 하며, 장애인 학습자의 요구에 따라 선택할 수 있어야 한다.

2) 장애 학습자의 이해

성공적인 평생교육을 위해서는 우선 학습자의 이해가 선행되어야 한다. 성인의 학습은 페다고지가 아닌 안드라고지로 학습자의 경험에 기반하여 문제 해결을 위한 학습으로 자기주도성을 갖는다. 장애인 학습자는 장애의 유형과 정도가 다양하며 복잡하고 특수한 교육적 요구를 갖고 있기 때문에 학습대상자인 장애인을 이해하는 것이 중요하다.

(1) 장애의 개념

「장애인복지법」 제2조 제1항 및 제2항에 따르면 장애인이란 "신체적 · 정신적 장애로 오랫동안 일상생활이나 사회생활에서 상당한 제약을 받는 자"를 말한다. 이때 신체적 장애는 "주요 외부 신체 기능의 장애, 내부 기관의 장애 등"을 의미하며, 정신적 장애는 "발달장애 또는 정신질환으로 발생하는 장애"를 의미한다. 보다 구체적으로 「장애인복지법 시행령」 제2조 제1항 [별표 1]에서는 장애인을 지체장애인, 뇌병변장애인, 시각장애인, 청각장애인, 언어장애인, 지적장애인, 자폐성장애인, 정신장애인, 신장장애인, 심장장애인, 호흡기장애인, 간장애인, 안면장애인, 장루 · 요루장애인, 뇌전증장애인 총 15가지로 구분한다.

이와 달리 「장애인 등에 대한 특수교육법」에서는 제15조에서 특수교육 대상자를 총 11가지로 구분하고 있다. 「장애인 등에 대한 특수교육법」에서는 시각장애, 청각장애, 지적장애, 지체장애, 정서 · 행동장애, 자폐성장애, 의사소통장애, 학습장애, 건강장애, 발달지체, 그 밖에 두 가지 이상의 장애가 있는 경우 등 대통령령으로 정하는 장애에 해당하는 사람 중 특수교육이 필요한 사람으로 진단 · 평가된 사람을 특수교육 대상자로 선정한다.

평생교육법에서는 장애인이 명확하게 정의되어 있지는 않다. 다만 교육부의 장애인 평생교육 관련 현황 자료(2022)를 참고하였을 때 지체장애, 뇌병변장애, 청각장애, 시각장애, 지적장애, 자폐성장애, 기타 장애로 구분하고 있음을 알 수 있다. 장애인복지법에 따른 장애 유형 분류는 〈표 8-4〉와 같다.

〈표 8-4〉 장애인복지법에 따른 장애 유형 분류

<table>
<tr><th>대분류</th><th>중분류</th><th>소분류</th><th colspan="2">세분류</th></tr>
<tr><td rowspan="12">신체적 장애</td><td rowspan="6">외부 신체 기능의 장애</td><td>지체장애</td><td colspan="2">절단장애, 관절장애, 지체기능장애, 변형 등의 장애</td></tr>
<tr><td>뇌병변장애</td><td colspan="2">중추신경의 손상으로 인한 복합적인 장애</td></tr>
<tr><td>시각장애</td><td colspan="2">시력장애, 시야결손장애</td></tr>
<tr><td>청각장애</td><td colspan="2">청력장애, 평형기증장애</td></tr>
<tr><td>언어장애</td><td colspan="2">언어장애, 음성장애, 구어장애</td></tr>
<tr><td>안면장애</td><td colspan="2">안면부의 추상, 함몰, 비후 등 변형으로 인한 장애</td></tr>
<tr><td rowspan="6">내부 기관의 장애</td><td>신장장애</td><td colspan="2">투석치료 중이거나 신장을 이식받은 경우</td></tr>
<tr><td>심장장애</td><td colspan="2">일상생활이 현저히 제한되는 심장기능 이상</td></tr>
<tr><td>간장애</td><td colspan="2">일상생활이 현저히 제한되는 만성, 중증의 간기능 이상</td></tr>
<tr><td>호흡기장애</td><td colspan="2">일상생활이 현저히 제한되는 만성, 중증의 호흡기기능 이상</td></tr>
<tr><td>장루 · 요루장애</td><td colspan="2">일상생활이 현저히 제한되는 장루 · 요루</td></tr>
<tr><td>뇌전증장애</td><td colspan="2">일상생활이 현저히 제한되는 만성, 중증의 뇌전증</td></tr>
<tr><td rowspan="3">정신적 장애</td><td colspan="2">정신장애</td><td colspan="2">정신분열병, 분열형 정동장애, 양극성 정동장애, 반복성 우울장애</td></tr>
<tr><td colspan="2">지적장애</td><td>지능지수가 70 이하인 경우</td><td rowspan="2">발달장애</td></tr>
<tr><td colspan="2">자폐성장애</td><td>소아자폐 등 자폐성 장애</td></tr>
</table>

출처: 한국보건사회연구원(2017) 재구성.

(2) 장애 유형별 장애 성인의 현황

보건복지부의 2022년 등록장애인 현황을 살펴보면 15개 장애 유형 중 지체장애 비율(44.3%)이 가장 높으나, 지속적으로 감소하는 추세이다. 그러나 청각 · 발달 · 신장장애의 비율이 점차 증가하고 있다.

〈표 8-5〉 전국 장애인(유형 장애 정도) 현황 (단위: 명)

구분	2019년	2020년	2021년	2022년
전국등록장애인	2,618,918	2,633,026	2,644,700	2,652,860
지체장애	1,223,135	1,207,368	1,191,462	1,176,291
청각장애	377,094	395,789	411,749	425,224
발달장애	28,678	30,802	33,650	37,603
신장장애	92,408	97,530	102,135	105,842

출처: 보건복지부(2019~2022). 장애인 등록 현황.

2022년 기준 만 18세 이상 장애 성인은 총 2,571,496명으로 전체 장애인의 96.9%를 차지하며 2008년 2,169,371명에서 402,125명 증가하였다. 또한 고령 장애인 수가 지속적으로 증가하고 있는 추세이며 특히 만 65세 이상은 2008년 771,814명에서 2022년에는 1,401,523명으로 증가하였다.

성인 장애인을 대상으로 장애인 평생교육 활성화 방안(2019)에 따르면, 지체장애가 1,255,247명(48.6%)으로 가장 많고, 다음으로 청각언어(10.7%), 뇌병변(10.6%), 시각(9.9%) 순으로 많다. 발달장애 성인 수가 지속적으로 증가하고 있으며, 시각 · 청각 · 지체장애 성인 수는 점차 감소 추세에 있다.

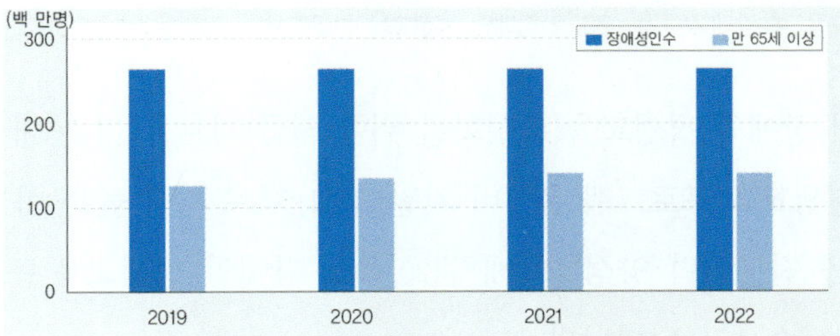

[그림 8-4] 장애성인 수

출처: 관계부처 합동(2019). 장애인 평생교육 활성화 방안.

(3) 장애 학습자에게 필요한 시설 및 지원

장애 학습자에게는 매개시설, 내부시설, 위생시설, 안내시설, 학습보조기기, 보완 대체 의사소통 기기, 이동지원 등 다양한 시설이 필요하다. 국가장애인평생교육진흥센터(2022)가 조사한 「2022 장애인 평생교육 현황조사」에 따르면 장애 학습자에게 필요한 시설 및 지원 항목은 다음 〈표 8-6〉과 같다.

〈표 8-6〉 장애 학습자에게 필요한 시설 및 지원

구분	내용
매개시설	장애인 통행이 가능한 접근로, 장애인 전용 주차구역, 높이차가 제거된 건축물 출입구
내부시설	장애인 출입구 가능한 출입구, 장애인 통행이 가능한 복도, 장애인 통행 가능 계단, 승강기, 에스컬레이터, 휠체어 리프트 또는 경사로

구분	내용
위생시설	장애인 이용 가능 화장실, 장애인 이용 가능 욕실, 장애인 이용 가능 샤워실 및 탈의실
안내시설	점자블록, 시각 및 청각장애인 유도 · 안내 설비, 시각 및 청각장애인 경보 · 피난 설비
학습보조기기	쉬운 글 · 그림 사진, 확대 독서기, 휴대용 문자 확대기, 음성 독서기, 텍스트 음성 변환기, 보조공학기기, 높낮이 조절용 책상, 클러치, 휠체어, 보청기
보완 대체의사소통 기기	의사소통보조 기기, 의사소통판, 수어 통역, 문자 통역
보조인력	학습도우미, 활동 보조원, 평생교육 코디네이터, 전문상담원
이동지원	통학용 차량, 교통비 (장애인 학습 편의를 위해 제공하고 있는 이동지원은 '통학용 차량'지원이 61.4%로 가장 높게 나타났다)

출처: 국가장애인평생교육진흥센터(2022). 2022 장애인 평생교육 현황조사.

같은 연구에서 장애인 평생교육 활성화를 위한 시급 과제를 기관 대상으로 조사하였을 때, '장애인 평생교육 프로그램 운영비 지원'이 31.5%로 가장 높은 비율을 차지했으며, '장애인 평생교육 전문인력 양성 및 배치'(20.4%), '장애인 평생교육 프로그램 개발 및 교재 보급'(15.9%) 순으로 나타났다.

3) 장애인 평생교육 현황

(1) 장애인 평생교육 운영기관 현황

「2022 장애인 평생교육 현황조사」 결과에 따르면 장애인 평생교육 운영기관 수는 총 282개 기관이며, 이 중 장애인 평생교육시설이 116개로 가장 많고, 장애인 직업 · 고용시설이 89개, 장애인 복지시설이 37개, 일반 평생교육기관이 26개의 순으로 나타났다. 프로그램 수 역시 장애인 평생교육시설이 1,460개로 가장 많고, 장애인 복지시설이 595개, 장애인 직업 · 고용시설이 382개, 일반 평생교육기관이 203개이다. 그러나 학습자 수를 살펴보았을 때, 총 11,921명 중에서 장애인 복지시설이 4,214명으로 가장 많았고, 장애인 평생교육시설이 3,744명, 장애인 직업 · 고용시설이 2,028명 순으로 많았다. 기관 수 및 프로그램 수와 비교해 보았을 때 아직까지는 장애인 복지시설에 대한 학습자들의 접근성이 가장 높다고 추측해 볼 수 있다.

〈표 8-7〉 장애인 평생교육 운영기관 현황

구분	기관 수	프로그램 수	학습자 수	교강사 수	행정사무직원 수
전체	282	2,705	11,921	3,041	1,051
장애인 평생교육시설	116	1,460	3,744	1,438	189
일반 평생교육기관	26	203	1,677	493	182
장애인 복지시설	37	595	4,214	642	377
장애인 직업 · 고용 시설	89	382	2,028	377	216
기타	14	65	266	92	89

출처: 국가장애인평생교육진흥센터(2022). 2022 장애인 평생교육 현황조사.

(2) 장애인 평생교육 프로그램 운영 현황

다음으로 기관별 프로그램 주제별 운영 현황을 살펴보면, 먼저 장애인 평생교육시설은 문화예술 프로그램이 37.8%로 가장 많고, 인문 교양(20.7%), 성인 문자해득(10.9%), 학력 보완(10.6%), 직업 능력 향상(10.3%), 시민참여(9.6%) 순으로 나타났다. 장애인복지관은 문화예술 프로그램이 80.3%로 가장 많고, 일반 평생교육기관 역시 문화예술 프로그램이 50.0%로 가장 많은 비중을 차지했다. 장애인 직업 · 고용시설은 직업 능력 향상 교육이 62.3%로 가장 많은 비중을 차지하는 것으로 나타났다.

〈표 8-8〉 기관별 프로그램 주제별 운영 현황 (단위: %)

구분	문화예술	인문교양	직업능력향상	성인문자해득	학력보완	시민참여
장애인 평생교육시설	37.8	20.7	10.3	10.9	10.6	9.6
일반 평생교육기관	50.0	21.8	18.8	0.0	5.0	4.5
장애인복지관	80.3	7.4	3.4	4.7	3.7	0.7
장애인 직업 · 고용시설	14.4	8.9	62.3	1.8	6.3	6.3

출처: 국가장애인평생교육진흥센터(2022). 2022 장애인 평생교육 현황조사.

장애인 평생교육 프로그램 참여자의 참여목적을 조사한 결과, 직업 활동 도움이 31.0%로 가장 많았으며, 여가 · 문화생활 향유가 29.0%를 차지했다. 또한 평생교육 정보 습득 방법으로는 유관 교육기관을 통해 알게 된 비율이 42.0%로 가장 높았으며, 그 외

지인 38.0%, 인터넷 17.0%로 많았다. 유관 교육기관 및 지인이 약 80%로 장애인 평생교육 정보 습득의 주된 경로라고 볼 수 있다.

〈표 8-9〉 장애인 평생교육 참여 목적 및 평생교육 정보 습득방법 (단위: %)

직업활동 도움	여가 · 문화 생활 향유	자기계발	건강관리	친목도모	학력보완
31.0	29.0	25.0	8.0	6.0	1.0

유관교육기관	지인	인터넷	인쇄매체	대중매체
42.0	38.0	17.0	2.0	1.0

출처: 국가장애인평생교육진흥센터(2022). 2022 장애인 평생교육 현황조사.

4) 장애인 평생교육 정책

(1) 장애인 평생교육 관련 법령

장애인 평생교육 관련 사항은 「평생교육법」에 규정되어 있다. 「평생교육법」 제1조는 "이 법은 「헌법」과 「교육기본법」에 규정된 평생교육의 진흥에 대한 국가 및 지방자치단체의 책임과 평생교육제도와 그 운영에 관한 기본적인 사항을 정하고, 모든 국민이 평생에 걸쳐 학습하고 교육받을 수 있는 권리를 보장함으로써 모든 국민의 삶의 질 향상 및 행복 추구에 이바지함을 목적으로 한다."라고 규정하고 있다.

제19조의2는 국가장애인평생교육진흥센터의 설치와 업무에 대하여 다음과 같이 규정하고 있다.

제19조의2(국가장애인평생교육진흥센터) ① 국가는 장애인의 평생교육진흥과 관련된 업무를 지원하기 위하여 국가장애인평생교육진흥센터(이하 "장애인평생교육진흥센터"라 한다)를 둔다.
② 장애인평생교육진흥센터는 다음 각 호의 업무를 수행한다. 〈개정 2019. 4. 23.〉
1. 장애인 평생교육진흥을 위한 지원 및 조사 업무
2. 진흥위원회가 심의하는 기본계획에 관한 사항 중 장애인 평생교육진흥에 관한 사항
3. 장애 유형별 평생교육프로그램 개발의 지원
4. 장애인 평생교육 종사자의 양성 · 교육 및 연수와 공무원의 장애인 의사소통 교육
5. 장애인 평생교육기관 간의 연계체제 구축
6. 발달장애인의 평생교육과정의 개발
7. 발달장애인의 의사소통 도구의 개발과 보급
8. 장애인 평생교육프로그램을 운영하는 각급학교와 평생교육기관 양성을 위한 지원
9. 장애 유형별 평생교육 교재 · 교구의 개발과 보급

10. 그 밖에 장애인평생교육진흥센터의 목적수행을 위하여 필요한 사업
③ 장애인평생교육진흥센터의 설립 · 운영에 필요한 사항은 대통령령으로 정한다.
[본조신설 2016. 5. 29.]

2023년 4월 18일 개정된 제20조의2(장애인평생교육시설 등의 설치)는 다음과 같다.

제20조의2(장애인평생교육시설 등의 설치) ① 국가 · 지방자치단체 및 시 · 도교육감은 관할 구역 안의 장애인을 대상으로 평생교육프로그램 운영과 평생교육 기회를 제공하기 위하여 장애인평생교육시설을 설치 또는 지정 · 운영할 수 있다. 이 경우 대통령령으로 정하는 바에 따라 청각장애 등 장애 유형별 맞춤형 평생교육프로그램을 운영하여야 한다. 〈개정 2023. 4. 18.〉
② 국가 · 지방자치단체 및 시 · 도교육감 외의 자가 제1항에 따른 장애인평생교육시설을 설치하고자 하는 때에는 대통령령으로 정하는 시설과 설비를 갖추어 교육감에게 등록하여야 한다.
③ 제2항에 따라 장애인평생교육시설을 등록한 자가 그 시설을 폐쇄하고자 하는 때에는 대통령령으로 정하는 사항을 갖추어 교육감에게 신고하여야 한다. 〈신설 2023. 4. 18.〉
④ 국가 및 지방자치단체는 장애인평생교육시설의 운영에 필요한 경비를 예산의 범위에서 지원할 수 있다. 〈개정 2023. 4. 18.〉
[본조신설 2016. 5. 29.]
[시행일: 2024. 4. 19.] 제20조의2

(2) 장애인 평생교육 진흥방안

① 교육부 「제5차 평생학습 진흥방안(2023~2027)」

〈표 8-10〉 제5차 평생학습 진흥방안: 장애인 평생학습 주요 내용

세부 과제	주요 내용
지역사회 내 장애인 평생학습 인프라 확충	• 장애인 평생학습도시 지속 확대(27년까지 100개) • 지역 평생교육기관의 프로그램별 장애인 학습 가능 여부(장애 정도별, 유형별 구분), 시설 확보 여부 등 정보 공개 강화
학습 지원 및 맞춤형 프로그램 개발 · 확대	• 장애인 생애주기별, 특성별(예: 임신 · 육아 중) 학습설계를 제공 • 온라인 콘텐츠 접근성 확대를 위해, K-MOOC 등 정부 · 공공기관 제공 콘텐츠에 수어 · 자막 등 제공 지속 확대
장애인 평생학습 추진 기반 강화	• 장애인 평생학습 지원 확대를 위한 법적 근거를 강화 • 장애 유형 · 정도별 평생학습 참여 실태 등 관련 데이터 구축

출처: 교육부(2022). 제5차 평생학습 진흥방안(2023~2027).

제5차 평생학습 진흥방안에서 발표한 장애인 평생교육 추진체계 구축에 관한 내용은 〈표 8-11〉과 같다.

〈표 8-11〉 평생학습 진흥방안: 장애인 평생교육 추진체계

역할 분담 체계	
국가	장애인 평생교육 진흥 계획 수립, 행정기구, 전담 · 지원기구, 심의 · 협의기구 간 유기적인 지원 체제 구축
시 · 도	지역 실정을 감안한 '시 · 도 장애인 평생교육 진흥 계획' 수립, 지역 내 유관기관 간 협의회 활성화 및 장애인 평생교육시설 확충 · 운영
국가장애인평생교육 진흥센터	장애인 평생교육 현황 조사, 장애 유형별 평생교육 프로그램 개발, 장애인 평생교육 종사자 양성 · 연수 등

출처: 교육부(2022). 제5차 평생학습 진흥방안(2023~2027).

② 교육부 「제6차 특수교육발전 5개년 계획(2023~2027)」

교육부의 「제6차 특수교육발전 5개년 계획」에서도 '장애인의 고등 · 평생교육 기회 확대'를 주요 추진과제로 선정하였다. 본 계획에서도 장애인의 평생교육 참여율이 전체 성인에 비해 현저하게 낮으며, 장애인 평생교육 참여 기반 조성 요구가 지속되고 있음을 언급하고 있다. 이를 바탕으로 한 주요 과제와 추진 내용은 〈표 8-12〉와 같다.

〈표 8-12〉 제6차 특수교육발전 5개년 계획 주요 내용

세부 과제	주요 내용
장애인 평생학습도시 확대를 통한 지역단위 활성화 기반 조성	• 장애인평생학습도시 단계적 확대 • 지역별 우수사례 발굴 등을 통해 지역단위 활성화 지원
평생교육이용권을 통한 장애인의 학습 자율성 · 선택권 강화	• 장애 학습자가 자기주도적으로 원하는 평생교육 프로그램을 이수할 수 있도록 평생교육이용권 지원 • 평생교육이용권을 사용할 수 있는 기관 확대 및 절차에 대한 매뉴얼 제작 및 배포
다양한 평생교육 프로그램 모델 개발 · 확산	• 장애 유형 및 정도를 고려한 평생교육 프로그램 및 온라인 콘텐츠 개발 및 보급 • 장애인 문해교육 기회 증진 및 학력 인정 지원체계 구축을 위한 반응형 온라인 콘텐츠 개발 및 보급 • 여성장애인 등 장애 학습자의 생애 주기를 고려한 장애인 맞춤형 평생교육과정 개발 및 보급
장아인 평생교육 통계 기반 강화	• '장애인 실태조사'에서 장애인 평생교육 참여율을 조사 • 제시하고, 장애 유형별 참여 실태 및 수요 조사 • '장애인 평생교육 현황조사'를 활용하여, 장애인 평생교육 기관을 대상으로 기관 · 교강사 · 학습자 세부 조사

출처: 교육부(2023). 제6차 특수교육발전 5개년 계획(2023~2027).

5) 장애인 평생학습도시

(1) 장애인 평생학습도시

장애인 평생학습도시는 지역이 중심이 되어 장애인의 역량 개발을 지원하고 장애인 평생교육 활성화를 위한 기반을 조성하기 위하여 도입하였다. 장애인 평생학습도시 지정을 신청한 지방자치단체 중에서 심사를 통하여 '장애인 평생학습도시'로 선정한다. 반면에 평생학습도시는 개인의 삶의 질 제고와 도시 전체의 경쟁력 향상을 위하여 주민 누구나 원하는 학습을 즐길 수 있는 학습공동체가 형성된 도시를 조성하는 정책으로 2001년부터 매년 공모를 통하여 기초지방자치단체 내의 조직 · 인력 · 예산 등 평생학습과 관련된 기반을 확인하여 평생학습도시로 지정하고 있다.

장애인 평생학습도시는 장애인 평생교육을 위한 편의시설 구축과 장애인 평생교육 이동권 및 접근성 확보 등 지역의 장애인 평생교육 인프라 구축에 중점을 두고 있다. 장애인 평생학습도시 사업은 지방자치단체가 장애인의 지역사회 통합 촉진과 활성화를 위하여 지역별 및 장애인의 장애 유형과 장애 정도를 고려한 평생교육 프로그램을 운영하도록 지원하고, 지역의 공공 및 민간기관 · 장애인 복지시설 · 교육기관 간에 장애인 평생교육 지원 협의체를 구성하여 운영하는 등 장애인 평생교육을 진흥하기 위한 네트워크 활성화를 위한 목적으로 추진하고 있다.

장애인 평생학습도시는 2020년 10개, 2021년 19개, 2022년 32개 도시가 선정되었으며, 2023년 63개, 2024년에는 계속지원 48개, 신규 12개의 도시가 전성되었다.

(2) 장애인 평생학습도시 사업 추진 현황

장애인 평생학습도시의 사업 추진 현황은 〈표 8-13〉과 같다. 장애인 평생학습도시의 장애인 평생학습 프로그램 운영기관은 2022년 기준 전체 238개 기관 중 79개 기관이 장애인 복지시설로 가장 높은 비중을 차지하였으며, 다음으로 43개 기관이 장애인 단체, 17개 기관이 기초자치단체, 평생교육기관과 행정복지센터는 각각 14개 기관이 사업을 추진하였다(국가장애인평생교육진흥센터, 2022).

〈표 8-13〉 장애인 평생학습도시 사업추진 현황(운영기관)

전체	장애인 복지시설	장애인 단체	기초자치 단체	평생교육 기관	행정복지 센터	그 외
238	79	43	17	14	14	71

출처: 국가장애인평생교육진흥센터(2022). 2022 장애인 평생교육 현황조사.

2022년 기준 장애인 평생학습도시의 운영기관별 진행한 대표 프로그램은 인문·교양교육이 88건으로 가장 많고, 직업 능력 향상 교육(62건), 문화·예술교육(54건)의 순으로 나타났다. 정부가 장애인 평생학습도시에 지원하는 예산은 2022년 기준 총 15억 원이었으나 2023년 예산안에서는 장애인 평생학습도시를 53개 규모로 확대해 53억 원을 편성하였다. 지역의 장애인 평생교육 관련 기반을 조성하기 위하여 다년도 예산을 지원할 예정으로 2021년부터 장애인 평생학습도시로 지정된 지방자치단체는 정부가 지원한 예산만큼 1:1 매칭 방식으로 예산을 지원한다.

(3) 장애인 평생학습도시 선정 심사기준

장애인 평생학습도시 선정 심사기준은 다음과 같다. 평가지표는 크게 장애인 평생학습도시 기반 구축 현황, 사업 추진 시행, 예산 및 성과관리 등의 영역으로 구성되어 있다. 장애인 평생학습도시 운영 지자체 선정을 위한 평가지표의 심사기준은 2020년부터 2021년까지 동일했지만 2022년에는 평가문항이 추가되면서 바뀌게 되었다. 추가된 문항은 평가항목 Ⅱ-2. 사업 계획의 세부문항으로 "장애인 편의시설 및 이동 지원 등 장애인 접근성 향상을 고려하였는가?" 및 Ⅱ-4. 학습자 지원의 세부문항으로 "장애인 편의시설을 갖춘 교육장소를 선정하였는가?"에 대한 문항이다. 이를 통해 장애인이 평생학습에 쉽게 접근하고 참여 가능하도록 기반 조성을 위한 노력도 평가하게 되었다.

〈표 8-14〉 2022년 장애인 평생학습도시 운영 지자체 선정 평가지표

평가영역	평가항목	세부 평가문항	배점
Ⅰ. 장애인 평생학습도시 기반 구축 현황	Ⅰ-1. 장애인 평생교육 사업 추진 실적	• 장애인 대상 평생교육 사업 추진 실적이 있는가?	30%
	Ⅰ-2. 장애인 평생교육 네트워크 구축	• 지역 내 장애인 평생교육의 인적 · 물적 자원 현황을 파악하고 적극적으로 활용하고 있는가?	
	Ⅰ-3. 장애인 평생교육 예산	• 지역 규모에 적절한 예산을 확보하고 있는가? ※ 장애인 평생학습도시 사업의 안정성, 추진력 확보	
Ⅱ. 사업 추진 시행	Ⅱ-1. 사업 목표	• 지역 및 대상자의 특성, 평생교육 환경을 고려한 사업 목표를 설정하고 있는가? • 사업 목표와 추진과제는 명확하게 제시되어 있는가?	40%
	Ⅱ-2. 사업 계획	• 사업추진을 위한 세부계획은 구체적이며 실행 가능한가? ※ 교육장소, 교육내용, 강사 등 세부 항목 실행 가능성 • 사업 내용은 대상자의 특성을 잘 반영하고 있는가? ※ 장애유형(시각, 청각, 지체, 중도 · 중복) 및 장애 정도 등에 따른 특성 반영 • 사업 내용은 체계적으로 구성되어 있는가? ※ 교육내용과 강사와의 적합성, 내용 전문성 등 • 장애인의 지역사회 통합과 관련된 사항을 포함하고 있는가? • 장애인 편의시설 및 이동 지원 등 장애인 접근성 향상을 고려하였는가? • 지자체별 특성화된 프로그램이 계획되어 있는가?	
	Ⅱ-3. 사업 추진	• 사업기간 동안 안정적으로 운영할 수 있는 규모와 체계를 갖추고 있는가? • 사업 내용과 관련한 지역협의회 및 유관기관(부서)과 협력체계를 갖추고 있는가?	
	Ⅱ-4. 학습자 지원	• 학습자 모집과 사후관리까지 학습자를 위한 적극적인 지원 서비스(운영안내, 학습상담, 사회활동 연계 등) 등을 계획하고 있는가? • 장애인의 평생교육 참여를 위한 지원 내용을 포함하고 있는가? • 장애인의 접근성 보장을 위한 교통비, 인력지원, 수어 · 점역 지원 등의 내용이 포함되어 있는가? • 장애인 편의시설을 갖춘 교육장소를 선정하였는가? ※ 장애인 전용주차구역, 높이 차이가 제거된 출입구, 장애인용 승강기, 점자안내판 · 촉지도식 안내판, 휠체어가 접근가능한 작업대 등	

<table>
<tr><th>평가영역</th><th>평가항목</th><th>세부 평가문항</th><th>배점</th></tr>
<tr><td rowspan="3">Ⅲ.
예산 및
성과 관리</td><td>Ⅲ-1. 예산집행 계획</td><td>• 국비/대응투자 집행계획이 적정하고 충실한가?
※ 예산 편성 지침 준용</td><td rowspan="3">30%</td></tr>
<tr><td>Ⅲ-2. 성과 지표</td><td>• 사업 성과 도출을 위한 모니터링 내용과 방법은 구체적으로 수립(제시)되어 있는가?</td></tr>
<tr><td>Ⅲ-3. 결과의 활용</td><td>• 기대하고 있는 사업성과가 명확하며, 그 성과를 지역사회 및 장애인 평생교육 발전에 활용할 계획이 구체적이고 적절한가?
※ 사회참여 등 환류체계 구축 방안</td></tr>
<tr><td colspan="3">합 계</td><td>100%</td></tr>
</table>

출처: 2022년 장애인 평생학습도시 운영 추진계획(안), 국립특수교육원.

연구문제

1. 노인 학습자의 특성을 살펴보고 고령사회를 대비하는 노인교육의 방안을 제안해 보시오.
2. 지역 내 노인 평생교육기관에서 운영 중인 프로그램은 무엇이 있는지 조사하시오.
3. 장애인 학습자들의 평생교육 참여율을 높이기 위한 방안은 무엇이 있는지 생각해 보시오.
4. 장애인 평생학습도시를 추진하는 이유에 대해 논의해 보시오.

활동 노인/장애인 평생교육 프로그램 기획

▶ **주제:** 노인/장애인 평생교육 프로그램 기획하기

– 자신이 관심 있는 대상을 선정하여 프로그램을 기획해 봅시다.

• **주제:**

– 주제 선정 이유:

– 장애 요소:

– 필요 자원:

▶ **활동가이드**

– 각자 관심 있는 대상을 선정하여 주제를 작성한다.
– 해당 주제 선정 이유를 구체적으로 작성한다.
– 해당 프로그램을 운영한다면 장애 요소는 무엇인지 작성한다.
– 장애 요소를 극복하기 위한 지원할 수 있는 영역을 작성한다.
– 작성한 내용을 모두에게 공유한다.
– 발표 내용을 듣고 가장 실현 가능한 주제를 선정한다.
– 선정 방법은 학습환경에 따라 익명 또는 다수결로 결정한다.

▶ **유의점**

– 주제를 선정하기 위한 방법은 모두가 동의하는 방식으로 의사결정한다.

09

Chapter

다문화 및 북한이탈주민 평생교육

학습개요

다문화 및 북한이탈주민을 위한 평생교육은 우리 사회의 다양성과 통합을 강화하는 중요한 수단이다.

이 장에서는 다문화 사회의 일원으로서 상호 존중과 이해를 바탕으로 한 다문화 평생교육과 북한이탈주민 평생교육의 중요성에 대해 살펴보고자 한다. 먼저 다문화 교육의 등장배경과 개념에 이어 다문화 평생교육의 목표와 목적에 대해 살펴보고, 북한이탈주민 평생교육의 추진배경과 지원정책에 대해 살펴볼 것이다. 이는 평생교육의 핵심 원리인 평등, 포용, 그리고 개인의 성장을 촉진하는 데 공통된 목적을 두고 있다.

학습목표

1. 다문화 교육의 등장배경과 개념을 설명할 수 있다.
2. 다문화 평생교육의 목표와 목적에 대해 설명할 수 있다.
3. 북한이탈주민 평생교육 지원 정책에 대해 설명할 수 있다.

Chapter 09

다문화 및 북한이탈주민 평생교육

1 다문화 평생교육

1) 다문화 평생교육의 이해

「세계인권선언」 제26조 1항에서는 '인간은 누구나 교육받을 권리를 가진다'라고 명시하고 있다. 교육받을 권리는 인간의 기본적 인권에 속하는 것으로서 성별, 인종, 계층 등에 좌우되지 않고 모든 이에게 동일하게 교육받을 기회가 제공되어야 하는 것이다.

다문화 평생교육은 다양한 문화적 배경을 가진 개인들이 사회의 구성원으로서 활동할 수 있도록 지원하는 교육체계이다. 이는 전 세계적으로 다문화 사회가 확산되면서 인종, 종교, 문화적 배경 등이 다른 개인들이 공존하는 사회에서 필수적인 요소로 자리 잡고 있다. 유럽과 같이 오랜 시간 다인종, 다민족으로 인한 갈등이나 문제의식이 노출되며 다문화주의가 논의되어 온 것과 달리, 우리 사회는 급속한 저출산, 고령화의 흐름 속에 경제활동 인구의 부족으로 국가의 전략적 차원에서 이주민을 수용하였다. 이러한 과정에서 외국인 노동자의 증가와 국제결혼의 증가는 한 사회 내 문화적 배경이 다양한 사람들 간의 갈등과 특정 민족에 대한 차별 및 편견의 문제를 발생시켰다. 우리 사회는 이와 같은 현상들과 함께 문화적 다양성이 존재하는 다문화 사회로 점점 더 빠르게 변화하고 있다.

(1) 다문화 교육의 개념 및 등장배경

문화는 한 사회 구성원들이 공통적으로 가지고 있는 생활양식이며 후천적으로 학습된다. 또한 사회 구성원에 의해 습득, 공유, 전달이 되는 모든 행동 양식을 포함한다. 아울러 문화의 각 영역은 다른 영역과 밀접한 관계를 맺으면서 하나의 전체를 구성하며 시간과 장소에 따라 변화하고 발전한다. 전 세계에는 수많은 다양한 문화가 존재하며, 이러한 다양성이 한 공간에 공존하는 상황을 '다문화'라고 표현한다. 다문화의 사전적 의미를 살펴보면 '단절된 문화들을 연결시키고 반영하고 적용하는 것'으로 정의되어 있다. 이러한 용어는 미국, 캐나다, 호주 등과 같이 다양한 문화 사이에서 생기는 충돌을 극복하고자 하는 사회적 필요성에 의하여 만들어진 것이다. 또한 다문화 사회는 서로 다른 배경을 가진 개인들이 상호작용하며 삶을 구성하는 공간이다. 이 공간에서 문화적 충돌이나 갈등을 해결하기 위한 방법으로 다문화 교육의 개념이 도입되었다.

다문화 교육은 1960년대 미국에서 일어난 사회적 불평등에 반대하는 시민운동에 그 뿌리를 두고 있다. 이 교육의 주된 목적은 다원적인 사회에서 각 개인이 자신의 문화적 정체성을 유지하면서도, 다른 문화와 인종에 대해 개방적이고 이해하는 태도를 취하도록 돕는 것이다. 이를 통해, 서로 다른 문화적 배경을 가진 사람들이 서로의 문화를 공유하고 존중할 수 있는 환경을 조성하는 것이다. 이처럼 미국에서는 인종 및 민족 간의 긴장을 완화하기 위한 수단으로 다문화 교육이 시작되었으며, 소수민족들의 이주 초기에는 이주민들을 주류사회에 편입시키기 위한 동화정책을 실시하였다. 그러나 점차 평등, 정의 및 다양성 인정 등의 민주주의 개념과 위배된다는 관점에서 반론이 제기되었고, 이후 다양한 사회 구성원의 필요와 욕구를 충족시키는 교육으로 발전되어 왔다.

(2) 다문화 교육의 목적

다문화 교육은 자문화 중심주의(ethnocentrism)[1]와 같은 편협한 사고에서 벗어나 국가 내 여러 문화의 공존을 인정하는 과정에서 다른 문화에 속한 사람들과 연대하며 평등을 추구하는 다문화적 인간 양성을 목표로 한다고 볼 수 있으며(김민정, 2016), 사회 구성원들이 자신의 정체성을 발전시키고, 다양한 견해를 가치 있게 여기는 것을 인식하는 데 있다. 이 교육은 학습자들에게 다양한 관점을 이해하고 받아들이는 능력을 키우도록 돕고, 다른

1) 자문화 중심주의: 자기 문화의 우월성에 빠져, 다른 문화를 부정적으로 평가하는 태도이다.

사람들의 문화적 유산과 전통에 대해 배울 기회를 제공한다. 이를 통해 학습자들은 다문화 사회의 책임 있는 시민으로서의 역할을 인식하고 수용하는 데 필요한 지식과 태도를 갖추게 된다.

뱅크스(Banks, 2008)에 따르면 다문화 교육은 문화, 민족, 성별, 사회계층에 속한 모든 구성원들에게 평등한 교육 기회를 제공하고, 이를 통해 긍정적인 문화적 교류에 대한 태도와 인식, 그리고 행동을 발달시키는 교육 방법으로 정의했다. 베네트(Bennett, 2010)는 미국에서의 다문화 교육은 문화적 다원주의를 지지하는 교수-학습 방식으로 다양한 문화가 공존하는 민주사회에서 구성원들의 지적, 사회적, 그리고 개인적 성장을 장려하는 것을 목표로 한다고 하였다. 다시 말해 이러한 다문화 교육의 목적은 모든 사회구성원이 자신의 잠재력을 최대한 발휘할 수 있도록 지원하고, 다양한 문화적 배경을 가진 구성원들이 서로를 이해하고 존중하는 능력을 개발하는 데 있다. 이를 통해 다원화된 사회에서 필요한 지식과 기술을 습득하고, 개인적으로 성장할 수 있는 환경을 조성하는 것을 강조한다.

다문화 교육은 이처럼 문화적 다양성에 대한 이해와 존중을 바탕으로, 학습자들의 더 포용적이고 개방적인 태도를 발달시키는 데 중점을 둔다. 나아가 국경을 벗어나 지구촌을 인식하고 다양한 구성원들과 함께 공존하기 위해 필요한 지식과 기능, 태도 함양을 목적으로 하는 세계시민 교육과도 일정 부분 맞닿아 있음을 알 수 있다. 따라서 다문화 교육이 추구하는 것은 문화적 다양성, 국가와 민족 정체성과 국제적 시민 의식을 함양한 다문화 시민이다. 이러한 다문화 교육을 통해 개인은 국내·외적으로 더 넓은 이해와 책임감을 갖춘 시민으로 성장할 수 있을 것이다. 문화적 다양성의 수용과 인정, 인간의 존엄성과 보편적 인권에 대한 존중, 세계 공동체에 대한 책임, 지구상에 존재하는 모든 사람들에 대한 존중(Christine & Bennett, 2007) 등은 다문화 시대를 살아가는 핵심 가치이며 이러한 가치들의 함양이 다문화 교육의 궁극적인 목적이다.

다문화 평생교육은 다음과 같은 요소를 내포하고 있다.

첫째, 다문화성 존중(respect for multiculturalism)이다. 다문화 평생교육은 다양한 문화적 특성을 존중하는 가치를 중요시한다. 다문화 사회에서 각 개인과 공동체의 고유한 문화적 특성을 존중하고 인정하는 것이 핵심이다. 이는 문화 간의 이해와 협력을 촉진하며, 다양성을 풍요롭게 여기는 태도를 고취시킨다. 둘째, 사회 통합(social integration)이다. 다문화 평생교육은 다양한 문화 간의 조화와 협력을 촉진하여 사회 통합을 지원하는 것을 목표로 한다. 이는 문화 간 갈등을 줄이고, 공동체 의식을 강화하며, 다양한 배경을 가진 사람들이 사회적으로 통합되도록 노력함으로써 사회적 안정과 조화를 증진한다. 셋째, 교육의 다양성(diversity of education)이다. 교육 시스템 내에서도 다양성을 존중하고 반영해야 한다. 이는 서로 다른 문화배경을 가진 학생들을 위한 교육 자원과 프로그램을 개발하고, 교사 및 교육자에 대한 다문화 교육을 강화하는 것을 의미하며 이를 통해 모든 학생이 자신의 고유한 경험과 배경을 존중받으며 교육을 받을 수 있다. 마지막으로, 포용적 교육(inclusive education)이다. 다문화 평생교육은 모든 사람들에게 교육 기회를 평등하게 제공해야 한다. 이는 장애를 가진 학생, 난민, 이민자, 소수 민족, 다문화 가정의 자녀 등 모든 학습자들을 포용하는 교육 환경을 조성하는 것을 의미한다. 다문화 평생교육은 현대사회에서 다양성과 포용성을 존중하며, 모든 개인이 지식과 기술을 습득하고 성장할 수 있는 기회를 제공하는 데 중요한 역할을 한다. 이를 통해 사회적 차별과 불평등을 줄이고, 다문화 사회를 더욱 풍요롭고 포용적인 곳으로 만들기 위한 노력이 이루어져야 할 것이다.

2) 다문화 평생교육의 현황

2000년부터 우리나라의 외국인 유입이 확대되고 다문화 사회가 본격화됨에 따라 다문화정책 수립과 지원을 위한 다문화인구동태통계[2]가 개발되었다. 통계자료를 살펴보면 우리나라 다문화 가구원 수는 2022년 기준 399,396가구로 매년 지속적으로 증가하는 것을 알 수 있다. 이는 과거 단일민족이라는 말이 무색하게 문화교류 발달로 인한 다양한 구성원이 공존하는 다문화 사회로 나아가고 있음을 보여준다. 이처럼 현 사회는 여러

2) 다문화인구동태통계: 외국인이나 귀화 · 인지에 의해서 한국국적을 취득한 사람들을 포함하는 가족에게서 발생하는 혼인, 그리고 이혼, 출생, 사망통계를 작성한 것이다.

국가 출신의 이주민과 국제결혼 등의 문화교류로 각각의 전혀 다른 문화들이 함께 어우러져 살아간다고 볼 수 있다.

〈표 9-1〉 연도별 다문화 가구 현황 (단위: 가구)

연도	2015	2016	2017	2018	2019	2020	2021	2022
다문화 가구	299,241	316,067	318,917	334,856	353,803	367,775	385,219	399,396

출처: KOSIS(2023).

또한 행정안전부가 통계청의 인구주택총조사 자료를 분석하여 발표한 「2022년 지방자치단체 외국인주민 현황」에 따르면, 2022년 11월 1일 기준 국내에서 3개월 이상 장기 거주하는 외국인주민 수는 225만 8,248명으로 전년 대비 12만 3,679(5.8%)명 증가한 것으로 나타났다. 특히, 유학생 수가 전년 대비 약 3만 2,790명(20.9%), 외국국적동포 약 2만 9,000명(7.9%) 증가하였다. 이러한 유학생 및 외국국적동포의 증가가 전체 외국인주민 증가에 큰 영향을 미친 것으로 보인다. 이는 전체 인구 대비 약 4.4%에 해당하는 것으로 나타났으며 이 수치는 이전에 기록된 2019년의 222만 명보다 약 4만 명 더 증가한 것으로 나타났다.

〈표 9-2〉 외국인주민 유형별 현황 (단위: 명)

구분	외국인주민 합계			한국국적을 가지지 않은 자						한국국적 취득자	외국인주민 자녀(출생)
	계	남	여	계	외국인 근로자	결혼 이민자	유학생	외국국적 동포	기타 외국인		
'22년	2,258,248	1,159,287	1,098,961	1,752,346	403,139	175,756	189,397	397,581	586,473	223,825	282,077
	전체외국인주민 대비구성비	51.3%	48.7%	77.6%	17.9%	7.8%	8.4%	17.6%	26.0%	9.9%	12.5%
'21년	2,134,569	1,090,073	1,044,496	1,649,967	395,175	174,632	156,607	368,581	554,972	210,880	273,722
	전체외국인주민 대비구성비	51.1%	48.9%	77.3%	18.5%	8.2%	7.3%	17.3%	26.0%	9.9%	12.8%
증감	123,679	69,214	54,465	102,379	7,964	1,124	32,790	29,000	31,501	12,945	8,355
	5.8%	6.3%	5.2%	6.2%	2.0%	0.6%	20.9%	7.9%	5.7%	6.1%	3.1%

출처: 행정안전부 보도자료(2023.11.08.).

한국교육개발원 교육통계조사 결과에 따르면 국내 초 · 중 · 고등학교에 다니는 다문화 학생 수는 2021년 16만 명을 넘어섰으며, 이는 2012년의 4만6천954명에 비해 약 3.4배의 증가를 보여준다. 특히 한국인과 외국인 부모 사이에서 태어난 국제결혼가정 학생은 13만1천522명이며, 외국인 부모 사이에서 출생한 외국인 가정 학생은 3만2천678명으로 크게 증가하였다. 지난 10년간의 통계를 보면 초등학교(각종학교 포함) 전체 학생 수는 감소하고 있지만, 다문화 학생 수는 연평균 13.6% 증가하였으며, 전체 학생 수 대비 다문화 학생 수의 비중 역시 커지고 있다. 전체 학생 대비 다문화 학생 비중은 2012년 약 0.7%에서 2022년 약 3.19%까지 증가하였고 앞으로도 더 증가할 것으로 예상된다. 통계 유형별로 전년 대비 증가세와 인구를 살펴보면, 한국국적을 가지지 않은 자가 10만 2,379명(6.2%↑) 증가하여 175만2,346명, 한국국적을 취득한 자가 1만 2,945명(6.1%↑) 증가하여 22만 3,825명, 국내 출생한 외국인주민 자녀가 8,355명(3.1%↑) 증가하여 28만 2,077명으로 집계되었다.

3) 다문화 평생교육의 추진기반 및 지원

(1) 추진배경

우리나라는 급격한 경제발전과 국제 이동성의 증가로 인해 다문화 가정이 증가하였으며 이는 한국 사회에 새로운 문화적 다양성을 가져왔다. 대한민국 인구의 약 4.4%(약 226만 명)가 다문화 가구원으로, 결혼이주여성의 증가와 그들이 꾸린 가정의 국내 정착 기간의 연장으로 인해 다문화 가구원의 수가 증가하였다. 이러한 변화는 한국 사회와 교육 체제에 큰 영향을 미쳤으며, 다문화 학생들의 교육수요 증가, 국제결혼 및 외국인 가정의 증가 등 다양한 측면에서 이를 반영하고 있다. 이에 교육 현장의 변화도 가속화될 전망이다. 이는 모든 국민이 생애 전반에 걸쳐 학습하는 것을 보장하고, 다문화 사회의 구성원으로서 필요한 덕목과 역할에 맞는 능력을 개발해야 한다는 인식에서 비롯된다. 이에 따라 다문화 교육을 평생교육의 일환으로 바라보는 시각이 중요해지고 있다.

(2) 다문화 평생교육 추진체계

교육부에서 추진하고 있는 「다문화교육 지원계획」을 중심으로 국가평생교육진흥원 중앙다문화교육센터(https://www.edu4mc.or.kr)에서 제시하는 다문화 교육 비전 및 주요 과제를 살펴보면 '다양한 문화가 공존하는 성숙한 교육환경 구축'과 '다문화학생 교육 기회 보장 및 교육격차 해소'를 목표로 ① 맞춤형 다문화 교육 지원, ② 다문화 친화적 학교 및 지역 환경 조성, ③ 다문화교육지원체계 및 성과관리를 추진과제로 제시하고 있다(교육부, 2023). 이는 특정한 소수자 대상 교육 혹은 다수자 대상의 소수자 이해 교육을 넘어 모든 학생의 교육 기회 보장을 전제하는 교육정책이라고 할 수 있다.

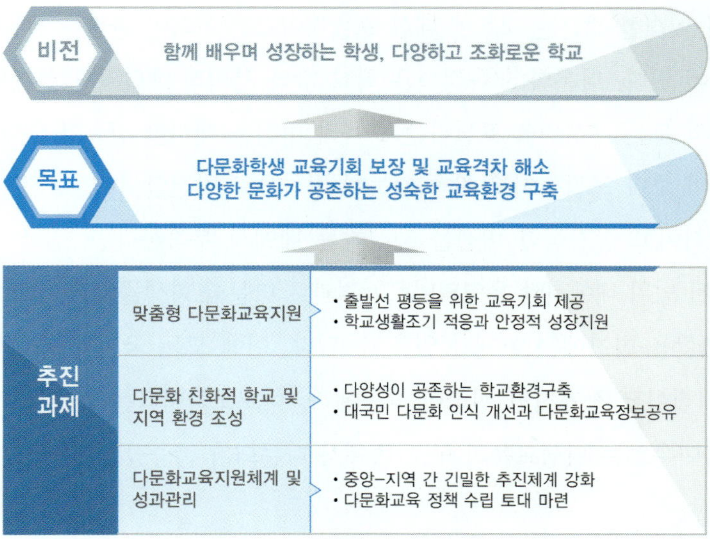

[그림 9-1] 다문화 교육 비전 및 주요 과제(2023)

(3) 다문화 평생교육 전담기관

다문화 사회의 다양한 구성원들을 지원하기 위해 여러 정부 부처에서 다양한 정책과 사업을 시행하고 있다. 예를 들면, 법무부는 외국인과 난민에 대한 이민 정책과 지원 사업을 담당하고 있으며, 고용노동부는 외국인 노동자의 고용 허가 및 취업 지원에 관련된 정책과 사업을 지원하고 있다. 과학기술정보통신부와 산업통상자원부는 해외의 우수한 인재들을 유치하기 위한 지원 정책을 마련하고 있으며, 교육부는 유학생, 중도입국자, 외국인 학생들의 진로 및 진학을 포함해 교육 정책과 관련 사업을 펼치고 있다. 여성가족부는 다문화 가족과 학교 밖 청소년을 위한 정책 사업을 지원하는 역할을 하고 있다.

4) 시사점

현재의 다문화 교육정책은 주로 학교환경 내에서 학생들을 대상으로 한 중심적인 접근 방식을 취하고 있다. 이는 교육의 실행 범위를 한정시키며, 다문화 가정의 자녀들이 학교에서 마주치는 독특한 문제들에 대한 해결책을 모색하려는 노력의 일환으로 볼 수 있다. 그러나 이러한 접근은 교육에 대한 포괄적이고 장기적인 관점을 제공하는 데에는 다소 부족함이 있다. 다문화 교육정책은 학교 밖의 사회적 맥락과도 연계되어야 하며, 다문화 사회의 모든 구성원을 포괄하는 교육적 비전을 제시할 필요가 있다. 이를 통해 다문화 교육이 보다 포괄적이고 지속 가능한 방향으로 발전할 수 있을 것이다. 다문화 교육이 포괄적이고 장기적인 비전을 제시하는 데에서 부족하다면, 결국 다문화 교육정책은 한정된 범위 내에서만 운영되며, 그 결과로 다문화 학생들이 사회의 주류로 나아가 주도적 역할을 하기에는 한계가 있을 수 있다. 이에 모든 국민이 동감하고, 참여할 수 있는 거시적이고 장기적인 비전이 요구된다. 학교교육이라는 한정된 영역을 넘어, 사회 전반을 아우르는 평생교육의 구조 속에서 다문화가 존중받고 이해되는 환경을 조성해야 한다.

또한 교육의 대상과 내용을 명확히 해야 한다. 과거 정책들은 이주민 자녀가 한국사회에 동화되는 것에 주안점을 두었다. 그러나 이는 다문화 사회의 본질에 어긋나는 접근으로, 이주민과 그들의 자녀들만이 교육의 수혜자로 보는 한계가 있었다. 현 상황에서는 모든 사회 구성원 대상의 다문화 교육 강화가 필요하며, 이는 다문화 사회의 이해와 공존의 가치를 심어주는 중요한 과정이다.

마지막으로 우리나라의 다문화 평생교육 정책을 보다 체계적으로 추진하고 관리하기 위해서는 다문화 교육을 전담하는 특별한 조직의 필요성이 대두되고 있다. 현재 다문화 관련 부서와 기관은 여성가족부의 다문화가족지원센터, 법무부의 외국인정책본부 외국인 정책과, 교육부의 중앙다문화교육센터 등 여러 부서에 걸쳐 분산되어 있다. 이러한 분산된 관리체계는 정책의 일관성과 효율성을 저해하고, 중복되거나 서로 모순되는 정책의 발효 가능성을 높인다. 이에, 다문화 평생교육 정책의 실효성을 높이기 위해, 정부 차원에서 전담 조직을 신설할 필요가 있다. 이 조직은 다문화 사회와 관련된 여러 문제와 정책을 종합적으로 담당하여, 일관되고 계획적인 정책을 수립하고 실행할 책임을 지게 된다. 또한, 이 조직은 관련된 다양한 분야의 전문가들로 구성되어, 다문화와 관련된 복잡하고 다양한 이슈를 전문적으로 다룰 수 있는 역량을 확보하고 다문화 교육뿐만 아니라 다문화 가정 지원, 이민자의 사회 통합, 다문화 사회에 대한 인식 개선 및 정책 개발 등 폭넓은 역할을 수행할 수 있어야 한다. 이는 다문화 사회의 건강한 성장을 도모하고, 다양한 문화가 공존하는 사회 구조에 대한 이해와 지지를 확대하는 데 기여할 것이다. 종합적으로, 전담 조직의 설립은 다문화 평생교육 정책의 지속 가능성을 확보하고, 다문화 사회의 동향을 적시에 파악하여 빠르고 유연하게 대응할 수 있는 체계를 구축하는 데 중요한 역할을 할 것이다.

2 북한이탈주민 평생교육

1) 추진배경

북한이탈주민은 1997년 「북한이탈주민의 보호 및 정착지원에 관한 법률(북한이탈주민법)」이 제정되면서 본격적으로 사용된 용어로 동법 제2조에서는 북한이탈주민을 북한에 주소 · 직계가족 · 배우자 · 직장 등을 두고 있는 사람으로서, 북한을 벗어난 후 외국의 국적을 취득하지 아니한 사람으로 정의하였다. 이를 근거로 우리 사회 정착을 위한 지원제도와 체계가 마련되었고, 1999년 북한이탈주민정착지원사무소(하나원)를 개원하여 북한이탈주민에게 사회적응교육을 본격적으로 실시하기 시작하면서 각종 정착지원금 및 지원제도를 구체화하였다.

북한이탈주민 지원정책은 정부와 지자체와 민간이 상호 협력하여 추진하고 있다. 중앙정부 차원에서는 통일부가 19개 관련 부처들이 모인 '북한이탈주민대책협의회(탈대협)'를 주관하며 북한이탈주민 정책에 대한 논의와 조정을 진행해 통합적으로 이들의 정착을 지원하고 있다. 지역사회 차원에서는 지방자치단체와 통일부 소속의 공공기관인 '북한이탈주민지원재단(남북하나재단)', 그리고 '지역적응센터(하나센터)'가 협력하여, 북한이탈주민의 개별적 특성과 지역의 실정에 맞춘 정착 지원 서비스를 제공하고 있고, 민간 차원에서는 지역사회의 민간단체, 의료기관, 종교단체, 자원봉사자들이 남북하나재단과 하나센터와의 협력하에 다양한 민간 자원을 동원해 북한이탈주민이 새로운 환경에 잘 적응하고 정착하는 데 필요한 다양한 지원 활동을 시행하고 있다.

통계청 e나라지표에 따르면 2020년 우리나라 총인구(추계인구)는 5,184만 명이다. 북한이탈주민은 1990년대 중반, 북한의 식량사정 악화를 계기로 꾸준히 증가하기 시작하였으며, 2010년에 북한이탈주민 총입국자 수가 2만 명을 넘어선 이래 2016년에 3만 명을 넘어서 2023년 9월까지 총 34,021명이 국내에 입국하였다. 여성 입국자는 24,485명으로 전체 입국자의 72% 수준이다.

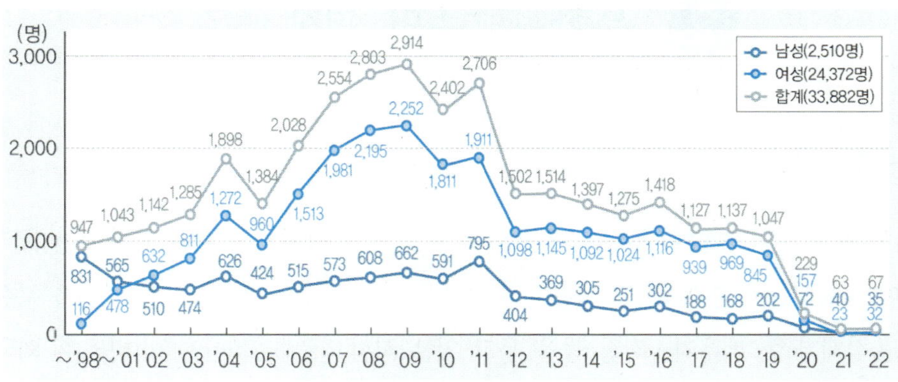

[그림 9-2] 연도별 북한이탈주민 입국 추세

〈표 9-3〉 북한이탈주민 입국인원 현황

(단위: 명)

구분	~'10	'11	'12	'13	'14	'15	'16	'17	'18	'19	'20	'21	'22	'23.9월(잠정)	합계
남	6,379	795	404	369	305	251	302	188	168	202	72	40	35	26	9,536
여	14,021	1,911	1,098	1,145	1,092	1,024	1,116	939	969	845	157	23	32	113	24,485
합계	20,400	2,706	1,502	1,514	1,397	1,275	1,418	1,127	1,137	1,047	229	63	67	139	34,021
여성비율	68.7%	70.6%	73.1%	75.6%	78.2%	80.3%	78.7%	83.3%	85.2%	80.7%	68.6%	36.5%	47.8%	81.3%	72.0%

출처: 통계청(2020), 통일부 북한이탈주민 입국인원 현황(2023.9).

2) 북한이탈주민을 위한 평생교육의 필요성과 중요성

평생교육 프로그램은 북한이탈주민이 새로운 환경에 적응하고, 우리 사회의 일원으로서 필요한 기술과 지식을 습득하는 데 중요한 역할을 한다. 이를 통해 그들은 일상생활에서의 커뮤니케이션 능력을 향상시키고, 사회적 상호작용에 필요한 기술을 개발할 수 있다. 언어교육은 통합의 핵심 요소이며, 북한이탈주민이 우리말을 효과적으로 사용할 수 있도록 하는 것은 그들이 교육, 취업, 그리고 일상생활에서 필요한 의사소통 능력을 갖추는 데 매우 중요한 부분이다. 그리고 한국 문화에 대한 교육은 그들이 새로운 사회의 문화적 맥락을 이해하고, 일상적 상황에서 적절하게 행동할 수 있도록 도와준다. 또한 평생교육은 우리 사회가 다양성을 받아들이고 북한이탈주민을 포용하는 데 중요한 역할을 한다. 이러한 교육은 상호 존중과 이해의 문화를 촉진하고, 사회적 통합과 공동체 의식을 강화한다. 북한이탈주민에 대한 교육 프로그램은 그들의 독특한 경험과 배경을 인정하고 존중하는 데 중점을 두어야 하며, 다문화 교육 프로그램은 우리 국민들이 북한이탈주민의 배경과 경험을 이해하고 공감할 수 있도록 도와준다. 이는 사회적 통합을 촉진하고, 다양한 문화적 배경을 가진 사람들 간의 상호작용과 협력을 장려한다.

이와 함께 북한이탈주민은 새로운 문화와 환경에 적응하는 과정에서 다양한 정서적, 심리적 어려움을 경험할 수 있다. 평생교육은 이들이 이러한 상황을 극복하고, 심리적 안정을 찾는 데 중요한 역할을 한다. 정서적 지원 프로그램은 스트레스 관리, 감정 조절, 그리고 정체성 형성에 중점을 두어야 한다. 이는 북한이탈주민이 새로운 사회에서의 역할과 정체성을 탐색하는 데 도움을 준다. 상담 서비스는 이들이 겪는 심리적 충격과

스트레스를 관리하는 데 중요한 역할을 하며, 이러한 서비스는 개인상담, 그룹치료, 워크숍 및 세미나 형태로 제공될 수 있다.

또한 평생교육은 그들이 한국의 노동 시장에서 필요로 하는 기술을 습득하도록 돕는다. 직업 훈련 프로그램은 기술 습득, 직업 윤리, 그리고 직장 내 의사소통 기술과 같은 중요한 영역을 포함해야 하며 이러한 프로그램은 북한이탈주민이 우리 사회에서 경제적으로 독립적이고 생산적인 구성원이 될 수 있도록 지원한다. 북한이탈주민이 직업을 찾고 유지하는 데 필요한 기술을 넘어, 이들은 우리 사회의 다양한 직업적 기회를 이해하고 탐색하는 데 도움을 필요로 한다. 이를 위해서는 이력서 작성, 면접 준비 및 직업 상담과 같은 서비스가 제공되어야 할 것이다. 또한, 평생교육은 그들이 지속적으로 발전하고 새로운 기술을 배우며 개인적, 전문적 발전을 이룰 수 있는 기회를 제공할 필요가 있다.

3) 지원정책

정부는 국내에 입국한 북한이탈주민이 안정적으로 정착할 수 있도록 여러 지원정책을 추진해 왔다. 북한이탈주민의 자립정착과 사회경제활동 참여를 촉진하기 위해 직업훈련, 창업지원, 취업지원, 고용지원금, 취업장려금 등 여러 가지 사업을 진행해 오고 있다. 또한 경제활동 참여와 보다 빨리 우리 사회에 정착하기 위한 지원방안으로 다양한 교육이 정부와 민간 차원에서 이루어지고 있는데 먼저 하나원에 입소하여 우리 사회 구성원이 되기 위한 기본적 사회적응교육을 받는다. 북한이탈주민을 위한 교육은 대표적으로 하나원과 하나센터에서 진행되며, 이 교육은 정서안정 및 건강증진, 우리 사회의 이해증진, 진로지도 및 직업탐색, 초기 정착지원 안내 등 정규 프로그램과 언어, 운전 등 자율참여형 보충 프로그램으로 구성된다.

〈표 9-4〉 북한이탈주민 입국 및 정착과정(흐름도)

보호요청 및 국내이송	• 보호요청 시 외교부, 관계부서에 상황 보고 및 전파 • 해외공관 또는 주재국 임시보호시설 수용 • 신원 확인 후 주재국과 입국교섭 및 국내입국 지원
[국내입국]	
조사 및 임시보호 조치	• 입국 후 국정원이 보호결정 여부를 위한 조사 및 긴급한 치료 등 임시보호 조치 실시 • 조사 종료 후 사회적응교육시설인 하나원으로 이송
⇩	
보호결정	• 「북한이탈주민 보호 및 정착지원의회」 심의를 거쳐 보호 여부 결정 • 보호결정 세대단위 결정
⇩	
하나원의 정착준비	• 사회적응교육(12주, 400시간) 심리안정, 우리 사회 이해 증진, 진로지도 상담, 기초직업훈련 • 초기정착지원: 가족관계 창설, 주거알선, 정착금 · 장려금 지원 등
[거주지 전입]	
거주지 보호(5년)	• 사회적 안전망 편입(생계 · 의료급여 지급) • 일자리지원: 취업 · 창업 · 영농관련 교육훈련, 취업알선, 자격인정 등 • 교육지원: 특례 편입학 및 등록금 지원 • 보호담당관: 거주지 · 취업 · 신변보호 담당관 제도 운영
⇩	
민간참여	• 북한이탈주민지원재단을 통한 종합 서비스 제공 • 지역적응센터(전국 25곳) 지정 · 운영 • 정착도우미제도: 민간자원봉사자 연계 • 북한이탈주민 전문상담사 84명(정원기준) • 종합상담 및 애로사항 해결 등 찾아가는 상담서비스 제공

출처: 통일부 홈페이지(2023).

(1) 하나원(사회적응교육)

하나원은 「북한이탈주민법」 제10조에 따른 '정착지원시설'로서 직제상 명칭은 '북한이탈주민정착지원사무소'이다. 안성 본원은 1999년 7월 개원했으며, 2021년 12월 제2하나원인 '화천분소'를 개원했다. 안성 본원은 나이에 따라 영아반, 유치반, 초등반, 청소년반, 성인반, 경로반으로 나누어 교육하고 있다. 특히 성인반은 남녀를 분리하여 여성 성인반은 안성 본원에서, 남성 성인반은 화천 분소에서 남성 특화 교육을 운영하고 있다. 여성 성인반과 남성 성인반은 기본교육의 5개 영역은 동일하나, 직업훈련 과목, 성평등 관점 통합교육의 세부과목 등에서는 교육내용에 남녀 차이를 반영하였다. 하나원은 북한이탈주민이 국내 입국 시 초기 사회적응을 진행하는 곳으로 통일부 소속의 북한이탈주민 교육기관이다. 사회주의 체제에서 살아온 북한이탈주민들에게 민주주의 체제로 재적응시킨다는 측면에서 매우 중요한 역할을 하는 기관이라 할 수 있다.

하나원에서는 보호 결정된 북한이탈주민을 대상으로 '사회적응교육'을 1999년 7월부터 2001년까지는 13주로 운영하였고, 2009년부터는 12주로 축소 운영하고 있다. 북한이탈주민이 입국하여 국내에서 처음으로 받는 평생교육으로 중요한 역할을 하고 있으나 정서적, 신체적으로 안정되지 못한 상황에서 교육을 받기 때문에 교육의 효과를 기대하기는 어려울 수 있다. 하나원의 사회적응교육 프로그램은 북한이탈주민을 위해 정서안정, 문화적 이질감 해소 및 사회경제적 자립 동기 부여를 교육목표로 하여 우리나라에 입국한 북한이탈주민을 대상으로 12주 동안 400시간의 사회적응교육을 실시하고 있다. 세부 교육내용의 구성은 [그림 9-3]과 같다.

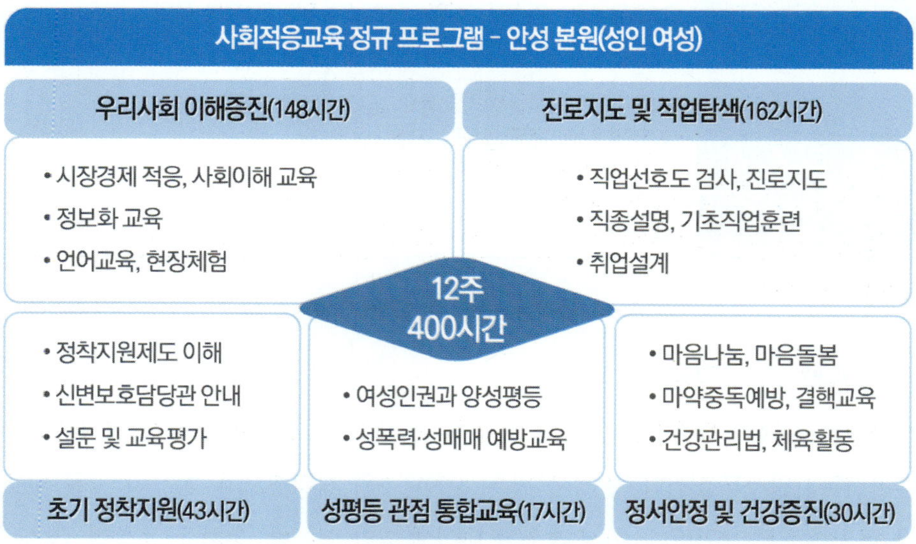

※ 자율참여형 보충 프로그램(372시간) : 언어, 운전, 컴퓨터, 공예교실, 부모교육 등

[그림 9-3] 하나원 사회적응교육 정규프로그램

출처: 통일부(2023). 통일백서.

(2) 지역하나센터(초기집중교육)

하나원의 사회적응 교육 프로그램을 이수한 북한이탈주민들은 정착지 하나센터에서 제공되는 지역적응 교육 프로그램에 참여하여 자신이 살게 될 지역사회에 대한 정보를 얻고, 직업생활이나 교육, 사회활동 등에 필요한 추가 지식과 기술을 획득할 수 있도록 평생교육 참여 기회가 제공된다. 초기 집중교육은 8~9일간 50시간에 걸쳐 이루어지는데 진로 및 취업교육, 실생활 및 지역사회 이해, 심리 · 정서 안정 프로그램 등으로 구성되어 있다. 지역적응교육은 북한이탈주민이 지역사회에 잘 정착할 수 있도록 거주지의 특성을 고려하여 지원하는 프로그램으로 각종 상담 및 북한이탈주민 지원 관련 관계기관 · 단체와의 서비스 연계 등을 포함한 교육과정으로 구성되어 있다. 교육내용은 교육 및 진학지원, 진로 및 취업지원, 사회보장제도 교육, 심리 · 정서안정지원, 법률지원, 지역통합사업(지역주민교류 등), 인권교육 등 북한이탈주민 정착과 관련된 분야이다.

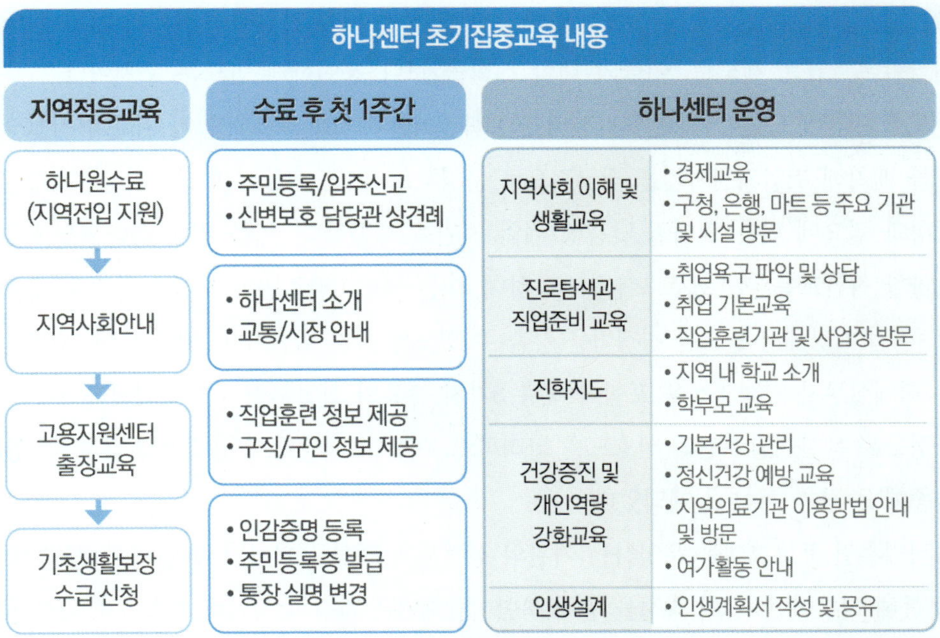

[그림 9-4] 하나센터 초기집중교육 현황

출처: 통일부(2023). 통일백서.

(3) 남북하나재단(정착지원교육)

하나센터의 지역적응 집중 프로그램 이후에는 북한이탈주민의 정착지원을 포괄적으로 담당하는 남북하나재단이 있다. 남북하나재단에서는 북한이탈주민을 위한 대학교육지원과 취업 · 창업교육지원 사업을 운영하고 있다(통일부, 2023).

북한이탈주민이 중학교와 고등학교에 진학하는 경우, 학교에서는 입학금, 수업료, 학교운영지원비, 그리고 기숙사 비용 등을 면제해 주고 있다. 대학교육의 경우에는 국공립대학에서는 북한이탈주민 학생들에게 입학금과 수업료, 기성회비 등을 전액 면제하여 경제적 부담을 완화해 주고 사립대학교의 경우, 통일부가 위탁한 남북하나재단이 등록금의 50%를 보조한다. 또한 북한이나 해외에서 이수한 학력에 대해서도 국내에서 인정받을 수 있는 기회를 가지고 있다. 고등학교 이하의 학력은 각 시 · 도교육감이 인정할 수 있으며, 전문대학 이상의 학력은 교육부장관이 해당 절차에 따라 인정한다. 또한 북한이탈주민은 대학 진학 시 「고등교육법 시행령」 제29조에 규정된 바와 같이 정원 외로 특례입학의 기회를 가질 수 있다. 이는 학교의 정규 모집 인원에 포함되지 않고 별도로 입학할 수 있는 제도로, 이들의 대학 진학을 보다 용이하게 만드는 조치이다.

또한 전국에 있는 25개의 하나센터에는 북한이탈주민의 자립을 돕기 위해서 직업상담사를 배치해 취업지원사업을 적극적으로 운영하고 있다. 이들 직업상담사는 각 개인의 상황과 필요에 맞춘 일대일 맞춤형 취업 지원을 제공한다. 이를 위해 하나센터에서는 다양한 직업교육훈련 프로그램을 제공하며, 이는 북한이탈주민이 자신의 능력을 개발하고, 취업 시장에서 필요한 경쟁력을 갖출 수 있도록 돕기 위함이다. 예를 들어, 2022년에는 회계실무자 양성과정을 포함하여 총 8가지 종류의 직업훈련이 실시되었다. 이 훈련 과정들은 북한이탈주민의 선호도를 고려하고, 이들이 시장에서 경쟁력을 갖출 수 있는 직종에 중점을 두어 설계되었다.

직업훈련 프로그램을 운영하는 기관의 선정은 투명성을 기하기 위해 공개 공모 방식을 통해 이루어진다. 이 과정을 통해 북한이탈주민은 자신의 직업적 기술을 향상시키고, 직장에서 필요한 역량을 강화하며, 새로운 환경에 적응하는 데 필요한 지식을 습득할 수 있는 기회를 얻게 된다. 이와 같은 지원들은 북한이탈주민이 우리 사회에 성공적으로 자립하고 안착할 수 있도록 돕기 위한 정부 노력의 일환으로 볼 수 있다.

4) 시사점

북한이탈주민이 우리 사회에 성공적으로 정착할 수 있도록 보다 체계적인 지원이 필요하다. 이러한 지원은 기초교육에서부터 직업훈련, 문화적 · 심리적 적응을 위한 교육에 이르기까지 다양한 형태로 제공되어야 한다.

무엇보다도, 북한이탈주민이 초기에 국내에 안착할 수 있도록 주거, 고용, 교육 등 기본적인 생활 조건의 확립에 더욱 주목해야 한다. 그들이 경험할 수 있는 문화적 충격과 심리적 어려움에 대응하기 위해서는 상담 서비스와 심리치료 프로그램의 확대가 필수적이다. 이들의 경제적 자립을 지원하기 위해서는 직업교육의 다양화와 맞춤형 취업 지원이 중요하다. 특히, 어린이와 청소년에게는 더 많은 교육 기회를 제공하고, 우리의 교육 시스템에 원활히 통합될 수 있도록 지원해야 한다. 사회적 통합을 촉진하기 위해 우리 주민과 북한이탈주민 간의 상호 이해와 소통을 돕는 프로그램 개발도 필요할 것이다. 또한 북한이탈주민이 우리 사회의 책임 있는 구성원으로서의 역할을 수행할 수 있도록 시민교육 프로그램이 필요하다. 이런 프로그램은 우리 사회의 법 체계, 사회적 가치, 민주적 절차에 대한 이해를 높이고, 공동체 의식을 강화하는 데 기여해야 한다. 이처럼 평생교육을 기반으로 한 다각적인 접근은 북한이탈주민들이 우리 사회에 안정적으로 정착하고, 개인의 발전뿐만 아니라 사회적 통합에도 기여하는 길을 열어줄 것이다.

연구문제

1. 다문화 사회에서 평생교육의 역할과 중요성에 대해 논하여 보시오.
2. 우리 사회의 다문화/북한이탈주민 평생교육의 한계점에 대해 조사하고 대안을 제시해 보시오.
3. 다문화/북한이탈주민에 대한 일반적인 편견과 오해에 대한 인식개선 방안을 제시해 보시오.

활동 시장수요기반 직업훈련 프로그램 제안

▶ **활동 주제**

북한이탈주민을 대상으로 하는 시장수요기반의 직업훈련 프로그램 제안

▶ **활동 가이드**

- 현재 시장에서 수요가 높은 직업 분야를 조사한다.
- 해당 분야의 업무 내용, 필요 기술, 자격 요건 등을 분석한다.
- 북한이탈주민들이 선호할 수 있는 직업 분야와 그들이 이미 가지고 있는 기술 및 경험을 조사한다.

10

Chapter

문해교육 및 디지털 리터러시 교육

학습개요

오늘날 우리는 지금까지 경험해 보지 못한 급격한 변화의 시대에 살고 있다. 지식의 변화 양상을 가늠할 수 없는 지식정보화 사회에서 한 구성원으로 적응하고 살아가기 위해 평생교육은 더욱 중요하며, 그중 가장 우선적으로 추진되어야 하는 영역은 문해교육이다.

문해는 문자를 읽고 쓸 수 있는 능력을 말하며, 일상생활을 영위하는 데 필요한 기초능력을 배양하는 것으로, 이러한 문해의 개념은 시대의 변화에 따라 다양하게 해석되고 있다.

그러므로 이 장에서는 문해교육 및 디지털 리터러시의 개념과 교육의 중요성을 알아보고 문해학습자를 이해하기 위해 비문해의 원인 및 비문해학습자의 현황과 문해교육의 법적 근거와 지원제도를 알아보고자 한다.

학습목표

1. 문해교육의 개념과 필요성을 설명할 수 있다.
2. 문해학습자의 특성을 설명할 수 있다.
3. 문해교육 및 디지털 리터러시 정책과 제도를 설명할 수 있다.
4. 디지털 리터러시의 개념 및 중요성에 대해 설명할 수 있다.

Chapter **10**

문해교육 및 디지털 리터러시 교육

1 문해교육

1) 문해의 개념

문해(文解) 또는 문자해득(文子解得)에 대한 정의를 살펴보면, 사전적 정의로는 문자를 읽고 쓸 수 있는 능력을 말하며, 일상생활을 영위하는 데 필요한 기초능력을 배양하는 것을 뜻한다. KEDI 보고서(2021)에서는 문해를 평생 동안 일상생활 영위와 사회참여가 가능하도록 인식, 이해, 해석, 창조, 의사소통, 계산하는 능력이라고 하였다. 교육학 용어사전에 따르면, 문해란 국가에서 정한 공식 용어를 읽고 쓸 수 있는 상태를 말한다. 그러나 문해의 개념을 간단하게 정의하기는 어렵다. 시대의 변화에 따라 사람들의 일상생활과 사회참여의 양상과 범위가 달라지므로 문해의 범주도 읽기, 쓰기, 셈하기의 기초문해에서 다양한 인간의 활동을 모두 포괄하는 방향으로 확대되고 있기 때문이다.

지속가능개발목표(SDGs)의 출범과 함께 국제사회는 평생학습의 관점에서 '문해'의 의미를 강조한다. 앞서 말한 문해의 개념인 읽고 쓰고 셈하기를 넘어 이를 활용하여 해석하고 재창조하며 세상과 소통함으로써 급변하게 변화해 가는 사회에서 주체적으로 참여할 수 있도록 하는 것이 문해의 개념이라는 것이다(2021 KEDI 보고서).

문해에 대한 논의는 오래전부터 진행되어 왔으며, 시대의 변화에 따라 문해의 개념도 조금씩 달라져 왔다. 과거 비문해의 상대 개념인 읽고 쓰는 능력으로서의 문해에서 1990년 이후에는 읽고, 쓰고, 계산하는 3R을 활용하여 일상생활에서 요구되는 기초능력을 충족시킬 수 있거나 사회의식을 높일 수 있는 능력으로 문해의 개념이 확대되어 왔다(한상길, 2017). 사회의 발전에 따라 일상생활을 위해 요구되는 기초능력이나 사회의식의 범위도 변화하며 확대되어 갈 수밖에 없으므로 문해·비문해의 개념도 고정된 것이 아닌 "역동적–과정적 측면"에서 분석된다(한상길, 2017). 세계성인교육회의(CONFINTEA)는 시대를 거쳐 오면서 문해를 읽기, 쓰기, 계산의 3R을 넘어 소통, 비판적 사고, 적극적인 시민성, 개인의 권리, 양질의 삶을 위한 개선 등을 모두 포괄하는 확장의 개념으로 본다(UNESCO, 2010). 프레이리와 마세도(Freire & Macedo, 1987/2014)는 문해에 대해 보다 적극적이고 진보적인 관점으로, 문해력 습득을 통해 인간의 자유를 극대화할 수 있다고 보는 인간 해방적 관점을 강조하였다.

유네스코는 SDG 4.6을 개발하는 과정에서 문해를 "다양한 맥락에서 인쇄되거나 쓰인 것을 활용하여 인식, 이해, 해석, 창조, 의사소통, 계산하는 능력"으로 정의하였고, "문해는 개인이 목표를 달성하고, 지식과 가능성을 개발하고, 공동체와 사회에 온전히 참여하는 것을 가능하게 하는 학습의 연속을 포함한다."고 보았다(UNESCO, 2005; 유네스코한국위원회, 2016). 유네스코 평생학습원(UNESCO Institute of Lifelong Learning: UIL)에서는 문해력을 "일반적으로 서면 자료를 통해 읽고, 쓰고, 숫자를 사용하는 일련의 역량과 실행을 의미한다."고 하였다(UIL, 2013). OECD는 성인역량조사에서 문해를 "사회 참여, 목표 달성, 지식과 잠재력을 계발하기 위해 서면자료를 이해, 평가, 사용, 몰입하는 능력"으로 정의하였다(OECD, 2012).

이렇듯 문해를 바라보는 관점은 다양하며, 시대의 변화에 따라 문해의 개념도 다양하게 해석될 수밖에 없다. 문해는 단순하게 읽고, 쓰고, 계산하는 능력을 넘어 개인의 삶을 보다 풍요롭게 하며, 공동체의 발전을 위한 사회 참여를 가능하게 하는 기능적 의미가 강조된 개념으로 문해를 정의한다.

다시 말해, 문해력을 습득한 학습자는 비판적 사고력을 갖춘 주체적 시민으로서 성장하며, 타인과 연대할 수 있는 공동체 의식을 함양하게 되어 개인적 의식을 사회적으로 실천하게 되고 이러한 사회적 실천은 다시 개인의 의식과 시민력을 발전시킬 수 있다는 것이다. 문해력은 학습자가 단순히 글을 읽고, 쓸 줄 아는 능력을 향상시키는 데 그치는 것이 아니라, 학습자의 비판적 태도를 고취시킴으로써 사회 구조와 세계를 변화시키는 기능을 한다고 본다(Freire & Macedo, 1987/2014).

〈표 10-1〉 문해의 개념

	문해(Literacy) 정의
유네스코 한국위원회 (2016)	• 다양한 맥락에서 문서화된 것을 활용하여 인식, 이해, 해석, 창조, 의사소통, 계산하는 능력
	• 개인이 목표를 달성하고 지식과 가능성을 개발하여 공동체와 사회에 온전히 참여하는 것을 가능하게 하는 학습의 연속 포함
UIL(2013)	• 서면자료를 통해 읽고, 쓰고, 숫자를 사용하는 일련의 역량과 실행
OECD(2012)	• 사회 참여, 목표 달성, 지식과 잠재력을 계발하기 위해 서면자료(written texts)를 이해(understanding), 평가(evaluating), 사용(using), 몰입(engaging)하는 능력 • 서면자료(written text): 다양한 매체에서 접근할 수 있는 그래픽 형태로 제공되는 텍스트(인쇄물 및 컴퓨터, PDA, ATM, 블랙베리 또는 아이폰과 같이 화면에 표시되는 텍스트 포함) • 이해(understanding): 텍스트의 의미 구성 능력(개별 단어 의미 이해, 논쟁이나 서술 등의 주제 파악) • 평가(evaluating): 텍스트에 대한 판단(당면 과제에 대한 텍스트의 적절성, 내용의 신뢰성, 미적 대상으로서의 텍스트의 품질, 전자 텍스트의 신뢰성 및 진위 판단) • 사용/활용(using): 텍스트에 정보와 아이디어 적용하여 과제나 목표 달성 • 집중/몰입(engaging): 텍스트에 대한 몰입(숙련도와 밀접하게 관련)
평생교육법 제2조 3항	• 일상생활을 영위하는 데 필요한 문자해득 능력을 포함한 사회적·문화적으로 요청되는 기초 생활능력
서울대학교 국어교육연구소 (1999)	• 의사소통의 목적으로서 문자 언어 사용 능력, 즉 모어를 읽고 쓸 수 있는 능력
김태희, 이기성 (2018)	• 글을 깨우쳐 의미를 알고 그로 인해 사회생활을 영위할 수 있게 해주는 생애 기초 능력
조미경 (2016)	• 생물학적 인간의 본능인 학습활동, 학습 기회, 학습내용 선택 등을 자유롭게 하기 위한 접근 가능한 학습의 자유 「세계성인교육회의」
UIL(2010b)	• 청소년 및 성인의 연속적 학습 단계(the learning continuum)에서 학습의 기회에 집중하기 위한 필수 요소
유네스코 한국위원회 (2016)	• 기초교육의 핵심이며 독립적 학습의 근본
한상길(2017)	• 평생 동안 다양한 영역에서 필요한 것을 계속 배우는 평생학습

2) 문해교육의 필요성

문해교육은 글쓰기, 읽기, 말하기 등의 능력을 강화하고, 인간의 인간성을 향상시키는 교육이다. 문해교육의 필요성을 살펴보면 다음과 같다.

첫째, 문해교육은 일상생활에서 필요한 기술을 습득하는 데 중요한 역할을 한다. 읽기와 쓰기는 정보를 습득하고 전달하는 데 매우 중요한 기술이며, 이러한 기술이 부족한 사람들은 생활의 다양한 분야에서 어려움을 겪을 수 있다. 따라서 문해교육을 통해 이러한 기술을 습득하는 것은 매우 중요하다.

둘째, 문해교육은 소통 능력을 향상시키는 데 큰 역할을 한다. 글쓰기와 읽기는 사람들이 서로 소통하는 데 매우 중요한 역할을 한다. 올바르게 쓰고 읽는 능력이 있다면 사람들은 서로를 잘 이해하고, 의견을 교환하며, 갈등을 해결하는 데 능숙해질 수 있다.

셋째, 문해교육은 자아개발과 지식 습득을 위한 중요한 수단으로서, 자신의 인식과 시각을 넓힐 수 있는 기회를 제공한다. 독서 및 글쓰기 등을 통하여 학습자 자신이 생각을 정리하고 표현하는 과정에서 성장을 촉진시킨다.

넷째, 문자를 해득하는 능력은 사회 참여에 기회를 보장받을 수 있게 하며 인권 촉진에도 큰 역할을 한다. 문해력이 높은 학습자들은 비문해 학습자들보다 사회에 더 적극적으로 참여하며, 자신의 권리와 의무를 잘 이해하고 행사할 수 있다. 그러나 문해능력이 낮은 사람들은 사회 참여 기회의 접점이 적고, 차별과 격차를 더 많이 경험한다.

마지막으로 문해교육은 경제적 이점도 가져다준다. 문해능력이 높은 사람들은 일자리에 보다 쉽게 적응할 수 있으며, 경제활동에 더 적극적으로 참여할 수 있게 한다.

3) 문해학습자의 이해

(1) 비문해의 원인

문해교육에 대한 근원적인 접근은 문해교육을 받는 대상인 비문해의 발생 원인으로부터 출발해야 한다. 우리나라의 비문해 원인을 살펴보면, 경제적인 어려움과 여성의 학습에 대한 인식 부재, 8.15 해방이나 6.25전쟁, 일제강점기 시대 등 시대적 배경과 사회적인 원인을 주로 하고 있다. 또한 해방 이후 산업화 시기에도 여성의 경우는 교육적 혜택을 누리기보다는 산업의 일꾼으로서 젊은 시기를 보내야 했다. 농촌에서 도시로 유입되어 산업 전사로 피땀 흘린 젊은 여성들은 교육적 혜택을 가장 받지 못한 대상이었으며, 이 과정에서 여성 비문해자가 양산되었다(정찬남 외, 2017).

국제사회적으로도 여성의 문해율이 낮은 것으로 보고되고 있다. 특히 개발도상국 여성의 문해력이 낮은 편인데 이는 무엇보다 교육 접근성이 남성보다 낮기 때문이다. 일부 국가에서는 남성 중심 가부장제 문화로 인해 여성들이 교육을 받지 못하고, 가정에서 가사와 아이 양육에만 전념하도록 강요되는 경우가 있다. 여성들은 가정에서 일을 하고, 가족을 지키는 역할을 맡아야 한다는 인식이 여전히 강력하게 남아 있기 때문에 여성들이 교육을 받지 못하고 문해 및 문화 수준이 낮아지는 경우도 비문해의 원인으로 꼽히고 있다. 우리나라 뿐만 아니라 국제사회적으로 여성의 비문해학습자가 많이 양산된 이유는 여성의 교육 접근성이 남성보다 현저히 낮은 데서 기인한다고 볼 수 있다.

산업화 사회에서는 '글을 읽고 이해할 수 있고, 쉬운 셈을 할 수 있는 3R's가 가능한 것'을 문해라고 보았다. 그러나 사회가 점차 복잡해지고 다양해짐에 따라 디지털 기기를 활용해서 다양한 기술을 구사하고 소통할 수 있는 능력을 포함하는 것으로 문해의 개념을 확장해야 한다는 주장이 제기되고 있는 상황을 살펴볼 때, 앞서 언급한 사회적 배경에서 소외된 비문해학습자에 대한 문해교육의 접근이 매우 중요하다고 할 수 있다.

시대가 급변할수록 학습 기회를 제대로 누리지 못한 비문해학습자들은 일상생활에서 많은 어려움을 겪을 수밖에 없다. 읽고 쓰는 능력이 없어서 정보를 얻기 어렵거나, 글로 표현하는 의사소통이 어려워서 사회적으로 참여하는 것도 제한될 수 있으며, 이로 인해 취업과 같은 경제적인 활동에서도 불이익을 경험할 수 있다.

비문해의 원인 분석을 통하여 현대사회에서 필요로 하는 문해에 대한 개념과 범주를 넓게 설정하고 이에 따라 다양한 문해교육의 내용과 방법을 포괄하는 방향이 설정되고 추진되어야 한다.

(2) 비문해학습자의 현황

비문해학습자란 읽고 쓰는 능력이 부족한 사람을 말한다. 이들은 글을 읽거나 쓰는 것에 어려움을 느끼고, 이로 인해 일상생활에서 다양한 제약을 경험한다. 비문해학습자는 다양한 연령층에 걸쳐 있으며, 교육적 · 경제적 배경, 문화적 요인 등이 원인이 될 수 있다. 교육적인 배경이 충분하지 않거나, 학습의 기회가 현저히 적은 지역에서는 비문해학습자가 많이 발생할 수 있다. 문해교육은 기본적인 인권이자 보편적이어야 하며, 비문해율을 낮추기 위한 것은 우리나라 뿐만 아니라 전 세계적으로도 매우 중요한 과제이다.

비문해학습자의 현황은 국가 및 지역에 따라 다르지만, 유네스코(UNESCO)의 '세계 문해력 보고서'에 따르면 2020년 기준으로 약 773백만 명의 성인이 기능적 문해 능력이 없거나 부족한 상태이다. 국가평생교육진흥원에서도 우리나라 성인의 문해 능력을 파악하기 위해 '2017년 성인문해 능력 조사'를 실시한 결과, 조사대상자 중 약 14%가 기능 문해 능력 수준에서 취약한 것으로 조사되었다. 또한 여성이 남성보다, 연령은 80대 이상으로 갈수록, 월 가구 소득수준이 낮을수록, 대도시보다 농산어촌 거주자의 비문해 인구 비율이 상대적으로 높은 것으로 나타났다.

만 18세 이상 성인 문해능력 수준 분포 현황을 살펴보면, 일상생활에 기본적으로 필요한 읽고, 쓰고, 셈하기가 불가능한 수준 1(초등 1~2학년 학습이 필요한 수준)에 해당하는 성인은 7.2%, 수준 2는 5.1%, 수준 3은 10.1%, 수준 4는 77.6%로 나타났다.

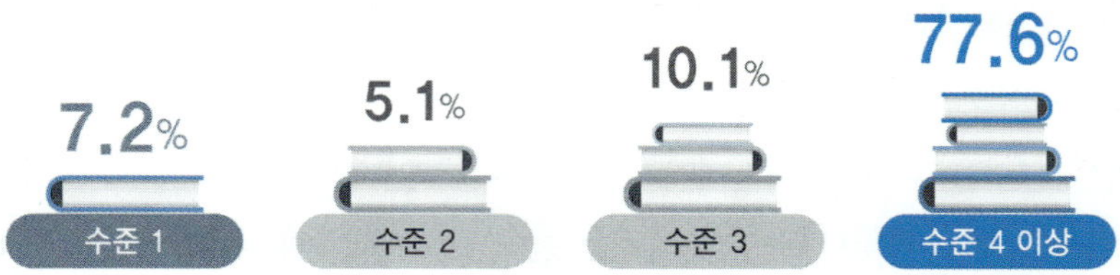

[그림 10-1] 18세 이상 성인 문해능력 수준 분포 현황

출처: 국가평생교육진흥원(2018). 2017년 성인문해능력 조사.

문해능력의 부족은 교육적, 경제적 문제를 유발할 뿐만 아니라 궁극적으로는 사회 참여의 기회가 제한되는 등의 어려움을 겪을 수 있기 때문에, 세계 각국을 비롯하여 우리나라에서는 비문해 현황을 개선하기 위한 정책적, 제도적인 노력들이 추진되고 있다.

4) 문해교육의 정책과 제도

(1) 문해교육 법적 근거

평생교육법 제3조에서는 문해교육을 "일상생활을 영위하는 데 필요한 문자해득(文子解得) 능력을 포함한 사회적 · 문화적으로 요청되는 기초 생활능력 등을 갖출 수 있도록 하는 조직화된 교육 프로그램"으로 정의하고 있다. 평생교육법에서는 문해교육의 대상을 18세 이상의 성인으로 규정하고 있으며, 2014년 평생교육법 개정을 통하여 문자해득의 개념을 단순한 문자를 읽고 쓰는 능력을 넘어 모든 일상생활을 영위하는 데 필요한 기초 생활능력을 갖추도록 하는 교육으로 확장하는 한편, 문해교육 프로그램에 대한 재정적 지원을 할 수 있도록 하여 활성화를 도모하였다.

평생교육법 제39조에서는 문해교육 진흥을 위한 국가 및 지방자치단체의 책무, 국가문해교육센터 및 시 · 도문해교육센터 설치 또는 지정에 대해 규정하고 있다.

평생교육법 제39조 2(문해교육센터 설치 등)에 의거하여, 2016년 2월에 문해교육 활성화를 위해 국가평생교육진흥원 국가문해교육센터가 출범하였다. 국가문해센터는 성인문해교육 프로그램 운영지원, 문해교육 촉진을 위한 각종 홍보 및 민 · 관 · 기업 협력, 문해교육 통계 및 실태조사 실시, 문해교육 교원연수 및 보수교육 추진, 시 · 도 문해교육센터 관리 및 지원, 문해교육 종합정보시스템 운영, 그 밖에 교육부장관이 필요하다고 인정한 사항에 대한 업무를 수행하고 있다.

2016년 국가문해교육센터 출범 이후 광역단위 문해교육센터 지정이 추진되어, 2022년 전국 17개 시 · 도 문해교육센터가 설립되었다. 시 · 도 문해교육센터 설립에 따라 지역 맞춤형 문해교육을 위한 다양한 정책이 이루어지고 있다.

평생교육법 제40조에서는 문해교육 프로그램 이수자에 대한 학력 인정과 교육과정의 편성 및 학력 인정 절차에 대한 규정을 담고 있으며, 문해교육종합정보시스템 구축 및 운영에 대한 규정도 담고 있다. 대한민국 국민 모두가 기본적인 문자 해득 능력을 갖추고 정보화 시대의 변화와 발전에 대응할 수 있는 문해 능력을 강화하도록 국가적으로 지원하고 강화하기 위한 제도가 국가적 정책으로 마련되었다고 볼 수 있다. 광역 및 기초지자체에서는 문해교육 지원을 위한 조례를 별도로 제정하거나 평생교육 관련 조례에 문해교육과 관련된 조항을 포함시키고 있다.

(2) 문해교육의 지원 제도

교육부와 국가평생교육진흥원은 2006년부터 문해능력 향상을 통한 국민 삶의 질 제고를 목표로 「성인문해교육 지원 사업」을 추진하고 있다. 「성인문해교육 지원 사업」은 문해학습자의 교육 기회 확대를 위한 '성인문해교육 프로그램 지원', 저학력 학습자가 교육과정 이수를 통해 초등 · 중학 학력을 인정받는 '성인학습자 학력인정체제', 문해교육 인식 확산 및 참여 촉진을 위한 '성인문해교육 활성화 사업', 합리적이고 체계적인 문해교육 정책 수립을 위한 '성인문해교육 조사 · 연구'를 추진하고 있다.

① 성인문해교육 지원

성인문해교육 지원 사업은 공모 사업 형태로 추진하며, 시 · 도 단위 맞춤형 문해교육 지원체제 구축을 위한 '광역 문해교육 지원' 및 지역 내 문해학습자의 기초 생활 역량 함양을 위한 '지역 맞춤형 문해교육 특성화 사업' 시범 운영, 기초자치단체, 야학 및 비영리 민간단체 등을 지원하는 '문해교육 프로그램', 수요자 맞춤형 생활문해교육 프로그램 발굴을 위한 '특성화 프로그램', 문해교사가 기관 접근이 어려운 개인 학습자를 찾아가는 '가정방문형 문해교실'로 구분된다.

'광역 문해교육 지원'은 2016년 2월 「평생교육법」 일부 개정으로 '시도문해교육센터' 설립 근거가 마련됨에 따라, 지역 맞춤형 문해교육 활성화를 위해 국가-광역이 공동으로 대한민국 문해의 달을 운영하고, 교원연수 및 보수교육, 지역 문해교육 활성화를 위한 사업을 기획 · 운영한다. '광역 문해교육 지원'은 2016년 14개 광역자치단체의 참여로 시작하였으며, 2021년에는 17개의 광역자치단체가 참여하였다.

2021년도에는 '지역 맞춤형 문해교육 특성화 사업'이 신규 시범사업으로 추진되었으며, 지역 특화형 프로그램 지원을 위한 콘텐츠 개발 · 보급, 지역 내 문해교육 현안 해결을 위한 지원 사업 등을 목적으로 대전을 제외한 총 16개 광역이 선정되었다. '문해교육 프로그램'은 저학력 및 비문해학습자에게 제2의 교육 기회를 제공하기 위하여 강사비, 교재비 등 프로그램 운영비를 지원한다.

'특성화 프로그램'은 문해학습자 맞춤형 생활문해교육 프로그램 발굴 및 우수 문해교육 사례 확산을 위해 「성인문해교육 지원 사업」에 5회 이상 참여한 기관을 대상으로 지원하며 인문학, 생활문해, 문화예술, 교수-학습자료 개발 등 다양한 영역에서 기관 특성을 반영한 사업 성과물을 산출함으로써, 전국적으로 문해교육 우수 성과를 확산하는 데 기여하고 있다.

'가정방문형 문해교실'은 2019년에 시범으로 도입하였으며 건강, 지리적 여건 등으로 교육기관 방문이 어려운 개인 학습자를 위해 문해교사가 직접 가정을 찾아가 교육을 제공하는 프로그램으로 2019년 6개 기초자치단체를 시작으로 2020년 16개, 2021년에는 20개로 확대되는 추세이다.

성인문해교육 지원 사업의 주요 추진체제는 교육부, 국가평생교육진흥원, 광역 및 기초자치단체, 문해교육기관으로 구분할 수 있다. 교육부는 사업 기본계획을 수립하며, 국가평생교육진흥원은 세부사업을 운영 · 지원한다. 광역자치단체[시도(시도평생교육진흥원) 및 시도교육청]는 시도 단위 문해교육 활성화 사업을 추진하고, 기초자치단체는 지역 내 문해교육기관에 대한 지도 · 점검을 수행한다.

〈표 10-2〉 **성인문해교육 지원사업 추진체제**

추진체제		주요역할
총괄 기획 · 조정	교육부 (평생학습정책과)	• 사업 기본계획 수립, 사업 추진상황 모니터링 • 타 부처 역할 조정 · 협업 강화
사업전담기관	국가평생교육진흥원 국가문해교육센터	• 세부 사업 추진계획 수립 · 추진 • 사업신청서 접수 · 선정 · 평가 • 사업수행 지원, 결과 분석 등
시도 단위 사업 주체	시도(시도진흥원) 및 시도 교육청	• 광역 문해교육 지원사업 및 지역 맞춤형 특성화 사업 운영 • 학력인정 문해교육기관 설치 · 지정 • 문해교육 교원연수 및 보수교육, 네트워크 구축 등 지역 문해교육 활성화 사업 추진
시군구 단위 지원 주체	기초자치단체	• 사업신청서 작성 • 문해교육 프로그램 운영 및 국고보조금 집행 • 문해교육기관 지도 · 점검
사업수행기관	문해교육기관	• 프로그램 개설 · 운영 • 학습자 관리, 사업비 집행 결과 보고

출처: 교육부(2022). 2022 평생교육백서.

2006년부터 추진한 「성인문해교육 지원 사업」은 2006년 61개 기초자치단체, 178개 문해교육기관으로 시작해 2021년에 168개 기초자치단체(전국의 73.4%), 426개 기관 참여로 확대되었으며, 누적 학습자 수는 약 56.3만여 명에 이른다.

〈표 10-3〉 **성인문해교육 프로그램 지원 현황** (단위: 백만 원, 개, 명)

연도	국고지원액	대응투자액	기초자치단체	문해교육기관	참여자
2006	1,375	828	61	178	14,668
2007	1,800	1,619	108	356	21,294
2008	2,000	3,000	118	439	25,579
2009	2,000	2,424	130	353	24,638
2010	2,000	2,398	134	348	23,778
2011	1,800	2,068	129	360	20,135
2012	1,500	2,026	107	189	16,334
2013	1,950	2,263	130	261	19,745
2014	2,200	3,132	142	306	23,879
2015	2,250	3,398	146	318	35,614
2016	2,436	4,978	162	384	36,039
2017	2,436	5,862	165	377	39,732
2018	2,960	6,628	160	389	51,901
2019	3,190	7,175	165	407	63,201
2020	3,570	7,974	167	421	69,898
2021	4,622	5,567	168	426	76,501
계	38,089	61,340	-	-	532,936

출처: 교육부(2022). 2022년 성인문해교육 활성화 지원 기본계획.

② 문해학습자의 학력 인정

「평생교육법」 제40조에 의거한 '성인학습자 학력인정체제'는 18세 이상의 성인학습자가 시도교육청이 설치하거나 지정한 문해교육 프로그램을 이수하고, 학력 충족 여부 심사를 거쳐 초등 · 중학 학력을 인정받는 제도이다. 성인학습자 학력인정체제는 교육부와 국가평생교육진흥원, 17개 시도교육청, 학력 인정 문해교육기관의 추진체제로 구분할 수 있다.

교육부와 국가평생교육진흥원은 「평생교육법」 제76조에 의거하여 문해교육 전반에 걸친 주요 안건을 심의하는 문해교육심의위원회를 구성 · 운영하고, 맞춤형 성인문해 교과서를 개발한다. 17개 시도교육청은 문해교육 심사위원회를 구성 · 운영하고, 「평생교육법」 제40조에 의거하여 학력인정 문해교육 프로그램을 설치 · 지정하며, 학습자의 학력 충족 여부 심사과정을 거쳐 학습자의 초등 · 중학 학력을 인정한다. 시도교육청은 「평생교육법」 제39조에 따라 관할 구역 안에 있는 초 · 중학교에 학력 인정 프로그램을 설치하거나, 지방자치단체 · 법인 등이 운영하는 프로그램이 적합한 교육과정, 교원, 시설 및 설비 등을 갖출 경우 학력인정 프로그램으로 지정할 수 있다. 시도교육청으로부터 설치 · 지정받은 학력 인정 문해교육기관은 교육과정을 운영하고 학습자들이 학력 취득의 기회를 가질 수 있도록 지원한다.

〈표 10-4〉 **성인학습자 학력인정 추진체제**

추진체제	역할
교육부 국가평생교육진흥원	• 「평생교육법 시행령」 제76조에 의거한 문해교육심의위원회 구성 · 운영 • 문해교육 교육 연수과정 운영(시도평생교육진흥원 등 운영) • 성인문해교과서 개발 • 문해교육정보시스템 구축 · 운영 등
시도교육청	• 「평생교육법 시행령」 제76조에 의거한 문해교육심의위원회 구성 · 운영 • 학력인정 문해교육 프로그램 설치 및 지정 • 성인학습자 학력 충족 여부 심사 및 학력인정 실시
학력인정 문해교육기관	• 학력인정 문해교육 프로그램 운영 • 학력인정 문해학습자 관리

출처: 교육부(2021). 2021 평생교육백서 재구성.

성인학습자 학력인정체제는 2011년 전국 6개 시도교육청, 42개 기관의 참여로 시작하여 2017년에 전국 17개 시도교육청으로 확대되었으며, 2021년에는 전국 265개 학력인정 문해교육기관이 설치 · 지정되었다. 초등과정 운영기관이 184개로 다수를 차지하며, 중학과정 운영기관 14개, 초등 · 중학과정 동시 운영기관은 67개이다. 지역별로는 서울이 55개, 경기가 51개로 다수를 차지하고 있다. 학력인정 문해교육 프로그램을 통해 2011년부터 2021년까지 전국에서 19,577명의 학습자가 초등 · 중학 학력을 인정받았다. 초등과정 학력 인정자는 현재까지 총 16,172명이며, 서울 지역의 학력 인정자가 5,169명으로 전체 초등 인정자의 32.0%를 차지한다. 중학과정 학력 인정자는 누적 3,405명이며, 역시 서울 지역의 학력 인정자가 1,100명으로 전체 중학 인정자의 32.3%를 차지하고 있다.

〈표 10-5〉 2011~2021년 문해교육 프로그램을 통한 누적 학력 인정자 수 (단위: 명)

구분	서울	부산	대구	인천	광주	대전	울산	세종	경기	강원	충북	충남	전북	전남	경북	경남	제주	계
초등	5,169	1,145	870	233	531	441	268	19	2,781	287	167	1,331	490	1,313	337	720	70	16,172
중학	1,100	33	617	–	272	288	67	–	797	–	7	96	–	65	25	–	38	3,405
계	6,269	1,178	1,478	233	803	729	335	19	3,578	287	174	1,427	490	1,378	362	720	108	19,577

출처: 국가평생교육진흥원(2022). 2022년 성인문해교육 활성화 지원 기본계획.

2017년부터는 「초 · 중학 학력인정 문해교육 기반 구축 사업」을 통해 안정적인 학력인정체제 구축을 위한 다양한 지원이 이루어지고 있다. '문해교육종합정보시스템'을 통해 학력인정 문해교육기관, 프로그램, 학습자, 교원 등을 종합 DB로 구축 · 관리함으로써 학력인정체제의 체계적 운영을 지원하고 있다.

2018~2020년 3차년에 걸친 시스템 도입–안정화–고도화를 통해 문해교육종합정보시스템체계를 구축하였다. 2021년에는 시스템 보안 강화 및 유지 · 보수를 통해 관리 기능을 개선하고 정보 연계를 더욱 강화하였다.

③ 성인문해능력조사

문해능력은 단지 글을 읽고 쓸 줄 아는 능력이 아니라, 모든 교육의 토대가 되는 인간 생활의 가장 기본적인 능력으로 개인이 교육받을 수 있는 권리를 실현하는 기본 전제이다. 이는 인간의 성장, 사회경제적 발전, 민주주의 가치 실현을 위해 반드시 갖추어야 할 기초능력이며, 모든 국민이 가져야 할 '권리'이다.

유네스코(UNESCO)에서는 1990년 모든 이를 위한 교육 세계 선언을 공표하여 기초 학습 요구에 대한 개념을 소개하고, 문해를 아동 · 청소년 · 성인에 이르기까지 전 연령층을 위한 형식 · 비형식 교육의 개념으로 확장하였다. 이 개념은 알기 위한 학습(Learning to know), 행하기 위한 학습(Learning to do), 함께 살기 위한 학습(Learning to live together),

존재하기 위한 학습(Learning to be)의 개념을 표방하고 있다.

성인문해능력조사의 목적은 성인 기초 생활문해 수준 진단을 통한 국민 기초 문해역량을 강화하고, 고령화, 정보화, 다문화 사회 진입 등 환경 변화에 적응하기 위한 성인 기초 생활 문해력에 대한 공식 통계 제공, 국민 기초 생활문해 수준을 높이기 위한 현황 파악 및 목표 설정의 근거 마련, 지속적인 지표 관리를 통해 3년 단위 성과 및 변화 추이 파악(조사 주기: 3년), 계층별 · 연령별 · 지역별 균형 잡힌 문해교육 기회 제공을 위한 정책 과제 개발을 하기 위함이다.

「평생교육법」 제19조 제4항 제1호(국가평생교육진흥원의 '평생교육 진흥을 위한 지원 및 조사 업무' 수행), 「평생교육법 시행령」 제73조의 2 제1항 제2호(국가문해교육센터의 '문해교육 촉진을 위한 각종 연구, 조사 및 홍보' 수행), 「통계법」 제18조(통계작성의 승인, 승인번호: 제 420001호, 승인일자: 2014. 9. 29.)의 법적 근거를 가지고 있으며, 전국 17개 시도에 거주하는 모든 가구 내의 만 18세 이상 성인을 대상으로 해당 가구를 방문하여 조사 대상자와 직접 대면하여 조사하는 개별 방문 면접조사로 진행된다.

④ 문해교육 교원 양성 및 연수

평생교육법 시행령 제70조에 의거, 학력인정 문해교육 프로그램을 설치 · 지정받고자 할 때 문해교육 교원 연수 이수자 확보가 필수 요건에 해당된다. 문해교육 교원 연수는 초등과 중학 연수과정으로 구분되며, 각 과정은 문해교육개론, 문해교육 기획 및 개발, 문해교육 교수법, 문해교육 학습 및 기관 경영, 문해교육 네트워크 경영, 문해교육 가치와 교사 사명의 6개 과목과 현장실습으로 구성되어 있다. 평생교육법 시행령 제70조의 2에 의거한 문해교육 교원연수기관(시 · 도평생교육진흥원 등)에서 연수과정을 운영하며 모집공고를 통해 대상자를 선발한다.

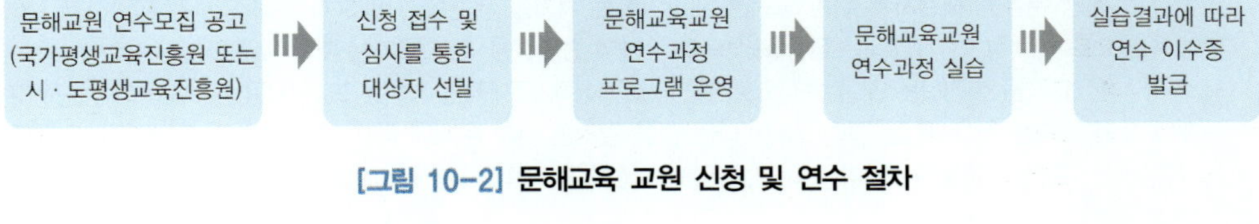

[그림 10-2] 문해교육 교원 신청 및 연수 절차

〈표 10-6〉 **문해교육 교원 연수과정 및 신청 자격**

구분	과목명	연수과정	신청자격
초등과정	• 문해교육개론 • 문해교육 기획 및 개발 • 문해교육 교수법 • 문해교육 학습 및 기관 경영 • 문해교육 네트워크 경영 • 문해교육 가치와 교사 사명	6개 과목 (50시간) 현장실습 (15시간)	• 대학* 및 전문대학** 졸업자 • 고등학교 졸업 이후 연속 20주 이상의 기간 동안 – 총 120시간 이상 문해교육 관련 경력을 가진 자 * 고등교육법 제35조 제1항에 따른 학사학위와 같은 수준의 효력을 가지는 학위 소지자 ** 고등교육법 제 50조 제1항에 따른 전문학사학위와 같은 수준의 효력을 가지는 학위 소지자
중학과정		6개 과목 (24시간) 현장실습 (15시간)	• 「초·중등교육법」 제21조 제2항에 따른 교원 자격 소지자 • 대학* 졸업 이후 연속 20주 이상의 기간 동안 총 140시간 이상 문해교육 관련 경력을 가진 자 * 고등교육법 제35조 제1항에 따른 학사학위와 같은 수준의 효력을 가지는 학위 소지자

출처: 국가문해교육센터 홈페이지 재구성.

⑤ 그 외 문해교육 활성화 사업

성인문해학습자의 학습 여건 조성을 위해 2015년부터 성인문해 교과서를 무상으로 보급하고 있으며, 개인 및 기관의 신청으로 지원받을 수 있다.

교육기관이 없는 소외지역 학습자를 위해서 EBS에서 성인문해교육방송을 제작·방영하고 있다. 또한, 성인문해교육의 필요성과 중요성에 대한 사회적 인식 제고를 위하여 세계 문해의 날(매년 9월 8일)[1]을 기념하여 '대한민국 문해의 달'을 선포하고, 전국 시·도 평생교육진흥원과 연계하여 전국 동시 시화전 개최 및 전국 문해 한마당, 국민응원엽서 등 국민 참여 기반의 이벤트 운영을 통해 공감대를 확산하는 행사를 진행하고 있다.

- EBS 성인문해교육방송

'학교 가기 좋은 날' 프로젝트는 배움의 시기를 놓친 전국의 성인문해 학습자들을 대상

1) 세계 문해의 날(World Literacy Day)은 매년 9월 8일에 기념되는 국제 기념일로 이날은 세계적으로 문맹 문제를 인식하고, 문맹 문제를 해결하기 위한 노력을 재확인하는 기회를 제공함. UNESCO(유네스코)가 제안하고 1965년에 처음으로 시작된 이 기념일은 전 세계적으로 교육의 중요성을 강조하고 문맹 문제를 인식함으로써 세계적으로 더 나은 교육을 촉진하는 것을 목적으로 함. 이날을 통해 국제적인 사회는 모든 사람들이 교육에 접근하고, 독해와 쓰기 능력을 향상시키는 것이 중요하다는 것을 알리는 것과 동시에 국제 사회 전반에 걸쳐 더 나은 교육을 제공하고, 모든 사람들이 더 나은 미래를 위해 자신의 잠재력을 최대한 발휘할 수 있도록 지원하고 있음.

으로 '생활 문해'와 '영어'를 함께 학습하는 '청춘학교'를 배경으로 일상생활에 필요한 금융, 정보, 건강, 교통안전과 같은 생활 문해를 배우고 주제와 관련된 영어까지 동시에 학습하는 교육 프로그램이다.

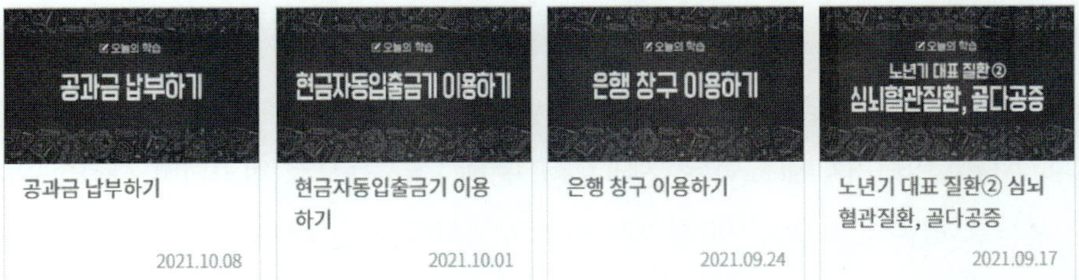

출처: EBS 홈페이지 학교 가기 좋은 날.

• 2022년 대한민국 문해의 달 선포식 및 시화전 개최

교육부와 국가평생교육진흥원은 문해교육에 대한 국민의 인식을 높이고자 유네스코가 제정한 '세계 문해의 날(9/8)'을 기념하여 2014년부터 매년 9월을 '대한민국 문해의 달'로 선포하고 각종 홍보활동을 추진하고 있다.

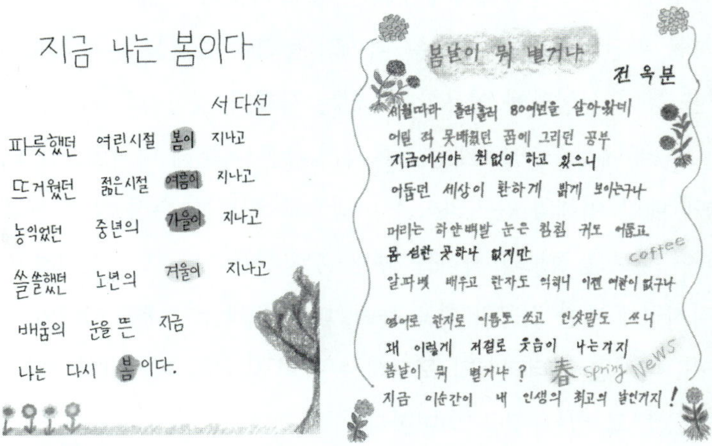

출처: 국가문해교육센터 홈페이지.

2 디지털 리터러시 교육

1) 디지털 리터러시의 개념

디지털 전환(digital transformation)이 가속화되면서 디지털 세계에서 올바른 시민으로 살아가기 위해 디지털 리터러시(digital literacy)의 필요성이 지속적으로 강조되고 있다(이현숙 외, 2020). 리터러시(literacy)는 문식(文識), 문해(文解) 등으로 번역되며 사전적 의미는 '읽고 쓰는 능력'으로, 문자를 통해 지식과 정보를 획득하고 이해하는 능력을 의미한다.

3R's, 즉 읽기(reading), 쓰기(writing), 셈하기(arithmetics)는 최초의 리터러시로 인간에게 요구되는 가장 기본적인 능력이다. 사회와 기술의 변화에 따라 인간이 습득해야 할 리터러시도 변화하였고, 텔레비전 리터러시, 컴퓨터 리터러시, 정보통신(ICT) 리터러시, 미디어 리터러시, 디지털 리터러시 등 다양한 속성을 지닌 리터러시 유형이 제시되었다.

디지털 리터러시라는 용어는 1997년 폴 길스터(Paul Gilster)의 저서 '디지털 리터러시'에서 처음 소개되었는데 디지털 리터러시 연구 초기에는 정보와 기술적 활용에 초점을 두었지만 정보통신기술이 발전하면서 수많은 정보 가운데 양질의 정보를 올바르게 선택하고, 그 정보를 판단력 있게 해석하는 비판적 능력에 중점을 두게 되었다. 더 나아가 습득된 지식을 통해 실생활에 이용할 수 있는 사회적 영향력을 가지는 능력으로까지 확장되었다. 교육부에서도 2022 개정 교육과정 총론을 통해 디지털 리터러시를 디지털 지식과 기술에 대한 이해와 윤리의식을 바탕으로 정보를 수집·분석하고 비판적으로 이해·평가하여 새로운 정보와 지식을 생산·활용하는 능력으로 정의하고 있다(교육부, 2022). 이는 디지털에 대한 접근과 활용 능력, 디지털 세상에 대한 이해와 윤리의식 등을 바탕으로 하며, 디지털 리터러시가 포함하는 능력 범위는 디지털의 빠른 발달과 함께 지속적으로 확장되고 있는 것을 의미한다.

유네스코(UNESCO, 2011)의 경우 디지털 리터러시 개념 정의 초기에는 디지털 미디어의 활용과 생산, 정보처리와 인출, 지식의 창조와 공유를 위한 사회적 네트워크, 직업 활동에 요구되는 기술을 포함하는 기초적 능력이라는 통합적인 관점에서 정의하였다.

하지만, 최근의 정의를 살펴보면 취업, 적절한 직업 생활, 기업가 정신 등 직업적 관점에서 디지털 기술을 매개하여 안전하고 적절하게 정보에 접근, 통제, 이해, 종합, 소통, 평가, 생산할 수 있는 능력으로 접근하고 있다(UNESCO, 2018). 이렇듯 시대적 흐름에 따라 디지털 기술이 인간 삶 전반에 깊이 통합되면서 그 활용은 단순한 기술적 적용을 넘어 복합적인 사고와 접목한 능력이 개념에 포함되고 있는 것을 확인할 수 있다. 이러한 개념 변화를 고려할 때 디지털 리터러시 교육은 시대의 변화를 반영하여 단순히 디지털 매체를 기술적으로 사용하는 방법을 넘어서, 이를 통해 얻은 정보의 활용, 정보 생성 및 커뮤니케이션, 평가, 그리고 윤리적 활용을 포괄해야 한다(이윤진, 김남숙, 2023).

또한 디지털과 관련된 실천적 역량이 중시됨에 따라 다양한 국가에서 디지털 리터러시의 체계적인 교육을 위해 디지털 리터러시 프레임워크를 제시하고 있는데, 이는 디지털 리터러시 교육을 위한 개념 정립의 수준을 넘어 세부적인 학습요소의 정의와 함께 평가를 위한 수행 기대 수준까지를 포함한다.

유럽연합집행위원회(European Commission: EC)[2]는 평생학습의 관점에서 시민들의 디지털 역량 향상을 도모하고 있으며, 디지털 역량을 갖추는 데 필요한 핵심요소를 구체화하여 디지털 역량 프레임워크(DigComp)를 개발하였다. 'DigComp 2.2'는 'Digital Competence Framework for Citizens'의 업데이트된 버전으로 유럽위원회 공동연구센터(Joint Research Centre: JRC)[3]에 의해 개발되었으며, 이 프레임워크는 시민들이 디지털 세계에서 필요한 역량을 식별하고, 평가하며, 개발할 수 있도록 돕기 위해 설계되었다.

2) 유럽연합집행위원회(European Commission): 유럽 통합 관련 조약을 수호하고 유럽연합(EU)의 행정부 역할을 담당하는 기구. EU 관련 각종 정책을 입안하고 EU의 이익을 수호하는 EU 통합의 중심 기구이다.

3) 공동연구센터(Joint Research Centre): JRC는 유럽연합집행위원회가 직접 운영하는 연구기관으로, 과학 및 기술적 연구를 수행하여 유럽연합의 정책 결정을 지원한다. JRC는 과학적 조언과 기술적 전문 지식을 제공하여, 유럽연합의 정책 결정이 과학적 근거에 기반하도록 돕는다.

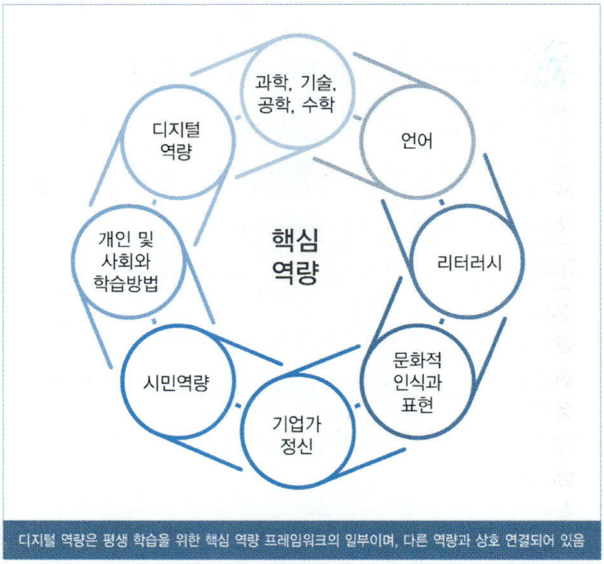

[그림 10-3] DigiComp의 핵심역량 프레임워크(JRC)

또한 핵심역량을 더욱 상세하게 설명하고, 각 역량에 대한 구체적인 지식, 기술, 태도를 제공한다. 이 프레임워크는 교육과 훈련, 직업 개발, 그리고 일상생활에서 디지털 역량을 평가하고 개선하는 데 유용한 도구로 사용되며, 유럽 전역의 교육기관, 기업, 정책 입안자들에게 디지털 역량 향상을 위한 중요한 가이드라인을 제공한다([그림 10-3] 참조). 이를 자세히 살펴보면, 시민들이 자발적으로 자신의 디지털 역량을 진단할 수 있는 기준을 총 5개의 영역으로 제시하고 있다. 정보와 데이터 리터러시, 소통과 협업, 디지털 콘텐츠 제작, 보안, 문제해결로 각 영역을 다시 3~6가지의 하위 요소로 구분하고 있다. 여기서 제시된 21개 디지털 역량에 대해 숙련도 수준을 진단할 수 있는 프레임워크를 제시하였는데 숙련도 수준은 과제의 복잡성, 자율성, 인지 영역 각각의 차원에 따라 구분되며, 가이드라인이 존재하는 간단한 문제를 해결하는 수준부터 전문성이 요구되는 복잡한 문제를 처리할 수 있는 수준까지 8단계로 분류하였다.

〈표 10-7〉 DigComp 2.2 디지털 역량 및 세부 역량

영역	역량	내용
1. 정보와 데이터 리터러시(Information and Data Literacy)	1.1 데이터, 정보, 디지털 콘텐츠의 탐색 및 필터링 1.2 데이터 정보 및 디지털 콘텐츠 평가 1.3 데이터, 정보, 디지털 콘텐츠 관리	정보와 데이터를 찾고, 이해하고, 평가하며 관리하는 능력
2. 소통과 협업(Communication and Collaboration)	2.1 디지털 기술을 통한 상호작용 2.2 디지털 기술을 통한 공유 2.3 디지털 기술을 통한 시민 참여 2.4 디지털 기술을 통한 협업 2.5 네티켓 2.6 디지털 신원 관리	디지털 기술을 사용하여 효과적으로 소통하고 협업하는 능력
3. 디지털 콘텐츠 제작(Digital Content Creation)	3.1 디지털 콘텐츠 개발 3.2 디지털 콘텐츠 통합 및 재설계 3.3 저작권 및 라이선스 3.4 프로그래밍	디지털 콘텐츠를 생성, 편집하고 공유하는 능력
4. 보안(Safety)	4.1 장치 보호 4.2 개인정보 및 개인정보 보호 4.3 건강과 웰빙 보호 4.4 환경보호	디지털 환경에서의 개인 안전, 데이터 보호 및 건강 및 복지 보호
5. 문제해결(Problem Solving)	5.1 기술적인 문제해결 5.2 요구사항 식별 및 기술적 대응 5.3 디지털 기술을 창의적으로 활용 5.4 디지털 역량 격차 식별	디지털 도구와 기술을 활용하여 문제를 해결하고 혁신적인 방법으로 작업하는 능력

출처: JRC(2023; https://publications.jrc.ec.europa.eu/repository/handle/JRC128415).

유네스코(UNESCO)는 DigComp 모델을 근간으로 개발도상국의 사례를 반영하여 EU 이 외의 국가에서도 활용할 수 있는 '디지털 리터러시 글로벌 프레임워크(Digital Literacy Global Framework, DLGF)'를 개발하는 등 유럽 각국에서도 DigComp를 활용하여 정책 집행 및 지원, 교육자의 전문성 개발, 평가 및 인증, 교육훈련 프로그램 개발 등을 수행하고 있다. 이러한 DLGF는 청년과 성인이 최소한으로 갖추어야 할 디지털 리터러시 능력의 비율을 정립하기 위해 개발되었으며(UNESCO, 2018), 이 프레임워크는 전 세계적으로 디지털 리터러시 수준을 평가하고 향상시키는 데 중요한 기준으로 활용된다. 유네스코는 이러한 디지털 리터러시를 취업, 양질의 일자리 생성, 그리고 창업에 필수적인 디지털 기술 활용 능력으로 정의했다. 이 정의에 의하면, 디지털 리터러시는 정보에 안전하고

효과적으로 접근하고 관리하는 능력, 또한 정보를 이해하고 통합하여 소통, 평가, 창출하는 능력을 포함한다. 이 개념을 구체화하기 위해, 유네스코는 유럽위원회의 DigComp2.0 프레임워크를 기초로 삼았으며, 이 프레임워크를 통해 현재 디지털 리터러시 상태를 분석하고, 그에 기반한 개선 방안을 마련하는 것이 목적이다. 해당 분석의 세부 내용은 〈표 10-8〉에 자세히 기술되어 있다.

〈표 10-8〉 UNESCO 디지털 리터러시 프레임워크

영역	역량
0. 하드웨어와 소프트웨어의 기초	0.1 전원 켜기/끄기, 충전 등 하드웨어에 대한 기본 지식, 잠금 장치 0.2 사용자 계정 및 암호와 같은 소프트웨어에 대한 기본 지식, 로그인, 개인정보 설정 방법 등
1. 정보 및 데이터 리터러시	1.1 데이터, 정보, 디지털 콘텐츠의 탐색, 검색, 필터링 1.2 데이터, 정보, 디지털 콘텐츠의 평가 1.3 데이터, 정보, 디지털 콘텐츠의 관리
2. 의사소통 및 협력	2.1 디지털 기술을 통한 상호작용 2.2 디지털 기술을 통한 공유 2.3 디지털 기술을 통한 시민 의식 참여 2.4 디지털 기술을 통한 협업 2.5 네티켓 2.6 디지털 정체성 관리
3. 디지털 콘텐츠 생성	3.1 디지털 콘텐츠 개발 3.2 디지털 콘텐츠 통합 및 재작성 3.3 저작권 및 라이선스 3.4 프로그래밍
4. 안전	4.1 보호 장치 4.2 개인 데이터 및 개인 정보 보호 4.3 건강과 웰빙 보호 4.4 환경 보호
5. 문제 해결	5.1 기술적인 문제 해결 5.2 요구 파악 및 기술적 대응 5.3 디지털 역량 격차 파악 5.4 컴퓨팅 사고력
6. 직업 관련 역량	6. 직무 수행에 필요한 지식과 기술, 특정 분야에 특화된 하드웨어/소프트웨어 운영, 엔지니어링 설계 소프트웨어 및 하드웨어 도구, 또는 학습의 사용, 완전한 온라인 또는 혼합 과정을 제공하는 관리 시스템

출처: UNESCO(2018).

한국교육학술정보원(2023)에서도 디지털 리터러시 구성 체계를 정립하였는데 교육부의 디지털 소양 개념 및 4대 영역, 10개 세부 요소별로 22개 학습 요소와 55개 세부 학습 요소를 도출하고, 각 세부 학습 요소별 91개의 학습 수행 기대를 제시하였다. 디지털 리터러시 구성 체계를 도식화한 것은 다음 [그림 10-4]와 같다.

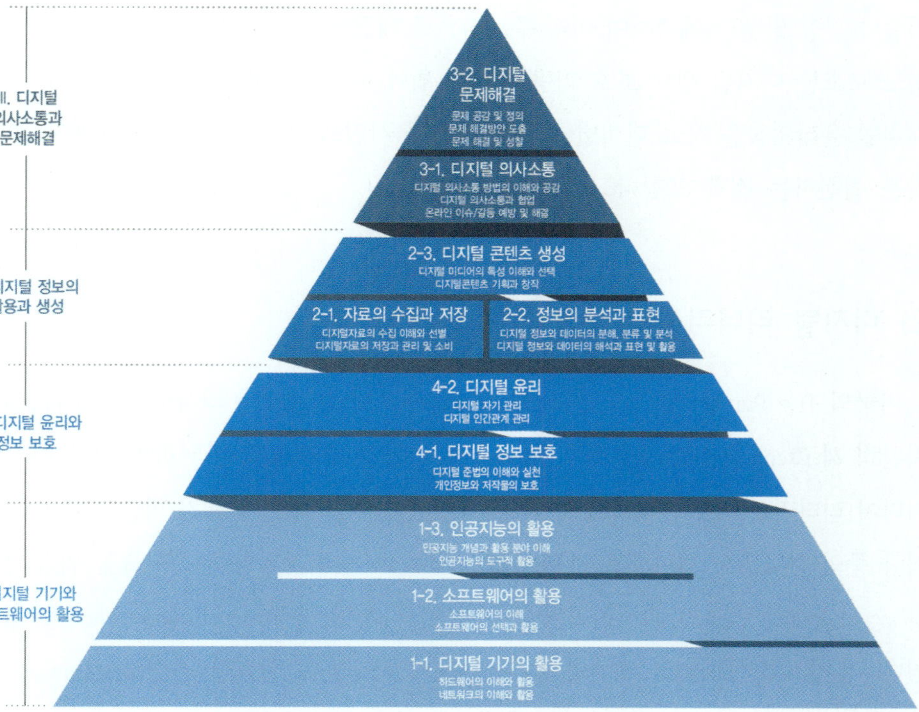

[그림 10-4] 디지털 리터러시 구성 체계 도식화

출처: 한국교육학술정보원(2023).

이 구성 체계의 각 요소는 별도로 이루어지는 것이 아니라 서로 연계성을 가지고 운영되어야 함을 피라미드 구조를 통해 체계화하였다. 디지털 리터러시에 대한 핵심 구성요소를 살펴보면, 디지털기기와 소프트웨어의 활용, 디지털 정보의 활용과 생성, 디지털 의사소통과 문제해결, 디지털 윤리와 정보보호의 4가지 요소로 도출하였다. 이를 세부적으로 살펴보면 첫째, 디지털기기와 소프트웨어의 활용은 디지털기기의 활용을 시작으로 소프트웨어의 활용을 통해 발현되며, 미래의 핵심 소프트웨어인 인공지능의 활용을 통해 능력을 배가시킬 수 있다. 둘째, 디지털 정보의 활용과 생성은 자료의 수집과 저장, 정보의 분석과 표현과정을 거쳐 디지털 콘텐츠를 생성하는 능력이므로, 효과적인 디지털 콘텐츠 기획을 위해 디지털 미디어에 대한 이해와 적합한 미디어 선택 능력이 전제되어야 한다. 셋째, 디지털 의사소통과 문제해결은 디지털 의사소통 능력을 통해 협업하고 이슈나 갈등 발생을 예측하여 이를 주도적으로 해결하는 능력이다. 넷째, 디지털 윤리와 정보 보호는 디지털 정보 보호 역량을 통해 법에 따라 자신과 타인의 정보를 보호하며, 디지털 윤리의식을 갖고 디지털 사회의 성숙한 시민으로서 타인을 배려하고 예절과 윤리를 실천하는 것을 포함하고 있다.

2) 디지털 리터러시의 중요성

미국의 The Partnership for 21st Century Skills[4](2007)에서는 의사소통(communication), 비판적 사고(critical thinking), 창의성(creativity), 협업(collaboration)과 함께 정보 리터러시, 미디어 리터러시, ICT 리터러시로 구성된 디지털 리터러시를 21세기 학습을 위한 중요한 역량 중의 하나로서 제시하고 있고(OECD, 2021), EU에서 제안한 '평생학습을 위한 핵심역량' 역시 8개의 범교과적 핵심역량 중 하나로 디지털 역량(digital competence)을 다루고 있다. 유네스코(UNESCO, 2017)의 경우, 21세기 학생들이 필요한 기술(21st-century skills) 중 '정보 통신 기술을 효과적이고 비판적으로 활용하는 역량'을 강조하는데 이는 청소년들이 직업을 구하고 지속 가능한 발전과 세계 시민으로 사회에 완전히 참여(full participation)하기 위해 디지털 리터러시를 개발해야 한다고 보는 것이다. 우리나라 교육부 또한 2022 개정 교육과정에서 '학습자 디지털 기초 소양 강화'를 제시하여 학습자의 주체적 참여를 요구하였다(교육부, 2021). 이처럼 미래 사회의 핵심 역량으로 디지털 리터러시의 중요성이 대두되면서 디지털 정보를 올바르게 이해하고 이를 주체적으로 활용하는 디지털 리터러시의 중요성은 교육 전반에서 다루고 있다.

4) 미국의 "The Partnership for 21st Century Skills"는 교육, 비즈니스, 그리고 정부 부문의 다양한 리더들이 모여 설립한 조직으로 이 조직의 목적은 21세기 기술을 교육 체계에 통합하는 것에 중점을 두고 있다.

3) 디지털 리터러시 교육의 필요성

4차 산업혁명 및 디지털 전환(Digital Transformation)[5]은 초기 산업 분야에서 디지털 기술 적용을 통해 비즈니스 모델을 창출하고 생산성 확산으로 이어지는 것(OECD, 2019)에서 출발하여 코로나19 이후 '디지털 우선(digital first)' 접근방식의 관점으로 사회 전 영역의 패러다임을 변화시키며 확장되었다(한국지능정보사회진흥원, 2022). 이후 디지털 혁신이 진행되는 과정에서 디지털 전환의 준비도에 따라 팬데믹 이후 회복과정이 K자형으로 나타나는 현상이 보고되었고(U.S.Chamber of Commerce, 2020), 이러한 양극화의 조기 해소가 디지털 전환 시대의 중요한 해결과제로 대두되었다(김지은, 김경아, 2023). 즉 디지털 격차 완화와 사회 포용성을 높이고, 정보통신기술 발달에 따라 개인의 디지털 리터러시 역량 강화가 필요한 시점이다. 이를 자세히 살펴보면 디지털 리터러시를 갖춘 개인은 효율적으로 정보를 검색하고 활용할 수 있으며, 협업과 커뮤니케이션 도구를 숙달하여 다른 사람들과 원활하게 협력할 수 있다. 이는 디지털 리터러시와 관련하여 지속적인 학습과 역량개발로 개인의 경쟁력을 향상시키고 새로운 직무와 기회에 더 적극적으로 대응할 수 있는 역량을 제공한다. 또한 디지털 리터러시를 갖춘 개인은 온라인에서 다양한 정보를 찾고 활용할 수 있으며, 디지털 도구와 플랫폼을 효과적으로 활용하여 생활의 다양한 측면에서 혜택을 얻을 수 있다. 예를 들어, 온라인으로 상품을 구매하거나 서비스를 이용하고, 금융거래를 수행하며, 건강 정보에 접근하고 관리할 수 있다. 이는 개인의 삶의 질을 향상시키는 데에도 도움을 줄 수 있다. 그러나 기술의 발달이 시공간을 초월한 편리성과 효율성, 다양한 매체를 통한 양적 · 질적 정보의 공유와 소통, 인공지능(AI), 메타버스 등 다양한 플랫폼 환경을 통해 디지털 세상이 가져다준 유익을 총체적으로 경험하게 하는 반면 디지털 기술의 도구적 사용에 대한 접근 및 활용의 차이, 참여자의 익명성 및 매체의 다양성 등으로 인해 디지털 약자가 출현하고 새로운 디지털 범죄의 등장과 함께 갈등과 혼란이 야기되었다(김지은 외, 2023). 즉 디지털 콘텐츠 저작권과 표절, 딥페이크, 디지털과의존, 디지털 성범죄 등 사회적 문제에 대한 교육적 접근

5) 디지털 전환(Digital Transformation)은 조직, 기업, 또는 사회가 디지털 기술을 채택하여 내부 및 외부 프로세스를 변화시키는 과정을 의미한다. 이 변환은 단순히 기술을 도입하는 것을 넘어서, 비즈니스 모델, 조직 문화, 고객 경험 및 운영 전략을 포함한 전반적인 변화를 포함한다.

또한 요구되는 상황이다. 한편으로는 정보나 기술을 이용하는 개인의 능력 차이로 디지털 정보격차가 발생하게 되었는데(이향수, 이성훈, 최정아, 2016), 이러한 디지털 정보격차의 계층화는 디지털 취약계층 대상으로 디지털 리터러시 교육이 필요함을 강조하고 있는 것이다. 특히, 고령화사회와 평생학습 사회에서 국민 누구나가 적시적으로 평생학습이 필요한 시점과 교육환경의 변화에 따른 적극적인 대응은 중요한 과제가 아닐 수 없다.

4) 디지털 정보격차의 실태

한국지능정보사회진흥원(2022)의 「2022 디지털정보격차 실태조사」에 의하면, 전체 국민 대비 정보소외계층[6]의 디지털정보화 수준은 평균 76.2%(디지털정보화 접근 수준 96.0%, 디지털정보화 활용 78.0%, 디지털정보화 역량 64.5%)로 전년도 대비 접근(1.6%p↑), 역량(0.7%p↑), 활용(0.4%p↑)로 상승하였으나 디지털 활용 능력과 역량은 여전히 낮은 것으로 나타났다.

〈표 10-9〉 부문별 디지털정보화 수준 (단위: %)

구분	2018년	2019년	2020년	2021년	2022년
접근	91.1	91.7	93.7	94.4	96.0
역량	59.1	60.2	60.3	63.8	64.5
활용	677	68.8	74.8	77.6	78.0
종합	68.9	69.9	72.7	75.4	76.2

정보소외계층을 하위집단별로 세분화하여 살펴보면, 디지털정보화 수준은 고령층 69.9%, 농어민 78.9%, 장애인 82.2%, 저소득층 95.6% 순으로 나타났다.

6) 정보소외계층은 정보와 관련된 기술, 자원, 기회에 접근하거나 이를 활용하는 데 어려움을 겪는 사람들(고령층, 농어민, 장애인, 저소득층)을 의미한다.

〈표 10-10〉 계층별 디지털정보화 수준 (단위: %)

구분	2018년	2019년	2020년	2021년	2022년
장애인	74.6	75.2	81.3	81.7	82.2
고령층	63.1	64.3	68.6	69.1	69.9
저소득층	86.8	87.8	95.1	95.4	95.6
농어민	69.8	70.6	77.3	78.1	78.9
취약계층 평균	68.9	69.9	72.7	75.4	76.2

※ 대비수준은 일반국민의 디지털정보화 수준을 100으로 할 때, 일반국민 대비 4대 계층의 디지털정보화 수준을 의미.
※ 취약계층 평균은 각 계층별 인구규모를 고려한 가중평균.

또한 컴퓨터 · 모바일 기기 보유 및 인터넷 사용 가능 수준과 관련된 지표인 '접근', 컴퓨터 · 모바일 기기 기본 이용 능력과 관련된 지표인 '역량', 컴퓨터 · 모바일 기기의 활용 정도와 관련된 지표인 '활용'의 3가지 측면에서 살펴보면, 접근(96%) 수준에 비해 역량(64.5%)과 활용(78%) 수준은 상당히 저조한 것으로 나타났다(과학기술정보통신부, 한국지능정보사회진흥원, 2022). 나아가 일반국민을 100으로 두고, 종합, 접근, 역량, 활용에 있어 연령별 수준 차이를 살펴보면 [그림 10-5]에서 [그림 10-8]과 같다. 전반적으로 20~30대의 수준이 상대적으로 높은 가운데, 60대와 70대 이상에서 다른 연령대와 격차가 큰 편임을 확인할 수 있으며, 특히 역량과 활용 수준에서 있어 극심한 차이가 있음이 드러났다.

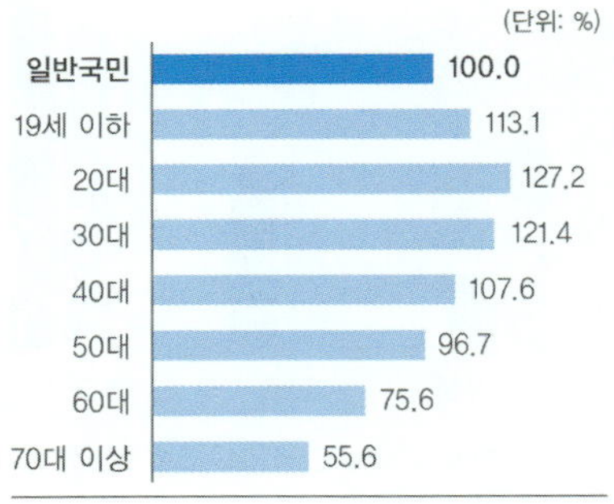

[그림 10-5] 연령별 종합 수준

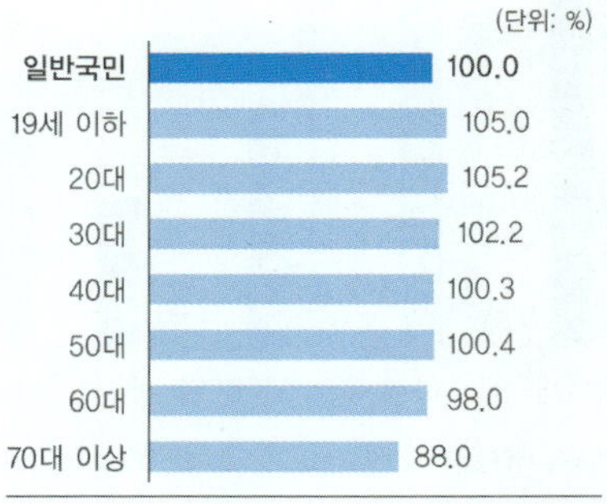

[그림 10-6] 연령별 접근 수준

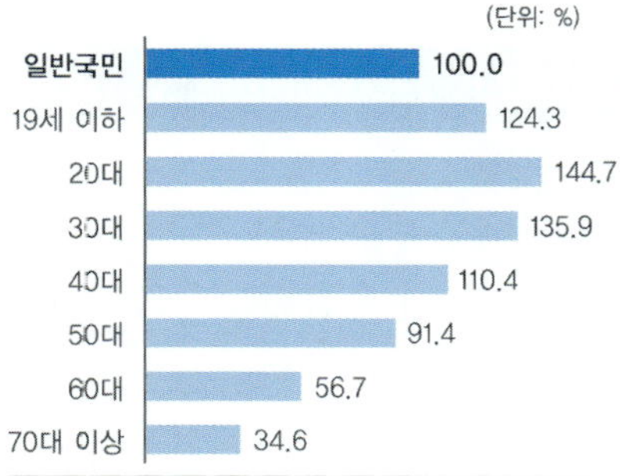

[그림 10-7] 연령별 역량 수준

[그림 10-8] 연령별 활용 수준

교육부와 한국교육개발원이 실시하는 「2022 한국 성인의 평생학습실태」에 따르면 평생학습 개인 실태조사 응답자 전체를 대상으로 학습매체 선호도를 조사한 결과, 책이나 판서 수업 중심의 학습을 선호하는 비율은 52.9%, 인터넷 강의 또는 컴퓨터(전자책, 태블릿PC, 스마트폰 등)를 통한 학습을 선호하는 비율은 43.1%로 나타났다. 25~34세, 35~44세 연령층의 경우 인터넷 강의 또는 컴퓨터를 활용한 학습을, 45세 이상 연령층은 책이나 판서를 활용한 학습을 선호하는 비율이 더 높았다. 중졸 이하와 고졸자는 책이나 판서 수업을, 대졸 이상 학위소지자는 인터넷강의 또는 컴퓨터를 활용한 학습을 선호하였다.

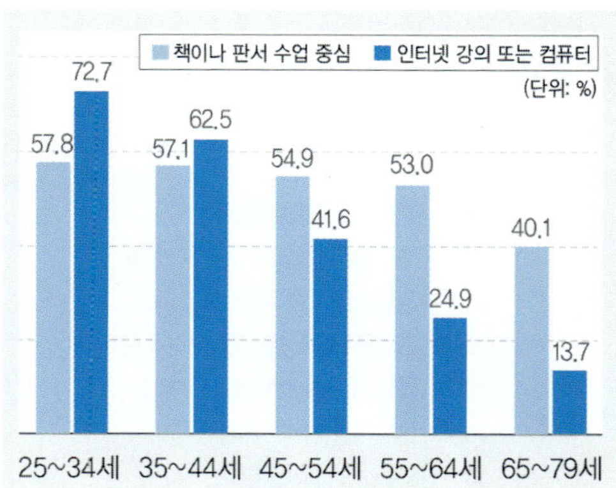

주: 평생학습 개인실태조사 응답자(만 25~79세) 전체에 대한 현황임

[그림 10-9] 학습매체 선호도(연령별)

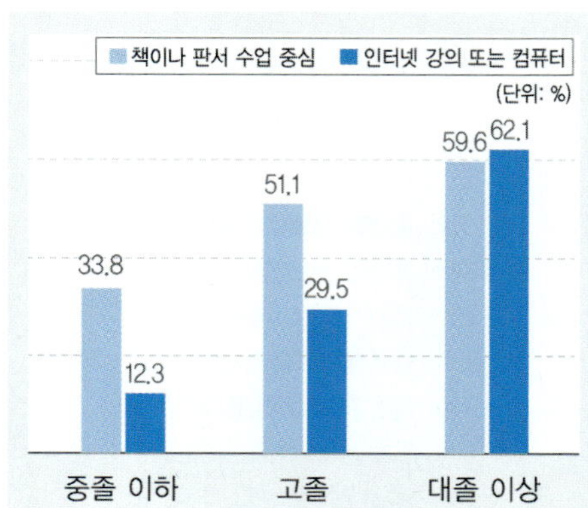

주: 평생학습 개인실태조사 응답자(만 25~79세) 전체에 대한 현황임

[그림 10-10] 학습매체 선호도(학력별)

5) 디지털 리터러시 교육 정책 및 현황

(1) 교육부 「교육정보화 시행계획」

교육부(2023) 교육정보화 시행계획 4대 정책목표별 과제 현황에 따르면 4대 정책목표 중 하나가 '지속가능한 교육 정보화 혁신'으로 생애주기를 고려한 온라인 교육 확대, 평생교육 및 진로 · 직업 정보관리체계강화를 과제로 삼고 있다. 이를 위해 초등교육부터 평생교육까지 전 생애주기별 개인 맞춤형 원격교육 및 학습 이력관리 운영 체제(플랫폼)를 제공하고 업무 효율성 증대를 위한 교육행정서비스를 고도화한다. 이는 초 · 중등 원격수업 운영체제(플랫폼)인 '이(e)학습터'와 '온라인 클래스'의 기능을 개선하고, 맞춤형 학습정보 제공과 이력 관리를 위한 온국민평생배움터 운영체제(플랫폼)을 구축하며, 교육체계(패러다임) 대전환에 대비한 지능형 교육행정정보시스템(나이스)을 구축하는 등의 정보화 사업이다.

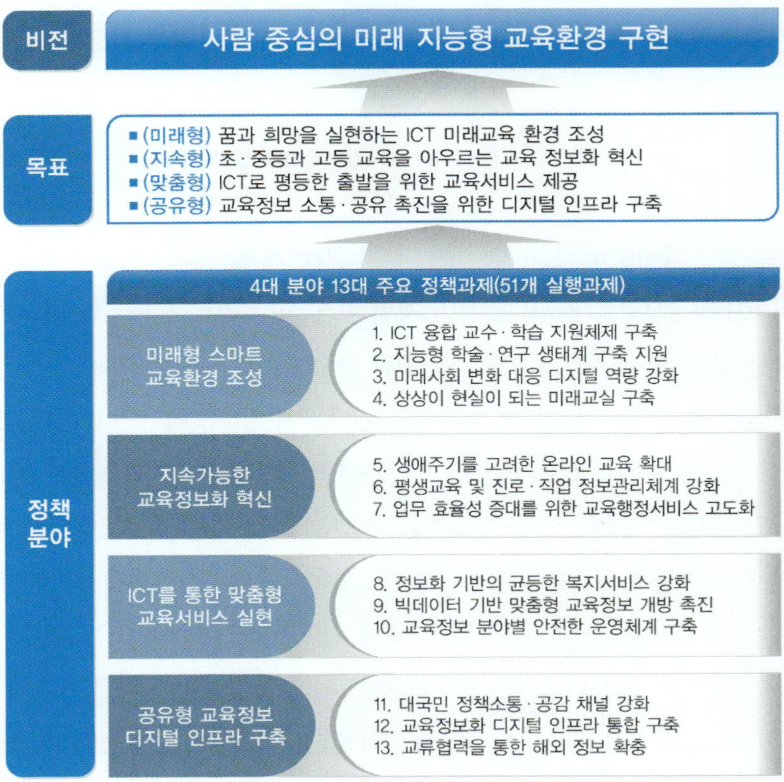

[그림 10-11] 2023년 교육정보화 기본계획(교육부)

(2) 교육부 「디지털 인재양성 종합방안」

교육부가 발표한 '디지털 인재양성 종합방안'을 통해 우선적으로 디지털 인재양성에 가중치를 두고 있음을 공고히 하는 한편, '디지털 포용법' 제정 추진을 통해 디지털 격차를 해소하고 디지털 전환의 성과를 모두가 누릴 수 있는 포용적인 디지털 사회 구축 기반을 마련하고 있다(교육부, 2022).

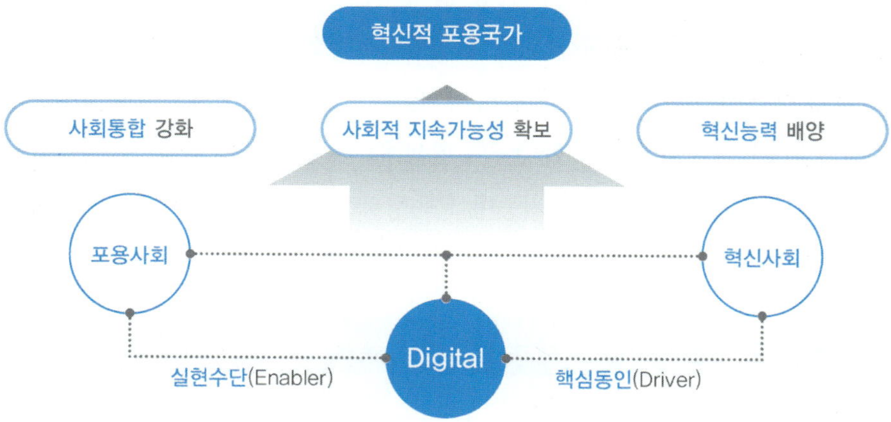

[그림 10-12] 디지털 인재양성 종합방안(교육부)

(3) 교육부 「성인문해교육 활성화 지원 기본계획」

교육부(2023)의 「성인문해교육 활성화 지원 기본계획」 자료에 따르면, 문해교육은 개인의 행복한 삶과 국가의 경쟁력 향상을 위한 필수교육이며, 사회변화에 따른 문해교육 범위의 확대는 평생학습 사회구현의 토대가 된다고 추진배경에서 설명하고 있다. 2016년 국가 및 시·도 문해교육센터 설치·지정을 위한 법적 근거를 마련하여 2022년 전국 17개 시·도 문해교육센터 지정을 완료했다. 2023년 문해교육 활성화 지원의 중점 정책 과제는 첫째, 디지털 문해교육을 통한 국민의 디지털 역량 강화, 둘째, 학습자의 학습지원을 위한 온라인 문해교실과 교재 보급, 셋째, 전 국민의 문해력 조사 추진이다. 2023 성인문해교육 활성화 계획의 중점은 디지털 환경의 사각지대에 있는 소외계층의 디지털 문해를 극복하고, 학습자에게 맞는 다양한 학습지원과 국민의 문해능력 수준을 파악하기 위한 연구조사를 실시하고자 하는 것이 주요 골자이다. 즉 디지털 대전환 시대를 맞이하여, 기존의 문자해득교육에서 디지털 · 금융 등 각종 생활밀착형 문해교육까지 지원 확대되었다.

비전	누구나 누리는 지속가능한 국민 문해교육		
목표	문해 가치 높이기, 문래 인식 넓히기, 문해 존재 빛내기		
추진 전략	디지털 대전환 시대, 성인 디지털 역량 강화	언제, 어디서나, 누구나 문해교육에 접근	지자체 · 범부처 연계 협력 강화

구분	기존		변화
교육분야	기초 문해교육 중심	➡	디지털 문해교육까지 영역 확장
교수 · 학습	오프라인 강의 중심	➡	온라인 · 자발적 학습 촉진
추진체계	산발적 정책추진체계	➡	지자체 · 범부처 연계 협력 강화

[그림 10-13] 2023년 사업 중점 추진방향(교육부)

(4) 디지털 리터러시 향상 지원

교육부와 한국교육학술정보원에서는 2022년 『교육정보화백서』를 통해 '디지털 인재 양성 종합방안'을 발표했다. 이 계획에는 디지털 전환으로 인해 노인과 어르신이 겪을 수 있는 어려움을 해소하기 위한 정책들이 포함되어 있다. 전국의 읍, 면, 동 주민센터 등 900개소에 설립된 '디지털 배움터'에서는 주민들이 집 근처에서 디지털 교육을 받을 수 있도록 지원하며, 이러한 시설은 과학기술정보통신부와 지방자치단체의 협력으로 구축되었다. 또한, 17개 시 · 도에 설립되고 있는 '디지털문제해결센터'는 학생들을 위한 디지털 교육 지원뿐만 아니라 지역 주민을 위한 디지털 교육의 중심 역할을 하게 된다. 이 센터는 교육부와 시 · 도교육청의 지원을 받아 운영된다. 2024년부터는 우리 국민의 디지털 역량을 정기적으로 진단해 기초 문해력 교육과 연계한 맞춤형 디지털 리터러시 교육을 강화하는 등 보다 체계적인 지원이 이뤄질 수 있게 될 것이며, K-MOOC(온라인 공개강좌)를 통해 대학 교양 수준의 디지털 교육을 지원한다.

연구문제

1. 평생학습사회에서 문해교육의 특징과 의의를 설명해 보시오.
2. 디지털 윤리 문제에 대해 조사하고 교육적 해결 방안에 대해 논하시오.
3. 성공적인 디지털 리터러시 교육 사례를 조사(국내 · 외 사례 각각 1개)해 보고 선정 이유를 논하시오.

활동 온라인 토론 포럼 구성하기

▶ **활동주제**

학습자의 디지털 리터러시 수준을 평가할 수 있도록 진단 도구를 개발하시오.

▶ **활동가이드**

1) 디지털 리터러시의 주요 영역 조사
(예: 정보 검색 및 평가, 디지털 커뮤니케이션, 기술활용능력 등) 정의
2) 질문지 구성
3) 평가 방법 개발
4) 자신의 디지털 리터러시를 평가해 보고 진단도구의 유용성 및 개선점에 대한 피드백 수집

▶ **유의사항**

1) 소그룹을 구성합니다.
2) 토론할 수 있는 온라인 공간을 마련합니다.
예) ZOOM, Google Classroom 및 Google Meet, Microsoft Teams, KakaoTalk 등 온라인 커뮤니케이션 플랫폼 활용
3) 주제에 대해 논의하고 자신들의 논의 결과를 전체 그룹과 공유합니다.

11

Chapter

프로그램개발

학습개요

평생교육프로그램은 교수-학습과 관련된 다양한 교육환경을 구조화하여 학습자에게 제공하고 그 효과를 평가하여 프로그램을 개정하는 일련의 과정을 의미한다.

이 장에서는 프로그램개발의 기초적 이론과 접근방법을 토대로 실제 현장에서 효과적으로 활용할 수 있도록 분석(Analysis), 설계(Design), 개발(Development), 실행(Implementation), 평가(Evaluation) 단계로 프로그램 개발 절차를 구분하여 제시하고자 한다.

학습목표

1. 프로그램개발의 개념과 특성을 설명할 수 있다.
2. 프로그램개발의 접근방법의 차이점을 설명할 수 있다.
3. 프로그램개발의 절차에 대해 설명할 수 있다.

Chapter 11

프로그램개발

1 프로그램개발의 개념

프로그램개발은 좁은 의미에서 교수−학습경험을 선정하고 순서를 정해서 조직하는 프로그램 설계의 의미로 사용되지만, 넓은 의미에서는 프로그램의 기획, 설계, 개발, 홍보 및 마케팅, 실행, 평가, 개정 모두를 포함하는 종합적인 개념이다. 즉 교수−학습과 관련된 여러 가지 관련 요인(시간, 공간, 재료, 설비, 인적자원 등)과 교육환경을 구조화하여 학습자에게 제공하고, 그 효과를 평가하여 프로그램을 개정하는 일련의 과정을 프로그램개발이라 한다.

프로그램개발의 개념을 보다 구체적으로 이해하기 위하여 네 가지 측면으로 나누어서 살펴보면 다음과 같다(김진화, 2001).

첫째, 프로그램의 구조적 측면이다. 협의적으로 프로그램 설계를 의미하지만, 광의적으로는 프로그램 기획, 설계, 개발, 홍보 및 마케팅, 실행, 평가, 개정을 포함하는 과정이다.

둘째, 프로그램의 절차적 측면이다. 프로그램을 체계적이고 과학적으로 개발하기 위해서 프로그램개발 전문가가 행하는 일련의 활동 절차와 단계를 의미한다.

셋째, 프로그램의 행위적 측면이다. 프로그래머가 담당해야 할 역할과 그들이 당면한 문제를 해결해 나가는 일련의 과정을 말하며, 개발과정에서 프로그램과 관련된 권력관계나 주체들 간의 협상, 개발자의 책임성 등이 고려될 수 있다.

넷째, 프로그램의 현상적 측면이다. 학습자와 교수자가 상호작용을 통해서 문제해결에 필요한 지식과 정보를 창출하고, 그것을 토대로 학습내용을 선정하고 조직하며, 매체화된 자료로 개발하는 행위를 말한다.

프로그램개발은 일시적으로 완성되는 과정이 아니라 지속적인 평가와 개선, 피드백이 부단히 계속되는 과정이다. 피드백을 통한 점진적 개혁은 학습자가 변화하고, 조직이 변화하며, 사회가 변화하는 토대를 형성한다. 결국 프로그램개발은 우리의 현실을 끊임없이 점검하고 피드백하여 발전시켜 나가는 원동력이라 할 수 있다.

프로그램개발의 기본성격을 살펴보면 다음과 같다.

① 프로그램개발은 사회변화에 대한 평생교육기관의 적응 기제이고, 변화창출 전략이다.

평생교육기관은 끊임없이 변화하는 사회변화와 학습자들의 요구에 적응해야 한다.

프로그램개발은 이러한 사회변화와 교육적 요구에 대하여 평생교육기관이 적응해 나가기 위한 필수불가결한 절차이다. 평생교육기관은 사회변화와 교육적 요구에 수동적으로 대응하기보다는 적극적으로 새로운 변화를 창출하는 노력이 필요하다.

② 프로그램개발은 개인학습자의 변화뿐만 아니라 조직이나 기관, 지역사회의 변화를 지향한다.

평생교육의 대상은 개인뿐만 아니라 조직이나 기관, 지역사회를 포함한다. 조직의 변화는 그 조직 속의 개인의 변화를 전제로 하기 때문이다.

프로그램개발은 좁게는 개인 학습자의 지식(knowledge)과 기능(skill), 태도(attitude)를 변화시키며, 넓게는 집단과 지역사회 리더의 신념과 태도를 변화시켜서 개혁과 발전을 이끄는 데 초점을 두어야 한다. 따라서 프로그램개발자는 개인 학습자, 학습자집단, 지역사회의 3가지 체제를 변화시키는 데 노력을 기울여야 한다.

③ 프로그램개발은 사람들의 협동적인 의사결정과정이다. 프로그램개발은 프로그램 개발과정에 참여하는 사람들 간의 협동적인 노력과 참여로 이루어진다.

교수자뿐만 아니라 학습자, 프로그램을 지원하는 사람들의 참여와 복잡한 의사결정과정을 통해서 지역사회 환경과 학습자들의 요구 수준에 맞는 프로그램이 만들어진다. 프로그램개발은 다양한 가능성 속에서 가장 합리적이고 실천 가능성이 높은 것을 선택하는 협동적인 의사결정 과정이라고 볼 수 있다.

④ 프로그램개발은 학습에 필요한 모든 자원을 총체적으로 활용하여 계획하고 실시하며 평가하는 종합적인 과정이다.

프로그램개발은 단편적이고 부분적인 과정으로 이루어져서는 안 되며, 학습에 필요한 모든 인적 자원과 물적 자원을 총체적으로 투입하여 개발되어야 한다. 투입된 자원은 통합적인 절차와 단계에 따라서 유기적으로 연계되고 최대의 효과를 기대할 수 있도록 개발되어야 한다.

⑤ 프로그램개발은 일시적인 과정이 아니라 끊임없이 계속되는 점진적 개혁과정이다.

프로그램개발과정에는 예측하지 못했던 많은 제한 요인들이 나타날 수 있으며, 이들 중에는 통제가 가능한 것도 있지만, 통제할 수 없는 요인들도 많다. 따라서 프로그램개발과정에서 나타날 수 있는 다양한 제한 요인들을 미리 확인하고 준비하는 세심한 배려가 필요하다.

프로그램개발의 고려사항으로 환경적 요인, 기관 및 조직체적 요인, 개발과정상의 요인으로 구분하여 살펴보면 〈표 11-1〉과 같다(Kowalski, 1988; 이화정 외, 2005).

〈표 11-1〉 프로그램개발 시 고려사항

고려사항	내용
환경적 제한 요인	• 잠재적 학습자의 낮은 의식 수준 • 평생교육 프로그램 제공자들 간의 네트워크 부족 • 평생교육기관 간 과도한 경쟁 • 평생학습에 대한 학습자들의 부정적인 시각
평생교육기관 내부의 제한 요인	• 평생교육기관의 속성(기관의 사명, 목표, 조직의 전통과 역사 · 문화적 요소) • 평생교육에 대한 기관 내부의 인식 부족 • 재정자원의 부족 • 평생교육 수행을 위한 부적절한 시설 • 평생교육 가치에 대한 좁은 시각 • 프로그램 제공의 이기적인 동기
개발과정상의 제한 요인	• 예산 부족 • 프로그래머의 전문성 부족 • 프로그램을 개발하기 위한 시간상의 제약 • 개발과정 참여자들 간의 갈등

2 프로그램개발의 접근방법과 모형

1) 프로그램개발의 접근방법

프로그램개발의 접근방법이란 프로그램개발자가 프로그램개발을 실시할 때, 어떤 절차에 의해서 실시해야 하는지를 설명해 주는 형식과 전략을 말한다. 이러한 접근방법은 프로그램개발자가 프로그램을 개발할 때 고려해야 할 구성요소들을 빠짐없이 검토할 수 있게 해준다는 점에서 유용하게 활용될 수 있다. 프로그램개발의 접근방법으로는 선형적 접근방법, 비선형적 접근방법, 통합적 접근방법, 비통합적 접근방법, 체제분석적 접근방법이 있다.

(1) 선형적 접근방법(Linear Approach)

선형적 접근방법은 프로그램의 개발과정을 단계별로 세분화하여, 세분화된 단계를 실행하면 하나의 프로그램개발을 완성할 수 있는 방법이다. 테일러(R. Tyler)의 전통적 합리성 이론을 바탕으로 하고 있으며, 가장 보편적으로 사용되는 방법이다. 프로그램개발의 단계와 방향성을 분명하게 제시하고 있으며, 단순하고 합리적이라는 점에서 인기를 얻어 왔다.

선형적 접근방법의 일반적인 절차는 [그림 11-1]과 같다. 선형적 접근방법의 절차는 먼저 학습자와 기관, 지역사회의 교육적 요구를 분석하고, 분석된 요구를 바탕으로 프로그램의 학습목표를 설정한다. 다음으로 학습목표를 달성하기 위해 필요한 학습내용과 방법을 선정하고 조직하는 설계과정을 거친다. 그 후 프로그램을 실행하는 데 필요한 자원과 예산을 확보하며, 프로그램을 홍보하고 실행하는 일련의 과정으로 구성되어 있다.

선형적 접근방법의 장점은 프로그램개발의 경험이 없는 교수자들도 단계별 절차를 따르면 쉽게 프로그램을 개발할 수 있다는 점이다. 반면에 급변하는 사회환경 속에서 환경변화에 능동적으로 대처할 수 없어서 융통성과 유연성이 떨어진다는 단점을 지니고 있다.

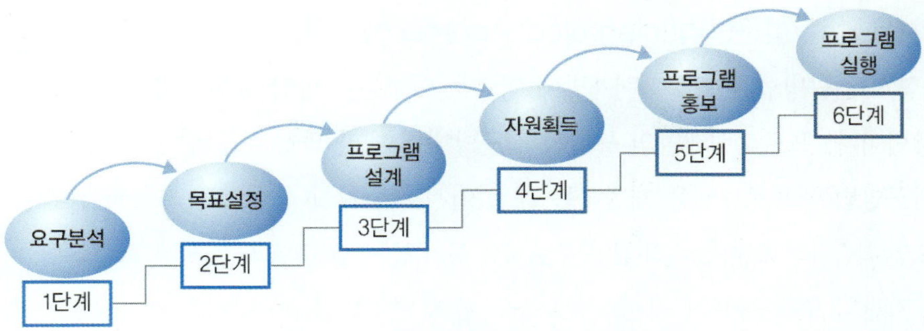

[그림 11-1] **프로그램개발의 선형적 접근방법**

(2) 비선형적 접근방법(Non-linear Approach)

비선형적 접근방법은 선형적 접근방법에서 살펴본 바와 같이 프로그램개발 과정이 획일적인 단계로 이루어지는 것이 아니라 프로그램개발자에 의하여 상황에 따라 융통성 있게 추진된다. 역동적 상황이론에 기초한 것으로 프로그램개발자의 판단에 따라서 어떤 단계의 활동은 생략되기도 하고, 동시에 몇 개의 절차가 함께 수행되기도 한다. 이러한 접근방법은 프로그램 평가가 중심되어 프로그램개발자가 단계마다 적절한 평가를 되풀이하며 개발이 진행된다. 따라서 선형적 접근에 비하여 활용이 어렵고 숙련된 프로그램개발자에게 보다 적합한 방법이라 할 수 있다. 프로그램개발의 비선형적 접근방법에 대한 과정은 [그림 11-2]와 같다.

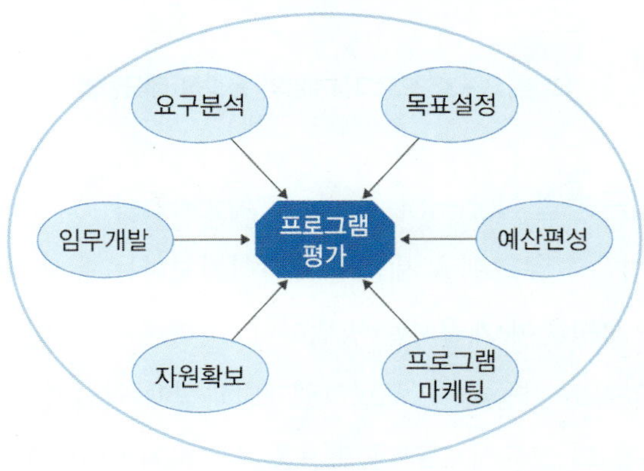

[그림 11-2] **프로그램개발의 비선형적 접근방법**

(3) 통합적 접근방법(Integrated Approach)

통합적 접근방법은 프로그램개발에 영향을 미치는 다양한 요인을 종합적으로 고려하는 방법이다. 프로그램개발의 통합적 접근방법에 대한 과정은 [그림 11-3]과 같다. 통합적 접근방법은 프로그램을 개발하는 데 있어서 학습자를 중심으로 그들과 관련된 다양한 요인(학습자의 요구, 물리적 환경, 학습자의 동기 등)을 고려함과 동시에 프로그램을 사용하는 기관의 조직 목표와 지원, 정책 등도 함께 반영한다. 이 방법은 접근방법이 총체적이고 분석적이기 때문에 개발의 과정이 복잡하고 개발자의 전문적인 능력이 요구된다. 그러나 다른 방법에 비하여 개발의 오차를 최소화할 수 있다는 장점을 갖고 있다(이해주 외, 2002).

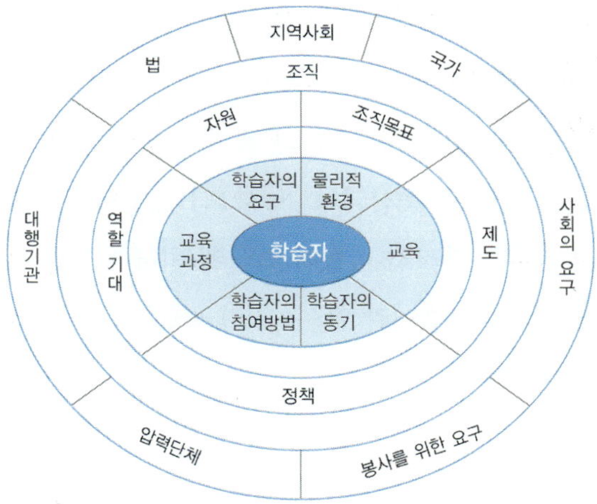

[그림 11-3] 프로그램개발의 통합적 접근방법

(4) 비통합적 접근방법(Non-integrated Approach)

비통합적 접근방법은 프로그램을 새롭게 개발하기보다는 유사기관에서 이미 사용하고 있는 프로그램을 모방하여 개발하는 방법이다. 따라서 이 방법은 프로그램개발자로서 특별한 능력이 없어도 가능하며, 프로그램개발과정에 학습자들을 참여시키지 않는다. 잠재적인 학습자들의 교육적 요구나 의견을 수렴하지 않고 평생교육기관에서 일방적으로 학습내용과 방법을 결정하여 프로그램을 개발한다.

비통합적 접근방법은 비전문가도 쉽게 프로그램을 개발할 수 있다는 장점이 있으며, 프로그램개발에 따른 시간과 비용을 절감할 수 있고, 지역사회 여건과 학습자들의 특성이 유사한 경우에는 모방한 프로그램과 비슷한 효과를 기대할 수 있다. 그러나 학습자들의 교육적 요구를 분석하지 않음으로써 프로그램의 효과와 성공 여부를 장담할 수 없으며, 장기간 운영되는 프로그램이나 전문성을 요구하는 경우에는 적용하는 데 한계가 있다.

(5) 체제분석적 접근방법(System Analysis Approach)

체제분석적 접근방법은 평생교육기관을 하나의 사회체제로 간주하고 프로그램개발자가 학습자, 평생교육기관, 환경 등과 상호작용을 통해서 개발하는 것을 중요시한다. 체제분석적 접근방법은 투입–과정(교육활동)–산출이라는 기본적인 체제로 [그림 11-4]와 같이 구성되어 있다(김진화, 2001). 프로그램개발과정에서 환경과 조직, 그리고 학습자의 개인적 가치와 욕구를 동시에 고려하고, 프로그램개발과정에 나타나는 여러 가지 상황을 체계적으로 반영하는 것이 특징이다. 체제분석적 접근방법은 교육 프로그램개발이 미시적인 관점에서 학습목표 설정이나 학습내용 및 방법의 선정에 관심을 두기보다는 거시적인 관점에서 평생교육기관을 둘러싼 사회·문화적 맥락을 고려하여 다양한 요소들이 체계적으로 분석되고 효율적인 대안들이 신중하게 결정되어야 한다는 것을 보여준다.

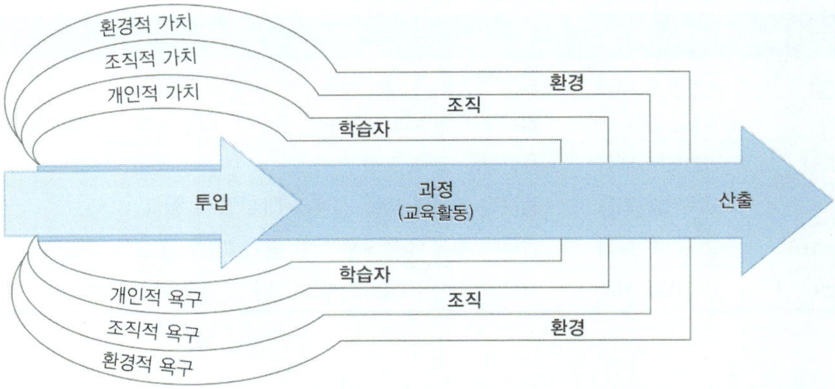

[그림 11-4] 프로그램개발의 체제분석적 접근방법

2) 프로그램개발 모형

(1) DACUM(Developing A Curriculum) 모형

DACUM은 직무분석을 통해 교육 프로그램을 개발하는 것이 특징이다. 특정한 직무(job)를 업무(duty)와 과제(task)로 정의하고 분석하는 것으로 교육 프로그램개발이 시작된다. 직무분석을 통해 교육에 필요한 과제가 선정되고 그 과제를 수행하는 데 요구되는 지식 · 기능 · 태도를 도출해 낸다. 이때 기존 교육과정의 목표나 내용을 확인한다. 각 과정을 목록화하여 구성된 과제와 지식 · 기능 · 태도를 비교하여 교육과정을 구성하고 특정 직무의 동료 수행자들의 검증 작업을 거친다. 그 다음 요구되는 스킬에 알맞은 교육과정을 선정한다. 이상과 같은 과정을 거쳐 선정된 일련의 교육과정들이 모여 특정 직무수행에 필요한 교육의 체계도(roadmap)를 완성하게 된다.

(2) IMPACT 훈련 모형

IMPACT 모형은 교육요구를 충실히 파악하고(Identify: I), 바람직한 접근방식을 선택하고(Map: M), 적합한 학습도구를 제작하며(Product: P), 적절한 교육기법을 적용하고(Apply: A), 교육결과를 측정하고(Calculate: C), 교육 효과를 지속시켜야(Track: T) 하는 단계로 구분할 수 있다. 상세한 내용은 〈표 11-2〉와 같다.

〈표 11-2〉 창(Chang)의 High-IMPACT 모형

I-M-P-A-C-T 단계		설 명
Identify	교육요구 파악	업무수행의 개선을 위해 교육 필요성 파악
Map	교육접근방식 선정	업무목표 달성과 업무수행 개선을 위한 최적의 교육방식 선정
Product	학습도구 제작	훈련생용 교육 도구 제작
Apply	교육기법 적용	성공적 결과를 위해 설계된 대로 교육 실시
Calculate	교육결과 측정	교육의 실제 수행개선 여부 평가, 결과 공지
Track	교육효과 지속	교육 효과가 소멸하지 않게 개인과 조직의 방법을 강구

(3) ADDIE: ISD 일반모형

교수체제설계(Instructional System Design: ISD)의 일반모형인 ADDIE 모형은 분석(Analysis: A), 설계(Design: D), 개발(Development: D), 실행(Implementation: I), 평가(Evaluation: E)의 다섯 단계를 포함하고 있는 전형적인 수업설계 모형이다.

프로그램개발의 절차는 단계적인 여러 과정의 체계적인 접근하에 이루어지며, 일관적이고 순환적인 과정을 거치게 된다. 기획하고 분석하는 단계부터 평가단계에 이르기까지 상호일관성을 유지해야 하며, 평가결과는 다시 프로그램개발과 운영과정에 환류(Feedback)되는 통합적 시스템을 이루어야 한다.

① 분석(Analysis)단계

프로그램개발을 추진하기 위해 필요로 하는 다양한 요소들을 확인하고 도출하는 단계로 개발의 필요성 검토 및 추진 여부 결정, 개발팀 및 자문위원회 구성, 기관 내부 및 외부 환경 분석, 잠재적 훈련생 분석, 학습요구 및 직무분석, 학습요구의 우선순위 결정이 포함된다.

② 설계(Design)단계

분석된 내용을 바탕으로 교수자와 훈련생의 교수-학습 활동과 관련된 교육내용을 구체화시키는 단계로 학습목표 설정 및 진술, 학습내용 선정 및 조직, 교수방법 선정, 교수매체 선정, 평가방법 계획 등이 포함된다.

③ 개발(Development)단계

설계안에 기초한 교재와 강의지침서를 개발하는 단계로 훈련생용 교재 개발, 교수자용 매뉴얼 개발, 학습자료 개발 등이 포함된다.

④ 실행(Implementation)단계

프로그램을 운영하기 위한 운영계획과 교육을 실시하는 단계로 자원 확보 및 배분, 마케팅 및 홍보, 강사 섭외, 장소 선정, 프로그램 실행 등이 포함된다.

⑤ 평가(Evaluation)단계

프로그램을 실행한 후에 성과를 판단하여 개선하는 단계로 평가과정 설계, 평가방법 선정 및 도구개발, 평가자료 수집 및 분석, 평가결과 보고 및 활용 등이 포함된다.

3 프로그램개발 절차

1) 프로그램개발을 위한 분석

(1) 기획 및 타당성 분석

프로그램기획이란 프로그램개발 과정의 첫 번째 단계로 프로그램의 목표를 달성하기 위한 미래지향적 준비 활동으로 프로그램개발의 기본방향을 설정하는 체계화된 계획과정으로 볼 수 있다. 특히, 평생교육프로그램 기획은 격동적인 환경변화에 둘러싸여 프로그램을 수행하는 관계로 특별한 중요성을 갖는다. 또한 프로그램의 효과성과 효율성, 책임성으로 표현되는 사회적인 요구들에 대응해서, 프로그램 수행의 정당성을 제시하기 위해서는 특히 합리적인 성격을 띤 프로그램 기획이 매우 필요하다. 코왈스키(Kowalski, 1988)는 평생교육프로그램개발에서 기획은 마스터플랜으로서 미래지향적 평생교육의 목표나 목적수립에 필요한 근거를 제공해 줄 수 있으며, 다른 조직의 기능과 발생 가능한 갈등의 소지를 줄여줄 수 있고, 교육기관 경영 시 필요한 판단의 잣대와 자료 역할을 해줄 수 있다고 지적하였다(이해주 외, 2010). 따라서 기획 단계에서는 프로그램을 왜 개발해야 하는가에 관심을 기울여야 하며, 프로그램개발을 통해 내놓을 구체적인 결과물이 무엇인지를 결정해야 한다. 이러한 의미에서 평생교육 프로그램 기획은 프로그램개발의 기본 방향 설정 단계에 해당된다.

프로그램 기획에는 ① 프로그램개발 여부(타당성 분석) ② 프로그램개발팀 구성 및 자문위원회 구성 등이 포함되며 보유하고 있는 자원의 효율적인 활용, 팀워크의 강화 및 증진, 관리를 위한 기초자료의 수집 및 활용, 발전된 프로그램의 개발, 실행계획(action plan)의 수립을 통한 쉽고 편리한 성과관리와 같은 목적을 지닌다.

프로그램개발은 기관의 목적과 이념을 실천해 나가기 위한 교육프로그램을 사전에 준비하는 것으로 평생교육기관이 실행하고 운영하는 모든 조치들은 기획을 통해서 가능하며, 사전에 준비하는 과정을 통해 미래의 불확실성을 줄일 수 있다.

프로그램개발을 위한 기획 단계를 거치고 나면 개발하고자 하는 프로그램의 필요성에 대한 타당성 확인이 필요하다. 우선 실시하고자 하는 프로그램의 필요성을 확인하기 위해 프로그램의 주제와 목적 등을 명료화시키는 과정이 필요하다. 또한 유사한 프로그램이 타 기관에서 어떤 형태로 진행되고 있는지 그 특성을 분석하는 작업이 선행되어야 한다. 특히 기존 프로그램에 대한 분석은 프로그램개발의 타당성을 확인하는 기초작업이 될 것이다.

(2) 상황분석

프로그램개발은 상황을 어떻게 인지하는가에 따라 프로그램의 유형이 결정된다. 따라서 프로그램과 관련된 모든 상황 즉, 기관환경, 외부 환경, 잠재적 학습자를 파악하는 것은 매우 중요하다. 프로그램개발을 위한 SWOT 분석을 통해 기관 내부의 강점(S: Strength)과 약점(W: Weakness)을 파악하고 외부 환경의 기회 요인(O: Opportunity)과 위협(T: Threat)요인을 파악함으로써 잠재적 학습자 분석을 통한 상황분석이 가능하다.

프로그램개발을 위한 상황분석은 다음과 같이 실시한다.

① **프로그램 실시기관 분석**: 프로그램을 개발하여 운영할 기관에 대한 분석으로 기관의 비전, 미션, 경영전략, 경영방침, 주요 사업내용, 시설현황 등에 대한 분석을 실시한다. 즉, 거시적 관점에서 그 기관에 대한 분석뿐만 아니라 미시적 관점에서 개발 의뢰한 기관 내의 특정 본부나 특정 부서의 업무내용 등과 관련된 내용을 분석하는 것이다.

② **환경분석**: 프로그램개발 과정에 대한 여러 가지 환경상황 분석을 의미한다. 환경분석의 경우에 SWOT 분석을 통하여 외부/내부 환경을 파악할 수 있다.

〈표 11-3〉 SWOT 분석의 예

<table>
<tr><th colspan="2">구분</th><th colspan="2">내부환경</th></tr>
<tr><td rowspan="3">외부환경</td><td></td><td>강점(Strength)</td><td>약점(Weakness)</td></tr>
<tr><td>기회
(Opportunities)</td><td>강점이면서 기회전략
기회를 활용하기 위해 강점을 사용하는 전략
(aggressive strategy)</td><td>약점이면서 기회전략
약점을 극복함으로써 기회를 활용하는 전략
(tern around-oriented strategy)</td></tr>
<tr><td>위협
(Threats)</td><td>강점이면서 위협전략
위협을 회피하기 위해 강점을 사용하는 전략
(diversification strategy)</td><td>약점이면서 위협전략
위협을 회피하고 약점을 최소화하는 전략
(defensive strategy)</td></tr>
</table>

평생교육 프로그램의 내용은 학교교육과 달리 매우 다양하고 강제성이 거의 없기 때문에 학습자들에게 도움이 되는 프로그램을 제공하더라도 적극적인 참여를 장담할 수 없다. 따라서 프로그램개발 단계에서 참여가 예상되는 잠재적 학습자들의 다양한 특성을 분석함으로써 프로그램의 홍보, 편성 및 운영 등을 좀 더 효과적으로 수행할 수 있다.

(3) 요구분석 및 요구우선순위 결정

프로그램개발자는 수요자들의 요구(need)에 대한 사전 조사와 분석을 통해 학습자들의 관심사를 적극적으로 반영해야 좋은 프로그램을 만들 수 있다. 그러나 모든 요구를 프로그램에 반영할 수 없기 때문에 분석된 요구를 프로그램으로 편성하기 위해서는 요구의 우선순위 결정 방법에 대한 이해가 필요하다.

요구분석은 프로그램개발 초기 단계에서 목표를 설정하고 교육내용을 결정하기 위하여 문제를 확인하는 필수적인 활동이다. 이 과정에서 문제가 무엇이든 간에 불확실한 문제의 본질을 규명하고 그 문제를 해결할 수 있는 가장 적절한 방안을 모색하고자 하는 활동이 바로 요구분석이다(윤관식, 2008). 따라서 평생교육프로그램의 개발 초기 단계에서 잠재적 학습자가 원하는 사항을 요구분석을 통해 조사하고 분석할 수 있는 평생교육사의 전문적 역할과 활동이 요구된다.

① 요구분석의 계획

요구분석의 상황과 목적 결정을 바탕으로 누가 필요한 정보를 가지고 있는지 정보의 출처를 확인해야 한다. 즉, 어디에 그 정보가 있는가, 그 자료를 얻는 데 장애요인은 무엇인가 등에 관한 사항을 결정할 필요가 있다. 정보의 출처는 요구분석 상황에 따라 달라진다. 일반적으로 요구사정의 출처는 교육 대상자 본인뿐만 아니라 교육대상자의 상사, 그 프로그램을 운영하는 데 비용을 부담하는 스폰서 등이 포함되어야 한다. 또한 교육대상자의 후배, 부하도 포함될 수 있다. 또한 요구분석으로 얻은 결과를 실행하는 데 협조가 필요하다면 그 대상들을 요구분석 과정에 포함함으로써 요구분석 과정을 알릴 필요가 있다(오인경 외, 2005).

효과적인 요구분석을 위해서는 다양한 요구사정 도구(면담, 관찰, 소집단 회의, 설문지 등)가 가지고 있는 특성 및 장·단점을 파악하여 요구분석 도구를 선정하는 것이 필요하다. 요구분석 도구의 선정 시 〈표 11-4〉를 참고하여 선정할 수 있다.

〈표 11-4〉 **요구분석도구 가이드**

목 적	분석도구
많은 사람의 여론이나 정보수집 분석을 위한 계수적 자료 준비	설문조사법
대상에 대한 심도 있는 정보수집	설문조사 및 관찰법
의논하기가 어렵고, 복잡하며, 감성적인 주제	면담 및 핵심집단토의법
반항적이거나 무관심한 사람들의 지지 확보 대상 집단과 그들의 관리자를 알기 위함	면담법
프로그램용 문서, 역할연기 대본, 사례수집	면담/관찰/핵심집단토의법
대상의 실제 직무 인식 대상자들에게 필요한 특정 학습의 높은 정확도 확인	관찰법

② 요구의 우선순위 결정

우선순위 결정이란 요구분석을 통하여 얻게 되는 수많은 아이디어(요구)들을 실시기관의 한정된 자원(시간, 예산 등)과 여건을 고려하여 일정한 기준에 따라 그 순위를 결정하는 것을 의미한다. 실시 기관의 활용자원과 역량, 예산이 어떤 수준인가에 따라, 수많은 아이디어 중에서 우선적으로 개발해야 할 것을 위계화시켜 순차적으로 결정해 나가는 작업이 이루어지게 된다.

우선순위 결정을 위한 단계는 〈표 11-5〉와 같다.

- 1단계: 우선순위 결정에 참여할 사람을 누구로 할 것인지를 결정한다.
- 2단계: 우선순위 결정을 위한 평가 준거를 개발, 결정한다.
- 3단계: 우선순위 차트에 평가준거에 따라 아이디어를 기록한다.
- 4단계: 각각의 아이디어에 대한 우선순위의 점수를 합산하여 그중에서 가장 높은 점수대의 아이디어를 채택하게 한다.

〈표 11-5〉 우선순위 결정을 위한 단계

프로그램 아이디어(요구)	중요도	난이도	빈도	필요도	합계
A 내용					
B 내용					
C 내용					
D 내용					

출처: 양병찬 외(2001). 평생교육 실무핸드북.

2) 프로그램 설계

(1) 프로그램 설계의 의미

프로그램 설계(program design)란 프로그램 기획단계에서 확인된 교육적 요구와 필요를 기반으로 교육목표를 설정하고 교육내용과 방법을 선정하여 프로그램을 조직화하는 일련의 과정을 의미한다. 설계 첫 단계는 프로그램 목표를 설정하고 기술하는 것이다. 프로그램 목표는 프로그램에서 나오는 내용 선정, 교육방법 결정, 매체 및 보조자료 선정, 평가의 기준 등의 길잡이가 된다. 따라서 프로그램을 설계하기 위해서는 먼저 다음과 같은 질문을 해 보아야 한다.

- 기관이나 단체가 추구하는 교육목표는 무엇인가?
- 교육목표를 추구하기 위해 제공될 수 있는 교육적 경험에는 어떤 것들이 있을 수 있을까?
- 이러한 교육적 경험은 어떤 방법을 통해 효과적으로 전달될 수 있을까?
- 교육설계 후 교육목표의 달성 여부는 어떻게 평가될 수 있는가?

이와 같은 질문을 바탕으로 프로그램설계를 하기 위해서는 우선 해당 기관이나 단체가 추구하는 교육목적이나 이념에 맞추어 구체적인 교육과정의 학습목표를 설정하고, 그것을 실행하기 위한 학습내용을 선정한다. 다음으로 이를 효과적으로 전달할 수 있는 교수-학습 방법을 선택하고 마지막으로 학습지도안을 작성한다.

(2) 목표

교육목표는 학습자에게 수행의 필요조건과 평가기준을 제시해 줌으로써 학습자가 학습에 성공할 수 있도록 지식, 기능, 태도에 대한 준거를 제시해 준다. 따라서 그 목표가 분명하고 정교할 때 효과적인 교육 결과를 얻을 수 있다(기영화, 2001). 이러한 목표는 프로그램의 방향을 제시하는 역할을 한다. 또한 모든 행동의 기준이 되는 향도의 역할을 하며 프로그램이 종료되었을 때 프로그램의 효과성을 평가하는 기준이 된다.

목표는 다음과 같이 분류할 수 있다.

① 목적과 목표

목적은 국가나 사회적인 차원에서 가장 포괄적인 의미의 목적을 뜻하며, 목표는 가장 최소한의 단위의 목적을 지칭할 때 사용된다. 일반목적은 장기적인 조직의 교육방향과 지침을 제공하기 위해 제시한다. 목표는 최종 행동의 기대 결과나 이루고자 하는 상태에서 얻고자 하는 지위를 의미한다. 따라서 목표는 개선되어야 할 상황에서 제시된다. 주로 목적과 목표는 결과를 얻기 위한 행동지침으로 사용된다.

② 프로그램 목표

프로그램 목표는 정해진 기간 동안 전체 프로그램이 지향해 나가는 교육적 결과를 의미한다. 따라서 프로그램 목표는 학습자들의 어떤 행동을 개발할 것인가에 초점을 두고 제시해야 한다.

③ 학습목표

학습목표는 학습자 개개인의 특별한 학습활동을 위한 세부적인 행동결과를 의미한다. 따라서 학습목표는 학습자에게 초점을 맞춘 구체적인 진술이 되어야 한다(이화정 외, 2003). 학습목표를 진술할 때에는 구체적인 행동용어로 기술하고 목적한 행동 변화를 가져오기 위해, 소요시간은 어느 정도인지, 그 기간이나 시간적 빈도 등과 같은 시간 조정이 포함되어야 한다. 또한 다른 목표와의 조화를 유지하며 학습목표에 평가를 위한 기준이 마련되도록 해야 한다.

학습목표에는 최종학습목표와 중간학습목표가 있다.

- 최종학습목표(terminal learning objectives)는 어느 한 교과목을 통하여 학습자가 도달해야 하는 목표를 의미한다.
- 중간학습목표(intermediate learning objectives)는 최종 학습목표를 달성하기 위해 미리 달성해야 하는 선행목표를 의미한다.

학습목표는 행위, 조건, 기준이 포함된 구성요소를 갖는다.

- 행위: 학습자가 할 수 있거나 나타내야 하는 수행 행위이며 행위동사(수행 여부를 눈으로 관찰할 수 있고 측정 가능한 동사)로 기술한다.
- 조건: 학습자가 수행 시 존재하는 주위 여건이나 물리적 환경이다.
- 기준: 학습자의 성취도를 측정하고 평가하는 준거이다.

(3) 교수-학습 방법

프로그램의 학습목표가 설정되면 이를 수행하기 위해 필요한 교육내용, 교수-학습

방법, 효과적인 매체 선택과 평가방법을 선정하는 것이 중요하다.

교육내용 선정의 기본 원칙으로는 학습자, 기관, 사회적 요구분석 결과를 토대로 해야 하며, 교육내용의 종류와 분량은 학습집단의 특징에 맞추어 선택하고, 분량은 '적정화의 원칙'에 기초해야 한다. 학습이 효과적으로 이루어지도록 구성해야 하는 교육내용은 구체적인 것에서 추상적인 내용으로 조직해야 하며, 쉬운 것에서부터 어려운 것으로 구성해 나가는 것이 좋다. 또한 교육내용이 가까운 곳에서 먼 곳으로 관련지어 구성하며, 교육내용의 상호 간 연계성을 고려하여 조직한다.

교육내용 선정 시 고려해야 하는 원칙은 다음과 같다.

- 합목적성(목표와의 일관성)
- 능력 수준과 흥미에의 적합성 및 자발성의 원칙
- 실용성과 다양성의 원칙
- 능률성의 원칙
- 교육 및 학습 가능성의 원칙

교육내용은 구체적인 것에서 추상적인 내용으로, 쉬운 것에서부터 어려운 것으로 구성해 나가는 것이 좋다. 또한 교육내용은 가까운 곳에서 먼 곳으로 관련지어 구성하고 교육내용의 상호 간 연계성을 고려하여 구성한다.

교육내용을 구체적으로 실천하기 위해서는 교수-학습 방법을 선정해야 한다. 교수-학습 방법은 교육목적을 달성하기 위해 사전에 준비된 프로그램을 구체적으로 실천해 나가기 위한 방법으로 교수자의 입장에서는 '교수방법'이라 칭하고 학습자의 입장에서 설명할 때는 '학습방법'이라 한다. 이를 통칭하여 교수-학습 방법이라 한다.

교수목표와 학습내용을 잘 전달하기 위한 효과적인 매체 선택 또한 중요하다. 매체 선정을 할 때 기본적으로 고려해야 할 준거로는 학습자의 특성, 수업상황, 학습목표와 내용, 매체의 속성과 기능, 수업 장소의 시설 등이 있다.

(4) 평가방법

평가방법은 NCS에서 제시한 포트폴리오, 문제해결 시나리오 등 〈표 11-6〉과 같은 방법으로 선정할 수 있다.

〈표 11-6〉 평가방법

평가방법	세부 내용
포트폴리오	자신이 작성하거나 만든 작품을 지속적 · 체계적으로 모아둔 개인별 작품집 혹은 서류철을 대상으로 평가
문제해결 시나리오	문제해결 능력의 획득을 두고 평가 대상자가 주체가 되어 문제해결을 위한 시나리오를 작성하여 해결에 이르는 과정을 평가
서술형 시험	주어진 주제나 요구에 대해 자유 형식으로 서술하게 하여 평가
논술형 시험	주어진 과제를 논리적 과정을 통해 해결하고 그 과정을 언어로 서술하게 하여 평가
사례연구	현재 진행 중이거나 유사한 이전의 사례 중 하나 혹은 그 이상을 선정하여 그 성공이나 실패 요인을 분석 적용하여 평가
평가자 질문	평가 대상자들에 대하여 얻고자 하는 자료나 정보를 질의응답을 통해 수집하여 평가
평가자 체크리스트	많은 사항을 한눈에 알 수 있는 표를 만들어 평가 대상자의 과정이나 작업결과를 체크해 나가며 평가
피평가자 체크리스트	특정 주제에 대하여 스스로 학습 과정이나 작업결과에 대해 자세하게 평가하도록 하게 하고 그 결과를 평가
일지/저널	매일 또는 정기적으로 평가 대상자의 작업과정이나 학습결과를 기록하여 평가
역할연기	평가 대상자들에게 가상의 문제 상황을 주고, 주어진 상황 속 인물의 역할을 대신 수행해 보도록 평가
구두발표	특정 내용이나 주제에 대한 평가 대상자의 의견이나 생각을 발표하도록 하여 평가
작업장평가	현장에서 일어나는 공정이나 일의 순서, 작업장 환경 등의 효과성, 효율성을 평가

3) 프로그램 개발

프로그램개발 단계는 설계명세서에 따라 교육용 자료를 실제로 개발하고 제작하는 단계이다. 교육용 자료에는 학습자용 교재, 교수자용 교수매뉴얼, 교육보조자료 및 매체 등이 있고 이를 개발한다. 학습자용 교재는 프로그램 수행의 중요한 전달매체이다. 종류로는 워크북(workbook)의 형태와 핸드아웃(handouts)의 형태 등이 있다.

교수자용 매뉴얼(instructional manual)은 말 그대로 교수자가 교육 운영을 위해 필요한 학습내용, 전달 포인트, 교육방법 등을 자세히 기술해 놓은 것이다. 교수자용 매뉴얼 제작의 목적은 교수자 개인의 자질로 인해 교육 효과가 좌우되는 것이 아니라 표준화된 매뉴얼을 통해 교수자로서의 질을 일정하게 맞추고 학습자에게 동일한 정보가 전달되도록 하는 것이다. 교수자용 매뉴얼의 구성요소는 과목명, 과정 교육체계도, 주제의 흐름도, 교육 운영일정, 목적, 개요, 소요시간, 과목별 교안이 포함된다. 특히 교수자용 매뉴얼에서 중요한 작업 중에 하나는 교안을 제작하는 것이다.

(1) 교안작성법 및 유의점

교수자와 학습자 간 학습활동의 기반이 되는 학습지도안으로 교수활동의 단계 및 내용을 자세히 기록하여 놓은 것이다. 교수자는 교안을 작성함으로써 학습내용을 빠짐없이 교수할 수 있고 교수활동의 일관성을 유지할 수 있다.

① 교안작성의 원리

- 구체적으로 작성되어야 한다.
- 교수자 자신이 교수활동 중 교안을 쉽게 보고 식별할 수 있도록 명확하게 작성되어야 한다.
- 교수활동에 실질적으로 사용될 수 있도록 실용적으로 작성되어야 한다.
- 쉽게 작성되어야 한다.
- 이론적이고 체계적으로 논리성을 갖추어 작성되어야 한다.

② 교안작성 시 유의사항

- 소기의 학습성과는 관련되는 자료에 의하여 충분히 지원되고 있는가?
- 교안에 포함된 학습지도는 학습자들이 소기의 학습성과를 성취하도록 돕기 위하여 의의 있는 활동을 기약하는가?
- 개인의 소기 학습성과에 대한 지원은 학습 수준에 적합한가?
- 서론은 학습환경을 위하여 준비되었는가?

- 학습내용을 습득하는 충분한 이유를 학습자들에게 제공하는가?
- 학습 전체를 인식하는 데 사용될 조직체계를 논리적이고 명백하게 제시하였는가?
- 계획은 학습자에게 제반 사항 및 구상을 개념으로 구체적으로 인식하도록 모든 기회를 이용하는가?
- 학습시킬 준비는 충분한가?

③ 교안의 구성요소

- 도입
  - 도입단계는 학습자와 교수자 간에 공통된 기반을 형성하는 단계로 주의집중, 동기부여, 학습개요의 단계로 구성된다.
  - 도입단계의 시간은 총 학습시간의 약 5~10%를 점유한다. 도입의 구성요소로는 주의집중(attention), 동기부여(motivation), 학습개요(overview)가 포함된다.
- 전개
  - 도입단계에서 제시된 학습개요의 순서에 따라 주제를 구체적으로 설명하고 입증하며 규명하는 단계이다.
  - 전개단계는 총 학습시간의 약 80~85%를 점유한다. 전개의 원칙은 쉬운 것으로부터 어려운 것으로 논리적으로 체계화되어 설명할 수 있어야 한다. 또한 주제의 연결단계가 매끄러워야 하며 중간 동기부여를 반드시 계획하여야 한다. 전개단계 마지막 단계에서는 질의응답시간을 마련하여 학습자의 의문을 해소해 주거나 교수자가 질문하여 학습자의 이해도를 측정하는 것이 필요하다.
- 종결
  - 종결단계는 총 학습시간의 약 5~10%를 점유한다. 종결단계는 전개단계에서 설명하고 검증한 사실들을 요약하고 재동기 부여와 맺음말로 마치는 단계이다. 종결의 구성요소로는 요약, 재동기 부여, 맺음말이 포함된다.

교안은 정해진 형식이 없다. 교수방법에 따라 활용하기 적합한 형태의 교안을 선택하여 작성한다. 교안의 종류로는 일반적으로 문제해결에 적합한 백지식 교안, 강연식 교안에 적합한 이란식 교안, 토론식 형태의 교육에 적합한 삼란식 교안, 실습식 교육에 적합한 사란식 교안 등이 있다.

④ 교안에 포함해야 할 항목

- 목표: 무엇을 이해 또는 습득시킬 것인가?
- 내용: 도입, 전개, 종결의 3부로 나누어진다.
- 판서: 무엇을 판서할 것인가. 주제와 대, 중, 소 항목 및 내용
- 요약: 강조점이 무엇이며 요약은 어떤 방법으로 하는가?
- 시간 배분: 5분 또는 10분 단위로 표시한다. 그 이하가 되면 실제 사용이 어렵다.
- 시청각 자료: 자료명과 활용방법 등
- 기타 교수활동: 질문, 예화를 비롯해 통계 · 인용 · 유머 등은 별도로 표시해 둔다.

(2) 학습매체 개발

교수자는 수업설계안을 바탕으로 내용을 잘 전달하기 위한 교육자료인 교보재를 개발해야 한다.

① 목표 설정

교수자는 수업설계안을 작성한 후에는 각각의 내용을 전달하기 위한 자료를 개발해야 한다. 이때 제일 먼저 할 일은 자료를 통해 전달하고자 하는 목적을 바탕으로 제작하는 것이다. 예를 들어 학습내용에 관한 자료라면 학습자가 이번 수업을 통해 학습하게 될 내용의 개요를 전체적으로 인식하게 하는 것이 된다. 자료를 작성한 후에는 목표에 부합되는지를 기준으로 평가하면 된다.

② 정보수집

다음으로 정보를 수집해야 한다. 수집된 정보는 내용을 구성하고 표현하기 위한 재료가 된다. 내용 정보, 근거 자료, 이미지 자료, 영상 자료까지 충분한 재료가 수집되면 효과적인 교육 자료가 만들어질 가능성이 커진다.

③ 내용 구성

자료의 내용을 구성할 때에는 주제와 관련성(relevance) 있는 자료를 제시하고 학습자가 주의집중(attention)할 수 있는 이미지, 영상, 삽화, 도표, 소리, 문장 등의 다양한 시청각 자료를 제시하여 구성한다.

④ 디자인 작업

자료 제작의 최종 단계는 디자인 작업으로 주제와 관련된 내용으로 제작한다. 시각자료는 단순 명료하게 제작하고 일관성을 바탕으로 전달하고자 하는 내용을 이미지화하는 것이 필요하다. 이때 시각자료의 컬러는 3색 이상을 넘지 않도록 하는 것이 효과적이다.

4 프로그램 실행

1) 자원 확보 및 배분

프로그램 개발은 인적자원과 물적 자원, 금전적 자원의 확보에 대한 계획을 포함하고 있다. 인적자원에는 프로그램을 담당할 운영자와 교육을 진행할 교수자가 포함된다. 프로그램을 담당하는 운영자는 지식과 경험이 풍부하고 수준 높은 가치관과 행동 규범이 뚜렷해야 한다. 또한 프로그램의 성패를 좌우하는 교수자의 역량 또한 매우 중요하다. 프로그램에 대한 전문지식과 열정, 변화에 적응하는 유연성과 통찰력, 학습자와의 좋은 인간관계를 형성하는 소통 능력 등 학습자에 대한 이해를 바탕으로 한 객관적이고 공정한 평가능력을 갖춰야 한다. 교육 프로그램을 효과적으로 운영하고 진행하기 위해서는 물적 자원 또한 중요하다. 특히 교육에 필요한 설비나 시설들이 성인에게 적합하지 않은 경우 불편함을 초래하여 프로그램의 성과가 현저히 낮아지는 원인이 되기도 한다. 효율적인 프로그램 운영을 위해서는 금전적 자원의 확보 또한 중요하다. 자원의 확보는 프로그램의 성패를 좌우하는 중요한 요소로서 아무리 훌륭한 프로그램도 자원이 확보되지 않으면 실현될 수 없다. 자원의 확보는 경영철학이 필요한 작업으로 프로그램 개발자들의 자원동원 능력은 프로그램의 성패를 결정하기도 한다.

2) 프로그램 마케팅과 홍보

프로그램 마케팅이란 개발된 프로그램에 학습자들의 참여를 유도하기 위해 취해지는 여러 가지 활동을 포괄적으로 지칭하는 개념을 의미한다(김진화, 2001).

프로그램 마케팅 개념은 사회경제적 배경과 고객의 특성에 따라 다양하게 변화되어 왔다. 프로그램 마케팅의 모형에는 시멀리(R. Simerly)가 제시한 전통적 모형, 교환모형, 적응모형이 있다. 이 세 가지 모형은 평생교육현장에서 단독적으로 적용되기보다는 복합적으로 활용된다.

〈표 11-7〉 마케팅 모형 비교(R. Simerly & Associates, 1989)

구분	전통모형	교환모형	적응모형
관심	평생교육기관	평생교육기관, 학습자	학습자
관점	기관이 일방적으로 개발한 프로그램을 고객에게 일방적으로 설득하여 참여시키려고 함	프로그램의 가치를 학습자의 욕구와 필요의 교환을 통해 획득	학습자의 요구와 흥미에 대한 평생교육기관의 대응 강조
장점	마케팅 활동 계획 시 고려할 요인이 거의 없음	요구분석과 협의를 통해 평생교육기관의 지속적인 변화 촉진	학습자의 만족을 강조, 변화 촉진에 매우 적극적
단점	외적 환경변화를 무시 학습자에 대한 무관심	계속된 협의와 장시간의 요구분석으로 기관의 변화가 점진적으로 이루어짐	평생교육기관의 목적이나 필요, 기준, 가치들을 도외시하는 경향 있음

출처: 강은이(2017).

다양한 학습자로 구성된 평생교육기관은 그들의 욕구, 자원 선택 기준을 어떻게 판단하고 대처해야 할까? 이를 해결하기 위해서는 학습자가 평생교육 프로그램에 참여하기 이전에 잠재적인 학습자 집단에 대한 정보수집 및 학습자 행동분석을 통해 학습자들에게 프로그램에 대한 다각적인 정보를 효과적으로 전달할 수 있게 전략을 수립해야 한다.

평생교육 프로그램을 효과적으로 전달할 수 있는 마케팅 절차는 일반적으로 5단계를 거치며 각각의 단계는 필요에 따라 피드백 과정을 거치며 순환하면서 진행된다.

- 1단계: 정보수집 및 학습자 행동분석
- 2단계: 시장 세분화(segmentation) 및 표적(targeting) 시장 선정
- 3단계: 기관 및 프로그램 포지셔닝(positioning)
- 4단계: 마케팅전략 수립
- 5단계: 마케팅 실행 및 조절의 단계

평생교육기관이나 기관에서 개발한 교육 프로그램은 대중들에게 널리 알리는 행위인 홍보가 필요하다. 홍보란 특정 기관이 기관의 교육프로그램이나 서비스에 대한 수요를 자극하는 데 궁극적인 목표를 두고, 언론 보도, 인터뷰, 입소문 등의 매스미디어를 통해 전달하는 커뮤니케이션 방법이다. 이러한 홍보는 평생교육기관의 교육프로그램과 서비스의 판매를 직접적으로 촉진시킬 수 있는 활동으로 학습자들에게 간접적으로 어필하는 데 목적을 두고 행해지는 기관 활동과 관련된 모든 사항을 포함하는 특성이 있다(반병길 외, 2000). 홍보는 효과의 극대화를 위해 일관성 있는 원칙을 가지고 구체적으로 진행되어야 한다.

홍보의 구체적이고 일반적인 원칙을 살펴보면 다음과 같다(권인탁 외, 2017).

- 홍보의 목적, 내용, 방법, 시간, 장소, 대상의 육하원칙에 의해 제시한다.
- 학습자에게 신뢰가 떨어지지 않게 과대홍보를 지양한다.
- 프로그램 시행에 있어 적절한 시기를 포착하여 홍보한다.
- 홍보 아이디어를 얻을 수 있는 마인드를 갖는다.

- 소비자 행동이론을 이해하고 상품 차별화 및 시장 차별화 전략을 구사한다.
- 홍보문구는 될 수 있는 대로 단순하고 흥미롭고 가독성 있게 작성한다.

홍보매체를 선정할 때는 교육 프로그램의 내용을 고려하여 학습자의 수준을 고려한 시각 또는 청각매체를 선정해야 한다. 또한 적은 비용으로 최대의 홍보효과를 얻을 수 있는 다양한 매체를 선정하고 내용을 정확하고 빠르게 전달할 수 있는 동시성 있는 매체를 선택하는 것이 중요하다.

3) 프로그램 운영

프로그램의 효과와 효율적인 운영을 위해서는 프로그램의 기본방향과 진행 과정 등에 관한 사항들을 확인하고 점검하는 과정이 필요하다. 먼저 개발된 프로그램을 실행함에 있어 가장 효율적이고 효과적인 운영이 가능하도록 학습을 위한 환경을 조성하는 것이 필요하다. 학습환경의 범위는 건물의 위치, 강의실 내부 구조, 기자재 환경 등 다양하게 생각할 수 있다. 다음으로 프로그램 운영담당자의 역할이 중요하다. Boone(1985)는 평생교육사가 프로그램을 실행하고 운영 · 관리하는 과정에서 반드시 이해하고 실천해야 할 역할을 다음과 같이 제시했다(김진화, 2001; 최은수 외, 2016).

첫째, 프로그램 운영 담당자는 설계된 프로그램을 실행하는 데 필요한 환경을 조성하고 마련함에 있어서 다양한 기법과 전략을 활용해야 한다. 둘째, 프로그램 실행이 더욱 효과적으로 이루어질 수 있도록 인적 · 물적 자원을 연계하고 동력화하며 이를 발전적으로 이용할 수 있어야 한다. 셋째, 계획된 프로그램의 실행과정은 더 나은 실행을 위해 필요하다면 적절히 조정할 수 있어야 한다. 넷째, 프로그램 실행과정에서 운영 담당자는 참여자들에게 지속적인 강화요인을 제공해야 한다. 다섯째, 프로그램 실행 활동에 학습자들의 경험을 적응시키고 재조정함에 있어 학습자의 반응을 기꺼이 수용할 수 있어야 한다.

5 프로그램 평가

1) 프로그램 평가 개요

평생교육 프로그램은 다양한 목적과 목표를 위하여 기획되고 운영된다. 개인 및 조직적 차원의 지식, 기술, 태도의 지속적 변화에서부터 사회적 차원의 사회체제 변화에 이르기까지 다양하다. 평생교육 프로그램 평가는 바로 프로그램이 의도한 목적과 목표를 달성했는지를 판단하는 일련의 과정이라 할 수 있다.

프로그램 평가의 목적이 다소 추상적으로 기술되고 하위의 여러 목표를 포괄한다면, 목표는 보다 구체적으로 기술된다. 예컨대, 평가의 목적이 '프로그램의 지속 여부를 결정한다.'라면 평가의 목표는 ① 프로그램의 지속 여부 결정을 위한 관련 정보 수집 및 분석하기 ② 프로그램의 지속 여부 결정을 위한 유효한 정보 제공하기 ③ 프로그램의 지속 여부 결정을 위한 권고사항 제안하기 등이 될 수 있다.

프로그램 평가목표가 결정되고 나면 각 평가목표에 따른 평가항목을 결정하는 일이 수반된다. 평가항목의 결정은 무엇보다 해당 평가항목이 평가목표를 측정하는 데 적합한지 여부를 먼저 판단해야 한다. 그리고 프로그램 목적과의 일관성 여부, 평가를 위해 확보할 수 있는 자원(인력, 시간, 예산)의 규모, 평가항목에의 접근성 여부, 이해관계자의 협조를 구할 수 있는지 여부 등을 종합적으로 고려하여 판단한다.

평가담당자는 평생교육 프로그램의 내용에 따라 어떤 방법을 이용하여 평가 프로젝트를 수행할지 결정해야 한다.

대표적인 프로그램 평가모델에는 Kirkpatrick(1959)의 4수준 평가모델, Phillips(1997)의 투자수익률(ROI) 평가모델, Brinkerhoff(2003)의 성공사례기법(SCM) 평가모델, Stufflebeam 외(2007)의 CIPP 평가모델 등이 있다(전주성 외, 2016 재구성).

평생교육 프로그램 평가일정 수립은 효과적이고 효율적인 평가일정 관리를 목적으로 한다. 평가일정은 평가 수행에 필요한 예산, 시간, 인력 등을 고려하여 작성한다.

2) 프로그램 평가계획 수립 및 결과 보고

프로그램 평가를 위해서는 평가과정에 대한 면밀한 계획이 필요하다. 아울러 평가결과를 어떻게 활용할 것인지에 대한 설계가 선행되어야 한다. 평가과정 설계는 평가를 위한 판단근거를 수집하고 설정하는 일을 어떻게 수행하고 전개할 것인가라는 질문에 답변하는 일이라고 할 수 있다. 먼저 거시적인 관점에서 평가의 골격을 정한 다음 미시적으로 구체적인 평가활동을 단계별로 계획하는 것이 필요하다.

평가자료를 수집하고 분석하기 위해서는 먼저 평가방법을 결정해야 한다. 평가자료를 수집하기 위한 평가방법은 여러 가지 방법이 활용될 수 있는데 자주 사용되는 다섯 가지 방법은 질문지법, 면접법, 관찰법, 논평, 녹음과 녹화기법이 있다.

평가결과 보고 및 활용단계에서 평가자는 보고의 목적을 설정하는 일, 보고서의 내용과 형태를 결정하는 일, 보고서 배포 시기를 결정하며 보고서를 제출하고 배포할 대상자를 선정하는 일, 보고서를 활용하여 관련자 모두가 읽고 그를 활용하도록 권장하는 일, 보고서에 대한 반응(피드백)을 파악하는 일을 준비해야 한다. 나아가서 평가결과를 활용하고 난 뒤에 예상되는 변화를 지속적으로 파악하고 결과 활용의 정도와 반응을 추적·조사하는 등의 계획을 수립할 필요가 있다(배호순, 1994).

연구문제

1. 평생교육 프로그램개발의 목적과 특성을 기술하시오.
2. 평생교육 프로그램의 절차를 기술하시오.
3. 평생교육 프로그램의 성공사례와 실패사례를 선정하여 토의하시오.

활동 평생교육 프로그램 사례 공유

▶ **주제:** 평생교육 프로그램의 성공사례와 실패사례를 선정하여 토의하시오.

▶ **활동 가이드**

- 개인이 경험한 평생교육 프로그램의 성공사례와 실패사례 작성하기
- 조(4~6인)를 구성하고 개인이 작성한 사례 나누기
- 가장 좋은 성공사례와 최악의 실패사례 선정하기
- 성공사례에 대한 선정 이유와 실패사례를 보완한 내용을 추가하여 정리하기
- 전체에게 나누기

▶ **유의점**

- 교수자는 학습자가 평생교육 프로그램 경험이 없는 경우, 인터넷 검색을 통해 작성할 수 있도록 안내한다.

12

Chapter

미래사회와 평생교육

학습개요

이 장에서는 4차 산업혁명(The Fourth Industrial Revolution)과 디지털 전환(Digital Transformation)으로 인한 사회 및 교육 패러다임의 변화에 대해 살펴보고자 한다. 이 과정에서 정보통신기술의 발전이 교육환경에 미치는 영향과 에듀테크(EduTech)의 주요 트렌드로 원격교육, 메타버스, 빅데이터 등의 발전을 살펴보고자 한다. 이를 통해 학습자는 미래 사회의 교육환경이 어떻게 변화될지를 명확히 이해하고, 이러한 변화에 적응하고 새로운 교육 기술을 효과적으로 활용하는 데 필요한 방법을 습득하게 될 것이다.

학습목표

1. 사회 패러다임 변화에 대해 설명할 수 있다.
2. 교육 패러다임 변화에 대해 설명할 수 있다.
3. 에듀테크의 기본 개념과 특징에 대해 설명할 수 있다.

Chapter 12

미래사회와 평생교육

1 사회 패러다임의 변화

1) 산업혁명

산업혁명(The Industrial Revolution)이란 18세기에 100여 년 동안 영국을 중심으로 시작된 기술, 경제, 사회적인 변화를 가리키는 용어이다. 이때에 기계적 생산과 증기기관이 발명되었으며 석탄과 석유 같은 에너지 연료 덕분에 건설이 촉발되었다. 이러한 산업혁명은 기존의 생산 방식과 경제 구조를 대대적으로 변화시켰던 중요한 역사적 사건으로, 산업의 발전과 기술의 진보, 노동생산성의 증가 등이 함께 일어난 혁명적인 변화를 가리킨다. 1차 산업혁명은 1784년 증기기관의 발명으로 인해 수공업시대에서 기계중심의 공업화가 진행되어 사회 및 경제적으로 대변화를 유발하였고, 철도, 다리, 항만 등 국가 내부의 연결성이 촉진되었다. 이러한 1차 산업혁명은 농업사회를 산업사회로 전환시켰다. 이후 19세기와 20세기 초반까지 이어진 2차 산업혁명은 전기와 컨베이어벨트 개발로 생산방식과 생산 공정의 표준화를 통해 자동화가 활성화되어 대량생산이 가능해졌으며, 개인과 가정에서의 일상 활동 중 인간의 노동을 줄여주었다. 이 시기에 구축된 통신망은 기술적 진보와 새로운 산업 혁신을 가능하게 하는 기반이 되었으며, 3차, 4차 산업혁명의 초기 인프라를 제공하게 된다. 3차 산업혁명은 20세기 후반부터 시작된 반도체, 컴퓨터의 개발과 인터넷의 발전이 초래한 정보화 혁명 또는 디지털 혁명을 의미한다. 1차와 2차 산업혁명이 물리적 재화의 생산 및 유통 관련 기술에 중점을 둔 혁신이었다면,

3차 산업혁명은 정보의 생산, 처리, 유통을 효율화하는 정보통신기술(Information and Communications Technology, ICT)에 초점을 맞춘 혁명으로 볼 수 있다. 또한 정보화 시대라 불리며 인터넷으로 인하여 인간과 인간 사이의 연결성이 증진되었고 지식과 정보의 창출이 무한했으며 지식사회라고 불리기도 했다. 4차 산업혁명은 디지털, 바이오 기술이 경제, 사회 전반과 결합해 초연결 사회라고 말할 수 있으며 이와 함께 초지능 사회라고도 불린다. 이러한 4차 산업혁명은 그 속도와 범위, 그리고 시스템 변화 측면에서 3차 산업혁명과 구별되는데 이는 혁신적인 기술 발전의 가속화, 모든 국가와 산업분야에 미치는 영향력, 그리고 생산, 관리, 구조적 측면에서 시스템 전반에 걸친 변화의 깊이와 범위를 통해 차별성을 가진다.

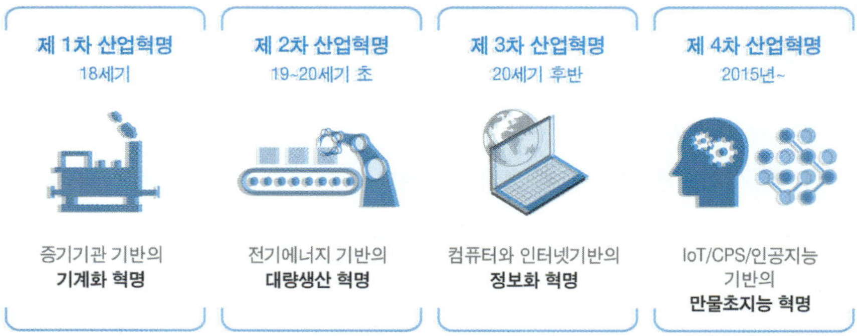

[그림 12-1] 산업혁명의 변화 단계와 4차 산업혁명

2) 4차 산업혁명 시대

4차 산업혁명은 2016년 1월, 제47회 다보스 세계경제포럼(World Economic Forum)에서 클라우스 슈밥(Klaus Schwab)에 의해 처음 언급되었다. 3차 산업혁명을 기반으로 디지털과 바이오, 물리학 사이의 경계를 허무는 융합적인 기술이라고 정의했으며, 경제와 사회 전반에 새로운 패러다임으로 제시되었다.

4차 산업혁명의 속도와 범위는 과거 산업혁명과 비교할 때 훨씬 빠르고 광범위하며, 이는 모든 사물과 산업, 생활 전반에 스며들어 새로운 산업을 육성하고 일자리를 창출하는 등 국가 경제 성장을 이끌고, 생산 및 관리 시스템을 근본적으로 변모시킬 것이다. 이러한 변화는 근로환경에도 영향을 미치고 있는데 기술의 급속한 발전으로 인하여 근로시간과 근로장소 등 근로계약 형태를 다양화하고 있으며, 이는 전통적인 고용 형태와 노동시장의 구조에 중대한 변화를 가져오고 있다. 이와 같은 사회적, 경제적 변화에 효과적으로 대응하기 위해서는 성인 근로자의 지속적인 학습과 역량 강화가 중요해지고 있다. 과거에 고등교육을 통한 인적자본의 확충이 중요했다면, 현재와 미래에는 산업 환경의 빠른 변화에 적응하기 위해 필요한 새로운 기술을 습득하고, 복합적인 역량을 개발하는 것이 더욱 중요해지고 있는 것이다. 즉 신기술의 발전과 일자리의 변화, 노동시장의 유연화로 인해 평생에 걸쳐 개인의 지속적인 직무 능력 개발에 대한 사회적 요구가 증가하고 있고 학령인구 및 생산가능인구의 감소, 고령인구의 급증하는 시대에 재직 시기뿐만 아니라 이직과 퇴직을 전후해서도 지속적인 역량 개발이 필요하게 되었다.

2 교육 패러다임의 변화

4차 산업혁명 시대에 사회 전역에 엄청난 파고를 몰고올 것으로 예상되는 영역 중 하나는 교육분야이다. 세계경제포럼에서도 4차 산업혁명으로 가장 급속하게 시스템 재편이 이루어지고 있는 분야 중 하나로 교육을 꼽고 있다. 또한 세계경제포럼의 창시자 클라우스 슈밥(Klaus Schwab, 2016)은 '4차 산업혁명의 핵심은 기술(technology)이 아니라 인간(humanity)'임을 강조하고 있다. 4차 산업혁명 시대는 새로운 인재를 필요로 하고 이러한 인재를 키워내기 위한 새로운 교육, 즉 평생학습의 강화를 필요로 한다.

우리나라에서도 2019년 국가교육회의 및 국가평생교육진흥원에서 진행한 '2030 교육 포럼'에서 4차 산업혁명 시대가 이미 우리 앞에 와 있는 '현실이 된 미래'임을 전제로 평생학습사회의 새로운 교육 패러다임 전환이 화두로 등장하였다. 또한 저출산, 고령화에 따른 평균수명의 증가와 인구구조의 변화, 세계화 등과 같은 주요 이슈에 따른 교육의 역할도 달라지고 있다. 이는 급변하는 사회에서 살아가기 위한 지식과 기술의 수명은 단축되고 새로운 지식과 기술을 배워야 할 필요성은 더욱 증가하고 있기 때문이다. 이처럼 사회환경과 인구 생태학적인 변화는 새로운 개념의 학습시대를 펼쳐야 하는 당위성을 제공하고 있는 것이다. 또한 4차 산업혁명으로 인해 산업 구조와 일상적 삶의 방식에 커다란 변화를 가져올 것이라는 예측은 2020년 전 세계를 강타한 코로나19 팬데믹으로 인해 더욱 빠르고 광범위하게 이루어졌다. 이 시기에 디지털 전환이 가속화되면서 전통적인 의무교육뿐만 아니라 평생교육 분야에도 많은 변화가 나타났다. 특히 평생교육 분야에서는 온라인 학습과 원격교육의 활성화가 두드러졌고, 이는 학습자들에게 더 다양하고 유연한 학습 방법을 제공하며 교육의 접근성을 크게 향상시켰다. 기존의 평생교육이 면대면 수업, 교수자와 학습자, 학습자 간의 네트워킹을 강조하는 오프라인 중심이었다면 코로나19 이후 평생교육은 시대적 상황을 반영하여 온라인 교육환경으로 전환하고자 하는 새로운 시도를 하게 되었고, 디지털 교육의 중요성이 더욱 부각되었다고 할 수 있다. 이렇듯 코로나19는 우리 삶의 방식을 뉴노멀(New Normal)[1)]과 디지털 트랜스포메이션(Digital Transformation)[2)] 시대에 비대면 온라인 교육의 확대 요구로 이어졌으며, 이러한 뉴노멀 트랜스포메이션 시대의 사회적 변화는 사회 전반에 걸쳐 많은 혁신과 도전을 요구하였다.

이렇듯 발달된 정보통신기술(ICT)의 활용은 교육 분야에 광범위한 영향을 미치고 있다. 이러한 기술은 사용 가능한 정보의 양을 대폭 확장시키며, 그 정보의 개방성, 접근성, 그리고 신속성을 특징으로 한다. 이로 인해 학습자는 교수-학습 과정에 다양한 정보를 적극적으로 통합할 수 있는 기회를 갖는다. 학습자는 이제 더 많은 정보와 자료를 빠르고 쉽게 접근할 수 있게 되었다. 이는 학습과정에서의 참여도를 높이는 데 기여하며, 다양한 매체의 활용을 통해 수업 방식을 다양화하고 풍부하게 만들 수 있는 환경으로 이어지게 되었다.

---

1) 뉴노멀(New Normal)이란 시대 변화에 따라 새롭게 부상하는 표준으로, 경제 위기 이후 5~10년간의 세계경제를 특징짓는 현상이다.

2) 디지털 트랜스포메이션(Digital Transformation): 디지털 기술을 사회 전반에 적용하여 전통적인 사회구조를 혁신시키는 것을 말한다.

3 평생교육과 에듀테크(EduTech)

4차 산업혁명 시대의 도래와 코로나19가 바꾸어 놓은 정치, 경제, 사회 변화들로 인해 최근 인류는 디지털 전환(digital transformation)의 길을 맞이하고 있다.

세계 주요국들도 디지털 융합기술을 사회 전반에 적용하는 전략적 변화를 통해 국가의 경쟁력을 향상시키고자 하는 '디지털 전환' 정책을 추진하고 있으며(한국정보화진흥원, 2019), 이를 위한 교육정책의 일환으로 교육 현장에서의 디지털 기술을 도입하고자 하는 정책을 적극적으로 지원하고 있다(OECD, 2020). 우리 정부도 이러한 급격한 변화의 흐름 속에 효과적으로 대응하기 위하여 2022년 3월에 과학기술정보통신부와 문화체육관광부, 산업통상자원부, 교육부 등 7개 부처와 공동으로 디지털 뉴딜사업을 발표하였으며, 이를 통해 디지털 전환에 요구되는 생태계를 형성할 수 있도록 준비에 나섰다. 이로 인하여 4차 산업혁명과 디지털 트랜스포메이션을 견인하는 최신 정보기술과 결합된 에듀테크(EduTech)가 급부상하게 되었다. 이는 교육에 있어서 뉴노멀을 받아들이고 준비해야 할 시기임을 시사해 주고 있다. 더구나 직업 생태계의 대변화는 기존의 교육과정과 교육방법만으로는 한계가 있기 때문에 주지주의적 교육의 틀을 벗어나, 경험 및 체험과 실제 문제해결능력을 도울 수 있도록 기술과 교육의 접목은 중요한 이 시대의 트렌드임이 틀림 없다.

교육분야에서 데이터(data), 네트워크(network), 클라우드(cloud), 인공지능(artificial intelligence), 가상현실(virtual reality), 증강현실(augmented reality)과 같은 기술들을 적용하는 것은 이제 선택사항이 아니라 필수적인 요소가 되어가고 있다. 이러한 기술들의 적용은 학습의 내용, 방법, 환경에 큰 변화를 가져오고 있으며, 이는 교육의 질을 개선하고 새로운 학습 기회를 창출하는 데 중요한 역할을 하고 있다. 이러한 현상은 일시적인 현상이 아니라 기술 발달에 대응하여 지속적으로 이어질 것이다. 학교, 기업, 평생교육 분야에서 에듀테크와 관련된 디지털 기술의 활용이 일회성 사용을 넘어서 다양한 수업 환경을 고려하여 확장되고 있으며, 교육 방법론과 환경의 다변화를 추진하고 있다. 따라서 첨단 정보기술이 교육현장에서 적용되어 운영될 수 있도록 에듀테크는 이제 현실적

과제로 대두되고 있는 실정이다. 이와 함께 정보사회에 들어서면서 교육 분야에서는 평생교육 및 평생학습에 대한 중요성이 강조되고 있는데, 이는 빠르게 변화하는 사회에 대처하고 정보사회에 필요한 역량을 지속적으로 습득 및 강화하기 위해 필요한 것이 바로 평생교육, 평생학습이기 때문이다. 이를 위해서는 교육받기 원하는 학습자는 교육을 받을 수 있는 권리와 함께 쉽게 교육 서비스에 접근해야 하며 국가는 이를 지원할 수 있는 잘 정비된 체계를 구축해야 한다. 따라서 에듀테크는 평생교육, 평생학습 사회를 앞당길 뿐만 아니라 교육의 수월성 측면에서도 기여할 수 있는 도구가 될 것이다.

2022년 9월 '디지털 대전환의 시작'을 주제로 한 에듀테크 코리아 포럼에서 기조 연설자인 런던대학 웨인 홈즈(Wayne Homes) 교수는 에듀테크의 활용에 관해 중요한 메시지를 전달했다. 그는 최신 기술을 도입하는 것에 앞서 교육 실천가들이 에듀테크가 궁극적으로 구현하고자 하는 교육목표의 실현과 학습자의 역량 개발 및 향상에 있어서의 효과적인 활용을 우선 고민해야 한다고 강조했다. 이는 에듀테크 도입의 목적과 효과에 대한 심층적인 이해와 접근을 강조하는 것이다. 첨단의 기술을 배우고 익혀 도입하는 것에 집중하다 보면, 교육에 기술을 도입하려는 본질적 질문에 대한 답을 생각하지 못하고 기술 자체에 심취할 수 있는 위험성이 있다는 것이다. 따라서 에듀테크는 현재 교육의 모습을 더욱 발전시키는 보완재로 에듀테크를 실행함에 있어서 교육이 항상 먼저임을 상기해야 한다. 즉 지금의 교육을 보완하고 더 좋은 교육을 향해 나가는 매우 훌륭한 도구라는 것을 기억해야 한다. 또한 교육은 교육 그 자체가 목적이 되기보다는 궁극적인 학습자의 성장과 세상에 의미있는 기여를 할 수 있도록 교육의 목적을 명확히 하는 것이 중요할 것이다.

1) 에듀테크의 개념

에듀테크(EduTech)란 정보기술(IT)과 교육을 결합한 용어로, '교육의 Education'과 '기술의 Technology' 두 단어를 합성한 용어이다.

[그림 12-2] 에듀테크의 정의

에듀테크라는 용어는 한국에서 사용하고 있으며, 해외에서는 에드테크(Edtech) 용어를 주로 사용한다. 에듀테크 개념은 그동안 인터넷 통신이 발달하면서 온라인 강의 중심의 이러닝(e-Learning)에서 주로 언급되어 왔으나, 최근에는 빅데이터(Big data)와 인공지능(AI), 가상현실(VR), 사물인터넷(IoT) 등 4차 산업혁명과 함께 등장하게 된 새로운 기술들이 교육에 결합된 차세대 교육을 의미한다.

에듀테크는 이러닝, 스마트러닝 등 교육의 기능적 측면을 제공하는 것뿐 아니라 학습자에게 최적의 교육 콘텐츠를 제공하고 디지털 매체 등을 활용한 학습효과 극대화에 초점을 두고 있다. 또한, 4차 산업혁명의 인재상 변화와 이에 따른 교육 패러다임의 전환 등 맥락적인 부분을 고려하면 기존의 온라인 학습 중심이었던 이러닝보다 광범위하고 포괄적으로 접근하는 차이가 있다. 이러닝은 많은 사람에게 교육에 있어 시공간 제약 없이 언제, 어디서나 인터넷으로 편리하게 학습할 수 있는 방식을 제공함으로써 시간과 공간의 효율을 추구했다면, 에듀테크는 이를 넘어서 교육의 효과에 중점을 두고, 개인 맞춤형(personalization) 및 적응형 학습(adaptive learning)을 제공한다. 또한, 몰입 기술과 게임화(gamification)를 통해 학습 방식 자체를 혁신적으로 변화시키고 있다. 이는 전통적인 교육 방식과는 차별화된 효과적이고 매력적인 학습환경을 창출하고 새로운 학습 경험을 제공한다. 학습의 효과와 진행과정, 새로운 학습방식이 데이터를 기반으로 하며 일대일 교육과 같이 개인 맞춤형 학습을 추구하는 것이 에듀테크가 기존 이러닝을 넘어서는 새로운 영역이라는 것이다. 이러한 에듀테크의 가장 큰 특성 중 하나는 '데이터화(datafication)'와 '디지털화(digitization)'라고 할 수 있으며, 방대한 아날로그적 지식, 정보, 자료를 디지털화하면서 언제, 어디서나 접근할 수 있도록 데이터화한 것이다. 이를 자세히 살펴보면, 에듀테크는 코로나19와 같은 질병과 재난, 위기상황에서 교수자와 학습자를 매개하여 다양한 콘텐츠와 실시간 상호작용을 통해 언제, 어디서나 학습할 수 있는 기회를 제공하며, 이러닝(e-learning), K-무크(K-MOOC), 디지털 교과서(Digital Textbook) 등 온라인으로 제공되는 다양한 학습 콘텐츠는 학습자의 자기주도적인 학습을 지원한다. 또한 에듀테크는 교실이라는 제한된 공간을 벗어나 온라인으로 다양한 학습자원과 연결됨으로써 학습자들에게 새로운 학습경험을 제공한다. 그리고 가상현실(VR), 증강현실(AR), 확장현실(XR; eXtended Reality) 등 실감형 콘텐츠를 통해 기존 콘텐츠에서 제공하지 못한 몰입감과 실재감을 제공하여 학습 효과를 높인다. 마지막으로 빅데이터와 인공지능 기술을 통하여 개인의 특성을 고려한 개인별 맞춤형 교육의 기회를 제공한다. 개인 수준에 맞는 맞춤형 콘텐츠를 제시하고 적절한 평가를 통해 피드백을 제공한다(이은상, 이동국, 2021). 이처럼 에듀테크를 적용하여 학습분석(learning analytics) 등 효과적인 교수-학습을 위한 정보 제공 및 다양한 교수-학습 환경을 조성함으로써 교수자는 맞춤형 교육을 위한 환경을 조성하고 학습자는 창의력, 문제해결력 등 21세기에 필요한 역량을 기를 수 있는 환경을 갖추게 된다.

2) 에듀테크의 트렌드

(1) 원격교육의 확대

원격교육이라는 용어는 1972년 국제통신교육협의회(International Council for Correspondence Education)[3]에서 처음으로 소개되었으며 미국의 교육공학회는 원격교육을 상호작용적인 전기통신 시스템에 기반하여 학습자, 자원, 교수자를 연결하는 교육이라고 정의하고 있다. 따라서 원격교육은 교수자와 학습자가 물리적으로 분리되어 있는 상황에서 매체와 자원을 활용하여 언제, 어디서나 학습을 지원받을 수 있는 교육 형태를 의미한다. 국내에서 원격교육은 컴퓨터와 네트워크의 발달로 교육의 정형화된 틀을 깬 중요한 교육방법으로 자리잡고 있으며, 사이버대학, KOCW(Korea Open Course Ware), K-MOOC(Korean, Massive, Open, Online, Course) 등과 같이 다양한 형태로 발전되어 왔다. 그러나 코로나19

3) 세계의 개방대학 및 원격대학이 모인 기구이며, 2023년 기준 70개국 230개 이상의 고등교육기관 및 조직들로 구성되어 있다. 1982년, 캐나다 벤쿠버에서 열린 12차 회의에서 조직명을 현재의 국제원격교육협의회(International Council for Open and Distance Education; ICDE)로 변경했다.

팬데믹으로 인한 초유의 비상사태로 대면수업이 제한되면서 갑작스럽게 온라인 수업으로의 전환을 추진해야 했고, 이로 인해 교육현장 전체는 적지 않은 혼란을 겪게 되었다. 기존에 구축된 온라인 수업 지원 인프라는 폭증한 사용자 수요를 감당하기에는 턱없이 부족했고 콘텐츠 제작을 지원하는 자원도 충분하지 않아 교수자가 직접 온라인 수업 콘텐츠를 개발하고 운영해야 하는 상황에 직면하게 되었다. 즉, 교수자가 온라인 수업의 기획, 설계, 개발, 운영을 모두 담당해야 하는 형태로 급격한 변화가 일어난 것이다.

코로나19의 발생 이전에는 원격수업이 주로 비실시간 형태로 진행되었지만, 팬데믹 이후에는 이러한 방식뿐만 아니라 화상회의 시스템을 활용한 실시간 온라인 수업도 보편화되었다. 이전에는 일부 교수자가 선호하거나 면대면 교육이 어려운 지역에서 선택적으로 사용되던 원격교육이 코로나19 이후에는 모든 수업 영역에서 필수적인 교육 방식으로 자리 잡게 되었다. 이로 인해 원격교육은 더 이상 대체적인 수단이 아니라, 모든 교육환경에서 필수적으로 선택해야 하는 교육방법이 되었다.

국내 원격교육은 1951년 라디오 및 TV학교로부터 시작되었으며, 1972년 한국방송통신대학 설치령이 공포됨에 따라 최초의 평생교육기관이자 원격 형태의 평생교육이 시행되었다. 그러나 평생교육이 실제적인 법의 적용을 받게 된 것은 1980년 헌법에 평생교육 진흥 조항이 신설되고 이를 시행할 구체적인 법안으로 1982년 사회교육법이 제정되면서부터이다(이종연, 서종택, 2021). 원격평생교육 강좌가 우편, 라디오, TV 방송에서 온라인 형태로도 제공되기 시작한 것은 1999년 사회교육법이 평생교육법으로 개정된 이후인 2000년대 초부터이다. 평생교육법 제33조는 누구든지 정보통신매체를 이용하여 특정 또는 불특정 다수인에게 원격교육을 실시하거나 다양한 정보를 제공하는 등의 평생교육을 실시할 수 있다고 규정하고 있는데, 이는 평생교육제도 속에서 원격교육을 공식적으로 인정함을 의미한다(국가평생교육진흥원, 2013).

원격평생교육은 평생교육기관에서 원격 형태로 운영하는 평생교육이라고 할 수 있다. 비형식 평생교육기관 수는 2008년 평생교육통계 조사 시작 이후 지속적으로 증가하여 2022년 4,869개 기관으로 조사를 시작한 이래 가장 많은 평생교육기관 수를 기록하였다(교육부, 한국교육개발원, 2022).

(2) 원격교육 형태 및 유형

① 원격교육 플랫폼

- 한국형 온라인 공개강좌 K-MOOC

한국형 온라인 공개강좌(이하 'K-MOOC', Korean Massive Open Online Course)는 대학의 우수 강좌를 언제, 어디서나, 누구나 무료로 수강할 수 있는 서비스로, 고도화된 온라인 플랫폼에서 상호작용 등 의미 있는 학습을 경험할 수 있도록 2015년부터 서비스를 시작하였다. K-MOOC의 운영 근거는 「평생교육법」 제22조(정보화 관련 평생교육의 진흥), 「고등교육법」 제26조(공개 강좌)이며, 대학, 기업, 정부출연 연구기관 등의 고품격 강좌를 양방향 학습이 가능한 온라인 플랫폼을 통해 국민에게 공개하여 고등교육에 대한 실질적인 기회 균등 실현을 목적으로 하고 있다(교육부, 한국교육학술정보원, 2023). 2021년에는 모든 콘텐츠를 마이크로 러닝(Micro Learning) 강좌로 탑재하여 학습자가 원하는 학습 정보에 보다 쉽게 접근하여 학습하고, 학습자 개별 맞춤형 추천 강좌를 제공하는 적극적인 학습 서비스를 제공하고 있다. 2021년에는 증가하는 학습 수요를 안정적으로 뒷받침하도록 학습자 중심 K-MOOC 2.0을 개통하였다. K-MOOC 2.0은 플랫폼의 고도화와 다양한 콘텐츠 확보를 통해 디지털 시대의 대전환과 인구구조 변화에 맞춰 전 생애에 걸친 평생학습 수요에 대응하고 학습자의 요구와 수준에 맞는 다양한 강좌를 제공함으로써 학습자 중심의 친화적인 온라인 학습 환경을 만들고자 하였다.

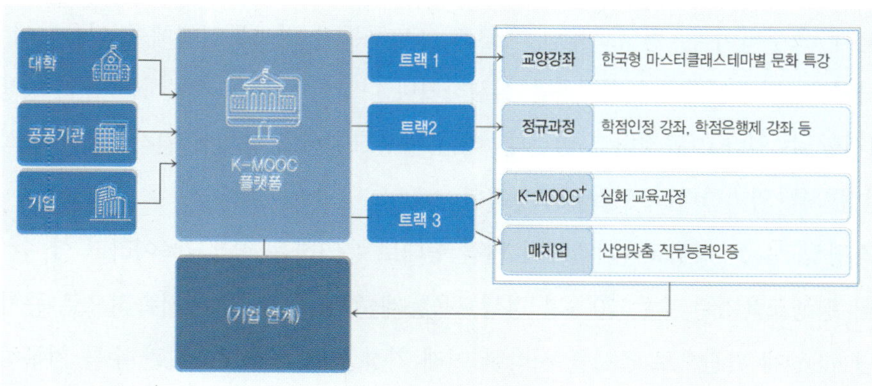

[그림 12-3] K-MOOC 서비스 개요

출처: 교육부, 한국교육학술정보원(2023). 2023 디지털교육백서.

• 국가평생학습포털 '늘배움'

국가평생학습포털 늘배움(www.lifelongedu.go.kr)은 분산된 평생교육 정보와 교육 자료를 하나의 집약적인 네트워킹 체제로 구축하여, 국민에게 고도화된 온라인 학습서비스를 제공하는 평생교육 종합정보시스템이다. 이 플랫폼은 교육부에서 사업기획 및 총괄을 담당하고, 국가평생교육진흥원은 사업을 위탁받아 주관·시행하고 있다.

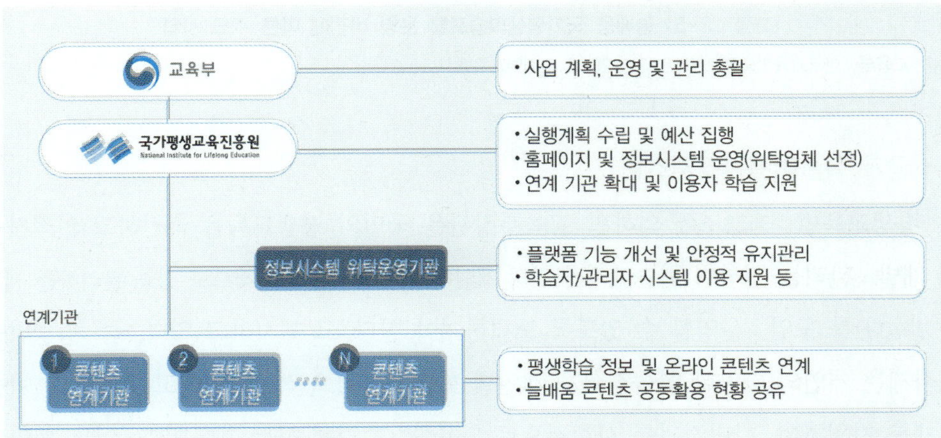

[그림 12-4] 늘배움 국가평생학습포털운영 추진 체계

출처: 교육부, 한국교육학술정보원(2023). 2023 디지털교육백서.

늘배움은 평생학습 참여 기회가 부족한 소외계층이나 평생교육 인프라가 열악한 지역 주민을 포함한 전 국민이 언제·어디서나 학습이 가능하도록 국가 단위 평생학습 전달 체제로서 역할을 수행하고 있으며(교육부, 한국교육학습정보원, 2022), 국가평생교육진흥원에서 자체적으로 개발한 평생교육 동영상 강좌를 비롯하여 전국 17개 시·도 다모아 평생교육정보망 및 84개 유관 기관과 협약 및 공동활용을 통해 확보한 양질의 국내·외 온라인 콘텐츠, 온·오프라인 평생교육기관 및 강좌 정보 등을 수집하고 제공한다.

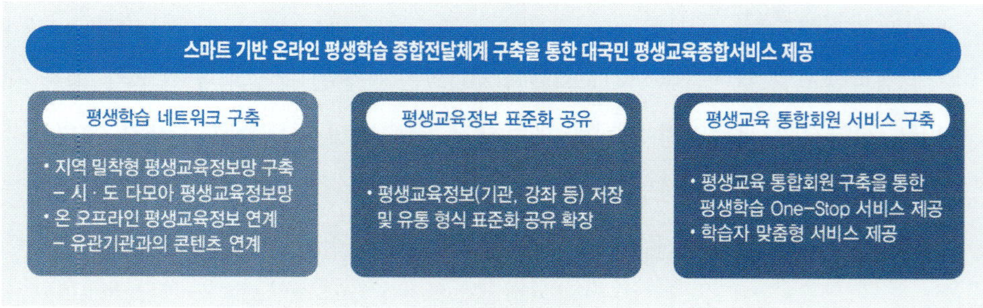

[그림 12-5] 늘배움 국가평생학습포털 운영 비전에 따른 주요 사업

출처: 교육부, 한국교육학술정보원(2023). 2023 디지털교육백서.

• 국가 학습이력관리시스템

「평생교육법」 제23조에 의하면 '교육부장관은 국민의 평생교육을 촉진하고 인적자원의 개발 · 관리를 위하여 학습계좌(국민의 개인적 학습경험을 종합적으로 집중 관리하는 제도를 말한다)를 도입 · 운영할 수 있도록 노력하여야 한다.'고 제시하고 있다. 즉, 평생학습계좌제는 개인의 다양한 학습경험을 개인별 학습계좌에 누적 · 관리하고 체계적인 학습설계를 지원하며, 학습결과를 사회적으로 활용할 수 있게 하는 제도이다. 이는 개인의 학습경험을 자기주도적으로 관리하고 그 경험을 사회적으로 인정 · 활용함으로써 평생학습 참여를 촉진하기 위해 마련되었다. 평생학습계좌제의 주요 구성요소는 학습경험을 누적하고 관리하는 '학습이력관리시스템 영역'과 학습경험, 이력에 대한 '사회적 활동 영역', 그리고 이수한 평생학습(학습) 과정에 대한 평가인정 영역으로 설명할 수 있다(교육부, 한국교육학술정보원, 2023).

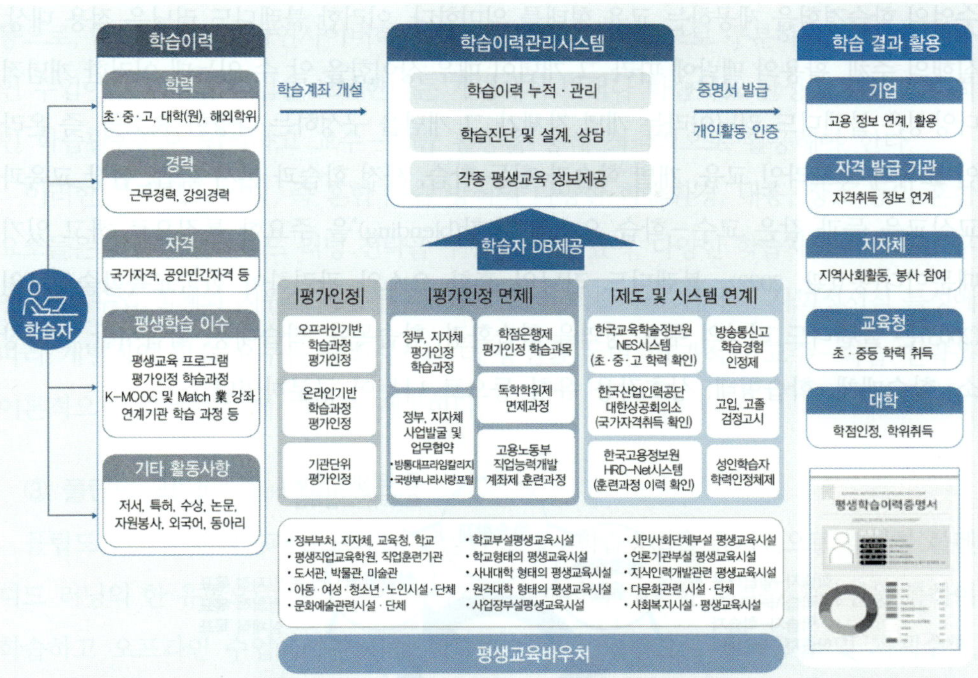

※ 출처: 국가평생교육진흥원 내부자료(2023).

[그림 12-6] 평생학습계좌제 주요 구성 요소

출처: 교육부, 한국교육학술정보원(2023). 2023 디지털교육백서.

② 블렌디드 러닝(Blended Learning)

블렌디드 러닝은 일반적으로 오프라인 수업과 온라인 학습의 혼합교육방식으로, 오프라인에서 집중적으로 학습하고 부족한 학습활동은 온라인에서, 온라인에서 수행하기 어려운 학습내용은 오프라인에서 수행하여 두 방식의 학습내용 및 학습활동을 보완함으로써 가장 바람직한 학습 효과를 이끌어 내는 데 사용되었다(Graham, Woodfield, & Harrison, 2013). 그러나 최근에는 블렌디드 러닝 개념이 단순한 오프라인 수업과 온라인 수업 통합교육의 개념을 넘어서 보다 폭넓게 정의되고 있다. 다양한 수업방법 간의 결합 또는 다양한 웹 기술 간의 결합 및 동시성과 비동시성의 결합 등 학습목표 또는 내용에 따라 두 가지 이상의 학습방법과 도구, 학습전략을 활용하는 학습 형태를 일컫는다(Chun, 2014; Graham, 2006). 즉 학습목표 및 교육내용에 따라 여러 가지 형태의 온·오프라인

조력자로서 역할을 하는데 수업 방식을 뒤집어 교수함으로써 학습의 주체와 형태를 변화시킨다.

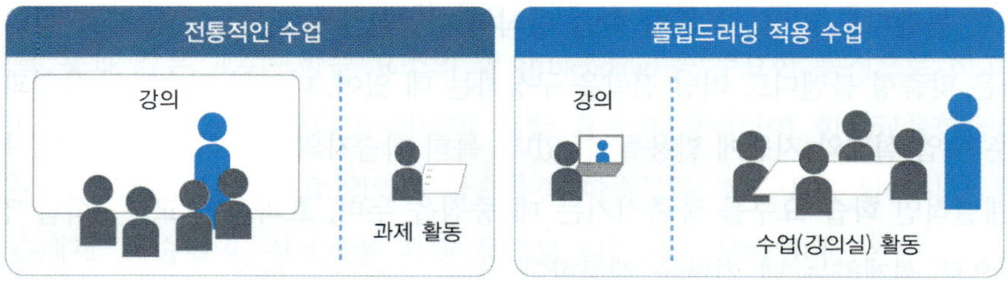

[그림 12-8] 전통적인 수업과 플립드 러닝 수업의 절차 비교(Gouia & Gunn, 2016)

전통적인 강의식 수업과 플립드 러닝 수업방식을 비교하면 〈표 12-1〉과 같다.

〈표 12-1〉 전통적 강의식 수업과 플립드 러닝 수업방식 비교

구분	교수-학습 단계	전통적 강의수업 방식		플립드 러닝
수업 전 (Pre-class)	자기주도적 개별학습 및 자가평가	사전학습 : 대체로 사전학습 없이 수업에 참여함		사전학습 필수 : 사전학습을 통해 지식, 이해 수준 도달(학습자의 능력 및 학습 속도에 맞게 반복 학습 가능)
수업 중 (In-class)	협업을 통한 심화문제 풀이, 토론, 발표, 핵심요약	학습자	교수자로부터 새로운 학습 내용 습득	사전학습 내용을 활용할 수 있는 협동학습
		교수자	강의로 전체 학습자에게 수업내용 전달	팀 활동을 촉진하고 개별 피드백 제공
		인지영역 수준	지식, 이해	적용, 분석, 조합, 평가
			기초적 사고	분석적 사고 추론적 사고 고차적 사고
수업 후 (Post-class)	사후 성찰 및 정리	과제 및 배운 내용 응용하기		창의적 심화학습, 학습성찰

출처: 최정빈(2018) 재구성.

일반적으로 플립드 러닝은 세 가지 특징으로 나타난다.

첫째, 전통적인 교육방식(강의식)에서는 학습자들은 오프라인 강의실에서 처음으로 지식을 접하고 수업 이후 복습과 과제를 통해 심화학습을 하게 되나 플립드 러닝에서는 학습자들이 온라인학습을 통해 기본적인 지식과 개념을 먼저 습득하고, 오프라인 강의실에서 상호작용을 통해 심층학습과 지식의 활용방안을 탐색한다.

둘째, 플립드 러닝에서는 학습의 주체가 교수자에서 학습자로 바뀐다(이종연 외, 2013). 기존의 수업에서 학습자는 교수자의 강의를 통해 얻은 지식으로 수업 후 과제를 수행하였다면 플립드 러닝은 사전에 온라인을 통해 습득한 지식을 기반으로 다양한 오프라인 활동에 능동적으로 참여함으로써 학습과정에서 주도적인 역할을 수행하게 됨을 의미한다(이동엽, 2013).

셋째, 교수자와 학습자, 학습자와 학습자 간의 상호작용을 강조한다(이민경, 2014). 기존의 수업이 교수자 주도의 지식 전달에 집중하는 반면, 플립드 러닝에서는 학습자들이 사전에 습득한 지식을 바탕으로 적용하고 심화하는 활동에 참여한다. 이러한 활동은 간단한 퀴즈부터 시작하여 토론, 프로젝트 학습, 하브루타 등으로 다양하게 구성될 수 있으며, 학습자들이 자신의 수준에 맞게 학습하고 교수자는 학습자들과의 개별 및 그룹 활동을 통해 다양한 상호작용을 진행할 수 있다. 이렇듯 학습자는 단순히 지식을 습득하는 것에 머무르지 않고 배운 내용을 적용 및 활용하여 문제를 해결하거나, 실제적 맥락에서 전이해 보는 활동을 통하여 고차원적 사고능력을 기를 수 있다. 이러한 고차원적 사고는 문제해결을 위한 학습자 간의 다양한 상호작용 과정을 통해서도 개발되어진다.

이와 같은 플립드 러닝의 효과를 기대하려면 플립드 러닝의 특징을 잘 고려하여 수업을 설계하고 운영해야 한다.

④ 하이플렉스 러닝(Hyflex Learning)

하이플렉스(Hyflex)란 하이브리드(Hybrid)와 플렉시블(Flexible)을 결합한 용어로 브레인 비티(Brain Beatty) 교수가 처음으로 제시한 개념이다. 하이플렉스 러닝은 전형적인 하이브리드 러닝의 발전된 형태로, 하이브리드 러닝이 온라인(실시간/비실시간)과 면대면 학습으로 구성하였다면 하이플렉스 러닝은 일부 학습자가 교실에 물리적으로 참석하는 동안 다른 학습자들은 화상회의 플랫폼 등을 통해 교실 수업에 참여한다. 하이플렉스 러닝은 학습자들에게 면대면 교육, 실시간 온라인 교육, 비실시간 온라인 교육 중에서 원하는 수업 형태를 선택할 수 있는 유연성을 제공하며, 이를 통해 학습자의 요구를 더 적극적으로 충족시킬 수 있다. 이처럼 하이플렉스 러닝에서 학습자들은 언제, 어디에서, 어떠한 방식으로 학습에 참여할지를 결정할 수 있기 때문에 학생 중심적(student centered), 학생 주도적(student directed)이며, 온라인과 대면 학습에서의 활동적인 학습(active learning)과 관련되고, 학생들의 완전한 참여(full student engagement)를 요구한다(Trail & Caukin, 2020).

특히 학습자가 자신이 어떠한 방식의 학습에 참여할지 직접 선택할 수 있기 때문에 기존의 하이브리드 방식보다 더욱 학습자 중심적이고 유연하다고 할 수 있다. 이처럼 학생들에게 수업 참여 유형의 선택권을 주는 유연한 수업 방식이 하이플렉스 수업이 가지는 가장 큰 특징이며, 이를 위해서는 하이플렉스 수업 설계의 보편적 원칙인 '학습자 선택(learner choice)', '동등성(equivalency)', '재사용성(reusability)', '접근성(accessibility)'의 네 가지 기본 원리를 따라야 한다고 하였다(Beatty, 2019). '학습자 선택의 원리'는 의미 있는 대안적 참여 방식을 제공하고, 학습자의 수업 참여 방식의 자율적 선택권을 보장해 주어야 한다는 원리이다. '동등성의 원리'는 학습자들이 온라인이나 오프라인, 실시간과 비실시간 등 어떤 형식으로 수업에 참여하든, 모든 형식에서 동등한 학습 결과로 이어질 수 있도록 설계해야 한다는 원리이다. '재사용성의 원리'는 각 참여 방식의 학습자 활동에서 생성된 산출물은 모든 학생들을 위한 학습 객체(learning objects)로 활용하도록 한다는 원리이다. '접근성의 원리'는 모든 참여 방식에 접근할 수 있는 테크놀로지 기술과 접근 가능한 방식이 갖추어져야 한다는 것이다(김선희, 2021에서 재인용).

하이플렉스 수업의 장점은 지리적으로 고립되어 있거나 신체적인 문제로 인해 수업에 참여할 수 없는 학습자에게 학교 교실환경과 비슷한 학습환경을 구축하여 평등한 학습 경험을 제공할 수 있다는 점이다(Cunningham, 2014). 예컨대, 직장을 다니고 있거나 육아 또는 질병으로 면대면 수업에 참여가 어려운 학습자는 온라인으로 수업 현장에 참여할 수 있기 때문에, 장소의 제약이 없고, 비실시간적 수단을 통해 쉽게 달성되지 못하는 사회적 상호작용, 동료 간의 상호작용, 교수자 지원 및 지식을 공유하는 기회를 제공할 수 있다(Park & Bonk, 2007). 또한, 하이플렉스 수업의 가장 큰 특징이자 장점인 유연한 학습방식은 학습자가 수업방식을 자유롭게 선택할 수 있어, 학습자의 만족도가 높고 실시간으로 교수자와 다른 학습자들의 얼굴을 볼 수 있어, 상호작용과 커뮤니케이션이 원활하게 이루어진다. 이는 토론 및 협동학습의 효과성을 높이며, 기존의 면대면 수업보다 교육 효과성이 높다(Irvine, 2010; McCue & Scales, 2007).

〈표 12-2〉 블렌디드, 하이브리드, 하이플렉스 유형별 특징

구분	온 · 오프라인 동시 진행	학습참여 선택권 부여	비실시간 온라인 교육 지원
블렌디드 러닝	×	×	○
하이브리드 러닝	○	○	×
하이플렉스 러닝	○	○	○

출처: 이가영, 한송이(2022).

(2) 메타버스(Metaverse)

메타버스는 그리스어로 '넘어서', '초월한'을 의미하는 메타(Meta)와 '세계', '우주'를 의미하는 영어 '유니버스(Universe)'의 합성어로 '가상과 현실이 상호작용하며 공진화하고 그 속에서 사회 · 경제 · 문화활동이 이루어지면서 가치를 창출하는 세상' 또는 가상(VR) 및 증강(AR)현실 등 가상융합기술(XR: eXtended Reality)의 활용을 강조하는 '확장 가상세계' 등(박형준, 정기용, 2022) 현실 세계를 초월한 가상의 세계를 말한다. '메타버스'란 개념은 닐 스티븐슨(Neal Stephenson)의 SF소설 〈스노우 크래시(Snow Crash)〉에서 처음 등장하였다. 이 작품에서 메타버스는 아바타(Avatar)를 통해서만 들어갈 수 있는 가상의 세계이다. 이 소설의 주인공은 현실세계에서 피자를 배달하는 평범한 사람이지만 메타버스 안에서는 자신의 아바타를 통해 악당들을 찾아 무찌르는 전사이다. 이후 '매트릭스', '아바타', '레디 플레이어 원'은 메타버스를 배경으로 한 대표적 영화로 아바타를 통해 가상세계로 접속한 메타버스를 잘 묘사하였다. 즉 메타버스는 현실세계와 가상공간이 완전히 결합한 초연결 디지털 세계로 시간과 공간의 제약 없이 극도의 몰입감과 현장감을 제공하는 환경을 의미한다.

2007년 미국의 비영리 기술연구단체 ASF(Acceleration Studies Foundation)는 「메타버스 로드맵」을 통해 현실세계와 가상세계가 융합되는 현상으로 보고, 이전의 가상세계에서

좀 더 진보된 개념으로 메타버스를 정의하였다. ASF는 메타버스의 유형을 증강(augmentation)과 시뮬레이션(simulation) 축, 외적(external)과 내적(intimate) 요소의 축을 바탕으로 증강현실(augmented reality), 라이프로깅(life logging), 거울세계(mirror worlds), 가상세계(virtual worlds) 등 4가지 범주로 분류하였다.

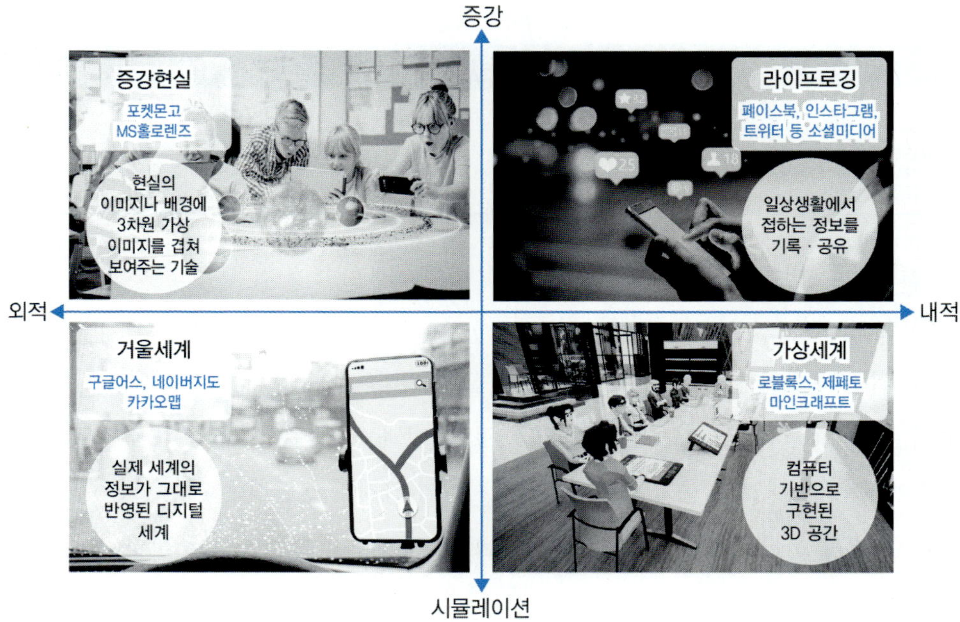

[그림 12-9] ASF의 메타버스의 분류

이에 각 메타버스 세계가 지닌 특성을 살펴보면 다음과 같으며, 각 유형별 교육적 활용 가능성을 잠재하고 있다.

① 증강현실(Augmented Reality)

증강현실, 즉 AR은 디바이스를 사용해 현실세계의 모습 위에 가상의 컴퓨터 그래픽 영상을 덧씌워 보여주는 기술로 현실세계와 가상세계를 혼합하는 것이다. 이를 위해서는 스마트글라스, 스마트폰 또는 컴퓨터 등 장비가 필요하다. 대표적인 증강현실 게임으로는 포켓몬Go가 대표적인 케이스이다. 현실세계에서 볼 수 없는 만화나 게임 속 포켓몬들을 디바이스를 통해 현실 위에 표현한다.

② 라이프로깅(Life Logging)

라이프로깅은 '삶의 기록'이란 뜻으로 사람과 사물의 일상적인 경험과 정보를 저장하고 기록하는 것을 말한다. 페이스북이나 트위터, 인스타그램 등의 소셜미디어가 대표적인 예라 할 수 있다. 이는 사용자가 저장하는 정보만을 의미하지 않고 GPS(위성항법시스템), 센서 등 활용한 위치 정보, 생체정보 등을 자동으로 기록하거나 스마트워치의 걸음수, 심장박동 수, 맥박 등 개인의 건강과 관련한 정보가 기록되는 개념을 포함한다.

③ 거울세계(Mirror Worlds)

거울세계는 현실세계를 반영한 가상세계로 실제 현실세계의 정보와 구조 등을 그대로 복사하듯이 옮겨 놓은 세계이다. 가상의 지도, 건물과 같은 물체의 모델링, GPS 등 다양한 기술을 활용해 실제 세계의 정보를 디지털 환경에 접목하는 것이다. 즉 가상의 공간 위에 현실세계의 정보를 더해서 보기 편하고 효율적으로 전달하는 것이 핵심이다. 구글의 구글어스(Google Earth)나 네이버 지도, 카카오 로드맵 등이 대표적인 예라 할 수 있다.

④ 가상세계(Virtual Worlds)

가상세계는 사람들이 흔히 생각하는 메타버스이면서 우리들에게 가장 친숙한 메타버스라고 할 수 있다. 가상세계는 게임이나 엔터테인먼트 공간에서 시대, 문화적 배경, 제도 등 현실에서 존재하지 않는 전혀 다른 신세계를 구축하는 것 그 자체라고 할 수 있다. 〈로블록스〉, 〈제페토〉, 〈마인크래프트〉 등 이름이 알려진 각각의 가상세계 플랫폼은 세 가지 속성을 띤다. 게임형, 소셜형, 생활 산업형이 그것이다. 3D 온라인 커뮤니티 서비스로 사용자들에게 현실의 삶과 다른 제2의 삶을 가상세계에서 펼칠 수 있도록 해준 〈세컨드 라이프〉와 〈싸이월드〉 또한 대표적인 예라 할 수 있다.

이러한 메타버스는 앞에서 설명한 네 가지 요소 각각의 유형들이 독립적인 특성으로 존재하기보다 각 요소들이 맥락에 따라 결합되거나 융합되어 발전하고 있다. 메타버스는 교육현장에서 학습자들의 생생한 체험과 실습의 기회를 제공함으로써 교육의 효과를 극대화하는 도구로 활용될 수 있다.

실제로 코로나19로 인한 팬데믹 상황으로 사회적 거리두기 등으로 학교가 폐쇄되면서 관련 플랫폼 시장이 활성화되었다. 게임형 메타버스의 로블록스, 마인크래프트, 소셜형 메타버스의 제페토, 이프렌드, 비즈니스형 메타버스인 게더타운, 잽 등 다양한 플랫폼들이 교육 현장에서도 시범적으로 활용되었다. 예를 들어 학생들이 학교에 등교하지 못할 때, 제페토 교실에 등교하고, 졸업식이 불가능한 상황에서 마인크래프트 속에 현실과 비슷한 모양의 학교를 짓고 졸업식을 진행하고, 대학 신입생들은 메타버스 입학식에 참여하여 가상의 캠퍼스에 와보기도 하고, 한 기업의 신입사원 연수를 가상의 사옥에서 받기도 했다. 이밖에도 패션쇼, 가상 팬사인회 등 제한된 물리적 활동을 메타버스 세상 속에서 이어가고 있다. 영국 PwC사의 〈경력 개발 프로세스〉는 채용과정에 도입해 게임 기반으로 테스트(모바일, 온라인 접속)를 하는 프로그램이다. 게임에 참여하는 과정에서 3,000여 개의 데이터를 수집하고, 이를 통해 수리적 추론, 논리적 추론, 인지 능력에 대한 행동을 평가한다. 테스트 종료 후 에는 수행 방법을 요약한 보고서를 생성하여 채용 여부와 부서 배치에 참고한다. 게임을 하면서 쌓이는 데이터를 통해 역량을 종합적으로 평가하는 프로그램인 것이다. 현실세계에서 필요한 역량을 가상세계인 게임을 통해 평가하고 다시 현실세계의 채용과 배치에 반영하는 현실과 가상세계를 넘나들며 교육의 확장에 영향을 주는 사례라 할 수 있다(홍정민, 2021).

이처럼 메타버스는 현실세계를 디지털 방식으로 확장하거나 향상시키는 데 중점을 두고 있으며, 이는 사용자 경험을 풍부하게 하고, 새로운 상호작용 방식을 제공한다. 또한, 이 기술들은 계속 발전하고 있으며, 향후 여러 분야에서 더욱 중요한 역할을 할 것이다.

(3) 빅데이터(Big Data)

빅데이터는 단순히 방대한 양의 데이터를 의미하지 않는다. 일반적으로 빅데이터는 기존의 관리 및 분석체계로 감당할 수 없는 수준의 엄청나게 큰 양의 데이터로 정의되지만 사회 · 환경이 변화하면서 빅데이터의 정의도 확장되고 있다. 빅데이터는 단순한 데이터의 조합이 아닌 이를 분석하고 가치를 추출하는 기술까지를 포함하여 정의되며 데이터 수집, 가공, 분석, 가치 창출 등을 모두 포괄하는 개념으로 점차 확대되고 있다(김병연, 송선영, 2022 재인용). 빅데이터 특징을 살펴보면 데이터의 양을 의미하는 수십 테라바이트(Terabyte: TB)[4] 혹은 수십 페타바이트(Petabyte: PB)[5] 이상의 데이터 규모(Volume)와, 데이터의 다양한 종류를 보여주는 다양성(Variety), 데이터의 처리 속도를 의미하는 속도(Velocity)에 초점을 맞추어 3가지 요소를 모두 갖춘 경우를 3Vs로 정의하였으며, 이후 데이터를 얼마나 신뢰할 수 있는지를 볼 수 있는 신뢰성(Veracity)과 데이터로 어떤 정보를 발견하는 데 목적을 가지고 있는지를 확인할 수 있는 가치(Value) 측면이 추가되어 5Vs로 정의한다.

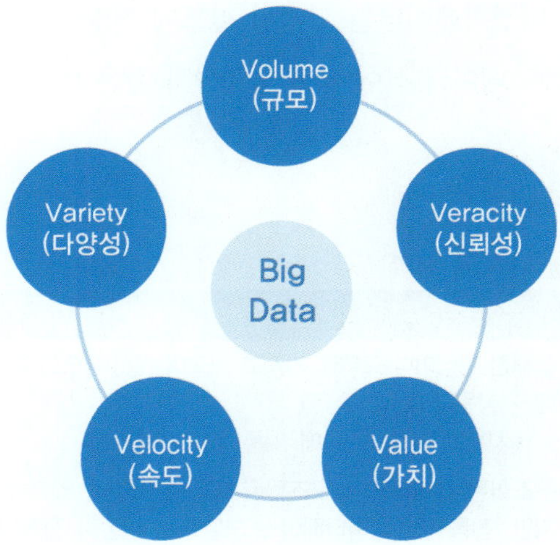

[그림 12-10] 빅데이터 5Vs

〈표 12-3〉 빅데이터(BigData) 특징

규모 (Volume)	다양성 (Variety)	속도 (Velocity)	신뢰성 (Veracity)	가치 (Value)
물리적 크기와 개념적인 범위까지 포함	데이터의 형태: 정형, 반정형, 비정형데이터	데이터가 생성되고 처리되는 속도	빅데이터를 신뢰할 수 있는 정도	새로운 가치를 창출할 수 있는 데이터

4) 1TB는 1000기가, 즉 1조 바이트이다. 디지털 세상에서 가장 기본적인 단위는 비트(bit)로 한 비트는 0 또는 1을 나타내며 비트 8개가 모이면 1바이트(byte)가 된다. 이 바이트가 1조개가 모이면 테라바이트이다.

5) 1PB는 1,125조 바이트로 1,024테라바이트에 해당한다.

현재는 빅데이터가 정확한지 여부를 볼 수 있는 정확성(Validity)과 데이터를 안전하게 저장하고 오랜 시간 활용할 수 있는지를 판단할 수 있는 휘발성(Volatility) 측면을 추가하여 7Vs로 정의하기도 한다.

또한 빅데이터는 저장되는 형태, 수집 데이터 유형에 따라 정형데이터, 반정형데이터, 비정형데이터 세 가지 유형으로 구분할 수 있다. 정형데이터는 고정된 필드에 저장된 데이터로서 데이터베이스, 스프레드시트 등이다. 반정형데이터는 고정된 필드에 저장되어 있지는 않으나, 메타데이터 또는 스키마를 포함하는 데이터로 일반적으로 파일로 저장하는 데이터이다. 비정형데이터는 고정된 필드에 저장되어 있지 않은 데이터로 언어 분석이 가능한 텍스트 데이터나 이미지, 동영상과 같은 데이터로 나뉜다(김재희, 2022 재인용).

〈표 12-4〉 빅데이터 분류

데이터 유형	설명
정형데이터 (Structured Data)	정해진 형식이나 모델을 가지고 있으며, 일반적으로 관계형 데이터베이스(RDBMS)에 저장된다. 예시: 고객 정보, 판매 기록, 재고 목록 등
반정형데이터 (Semi-structured Data)	구조화된 데이터와 비구조화된 데이터 사이에 있으며, 일정한 형식을 갖추고 있지만, 전통적인 데이터베이스 모델로는 완전히 정의되지 않는다. 예시: XML, JSON 파일, 이메일 헤더, 웹페이지 등
비정형데이터 (Unstructured Data)	정형화되지 않은 형태로 전통적인 데이터베이스 시스템으로는 쉽게 분류, 저장, 분석하기 어렵다. 예시: 텍스트 문서, 이메일, 비디오, 이미지, 오디오 파일, 소셜 미디어 게시물 등

이러한 빅데이터는 4차 산업혁명의 도래, 스마트기기 사용의 확산, 사물인터넷(IoT)의 발전, 그리고 소셜 네트워크 서비스(SNS)의 활성화로 인해 데이터의 급격한 증가로 주목받기 시작하였으며 이러한 추세는 최근에 더욱 강화되었다. 머신러닝과 딥러닝과 같은 인공지능(AI) 기술의 발달을 통해 더욱 지능화된 사회로의 발전을 이끄는 4차 산업혁명의 핵심 요소로 빅데이터가 부각되고 있는 것이다.

최근 인공지능(Artificial Intelligence: 이하 AI) 기반 서비스가 교육 분야에 접목되며 AIED

(Artificial Intelligent in Education)[6]가 성장하고 있으며, 빅데이터는 학습 분석, 적응형 학습, 맞춤형 교육, 대화형 시스템 등 다양한 형태로 인공지능 기술에 활용되고 있다(김수영, 하오선, 고문선, 2023 재인용). 이는 4차 산업혁명의 시대에 필요한 넓고 깊은 교육을 제공하는 중요한 토대가 될 것이다. 이러한 빅데이터와 4차 산업혁명의 핵심 기술들인 가상현실, 증강현실 등은 가까운 미래에 상호작용의 수준을 획기적으로 높일 수 있을 것이다(동아사이언스, 2020).

(4) 인공지능(Artificial Intelligence)과 적응형 학습(Adaptive Learning)

미래학자 토마스 프레리(Thomas Frey)는 2021 전미인공지능학회(AAAI)에서 에듀테크 산업을 10년 후 글로벌 핵심 분야로 예측했다. 특히 교육 인력 보충 및 불평등 해소를 위한 인공지능의 역할을 강조했다(박성은, 2021). 에듀테크는 기존의 오프라인 방식의 교육을 단순히 온라인으로 바꾼 형태의 차원이 아닌 AI, 가상현실(VR), 증강현실(AR), 확장현실(XR) 등의 기술을 기반으로 교육의 방법을 혁신하는 것을 말하며, 그중에서도 AI는 학습자 맞춤형 학습지원을 통해 교육의 효과를 높이는 핵심기술로 주목받고 있다.

1956년, 처음으로 AI라는 용어가 등장한 이후, 1990년대 인터넷의 발전과 함께 데이터의 양이 폭발적으로 증가하면서 기계학습 분야를 중심으로 다양한 연구가 이뤄졌으며, 2000년대에는 빅데이터 기술이 등장하면서 AI 기술은 급속도로 발전하게 되었다(권숙진, 권선아, 2018). 이러한 AI는 일반화, 추론 등 인간과 유사한 지적 과정에 관련하여 방대하고 복잡한 연산(Calculation)과 예측(Prediction)을 실행하고, 이를 통해 더 효율적이고 객관적인 의사결정을 내릴 수 있도록 도와주는 기술이며(김진형, 2020; Castelvecchi, 2016), 빅데이터와 함께 상호 보완적으로 활용되고 있다. 인공지능이 복잡한 연산과 예측을 빠르고 정확하게 실행할 수 있는 도구라면, 빅데이터는 그러한 분석에 활용되는 재료이기 때문이다.

6) AIED, 즉 교육에서의 인공지능(Artificial Intelligence in Education)은 교육 과정과 환경에서 인공지능(AI) 기술의 적용을 의미한다. AIED의 주요 목표는 교육을 개인화하고, 학습 효과를 극대화하며, 교육자와 학생 모두에게 지원을 제공하는 것이다. 현재 AIED는 학습자의 특성에 맞는 맞춤형 교육, 대화형 시스템, 학습 및 탐구 지원, 학생 작문 분석, 게임 기반 환경의 지능형 에이전트, 학생 지원용 챗봇 등 AI 기술 수준에 따라 다양한 형태로 활용되고 있다.

교육에서 AI를 기반으로 하는 적응형 학습은 컴퓨터 알고리즘과 AI를 활용하여 학습자 개개인의 요구에 부합하는 맞춤형 학습을 제공하는 교육방법으로, 빅데이터 기반 학습분석을 바탕으로 개별 학습자의 학습 향상에 적절한 처방을 제공하는 접근이다. 이러한 기술은 궁극적으로 학습자에게 적합한 학습 자원을 제공하고, 학습 경로를 안내하는 등의 개별화 맞춤형 학습을 목표로 한다. 그러나 AI 기반 적응형 학습 시스템의 교육적 활용은 아직은 시범적인 단계이기 때문에 그 효과에 대한 결론을 내리기는 어려우나, 적절한 교수-학습이 적용된다면 다양한 학습자의 학습목표가 효율적으로 달성되는 데 기여할 것으로 기대된다.

연구문제

1. 사회 패러다임 변화가 평생교육 현장에 미치는 영향에 대해 논하여 보시오.
2. 평생교육 프로그램에 에듀테크(예: 인공지능, 메타버스, 하이플렉스강의 등)를 적용한 사례를 논하여 보시오.
3. 빅데이터 수집, 분석, 활용에 있어서 윤리적 쟁점에 대해 논하여 보시오.

활동 가상교육 프로그램 설계

▶ **활동주제**

가상현실공간(메타버스)에서 진행할 평생교육 프로그램을 제안하시오.

▶ **활동 가이드**

1) 팀 구성 및 역할 분담
2) 주제 및 목표 설정
   예): 디지털 리터러시 향상, 미래 직업 기술 교육, 다문화 이해 증진 등
3) 가상현실공간에 입장하기
4) 가상현실공간에서 아이디어 발상하기(예: 브레인스토밍)

▶ **유의사항**

1) 소그룹을 구성합니다.
2) 토론할 수 있는 가상현실 공간을 마련합니다.
   예) 게더타운, ZEP, 제페토, 이프랜드 등 메타버스 플랫폼 활용
3) 주제에 대해 논의하고 자신들의 논의 결과를 전체 그룹과 공유합니다.

13

Chapter

한국 평생교육의 과제

학습개요

교육은 변화하는 시대의 새로운 특성을 요구하고 있다. 평생교육 또한 이러한 시대적 변화의 요구에 부응하고, 사회는 새로 형성되는 평생교육이 제대로 작동할 수 있도록 제반 조건을 만들어가는 과정에 있다. 그동안 평생교육의 개념이 소개되고 전파된 이래 우리의 교육은 학교를 넘어 학습사회로 진화해 왔다. 평생교육의 활성화는 국가의 정책의지와 진행속도에 따라 다르다. 그럼에도 과학기술의 발달과 평균수명의 연장 등은 평생교육의 필요성을 더욱 절실하게 요구하고 있다. 이 장에서는 현장에서 필요로 하는 한국의 평생교육 과제에 대해 살펴본다.

학습목표

1. 지역평생학습 생태계의 협력적 거버넌스 구축의 필요성을 설명할 수 있다.
2. 전문직으로서 평생교육사를 위한 과제를 설명할 수 있다.
3. 평생교육과 에듀테크의 윤리적 고려사항을 설명할 수 있다.

Chapter 13

한국 평생교육의 과제

1 지역평생학습 생태계의 협력적 거버넌스 구축

최근 지역평생학습을 활성화하기 위하여 지역평생학습 생태계에 관여하는 기관 및 단체 등의 협력적 거버넌스의 중요성을 강조하고 지역평생교육협의체(가칭, 평생교육위원회)가 거버넌스의 중심적인 역할을 해야 한다고 보고 있다.

한국에서는 주로 지자체에서 추진하고는 있지만 선진국의 지역평생교육협의체 경우에는 교육-고용-복지의 선순환정책을 추진하기 위해 매우 중요한 역할을 하고 있으며 이를 위한 법적 근거와 권한, 그리고 충분한 재정을 확보하고 있다(김태준 외, 2022). 현재 이러한 조직이 제 기능을 수행하려면 지자체, 교육청, 지역 기업, 대학, 연구기관 등과의 다양한 협력사업을 통하여 지역평생교육협의체의 기능을 활성화할 필요가 있다(국가평생교육진흥원, 2022).

2 인구 감소에 대응하는 평생교육: 지역활성화 주체 육성

1) 기존 평생교육의 한계 이해

기존 평생교육은 주로 개인 학습자의 관심, 목표에 관심을 갖고 개인기술 및 지식

향상에 중점을 두고 있다. 전통적인 평생교육의 특징을 살펴보면 첫째, 개인 기술 향상이다. 전통적으로 평생교육 프로그램은 개인이 새로운 기술을 배우고, 기능 향상을 통해 전문적인 역량을 높이는 데 초점을 맞추고 있다. 둘째, 경력개발이다. 많은 성인학습자들이 경력개발, 승진 또는 직업전환을 위해 자격증 취득, 학력인증 또는 학위를 얻기 위해 평생교육에 참여해 왔다. 셋째, 유연성 및 접근성이다. 평생교육 프로그램은 성인학습자의 바쁜 일정을 고려하여 파트타임, 저녁 또는 온라인 수업 등 유연성 있는 운영과 이로 인한 접근성을 높임으로써 일과 학습의 균형을 맞추고자 하였다. 마지막으로 개인의 역량강화이다. 전문성 강화 외에도 전통적인 평생교육에는 개인의 역량강화 및 취미를 목표로 하는 교육과 학습활동도 포함된다.

이러한 전통적 모델은 여러 면에서 효과적이지만 지역사회 개발이나 인구감소 시대에 직면한 사회적 문제 해결과 같은 더 넓은 의미의 사회적, 공동체적, 경제적 요구를 간과할 수도 있다. 결과적으로 개인의 요구를 수용할 뿐만 아니라 더 큰 지역사회 및 사회적 문제를 해결하려면 기존 평생교육 프로그램의 한계를 극복하기 위한 지역활성화 주체를 육성할 필요가 있다.

2) 지역활성화 주체 양성의 필요성

인구 감소는 노동력 부족과 경기침체로 이어진다. 평생교육은 지역 리더와 지역사회 중심 기술을 개발하여 지역을 활성화하기 위해 혁신해야 한다.

인구감소는 노동력 감소로 이어지며 이는 지역경제를 방해하여 기업의 구인난을 심화시키며, 소비자 기반 감소로 인해 매출 감소 및 폐업으로 이어져 경기침체가 악화될 수 있다. 또한 학생수 감소로 학교가 문을 닫고 지역사회 활동이 줄어들며, 노인들은 사회적 고립감에 빠질 수 있다. 인구감소는 노인인구를 부양하는 생산연령인구가 적어 부양 비율이 높아지고, 이러한 불균형은 연금시스템과 의료 서비스에 부담을 줄 수 있다. 따라서 평생교육은 인구 감소에 직면하여 혁신적인 솔루션과 지역사회 활성화를 촉진함으로써 혁신적인 역할을 수행해야 한다.

결론적으로, 인구 감소가 지역사회에 미치는 영향은 전통적인 교육 모델을 재고할 필요가 있다. 고유한 유연성과 지역사회 및 개인 개발에 초점을 맞춘 평생교육은 이러한 문제를 해결하는 데 좋은 위치에 있다. 지역 리더십을 육성하고 관련 기술을 개발하며 지역 사회 참여를 촉진함으로써 평생교육은 인구 감소로 영향을 받는 지역을 활성화하는 촉매제가 될 수 있다. 이러한 접근 방식은 학습자 개인에게 도움이 될 뿐만 아니라 지속가능한 지역사회개발이라는 더 큰 목표에 도달하게 될 것이다.

3) 평생학습과정에 지역 리더 개발프로그램 도입

기본적 내용으로 지역 리더 육성을 위한 평생교육 프로그램은 과거와 같은 개인의 자기지향적 교육, 개별적인 취미교육 등으로부터 벗어나 지역과 이웃을 고려한 지역개발교육, 지역발전을 선도할 수 있는 리더십 함양교육, 지역 비전의 맥락에서 자기정체성 교육, 지역자원의 활용을 위한 지역자원 식별 및 활용훈련, 지역발전계획 수립능력향상 교육, 분야별 전문지식 습득을 위한 교육 등이 주 내용에 포함되어야 한다.

지역 리더 육성을 위한 평생교육 프로그램의 다양화 측면에서 실천학습 프로그램으로 이론적 지식을 넘어서 실제 경험을 통한 지역 리더 육성을 위해서는 단순히 학습이나 교육프로그램만으로는 한계가 있으므로 실천을 통해 지역 리더십을 함양할 수 있는 실천학습 프로그램이 필요하다(유정규, 2023).

3 전문직으로서 평생교육사를 위한 과제

평생교육법 제24조에서는 평생교육사를 '교육부장관이 평생교육의 기획 · 진행 · 분석 · 평가 및 교수업무의 전문적 수행을 위하여 일정 자격을 갖춘 사람에게 부여하는 국가자격증을 취득한 자'로 규정하고 있다. 국가자격을 취득한 평생교육사들은 공공영역뿐 아니라 민간영역에서 평생교육 진흥을 위하여 평생교육 프로그램을 요구분석하고 개발하며, 그에 따른 운영평가와 컨설팅을 진행하고 있다. 또한, 학습자에 대한 학습정보를 제공하고 상담업무까지 수행하는 다양한 형태로 평생교육 관련 업무를 수행하며, 각자가 속한 지역이나 기관에서 평생교육 현장 전문가로서의 활동을 이어나가고 있다. 그럼에도 불구하고 현재의 평생교육사 양성제도나 배치에 대한 부분은 여전히 한계점을 가지고 있다.

1) 평생교육 자격제도 내실화

평생교육사는 국가자격인 만큼 자격제도의 전문성 확립과 질 관리를 위해 자격관리위원회의 법적 근거 마련이 필요하다. 사회복지사, 문화예술교육사, 보육교사, 청소년지도사는 자격관리위원회 법적 근거가 마련되어 있으나, 평생교육사 자격을 관리하는 자격관리위원회의 법적 근거가 없다. 따라서 평생교육사 현장실습에 대하여 양성기관 및 실습지도자 관리 등 실습에 대한 질 관리 방안 마련이 필요하다.

〈표 13-1〉 유사 국가전문자격 관리위원회 관련 규정

연번	자격명	관리위원회명	설치근거
1	평생교육사	–	–
2	문화예술교육사	문화예술교육사 운영위원회	문화예술교육지원법 시행령 제21조
3	사회복지사	자격관리심의위원회	보건복지부예규 제124호
4	청소년지도사	자격검정 및 연수위원회	여성가족부고시 제2021-30호
5	보육교사	어린이집 보육교직원 자격검정위원회	영유아보육법 시행규칙 제17조3항 보건복지부훈령 제166호

2) 전문성 확보를 위한 보수교육 법제화

평생교육사의 전문성 확보를 위한 보수교육의 의무화 즉, 법제화가 필요하며 평생교육사 재교육 및 연수를 위한 전담(또는 지정) 연수 운영기관을 통한 보수교육 프로그램

및 운영이 필요하다. 장애인평생학습도시 지정운영과 제5차 평생교육진흥계획에 제시되어 있는 노인평생학습도시의 지정 등 장애인과 노인, 환경분야 등 평생교육 영역은 날로 세분화되어지고 있으며, 시대상황에 따라 전문성이 요구되고 있다. 현재 평생교육사는 법적으로 보수교육이 의무화되어 있지 않다. 전문적인 보수교육체제에 대한 법제화를 통하여 평생교육사들이 각 영역에서 전문가로서 활동할 수 있도록 해야 하며, 현재의 자격등급은 현장에서의 차별성이 미비하므로 자격 등급별로 현장 역할 구분에 대한 차별화가 필요하다.

〈표 13-2〉 유사 국가전문자격 보수교육 과정

자격명	관련조항	교육방법
평생교육사	–	–
사회복지사	사회복지사업법 제13조(사회복지사의 채용 및 교육 등)	연간 12시간 집합 또는 사이버 교육
청소년지도사	청소년 기본법 제24조의2(청소년지도사 · 청소년상담사의 보수교육)	20시간(2박 3일) 합숙형
보육교사	영유아보육법 제23조(어린이집 원장의 보수교육) 제23조의2(보육교사의 보수교육)	3년(40시간)

3) 평생교육사 배치기준 및 관리감독의 강화

평생교육법 제26조에 근거하여 평생교육기관에는 평생교육사를 배치하여야 하는 의무규정이 있으나, 평생교육사 자격취득자 대비 배치기준과 취업률은 매우 저조한 실태이다. 각 기관의 특성과 지역의 상황에 따라 평생교육 서비스의 규모와 종류가 달라지고 있어, 이를 반영한 평생교육사 배치 인원을 탄력적으로 적용할 수 있도록 제도를 개선과 배치기준을 더 강화하고 미배치기관에 대한 철저한 관리감독으로 평생교육 전문성 확보가 필요하다.

〈표 13-3〉 평생교육사 배치대상 기관 및 배치기관

배치대상기관	배치기준	배치기준(안)
1. 진흥원, 시·도 진흥원	• 1급 평생교육사 1명 이상을 포함한 5명 이상	직원의 50% 이상 평생교육사 배치
2. 장애인 평생교육시설	• 평생교육사 1명 이상	평생교육사 1급 포함 1명 이상 배치
3. 시·군·구 평생학습관	• 정규직원 20명 이상 – 1급 또는 2급 평생교육사 1명을 포함한 2명 이상 • 정규직원 20명 미만 – 1급 또는 2급 평생교육사 1명 이상	인구 10만 기준으로 비례하여 평생교육사 배치
4. 법 제30조에서 제38조까지의 규정에 따른 평생교육시설(학력인정 평생교육시설은 제외한다), 「학점인정 등에 관한 법률」 제3조 제1항에 따라 평가인정을 받은 학습과정을 운영하는 교육훈련기관 및 법 제2조 제2호 다목의 시설·법인 또는 단체	• 평생교육사 1명 이상	평생교육사 2급 포함 1명 이상 배치

출처: 강대중 외(2017) 평생교육사 자격제도 발전방안 연구.

4 노인 평생교육 활성화를 위한 추진 방안

인구의 고령화는 전 세대에 영향을 미치는 사회구조적 변화로 노인 문제에 대해 보다 적극적으로 대응하기 위한 노인 평생교육의 필요성을 부각시킨다. 노인 평생교육은 단순히 노인을 대상으로 한 교육이 아니라 누구나 다가오는 노화에 대한 이해와 준비를 통해 노년기 삶을 성공적으로 살아가기 위한 긍정적 토대가 된다. 따라서 모든 연령층에서 노인을 이해하고 노인 세대의 삶의 질을 중시함과 동시에 노인의 경험을 사회와 후세에 전수할 기회를 제공하는 통합적인 노인 평생교육이 필요하다.

노인 평생교육 활성화를 위한 추진 방안은 다음과 같다(권인탁, 강대중, 2022).

1) 노인의 보편적 학습 기회 허용을 위한 대학의 개방

대학은 지역사회의 노인들을 구성원으로 포함하는 고등교육기관으로 노인 학습자의 포용을 초고령화 시대가 가져온 공공성과 책무성으로 인식하고 평생교육기관으로서의 역할을 수행할 필요가 있다(이은주 외, 2022). 하지만 우리나라 65세 이상 노년층이 대학교(원)부설 평생교육 프로그램에 참여한 비중은 0.8%로 노인학습자를 위한 대학의 개방은 미미한 실정이다(2022 한국 성인의 평생학습실태조사). 노인이 대학에서 실질적으로 학습할 수 있는 기회를 허용하기 위해서는 우선 학위과정에서 만학도특별전형 확대 등 문호를 개방하고 학사제도와 교육과정을 노인 학습자의 여건과 요구에 맞게 개선해야 한다. 또한 졸업 이수 요건을 탄력적으로 운영해야 한다.

비학위 과정에 있어서는 학위 과정생과 동등하게 대학의 시설을 이용할 수 있도록 허용하고 지역의 노인들에게 등록금에 대한 감면 혜택을 부여해야 한다. 이러한 노인학습자를 위한 대학의 개방을 추진하기 위해서는 교육부의 체계적인 평생학습지원체제가 필요하다.

2) 노인 학습자의 경제적 장애 해소

노인 대부분은 사회활동이 왕성했던 시기에 비해 경제적으로 약화되어 있을 가능성이 크기 때문에 학습 기회가 허용되어도 실질적인 학습 참여는 보장되지 않는다. 특히 저소득층 노인의 경우 경제활동 참여로 인해 평생학습 참여는 더욱 어려운 것이 현실이다. 한국의 노인 빈곤율이 OECD 회원국 중 가장 높은 수준인 것을 고려하면 경제적인 문제가 저소득층 노인의 평생학습 기회 보장에 심각한 장애라고 할 수 있다. 이에 평생학습에 참여하기 어려운 노인에 대한 평생교육 바우처 지원 사업을 통해 수강료 할인 혜택을 제공하는 지원이 필요하다. 또한 공공과 민간에서 다양하게 진행되고 있는 일자리사업과 노인의 학습을 연계하는 방안 등 직·간접적인 지원이 필요하다.

3) 평생교육사의 노인교육 전문성 강화

노인 평생교육 활성화를 위해서는 우선 평생교육사의 노인교육 전문성을 강화해야 한다. 현재 노인교육을 실시하고 있는 대부분 기관의 경우 노인교육 전문가가 채용되어 있지 않거나 노인교육에 대한 이해 없이 운영되고 있는 경우가 많다. 학습자로서 노인에 대한 이해와 노인학습 관련 전문성이 없이 운영되는 경우 노인교육의 전문성을 낮추는 중요한 요인이 된다(최운실 외, 2023). 이에 평생교육사의 노인교육 전문성 강화를 통한 배치가 시급한 과제이다.

평생교육사의 노인교육 전문성 강화를 위해서는 평생교육사 양성과정에서 노인교육에 필요한 과목을 필수과목 또는 선택과목으로 지정하고, 일정 규모 이상의 노인 평생교육 시설에서는 노인교육에 필요한 과목을 이수한 평생교육사 배치를 의무화할 필요가 있다. 또한 노인교육 프로그램을 운영하는 기관의 담당자는 노인교육 전문성을 함양할 수 있도록 제도적 뒷받침과 노인교육 전문가를 양성할 수 있는 고등교육기관과의 협조와 확대가 필요하다.

4) 노인 맞춤형 교육 제공

평생교육에 참여하는 노인 학습자는 그들이 처한 여건과 상황에 따라 삶을 여유롭게 보내기 위한 목적 또는 사회적 봉사를 실천하기 위한 목적으로 참여한다. 또 다른 한편으로는 경제적 활동에 참여하기 위해 역량을 개발하고 그에 맞는 자격증 취득을 목적으로 참여한다. 따라서 노인교육은 노인 학습자의 요구와 필요를 유형화하여 이들에게 적합한 평생교육을 기획하여 제공하는 것이 필요하다. 또한 국가는 노인을 '복지의 대상'에서 '새로운 인적자원'으로 인식전환을 통해 노인 스스로 생애 후반기를 설계할 수 있도록 다양하고 체계적인 직업교육 등 노인 맞춤형 교육을 제공할 필요가 있다(최운실 외, 2017).

5 평생교육과 고등교육 연계를 촉진하기 위한 과제

인공지능과 IT 기술의 급격한 발달로 인해 학교교육에서 배운 지식과 기능의 효용성이 급격히 떨어지고 있다. 이에 따라 고등 수준의 평생학습 필요성도 과거에 비해 급격히 증가하고 있다. 특히 생산공정의 혁명적 변화를 예고하는 제4차 산업혁명의 도래에 따라 고등 수준의 계속교육과 재교육의 필요성은 더욱 커지고 있다. 이러한 변화를 고려할 때 대학의 학령기 중심의 고등교육체제를 일반 성인에게 개방하여 대학의 평생교육적 기능을 확장하는 것은 매우 중요한 과제이다(김신일 외, 2021).

1) 성인 누구나 양질의 고등교육을 받을 수 있는 기회 제공

100세 시대 인생 2모작, 3모작을 위해 고등교육 개혁은 필요하다. 하지만 대학 구성원의 협력 없이는 개혁과 변화가 불가능한 것이 현실이다. 따라서 대학의 변화를 이끌어 성인학습자에게 다양한 기회를 제공하기 위해서는 재직자 전형, 만학도 전형의 확대 등 성인 누구나 양질의 고등교육을 받을 수 있도록 국가 차원에서 고등교육의 패러다임 변화를 조명할 필요가 있다(권대봉 외, 2019).

2) 성인 친화형 대학으로서의 혁신을 위한 대학평가체제 변경

저출산, 고령화 시대 대학은 미래 라이프 대학, 평생교육 단과대학, 평생학습 중심대학, 일학습병행제 대학 등이 더욱 확산될 것이다. 따라서 전통적 방식으로 운영되던 대학들은 성인 대학생의 증가에 맞춰 교육 시스템을 변경할 필요가 있다. 그러나 기존의 대학 시스템은 학령기 대학생 위주의 교육 시스템을 전제로 하므로 성인 대학생의 증가에 따른 변화를 반영하지 못하는 한계가 있다. 성인학습자의 경우 그들의 직업적 경력과 사회경험, 역량 등을 살릴 수 있는 현장 친화적인 교수법이나 학습법을 지원, 평가해야 함에도 기존의 대학평가체제에서 상대적으로 간과되어 왔다. 따라서 성인 친화형 대학으로의 혁신을 위해서는 성인학습자의 관점에서 대학교육의 질과 효과 등을 평가할 수 있는 시스템이 개발되어야 할 것이다(김신일 외, 2021).

6 평생교육과 에듀테크의 윤리적 고려사항

디지털 사회에서 책임감 있는 시민이 되기 위해서는 디지털 시민역량이 필수적이라고 할 수 있다. 우리나라의 정보통신 기술 발달 수준은 세계를 선도하고 있으며, 이는 2020년 OECD의 디지털 정부 평가에서 33개국 중 1위를 차지한 것에서도 확인할 수 있다. 하지만 디지털 환경의 구축만으로는 디지털 사회가 완전히 정착되었다고 볼 수 없으며, 올바른 디지털 사회의 정착은 시민들이 현 시대에 맞는 시민성과 디지털 역량을 갖추었을 때 가능하다고 하겠다. 이를 위해 디지털 교육과 리터러시 강화, 데이터 보호 및 사이버 보안에 대한 인식 제고, 그리고 디지털 기술의 윤리적 사용에 대한 지속적인 교육과 정책적 담론이 필요할 것이다.

또한 교육에서도 디지털 시대의 빠른 변화로 평생교육의 중요성과 함께 에듀테크의 바람이 거세지고 있다. 즉 정보통신기술(ICT)과 에듀테크의 발전은 학습 방식을 혁신적으로 변화시키고 있으며, 이는 디지털 윤리에 대한 중요성을 더욱 부각시키고 있다. 이러한 변화는 학습의 접근성을 향상시키고, 학습 경험을 풍부하게 하지만, 동시에 데이터 프라이버시, 빅데이터의 윤리적 이슈, 디지털 격차, 학습자의 자기결정권, 그리고 학습 결과의 정확성 등 다양한 윤리적 문제를 야기할 수 있다. 평생교육에서 에듀테크를 활용하는 과정은 이러한 윤리적 측면을 반드시 고려해야 하며, 이러한 노력은 디지털 사회의 건강한 발전과 지속 가능성을 보장하는 데 중요한 역할을 할 것이다.

1) 데이터 프라이버시 및 빅데이터의 윤리적 쟁점

사람이 인터넷을 이용하는 과정과 결과에서 생성되는 수치, 문자, 영상 데이터를 포함하는 방대한 분량의 데이터는 네트워크상에서 축적되어 빅데이터(Big data)를 형성하게 된다. 즉 현대 교육 시스템에서 수집되는 개인정보, 학습 성과, 온라인 상호작용과 같은 다양한 데이터는 종종 빅데이터 분석에 활용되며, 이는 학습자의 프라이버시 보호와 교육의 품질 및 신뢰성과 직결된다. 빅데이터 활용 시에는 데이터의 적절한 사용, 개인정보의 비식별화 및 민감 정보 보호가 중요한 윤리적 쟁점으로 부상하고 있다. 데이터 수집 및 활용과정의 투명성 제고도 필수적이다. 이는 학습자에게 어떤 데이터가 수집되고 어떻게 사용되는지 명확히 알리는 것을 포함하며, 학습자의 명시적인 동의를 얻어야 한다. 이러한 접근은 데이터 보호와 윤리적 활용에 대한 교육 시스템의 신뢰성을 강화하고, 디지털 시대에 적합한 교육환경을 조성하는 데 중요한 역할을 할 것이다.

2) 디지털 격차 해소

디지털 전환 시대의 도래로 디지털 기술은 일상생활, 특히 교육 분야에 깊은 영향을 미치고 있다. 그러나 이러한 기술의 발전에도 디지털 격차는 여전히 교육의 질과 접근성에 영향을 미친다. 디지털 격차의 해소는 모두에게 공평한 교육 기회를 제공하고 평생교육 시스템의 효율성을 높이는 데 필수적인 요소이다. 이를 위해 정부와 교육기관은 농촌 및 저소득 지역을 포함한 모든 지역에서 인터넷 접근성과 디지털 기술 인프라를 개선해야 하며, 저렴한 인터넷 서비스와 디지털 기기 보급을 통해 이러한 지역의 주민들이 디지털 교육 자원에 쉽게 접근할 수 있도록 해야 할 것이다. 또한, 모든 연령대가 디지털 기술을 효과적으로 사용할 수 있도록 디지털 리터러시 교육을 강화하는 것이 필요한데 이는 기초적인 사용법을 넘어, 데이터 보호와 디지털 시민권에 대한 이해를 포함한 포괄적인 교육 프로그램을 통해 이루어져야 할 것이다. 이를 통해 사용자는 디지털 환경에서 보다 안전하고 책임감 있게 행동하고, 디지털 기술의 윤리적 사용과 관련된 교육을 통해 온라인에서의 활동과 그 영향에 대해 더 잘 인식하고 이해할 수 있다.

3) 학습자의 자기결정권

빅데이터 및 AI 등 에듀테크 기술이 학습과정을 결정하고 조정하는 과정에서 학습자의 자기결정권이 제한될 수 있다. 이러한 시스템은 데이터 분석을 통해 학습 경로를 제안하지만, 이 과정에서 학습자의 개인적인 선택과 자율성이 충분히 반영되어야 할 것이다. 따라서, AI의 지나친 개입을 방지하고 학습자의 선호와 목표에 따른 학습 선택을 가능하게 하는 균형 있는 접근방식이 필요하다. 또한 이러한 기술은 학습과정을 지원하는 도구로 활용되어야 하며, 학습자 중심의 교육 접근 방식을 강화해야 한다. 이러한 접근은 학습자에게 더 많은 선택권과 자율성을 부여하며, 동기부여 및 학습 효과를 증진시키게 된다.

4) 학습 결과의 정확성

에듀테크 도구와 시스템의 품질 관리 및 평가체계를 철저히 구축하여 이를 통해 제공되는 교육 콘텐츠와 학습 경험이 객관적이고 신뢰할 수 있는지 확인해야 한다. 이는 시스템이 제공하는 학습 내용, 평가, 피드백이 실제 학습자의 이해도, 능력, 학습 진행 상황과 얼마나 잘 일치하는지를 나타낸다. 정확한 학습 결과를 보장하기 위해서는, 시스템이 객관적이고 신뢰할 수 있는 데이터를 기반으로 작동해야 한다. 또한, 데이터의 편향성, 낮은 데이터의 질, 알고리즘의 한계, 과도한 일반화, 기술적 제약 등으로 인해 학습 결과의 정확성이 떨어질 경우, 학습자는 잘못된 정보를 배울 위험이 있으며, 이는 학습 효과와 학습자의 동기에 부정적인 영향을 미칠 수 있다.

평생교육에서의 에듀테크 활용은 디지털 윤리의 관점에서 책임 있게 진행되어야 한다. 이는 개인정보 보호, 디지털 격차 해소, 학습자의 자기결정권 보장, 그리고 학습 결과의 정확성 유지와 같은 다양한 측면을 포함한다. 이를 통해 평생교육이 더욱 포괄적이고 효과적으로 발전할 수 있으며, 모든 학습자에게 동등한 교육 기회를 제공하는 것이 가능해질 것이다.

연구문제

1. 평생교육과 고등교육 연계를 촉진하기 위한 방안을 제시하시오.
2. 전문직으로서 평생교육사 자격제도가 정착되기 위한 방안을 제시해 보시오.
3. 노인 평생교육 활성화를 위한 추진 방안을 논하여 보시오.

활동 한국의 평생교육 과제

▶ **주제:** 한국 평생교육의 과제에 대하여 논하여 보시오.

▶ **활동 가이드**

1) 그룹별로 평생교육 과제에 대한 주제 선정
   예): 평생교육사, 노인교육 활성화, 지역평생학습을 위한 거버넌스 구축
2) 그룹별로 브레인스토밍
3) 논의 후 결과를 이젤패드나 전지에 작성 후 전체 그룹과 공유

▶ **유의사항**

소요시간: 60분

1) 교수자는 제한된 시간을 준수하도록 강조한다.
2) 그룹별 발표 후에는 교수자가 총평한다.

부록 1

[한국 유네스코 글로벌학습도시네트워크 운영지침]

[2020. 10. 15. 시행] [2020. 10. 15. 제정]

제1장 총 칙

제1조(목적) 본 지침은 유네스코 글로벌학습도시네트워크 사업의 국내 운영에 필요한 사항을 정함을 목적으로 한다.

제2조(정의) 본 지침에서 사용하는 용어의 정의는 다음과 같다.

1. "유네스코 글로벌학습도시네트워크(UNESCO Global Network of Learning Cities, 이하 "GNLC"라 한다)란 유네스코 평생학습원(UNESCO Institute for Lifelong Learning, 이하 "UIL"이라 한다)이 모두를 위한 평생학습 증진에 기여하기 위하여 운영하는 국제도시 네트워크를 말한다.
2. "GNLC 국내 실무협의회"(이하 "실무협의회"이라 한다)란 지역적 특색에 맞는 GNLC 활동 증진을 위해 국내 GNLC 가입도시 실무자들로 구성된 협의체를 말한다.

제3조(적용범위) 본 지침은 유네스코한국위원회의 GNLC 국내 활동 운영 업무 전반에 적용하며, 지침에서 정하지 아니한 사항은 유네스코한국위원회 사무총장(이하 "사무총장"이라 한다)이 정하는 바에 따른다.

제4조(유네스코한국위원회의 역할) 유네스코한국위원회는 GNLC 사업의 국내 총괄 기관으로서 다음 각 호의 역할을 수행한다.

1. GNLC 국내 가입 지원 심사 및 관리
2. 유네스코 학습도시상 국내 후보 추천
3. 실무협의회 설치 및 운영
4. GNLC 운영 지침 제 · 개정
5. 국내외 GNLC 교류 및 활동 협력
6. 그 밖에 GNLC 운영에 부합하는 활동

제2장 유네스코 글로벌학습도시 네트워크 운영

제5조(GNLC 가입 절차) ① GNLC 신규 가입 절차는 UIL의 방침에 따라 연 1회 진행되며, 평생교육법 제15조1항에 의거해 국내 평생학습도시로 지정된 시 · 군 · 구 중 GNLC 가입을 희망하는 도시는 유네스코한국위원회에서 제공하는국문 가입신청서를 작성해 유네스코한국위원회에 제출해야 한다.

② GNLC 가입 국내 심사기준은 다음 각 호와 같다.

1. 학습도시 구축의 기초 여건
2. 학습도시의 주요 구성 요소
3. 학습도시 구축의 포괄적 성과
4. GNLC에 대한 기여

③ 사무총장은 5명 이내의 평생교육 전문가로 구성된 심사평가단을 구성해 신규 가입 신청 도시들을 심사하며, 심사평가단에게는 사무총장이 정하는 바에 따라 예산 범위 내에서 수당 또는 경비를 지급할 수 있다.

④ 심사평가단은 국문 가입신청서 심사 후 평가회의를 통해 신청 도시들에 대한 심사를 진행한다. 이때 심사평가단이 국문 가입신청서의 보완이 필요하다고 판단할 경우, 해당 도시를 대상으로 추가 면접심사를 진행할 수 있다.

⑤ 심사평가단은 심사와 관련된 사항에 대해 비밀을 유지해야 하며, 일체의 부정 청탁 또는 금품 등을 수수해서는 아니된다. 또한 가입 추천과 관련해 청탁 또는 요청을 받았을 시 지체 없이 사무총장에게 보고해야 한다.

⑥ 심사평가단은 평가위원별 점수의 최고 및 최저 점수를 제외한 합계의 산술 평균점수를 토대로 고득점순으로 최대 3개의 후보 도시를 선정할 수 있다.

⑦ 선정된 후보 도시는 UIL이 제공한 영문 가입신청서를 작성해 유네스코한국위원회에 제출해야 하며, 유네스코한국위원회는 이를 취합해 UIL에 국내 GNLC 후보도시로 추천한다.

⑧ 제출된 영문 신청서는 UIL에서 심의 후 최종 가입 승인 여부를 결정한다.

제6조(도시 활동 및 경과보고서 제출) ① GNLC 회원의 활동은 다음 각 호와 같다.

1. 국내외 GNLC 활동 및 교류
2. 국내외 평생학습 관련 회의 및 워크숍 참가
3. UIL에서 운영하는 유네스코 학습도시상(UNESCO Learning City Award) 신청
4. 그 밖에 GNLC 운영에 부합하는 활동

② GNLC 회원은 매년 유네스코한국위원회가 요청하는 활동 경과 보고서를 유네스코한국위원회에 제출해야 한다.

③ GNLC 회원은 2년마다 UIL에서 요청하는 GNLC 활동 경과보고서(영문)를 작성해 위원회의 검토를 거쳐 UIL에 제출해야 한다.

④ GNLC 회원이 다음 각 호 중 1개 이상에 해당하는 경우에는 다음해부터 회원자격이 갱신되지 않는다.

1. 제6조 3항의 경과보고서를 기한내 미제출했거나 미완보고서를 제출한 경우
2. 학습도시 구축 과정에 있어 진전을 보이지 않는 경우

제3장 유네스코 글로벌학습도시 국내 실무협의회 운영

제7조(구성) ① 실무협의회는 국내 GNLC 회원, 국내 관계 기관·단체인 국가평생교육진흥원 및 전국평생학습도시협의회에서 GNLC 업무를 담당하는 관계자들로 구성한다.

② 실무협의회 참여도시, 국가평생교육진흥원, 전국평생학습도시협의회별로 최대 2인까지 실무협의회 회원(비상임)으로 참여 가능하며, GNLC 업무 담당 부서의 부서장 및 실무자 각 1인이 참여하는 것을 원칙으로 한다.

③ 실무협의회 참여도시들 가운데 희망 도시들을 토대로 지역적 배분을 고려해 실무협의회 운영 소위원회(이하"소위원회")를 구성할 수 있다. 유네스코한국위원회, 국가평생교육진흥원, 전국평생학습도시협의회는 관계기관 으로서 소위원회에 당연직으로 참여한다.

제8조(역할) ① 실무협의회는 다음 각 호의 역할을 수행한다.

1. GNLC 국내외 동향 공유 및 상호 학습 추진
2. 국내 GNLC 도시 발전을 위한 각종 진흥사업
3. 국내 관계 기관·단체와의 GNLC 관련 공동 협력사업
4. 실무협의회 운영을 위한 각종 회의 및 워크숍 개최
5. GNLC 국내 홍보 및 제반 관련 사항 추진

② 유네스코한국위원회는 GNLC 국내 총괄 기관으로서, 다음 각 호와 같이 실무협의회 운영 업무의 사무국

역할을 담당한다.

1. 실무협의회 연간 활동 계획수립 및 추진
2. 회의록 작성 및 회의 결과 통보
3. 예산 편성 및 집행, 회계관리
4. GNLC 국내외 동향 파악 및 공유
5. 기타 실무협의회 업무 제반 관련 사항

제9조(임기) ① 실무협의회 회원의 임기는 도시가 GNLC 자격을 유지하는 기간으로 한다.

② 제6조에 따라 도시가 GNLC 자격이 갱신되지 않을 때에는 실무협의회 회원 자격이 자동적으로 상실된다.

③ 실무협의회 회원이 임기 중 퇴임 및 전보로 담당자가 변경될 시에는 해당 참여도시 또는 기관·단체에서 후임을 유네스코한국위원회에 통보해야 한다.

제10조(회의 소집 및 운영) ① 실무협의회 회의는 정기회의와 임시회의로 구분하되, 실무협의회 정기회의는 분기당 1회, 임시회의는 사무총장 또는 실무협의회 회원 5인 이상의 요청에 따라 소집할 수 있다.

② 실무협의회 회원이 정기회의 또는 임시회의에 출석할 수 없는 때에는 타 실무협의회 회원에게 의사를 위임하거나 대리인을 지명할 수 있다.

③ 소위원회 회의 개최는 유네스코한국위원회에서 정한다.

제11조(재원) 실무협의회 경비는 유네스코한국위원회의 GNLC 관련 예산으로 충당한다. 단, 필요한 경우, 실무협의회 회원들의 소속 도시 또는 기관·단체와 협의하여 이들 도시, 기관·단체 예산을 실무협의회 경비로 활용할 수 있다.

제12조(개정) 본 지침은 사무총장이 개정한다.

부 칙 〈2020. 10. 15. 제정〉

제1조(시행일) 본 규정은 2020년 10월 15일부터 시행한다.

부록 2

[제7차 세계성인교육회의 마라케시 실행계획(서문 1~12번 생략)]

13. 우리는 마라케시 실행계획의 권고사항을 2022년 9월에 열릴 '유엔 교육 정상회의' (Transforming Education Summit)의 핵심적 사항으로 추진할 것을 약속한다. 또한 우리는 본 실행계획이 정상회의의 참조 문서로 활용될 수 있도록 그 중요성을 강조한다.

〈원칙 및 우선순위 영역〉

14. 평생교육의 관점에서 성인학습 · 교육 증진: 벨렘 실행계획이 제시한 우선순위 영역들이 여전히 유효함을 인정하면서, SDG4는 성인학습 · 교육을 평생학습의 핵심 요소로 자리잡게해줄 특별한 기회를 제공함으로써 지속가능발전과 유네스코 헌장에 있는 평화에 대한 약속을 지키는 데 기여한다.
15. 새로운 사회계약 수립: 성인학습 · 교육은『함께 그려보는 우리의 미래』보고서의 결과와 제안에서 영감을 받아 인권과 민주주의 사회, 윤리 원칙, 집단 지성의 동원, 그리고 학제(學際)적 지식에 기반한 열린 대화를 바탕으로 인본주의적 대응책을 마련하는 데 핵심적인 역할을 한다.
16. 여성 문해 등에서 지난 수십 년 동안 주목할 만한 발전이 있었음에도 불구하고, 여전히 많은국가들은 디지털 문해를 포함한 적절한 문해력 수준에 도달하기 위해, 또한 상당한 성 격차를 줄이기 위해 고군분투하고 있다. 2021년 기준으로 7억 7천만 명 이상의 성인이 기초 문해력이 부족한 상태이며, 그 중 5분의 3이 여성이다(유네스코통계원). 문해가 개인, 가족, 지역사회, 사회 및 지구 전체에 미치는 이점은 널리 입증된 사실이며, 성인 문해는 충분한정책적 관심과 재정적 지원을 받아야 한다.
17. 기후행동을 위한 성인학습 · 교육의 잠재력 발굴: 기후변화는 인류뿐만 아니라 다른 생물에게도 커다란 위협이다. 기후변화는 우리에게 현재의 생산과 소비 패턴에 대해 의문을 제기하고, 새로운 산업을 발명하고, 미래 세대에 대한 도덕적 책임을 받아들일 것을 촉구하는 한편, 지구를 돌보는 것이 전 세계의 필수 과제가 되어야 한다는 점을 인식하게 한다. 따라서 기후 교육은 평생학습 시스템의 주류가 되어야 한다. 성인학습 · 교육도 녹색 전환의 일부가 되어야 한다. 이를 통해 청소년과 성인은 기후변화와 관련된 주제를 이해하고 그 인식수준을 높이며, 기후변화에 적응하고 대응하는 데 필요한, 그리고 변화를 위한 회복력과 능력을 개발하는 데 필요한 지식과 힘을 갖출 수 있다. 성인학습 · 교육은 성인이나 노인이 어린이의 본보기가 되고, 지역과 국가 및 글로벌 수준에서 변화의 주체가 되도록 해줄 역량을강화하는 데 중요한 역할을 할 수 있다. 지역사회 학습과 시민교육은 농촌 개발을 포함한 지속가능발전을 촉진하고 기후변화의 영향에 대한 인식을 높여줄 핵심 요소다. 나아가 성인학습 · 교육 기관은 교육과정과 교육시설 및 관리 방식을 녹색화함으로써 사회의 녹색 전환 모델이 될 수 있다.
18. 노인을 포함한 모든 학습자에게 디지털 환경에서의 학습에 대한 동등한 접근성 촉진: 기술은 성인이 학습하고 교육 받는 방식뿐만 아니라 그에 필요한 역량과 능력에도 중요한 변화를 야기하고 있다. 기술은 개인 학습의 강력한 촉진제이자 촉매제가 되었다. 기술은 교육 발전의 원동력이 될 수도 있지만, 반면에 사회적 또는 집단적 학습을 더 어렵게 만들거나 기존의 사회 격차를 더 벌리고 새로운 격차를 만드는 등 또 다른 장애물이 될 수도 있다.

모든 학습자가 디지털 환경에서의 학습에 동등하게 접근하는 것은 이러한 장애물을 해결하기 위한 중요한 전제 조건이다. 이는 성인이 적극적인 사회 구성원으로 참여하는 방식에영향을 미치며, 온라인 환경을 탐색할 때 잘못된 정보 및 허위 정보에 대응하게 해줄 비판적 사고와 의사 소통 및 공감 능력, 그리고 사회적 기술의 중요성을 높인다. 효과적인 전략과 정책 및 도구를 구축하고, 디지털 격차를 해소하며, 접근성을 높이고, 온라인 상의 권력관계를 해결하며, 기술 남용을 방지하는 것은 모두 성인학습 · 교육의 변혁적이고 해방적인 힘을 확립하는 데 매우 중요하다. 따라서 효과적인 디지털 교육을 위해서는 대면, 원격, 혼합 형태의 새로운 교수 및 학습 모델이 필요하다.

19. 일의 미래를 위한 성인들의 대비 마련: 인구 변동, 4차 산업혁명, 세계화, 기후변화 등은 경제와 노동시장을 크게 변화시키고 있다. 이러한 변화는 일의 성격과 고용 구조, 내용, 일에 필요한 역량과 기술에 중요한 영향을 미친다. '교육에서 일로'(education-to-work)'라는 선형적 이행은 수십 년 동안 지배적인 패턴이었지만, 성인들의 직업 생활의 경로가 점점 복잡해지면서 현실과 동떨어진 것이 되어가고 있다. 이런 맥락에서 이해관계자들이 공동의 책임감을 갖고 수행해야 하는 성인학습 · 교육의 과제는 전 생애에 걸쳐 관련 지식과 역량 및 기술을 유연한 방식으로 공평하게 습득하게 만드는 것으로, 여기에는 직업 지도뿐만 아니라 취업, 양질의 일자리, 경력 개발과 창업 활동에 대한 학습 지원 등이 포함된다. 현재의 인구 추세에 따르면 전 세계 사람들의 기대 수명이 계속 늘어나면서 고령화 세상의 출현이 가속화하고 있다. 점점 더 많은 국가에서 전체 인구의 상당수가 일을 하지 않을 것이며, 따라서 성인학습 · 교육의 성격도 조정되어야 한다. 노인들이 지속적으로 의미 있게 사회에 이바지하고, 삶의 모든 영역에서 행복과 향유를 누리는 등 직업 후 활동(post-work activities)을 준비하도록 하는 데 더 초점을 맞추어야 한다. 뿐만 아니라 탄소 중립을 달성하고 환경을 보호하기 위해 일어나는 경제적 변화에 따라 이미 노동시장에 있는 성인들도 새로운 기술을 습득하거나 직무 숙련도를 제고하도록 긴급한 요구를 받고 있다.

20. 평생학습 문화 조성: 코로나19 팬데믹과 이로 인해 심화된 불평등이 야기한 문제들과 더불어, 기후 위기부터 기술 및 인구 변화에 이르기까지 인류가 직면하고 있는 도전과제의 해결이 평생학습의 핵심이 될 것이다. 이를 위해서는 모든 양식(형식, 비형식, 무형식)의 성인학습 · 교육, 모든 부문과 분야, 대면과 온라인 및 혼합 학습 등을 포함한 다양한 학습 사이트, 그리고 다양한 학습자 집단을 포괄하는 총체적인 접근이 필요하다. 따라서 직업 세계뿐만 아니라 개인의 행복과 공동선에 기여하고자 하는 공공의 노력으로 만들어진, 청년과 노인을 위한 양질의 포용적인 교육과 평생학습이 이루어지는 학습 환경을 조성해야 한다.

〈변혁적 성인학습 · 교육을 위한 권고〉

(프레임워크 및 거버넌스 체계 수립)

21. 교육을 위한 새로운 사회 계약의 필요성을 인식하면서, 우리는 유네스코가 평생학습에 관한 기존의 인권 프레임워크를 강화하는 방안에 대해 관련 전문가 회의와 정부간 대화를 시작할 것을 요청한다. 이러한 과정을 통해 성인학습 · 교육을 핵심으로 하는 평생학습에 대한 권리의 비전을 실현시킬 가장 적합한 방안을 모색하여 각 회원국에 맞는 평생학습 문화를 조성해야 한다.

22. 우리는 특정 정부 부처, 시민사회단체, 청소년, 민간부문, 대학, 성인학습 · 교육 제공자 등의 모든 관련 핵심 행위자들과 더불어, 성인학습 · 교육의 거버넌스를 지원하는 다부문적 플랫폼의 가치를 인정한다. 또한 우리는 많은 국가에서 특히 지속적인 전문성 개발의 관점에서 거버넌스에 기여하는 노동자와 고용자 간 대화 및 그들의 조직 구조 간 대화가 중요하다는 점을 강조한다.

〈성인학습 · 교육 시스템 재설계〉

23. 복잡한 학습 생태계의 출현으로 다양한 성인학습 · 교육 제공자들도 늘어났음을 인식하면서, 우리는 성인학습 · 교육을 위한 조직을 지원하고, 강화된 공교육 조항 내에서 공공선이자 공동선인 성인학습 · 교육을 규제, 장려, 촉진, 조정, 모니터링하기 위한 메커니즘과 규정을 수립하고 재정적 · 인적 자원을 배분하는 일에 정부가 더 큰 역할을 해야 한다는 점을 재차 강조한다.
24. 우리는 학습 프로그램을 계획, 설계, 실행하기 위한, 그리고 지역학습센터 등과 같은 훈련 및 학습 이니셔티브들이 자격을 갖춘 성인 교육자를 충분히 확보하도록 지원하고 (공동) 자금제공을 하기 위한 전략적 차원으로서 성인학습 · 교육을 지역 수준에서 강화하는 것이 중요하다는 점을 인식한다. 우리는 직업기술교육훈련(technical and vocational education and training, TVET)기관, 고등교육기관, 도서관, 박물관, 일터, 공공 공간, 문화예술기관, 스포츠와 오락, 동료 집단, 가족 등 학습 공간의 다양성을 인지한다. 이것은 현지 수준에서 모두를 위한 평생학습을 증진시키는 제도적 역량을 강화하는 것, 예컨대 학습도시 개발을 촉진하고 학습자와 지역사회 단체, 기관 등을 포함한 이해관계자들의 참여를 장려하는 것 등을 의미한다.
25. 나아가 여러 유형의 일자리 내에서, 그리고 일자리 간에 유연한 학습 경로를 만들겠다는 약속에 따라 우리는 모든 인구 집단, 특히 장애인 등 사회적 소외/취약계층을 개방적이고 유연한 학습 생태계로 끌어들이기 위해 선행학습을 인정할 뿐만 아니라 적절하고 관련이 있는 경우 비형식학습과 무형식학습의 검증과 인증이 중요하다는 점을 강조한다. 이런 이유로 모든 교육과 평생학습 과정에 토착 지역사회를 포함시키는 데 각별한 관심을 기울여야 한다. 유연한 학습 경로 구축은 다양한 프로그램과 수학 수준 및 고용 부문 간에 이동성을 허용하고, 교육의 하위 부문과 노동시장 간의 연계를 통해 학습자가 자신의 재능과 관심에 따라 학습 경로를 선택할 수 있도록 하는 데 핵심적인 부분이다.

〈학습의 질 보장〉

26. 우리는 자원 봉사 교사와 그 밖의 성인학습 · 교육에 종사하는 전문가를 포함한 교사와 교육자의 핵심적 역할을 강조한다. 우리는 대학 및 연구 기관들과 협력하여 예비교사와 현직교사의 훈련 및 계속 훈련을 제공하고, 그리고 급여 및 지위와 전문성 개발 등 교육자의 근무조건을 개선함으로써 성인 교육자의 직무 숙련도를 향상시키고 전문화하며 특화하는 정책과 전략을 시행할 것을 약속한다. 우리는 더 나아가 성인학습 · 교육의 역량 프레임워크가 교육자의 전문화와 자격 향상을 위한 전략적 도구임을 인식한다.
27. 성인학습 · 교육에서 대면 학습의 중요한 역할을 강조하면서, 우리는 세계시민교육, 지속가능발전교육, 건강과 웰빙을 위한 교육, 사회 · 정서적 역량, 횡단적 및 비판적 사고 능력, 디지털 역량 등과 같은 새로운 학습 분야들을 통합하는 적절하고 비차별적이며 성인지적인 교육과정과 학습 자료들을 지원할 것을 약속한다.
28. 성인학습 · 교육의 질을 높이는 데 있어 우리는 포용성과 질, 그리고 관련성을 더욱 촉진하기 위해 정책과 실천을 안내하는 연구와 평가를 수행하는 것이 중요하다는 점을 강조한다. 여기에는 성인학습 · 교육 프로그램 기획자, 교사, 참가자를 지원하기 위한 참여적 연구가 포함되어야 한다.

〈재원 확대〉

29. 우리는 성인학습 · 교육을 위한 공적 자금과 자원 동원을 늘리고, 기존 예산의 감축을 방지할 것을 약속한다. 평생학습의 구성 요소 중 하나인 성인학습 · 교육은 매우 다양한 이해관계자와 여러 정부 부처, 고용주와 기타 민간 행위자, 지방정부, 학습자 등의 기여를 통해 자금을조달해야 한다. 그러한 자금에는 정규 예산뿐만 아니라 혼합 재정과 취약 · 소외계층의 여성과 학습자를 대상으로 하는 조치 등이 포함된 기타 자원 및 메커니즘까지 포함돼야 한다. 우리는 적어도 GDP의 4-6% 및/또는 공공지출의 15-20%를 교육에 할당해야 한다는 국제기준을 점차적으로 충족시키는 것을 목표로, 각 국가별 상황에 맞게 성인교육에 대한 공공지출을 늘릴 것을 다짐한다.
30. 성인학습 · 교육에 대한 적정한 수준의 자금 조달에 있어 국제협력의 역할을 고려하고, 17개SDGs를 발전시키는 데 성인학습 · 교육이 잠재적으로 기여하는 바를 염두에 두면서, 우리는 교육 분야 개발협력의 재정 지원을 위한 글로벌 메커니즘이 그 범위를 확대하여 성인학습 · 교육도 지원할 것을 요청한다. 따라서 SDG4의 달성을 위해 한 약속에 따라, 우리는 기존의 글로벌 교육 기금, 특히 '교육을 위한 글로벌 파트너십'(Global Partnership for Education)과 '교육은 미룰 수 없다'(Education Cannot Wait) 등과 같은 기금들이 파트너 국가에 제공하는 전략과 우선순위와 재정적 지원에 성인학습 · 교육도 포함시킬 것을 촉구한다. 국민총생산(GNP)의 0.7%를 개발도상국 공적개발원조(ODA)에 할당하겠다는 선진국들의 약속을 포함한 기존 ODA 관련 약속들을 이행함으로써 우리는 SDG4의 성인 문해 목표 및 기술훈련 통합을 달성하기 위한 자금 격차를 줄여 나갈 것을 약속한다.

〈포용성 증진〉

31. 우리는 언어 다양성을 비롯한 다양성, 포용성, 접근성 및 형평성을 우리 노력의 중심에 두고 우선순위로 인식하면서, 소외되거나 혜택을 받지 못한 개인, 그리고 취약한 집단이나 지역사회에 성인학습 · 교육에 대한 접근성을 높일 것을 약속한다. 형평성과 포용성의 목표들은 특히 토착민의 현실과 그들에 대한 책임을 반드시 염두에 두어야 한다. 이런 약속은 교육을 인권으로 재확인하는 것에서 비롯되며, 여기에는 역량 강화와 능동적인 세계시민의식을 강화하는 요인으로서의 참여의 권리가 포함된다.
32. 우리는 형식과 비형식 성인학습 · 교육 프로그램에 대한 참여를 크게 늘릴 것을 약속하고, 각국이 다양한 학습자 집단의 참여를 위한 야심찬 목표를 설정할 것을 장려한다. 현재 혜택이 미치지 못하는 취약계층과 성인들을 포함시키기 위해, 우리는 학습 기회에 대한 인식을 높이고, 참여를 확대하며 학습자의 동기를 강화할 지원 활동이나 지침 체계를 촉진할 것을 약속한다.
33. 우리는 성인학습 · 교육을 위한 신뢰성 있고 타당하며 투명하고 접근가능한 성인지적 정보시스템을 시행함으로써 취약 계층의 참여와 학습 유지의 진행 상황을 추적하고, 더불어 정부와 비정부 기관, 학계, 시민사회 및 회원국들 간의 지식 교류를 촉진하는 것이 중요하다는 점을 재확인한다.

〈학습 영역 확대〉

34. 우리는 문해를 성인학습 · 교육의 기초로서 연속적인 학습의 과정이자 역량 수준으로 보는 관점을 재확인한다. 우리는 그에 따른 관련 정책들을 시행하고 SDG4.6을 충족시키려는 우리의 노력을 상당 수준 강화할 것을 약속한다. 여기에는 종합적이고 증거에 기반한 젠더 변혁적(gender-transformative)이며 범부문적이고, 포용적인 문해 정책 및 이행 전략 수립이 포함된다.

35. 우리는 일터를 학습에 중요한 장소로 인식한다. 일터에서 평생학습 문화를 조성하는 것은 근로자들이 양질의 일자리를 확보하고 유지하며, 새로운 직무 요건에 적응하고, 개인의 발전과 성취를 이루는 데 중요하다. 또한 우리는 일터에서의 학습이 더욱 포용적이고 정의로운 사회를 세우는 데 기여해야 한다고 인식한다. 성인학습 · 교육은 일터에서의 효율성과 생산성 및 복지를 증진시키므로, 우리는 고용주들이 일터에서의 성인학습 · 교육에 투자할 것을 요청한다.
36. 지속가능성을 위한 기후행동의 긴급성과 중요성을 인식하면서, 우리는 지속가능발전교육을 증진하고 기후변화의 원인과 결과에 대한 인식을 제고할 것을 약속한다. 이를 통해 모든 청소년과 성인들은 환경 보호와 보존을 위해 자신들의 소비 패턴과 생활 방식을 바꾸고 민주적 토론과 이니셔티브에 적극적으로 참여함으로써 시급한 지속가능발전 문제를 더 잘 이해하고 역량 있는 시민으로 행동할 수 있다.
37. 성인학습 · 교육에서 기술이 수행하는 강력한 역할을 인식하면서, 회원국들은 디지털 격차 해소 방안 및 디지털 문해와 기술 증진 방안을 확인하고, 지식에 대한 접근성('2019 공개교육자원에 관한 권고' 및 '2021 오픈사이언스에 관한 권고')과 학습을 위한 인공지능(AI) 활용('2021 인공지능 윤리에 관한 권고')의 틀을 규정하는 유네스코 규범 체계를 바탕으로 만들어지고 있는 학습 동맹(learning alliances)의 새로운 방향을 수립할 것을 약속한다.

    이에 따라 성인학습 · 교육이 가장 필요한 소외된 사람들이나 지역사회에 다가갈 수 있는 효과적인 수단인 혼합 학습을 증진시키는 것과 동시에, 우리는 공동선 및 공공선을 위해 교육자원을 공개하고 학습을 위한 기술 사용과 관련한 형평성, 포용성, 프라이버시, 윤리에 대한 우려를 인식할 것을 장려한다.
38. 코로나19 팬데믹의 영향을 고려하여, 우리는 개인의 웰빙과 공중 보건을 위한 학습의 중요성을 강조한다. 우리는 국가 및 지역 수준의 성인학습 · 교육 정책과 프로그램에서 이러한 측면들을 강화함으로써 성인학습 · 교육이 노년층을 포함한 건강에 미치는 긍정적인 영향을 활용할 필요성을 인식한다. 건강과 웰빙을 위한 학습은 SDG3와 SDG4를 연결하고, 다부문적인 정책과 프로그램에서 성인학습 · 교육과 건강을 주류화하는 것이 중요하다는 점을 강조한다.
39. 나아가 우리는 사회 및 개발 문제들을 해결하는 데 있어 능동적인 세계시민의식과 미디어 · 정보 문해의 중요성을 강조한다. 따라서 우리는 학습자가 비판적으로 정보를 평가하고, 정보에 기반한 결정을 내리며, 행위 주체성을 개발하고, 지역사회와 공공 토론에 크게 기여할 수 있는 역량을 높여주기 위한 성인 대상 시민교육 강화 이니셔티브들을 장려한다.
40. 우리는 2030 지속가능발전의제를 영역간 횡단 역량(transversal skills; 세계경제포럼이 조사한 고용주의 92%가 인재를 찾을 때 중시한다고 응답한 직무 역량으로, 호기심, 문제해결능력, 관용, 자신감의 4가지로 구성됨_역자 주) 개발을 위한 로드맵으로 사용할 것을 약속하며, 이 의제가 향후 수 년간 어떻게 성인학습 · 교육의 다면적인 목표에 응집력과 시너지를 가져올 수 있는지를 인식한다. 양질의 교육과 평생학습은 SDG4를 이행하기 위한 중요한 기제이며, 또한 빈곤 감소(SDG1), 건강과 웰빙(SDG3), 성평등(SDG5), 불평등 해소(SDG10), 유급 고용 및 양질의 일자리(SDG8), 포용적이고 안전하며 회복력 있는 지속가능한 도시(SDG11), 정의롭고 평화로우며 포용적이고 폭력이 없는 사회(SDG16), 그리고 기후행동(SDG13)을 위한 전제조건이다. 더 나아가 성인교육은 교육받을 권리의 일부이며 모든 인권의 실현에 매우 중요하다.

〈법 제정 및 모니터링을 위한 국제 협력〉

41. 본 실행계획에 포함된 약속들을 법제화하기 위해, 그리고 지식과 모범 사례들을 지속적으로 교류하며 동료 학습을 촉진시키고 제도적 역량 개발에 기여하기 위해, 그리고 국제 연대의 정신으로 우리는 성인

학습 · 교육의 향상과 평생학습 증진을 목표로 하는 국제 협력 이니셔티브들을 지원하고 여기에 참여할 것을 약속한다.

42. 우리는 SDG4 및 기타 SDGs들을 달성하는 데 있어 특히 어려움을 겪고 있는 다음 회원국들에게 특히 관심을 기울일 것을 약속한다.
   - 난민과 실향민 등을 위해, 그리고 역량 강화를 위해 성인학습 · 교육에 참여하는 데 있어 특정한 요구사항을 고려해야 하는 분쟁 피해 회원국;
   - 기후 변화로 더욱 악화된 구조적 취약성을 고려해야 하는 군소 도서 개발도상국 (Small Island Developing States, SIDS);
   - 지속적인 교육 문제에 직면해 있으며 미래 발전을 위한 큰 기회를 갖고 있는 아프리카 국가; 그리고
   - 지속적으로 특별한 관심과 지원의 대상이 되어야 하는 최빈국(Least Developed Countries, LDC).
43. 우리는 유엔의 교육 주도 기관인 유네스코가 회원국들과 협력하여 본 실행계획의 이행을 지원하면서, 그 진행 상황을 주기적으로 평가할 것을 요청한다.
44. 우리는 SDG4의 전 세계적 구조 위에서 국제 · 권역 · 국가 · 국내 및 지역 수준의 관련 메커니즘을 통해 이 실행계획을 추진할 것을 약속한다. 여기에는 『세계 성인학습 및 교육 보고서』(GRALE), 세계학습모니터링연맹(GAML), 세계문해연맹(GAL), 『세계 교육 현황 보고서』(GEMR), SDG4 교육 2030 고위급 운영위원회, 지속가능발전에 관한 고위급 정치포럼, 비정부기구 등 국제 파트너의 작업, 그리고 국가 수준의 모니터링 등과 같은 메커니즘과 플랫폼이 포함된다. 우리는 모로코 왕국의 이니셔티브인 '아프리카평생학습원'의 설립을 환영한다.
45. 『세계 성인학습 및 교육 보고서』에 따라, 우리는 신뢰성 있고 타당하며 투명하고 접근가능한 정보와 성인지적 모니터링 체계가 필요하다는 점을 다시 한번 강조한다. 이 둘은 실행계획의 법제화를 정기적으로 모니터링하기 위한 정확하고 세분화된 데이터 생산, 그리고 회원국과 기타 핵심 성인학습 · 교육 기구들 간의 지식과 우수 사례 교류를 촉진하기 위한 디지털 플랫폼을 뒷받침한다.
46. 우리는 진전 상황을 취합할 2028년 제7차 세계성인교육회의(COFINTEA VII)의 중간평가나 글로벌 보고서 등의 적절한 수단을 활용해 전 세계 수준에서 성인학습 · 교육의 진전 상황을 주기적으로 파악하는 일을 유네스코가 유네스코평생학습원을 통해 조율할 것을 요청한다.
47. 우리는 또한 본 실행계획의 권고사항들을 효과적이고 참여적인 방식으로 이행할 수 있도록 지원하기 위해 제7차 세계성인교육회의 이후에 부처간 위원회를 설립하자는 모로코 왕국의 제안을 환영한다.
48. 따라서 우리는 사회적 응집력이 있는, 성취감을 주는, 그리고 모두의 포용적이고 지속가능한 미래를 위한 평생학습의 관점에서 성인학습 · 교육의 변혁적 힘을 활용하도록 해 줄 본 마라케시 실행계획을 채택한다.

출처: 국가평생교육진흥원.

참고문헌

〈국내〉

가영희 외(2010). **성인학습 및 상담**. 경기: 교육과학사.

강대중 외(2017). 평생교육사 자격제도 발전 방안 연구. 국가평생교육진흥원.

강은이(2017). 평생교육기관의 서비스마케팅에 의한 군집화와 특성 분석. 동의대학교 대학원 박사학위논문.

강훈(2016). 지방자치단체의 평생교육기관 평가모형 개발 연구. 충남대학교 대학원 박사학위논문.

경기도평생교육진흥원(2015). 학습동아리 이야기 매뉴얼.

경기도평생교육진흥원(2017). 경기도 문해교육 정책 방향 연구.

고영화(2011). 대학평생교육 프로그램 개설정향성 분석. **평생교육학연구, 17**(3).

과학기술정보통신부(2022). 제8차 디지털 국정과제 연속 현장 간담회. 보도자료.

과학기술정보통신부 · 한국지능정보사회진흥원(2022). 2022년 디지털정보 격차 실태 보고서.

교육부(2019). 2020~2022 장애인평생교육활성화방안.

교육부(2021). 2021년 대학의 평생교육체제 지원사업 기본계획.

교육부(2022). 2022년 지역 평생교육 활성화 지원사업 추진계획.

교육부(2022). 제18차 평생학습계좌제 학습과정 평가인정 공고.

교육부(2022). 제5차 평생학습 진흥방안(2023~2027).

교육부(2022). 「학점인정법」에 따른 제27차 표준교육과정(제2022-10호).

교육부(2022.12.22.). 2022 개정 초 · 중등학교 및 특수교육 교육과정 확정 · 발표. 보도자료.

교육부(2022.2.8.). 2022년도 교육정보화 시행계획 수립. 보도자료.

교육부(2023). 2023년 다문화교육 지원계획.

교육부(2023). 2023년 성인 문해교육 지원 사업 기본계획.

교육부(2023). 제6차 특수교육발전 5개년 계획(2023~2027).

교육부(2023.1.5.). 교육개혁, 대한민국 재도약의 시작-2023년 교육부 연두 업무보고. 보도자료.

교육부 · 국가평생교육진흥원(2020). 평생학습도시 재지정평가 시행계획.

교육부(2021.11.24.). 2022 개정 교육과정 총론 주요사항 발표-더 나은 미래, 모두를 위한 교육. 보도자료.

교육부 · 한국교육개발원(2023). 2023 평생교육통계자료집.

교육부 · 한국교육학술정보원(2022). 2022 교육정보화백서.

교육부 · 한국교육학술정보원(2023). 2023 디지털교육백서.

교육부 · 국가평생교육진흥원(2023). 2022년 평생교육백서.

교육부 · 한국교육개발원(2023). 2022 한국 성인의 평생학습실태.

국가장애인평생교육진흥센터(2022). 2022 장애인 평생교육 현황 조사.

국가평생교육진흥원(2011). 평생교육사 양성기관 현황 및 학습자 인식 조사.

국가평생교육진흥원(2015). 글로벌평생교육동향 1호. 유럽 2020 발전 전략과 EU의 평생교육의제.

국가평생교육진흥원(2018). 지역사회 활동지원을 위한 학습동아리 실무 매뉴얼.

국가평생교육진흥원(2019). 2017년 성인문해능력조사.

국가평생교육진흥원(2019). 2019년 지자체 성인문해교육기관 지원현황 조사.

국가평생교육진흥원(2019). 평생교육사 양성기관 담당자 연수 자료집.

국가평생교육진흥원(2022). 다문화교육 정책학교 운영 가이드라인.

국가평생교육진흥원(2022). 제22차 국가평생교육정책포럼 문해교육 활성화를 위한 문해교육 정책 과제 탐색 자료집.

국가평생교육진흥원(2022). 제7차 세계성인교육회의 마라케시 실행계획 단행본.

국가평생교육진흥원(2022). 평생교육사 자격취득 안내자료.

국가평생교육진흥원(2023). 2022 평생교육백서.

국가평생교육진흥원(2023). 평생학습도시 평생학습지수 개발 연구.

국립특수교육원(2021). 2022년 장애인 평생학습도시 운영 추진계획(안).

권대봉(1999). **성인교육방법론**. 서울: 학지사.

권대봉(2001). **평생교육의 다섯마당**. 서울: 학지사.

권대봉 외(2019). **평생교육의 세 가지 지평: 기반 · 실천 · 가치**. 서울: ㈜피와이메이트.

권두승(1999). 사회교육 담당자 효능감 척도개발과 그 시사점. **사회교육학연구**, 5(1), 57-76.

권두승(2000). **성인학습지도방법의 이론과 실제**. 경기: 교육과학사.

권두승 · 조아미(2001). **성인학습 및 상담**. 서울: 동문사.

권두승 · 최운실(2014). **평생교육경영론**. 경기: 교육과학사.

권숙진 · 권선아(2018). 예비유아교사의 인공지능과 인공지능 교수에 대한 인식. **Global Creative Leader: Education & Learning**, 8(4), 87-102.

권영선 외(2020). **평생교육방법론**. 서울: 동문사.

권인탁 외(2022). **미래사회와 평생교육**. 경기: 교육과학사.

권인탁 · 임영희(2017). **평생교육경영론**. 서울: 학지사.

기영화(2001). **평생교육 프로그램 개발**. 서울: 학지사.

기영화(2007). **노인교육의 실제**. 서울: 학지사.

길혜지(2020). **포스트 코로나 시대, 성인문해교육과 디지털 리터러시**. 서울: 국가평생교육진흥원.

김경년 · 강경애 · 황정숙(2018). 주거 안전성을 신장하는 사회자본 형성의 기제로서 지역사회 기반 평생교 육. **한국평생교육학회**, 24(2).

김근홍 · 김효정(2016). 노인평생교육 참여 특성이 사회적 자본에 미치는 영향에 관한 연구. **한국사회복지교육**, 33.

김남선(2003). **지역사회교육론**. 경기: 형설출판사.

김두영(2022). **장애인평생교육의 이해**. 서울: 창지사.

김미정(2021). 평생교육사의 전문직업적 정체성 구성요소와 유형화에 관한 연구. 동의대학교 대학원 박사학위논문.

김병연 · 송선영(2023). 빅데이터 연구윤리의 기본 개념과 원칙에 관한 연구, 문화의 이해와 해석을 중심으로. **倫理硏究**, 141(1), 199-228.

김삼덕(2013). 노인의 평생교육 프로그램 만족이 성공적 노화의 사회적 요인에 미치는 영향. 원광대학교 대학원 박사학위논문.

김선희(2021). Post COVID-19 시대 유아교육을 위한 HyFlex 수업모형의 적용 가능성 탐색. **디지털융복합연구**, 19(12), 311-320.

김수영 · 하오선 · 고은선(2023). AI 기반 적응형 학습에 대한 인식 및 요구 분석: A대학 사례를 중심으로. **교육연구논총**, 44(1), 107-139.

김신일 외(2019). **평생교육론**. 경기: 교육과학사.

김신일(2020). **학습사회**. 서울: 학이시습.

김신일(2023). 양양군 평생학습도시 비전 선포식 평생교육 정책 포럼 자료집. 한국평생교육총연합회.

김신일 외(2021). **평생교육론**. 경기: 교육과학사.

김신일 · 박부권(2005). **학습사회의 교육학**. 서울: 학지사.

김영석(2021). 노년교육학의 학문적 정체성 탐구. **노년교육연구**, 7(1).

김영식(2018). **4차산업혁명과 교육의 미래**. 서울: 학지사.

김용현 · 김종표(2015). **평생교육론: 평생학습과 열린 학습사회**. 경기: 양서원.

김은진(2022). 성인 문해교육 교사의 연수 제도에 대한 인식: 전라남도 사례를 중심으로. 전남대학교 대학원 석사학위논문.

김종서 외(2009). **평생교육개론**. 경기: 교육과학사.

김지은 · 김경아(2023). 디지털 대전환 시대 대학생의 디지털 시민성 교육요구도 분석. **교양교육연구**, 17(1), 211-226.

김진형(2020). **AI 최강의 수업**. 서울: 매일경제신문사.

김진화(2001). **평생교육 프로그램개발론**. 경기: 교육과학사.

김진화(2006). **평생교육방법 및 실천론**. 경기: 서현사.

김진화 외(2008). 평생교육사 직무모델 개발 및 타당화 연구. **평생교육학연구**, 14(1), 1-31.

김재희(2020). 공학교육 정책수립을 위한 빅데이터 분석 시스템 설계. 인하대학교 대학원 박사학위논문.

김태준 외(2022). 평생학습체제로의 전환을 위한 평생교육 거버넌스 혁신 방안 연구. 한국교육개발원.

김태준(2022). 지역혁신플랫폼과의 연계를 통한 지역평생학습 활성화 방안. 국가평생교육진흥원.

김태희(2022). 지자체별 2022 GNLC 운영현황자료. GNLC실무협의회 정기회의 발표. 유네스코한국위원회.

김한별(2022). **평생교육론**. 서울: 학지사.

김효진(2020). 초등교사의 수업환경조절전략 활용능력 측정도구 개발 및 타당화. 한국평생교육HRD 연구소.

김희아(2009). 학교의 지역사회 평생교육 stakeholder에 관한 연구. 숭실대학교 대학원 박사학위논문.

동효관(2022). 블렌디드 러닝 환경에서 학습자 유형화에 따른 맞춤형 교수 · 학습 방안 탐색. 충청북도: 한국교육과정평가원.

박상옥(2010). 지역사회와 학습의 관계 탐색: 지역사회 형성 및 발전과정으로서 학습활동. **평생교육학**

연구, 16(2).
박지영 외(2019). 국내 대학평생교육 연구 동향 분석: 1999년~2019년 국내 학술지 게재논문을 대상으로. **직업교육학회, 38**(6).
박형민 · 정현주(2019). 학교평생교육 관점에서 바라본 오산시 혁신교육지구 사업 운영사례와 시사점. **평생교육학연구, 25**(3).
박형준 · 정기용(2022). 메타버스와 규제 이슈. **한국행정연구원, 11**(4), 40-49.
반경길 외(2000). **마케팅 관리**. 서울: 박영사.
배석영 외(2010). **평생교육론**. 경기: 양서원.
배호순(1994). **프로그램 평가론**. 서울: 원미사.
백은순 외(2002). 평생교육사 제도 운영 활성화 방안 연구. 서울: 한국교육개발원.
변종임(2005). 지역사회 혁신을 위한 평생학습도시 활성화. 한국교육개발원 평생학습센터.
보건복지부(2019~2022). 장애인 등록 현황.
보건복지부(2022). 2022년 장애인 실태조사.
보건복지부(2023). 2023 노인복지시설 현황.
서명환 외(2020). **평생교육방법론**. 경기: 공동체.
서울대학교 교육연구소(2011). **교육용어사전**. 서울: 하우.
서창수(2022). 뉴스 빅데이터를 활용한 대학평생교육 토픽 분석. **평생교육학연구, 28**(3).
손의성 · 한정란 외(2018). 고령사회 인생3모작 설계를 위한 노인교실(노인대학) 교육 프로그램 개발 연구. 보건복지부 정책과제 연구보고서.
송소현 외(2011). 특수학교 기반 발달장애성인 평생교육 지원 모형 개발. 아산: 국립특수교육원.
신복기 · 성향숙 · 김수영(2006). 성공적 노화를 위한 노인교육 프로그램의 효과성 연구. **노인복지연구, 34**, 313-336.
신성현 · 전주성(2017). 우리나라 평생학습도시와 비평생학습도시의 평생학습실태 및 성과 비교. **한국성인교육학회, 20**(4).
신용주(2004). **평생교육의 이론과 방법**. 경기: 형설출판사.
안수인 외(2021). 노년기 평생교육 참여와 삶의 질. **노년교육연구, 7**(1).
안정임 · 박은희(2022). 디지털 시민성에 대한 비판적 탐색: 시민성의 계승과 디지털의 확장. **언론문화연구, 33**, 39-75
양병찬(2004). 대학평생교육원의 지역 네트워크 강화 전략 탐색. **교육연구, 18**(1).
양병찬 외(2001). **평생교육 실무핸드북**. 충남지역평생교육정보센터.
양승연(2023). 노인 평생교육 참여와 삶의 만족과의 관계: 전주시 노인 사례 연구. 고려대학교 대학원 석사학위논문.
양유정 · 양은아(2020). 지역사회 기반 대학평생교육 프로그램 개발 방향 탐색: 방송대 지역대학 사례를 중심으로. **평생교육학연구, 26**(3).
양흥권(2006). 학교평생교육 운영모형 개발을 위한 시론. **한국평생교육학연구, 12**(2).
양흥권(2019). 한국 대학평생교육의 특성 변천에 관한 연구: 1900년부터 현재까지의 시기별 특성을 중심으로. **평생교육 · HRD연구, 15**(2).

양흥권(2022). **학습세기의 교육론. 평생교육론**. 서울: 신정.

연지연(2019). 한국 대학평생교육정책의 변동과정 분석: 2008년부터 2017년까지 정책변동을 중심으로. Andragogy Today, 22(3).

오인경 · 최정임(2004). **교육프로그램 개발 방법론**. 서울: 학지사.

오혁진 외(2019). **평생교육사 양성체제 개편 연구**. 서울:국가평생교육진흥원.

오혁진(2014). **지역공동체와 평생교육**. 서울: 집문당.

유네스코한국위원회(2018). 문해교육과 변화. 2016 하반기~2017 상반기 브릿지.

유정규(2023). **양양군 평생학습도시 비전 선포식 평생교육 정책 포럼 자료집**. 한국평생교육총연합회.

윤관식(2008). **교수체제설계**. 한국기술교육대학교.

윤여각(2021). **평생교육론의 시선**. 경기: 교육과학사.

윤점룡 외(2010). 성인발달장애인의 평생교육 모형 연구. **특수교육연구**, 17(2), 3-141.

이다인 · 고장완 · 박지우(2022). 토픽 모델링을 활용한 코로나 19시기 대학평생교육 현황 분석: 뉴스 빅데이터를 중심으로. **평생교육 · HRD연구**, 18(2).

이다현(2017). 유네스코 세계성인교육회의의 성인교육 이념 지향 연구. **교육연구**, 31(2), 61-88.

이동엽(2013). 플립드 러닝(Flipped learning)교수학습 설계모형 탐구. **한국디지털정책학회**, 11(12), 83-92.

이민경(2014). 거꾸로 교실의 효과와 의미에 대한 사례 연구. **한국교육**, 41(1), 87-116.

이병희 외(2019). 지능정보사회의 학교평생교육 운영 모형 개발 연구. 경기도교육연구원.

이복희 · 김차순 · 박수진(2023). **평생교육방법론**. 경기: 양성원.

이복희 · 유인숙(2023). **평생교육 프로그램개발론**. 경기: 양성원.

이성회(2020). **성인학습이론의 범주와 향후 연구과제**. 서울: 한국교육개발원.

이수근(2018). 사용자분석을 통한 교육환경개선사업 추진방안 연구. 한국교원대학교 대학원 석사학위 논문.

이윤진 · 김남숙(2023). 고령자 디지털 리터러시 교육에 대한 인식. **노년교육연구**, 9(1), 1-23.

이은상 · 이동국(2021). 초 · 중등학교 에듀테크 운영에서 테크매니저의 어려움에 관한 질적 분석. **정보교육학회논문지**, 25(1), 195-206.

이은주 · 이로미 · 장지은(2022). 초고령화 사회 고등교육 연계 노인평생교육 활성화 방안: 일본의 대학 노인 평생교육 사례분석을 중심으로. **성인계속교육연구**, 13(3).

이은화 · 원종숙 · 김성길(2022). 디지털 미디어 환경변화에 따른 평생교육 강사들의 배움에 대한 사례연구. **미래교육연구**, 12(4), 1-26.

이재민(2016). 한국 지역사회교육정책 변천과정의 특성 연구. **평생교육학연구**, 22(2).

이재천(1998). 과학교사에 의해 조성되는 심리적 학습환경 측정도구 개발. 한국과학교육학회.

이종연 · 박상훈 · 강혜진 외(2013). Flipped Learning의 의의 및 교육환경에 관한 탐색적 연구. **디지털융복합연구**, 12(9), 313-323.

이종연 · 서종택(2021). 원격평생교육원 학습자 시간관리 데이터 및 개인배경 데이터를 통한 수료가능성 예측. **학습자중심교과교육연구**, 21(8), 365-377.

이지혜(2021). 디지털 전환 시대의 문해교육. 성인의 문해능력 증진을 위한 활성화 정책 포럼, 83-90.

서울: 교육부. 국가평생교육진흥원.

이지혜 · 허준 · 김지현(2021). 평생학습도시 사업 실행과정에 나타난 성과와 한계: G도 사례를 중심으로. **평생학습사회, 7**(1).

이해주 외(2023). **평생교육실습**. 서울: 한국방송통신대학교출판부.

이해주 · 최운실 · 권두승(2002). **평생교육 프로그램 개발**. 서울: 한국방송통신대학교출판부.

이향수 · 이성훈 · 최정아(2016). 정보소외계층 재정의를 통한 정책방향의 제시: 정보 격차조사 모집단으로서 장애인, 저소득층, 장노년층을 중심으로. **디지털융복합연구, 14**(3), 1-12.

이형주(2017). 노인교육 프로그램이 인지적 · 정의적 영역에 미치는 영향에 대한 메타분석. **노년교육연구, 3**(1).

이화정 · 양병찬 · 변종임(2005). **평생교육 프로그램개발의 실제**. 서울: 학지사.

이효영(2019). 평생학습도시 교육기관특성이 성인학습자 역량을 매개로 학습자의 상호작용에 미치는 영향 분석. **평생교육 · HRD연구, 15**(4).

이희수(2005). 교육패러다임의 변환요약. 유네스코한국위원회 평생학습사회 정책포럼. 유네스코한국위원회.

이희수 외(2014). 대학중심 평생학습활성화 지원사업 중장기 발전방안 연구. 서울: 국가평생교육진흥원.

이희수 외(2002). 주5일 근무제 대비 학교시설을 이용한 평생학습 활성화 방안. 서울: 한국교육개발원.

임구원(2020). **지역사회교육론**. 경기: 공동체.

임영희 · 권인탁(2018). 대학평생교육정책의 실태분석과 전략. **열린교육연구, 26**(1).

임해규(2010). 제6차 세계성인교육회의 결과보고서.

전광수(2017). 대학과 지자체의 평생교육 연계 유형 탐색. **학습자중심교과교육연구, 17**(8).

전선영(2013). 성인학습자의 학습자 특성과 교육기관 특성이 평생교육 참여성과에 미치는 영향: 참여동기 및 학습만족수준의 매개효과, 동의대학교 대학원 박사학위논문.

전주성 · 임경미 · 김미자(2016). **교육복지 프로그램개발의 이론과 실제**. 경기: 공동체.

정동영 · 정동일 · 정인숙(2006). 장애인 평생교육 협력체제 구축 방안 연구. 국립특 수교육원 연구보고서.

정민승 외(2011). **생애발달과 교육**. 한국방송통신대학교 출판부.

정복임(2021). 대학과 지역사회 평생교육정책 변천에 관한 연구 국가평생학습진흥종합계획을 중심으로. **인문사회, 21**, 12(4).

정찬남 외(2017). **평생학습의 초석이 되는 문해교육론**. 경기: 양서원.

조대연(2023). **평생교육론**. 서울: 박영사.

조대연 · 권대봉 · 김정주(2016). **대학 중심의 평생교육을 위한 평생교육 단과대학 및 평생교육제도의 재구조화 · 활성화 방안 연구**. 서울: 고려대학교.

조대연 · 김정주(2017). 해외 사례분석을 통한 성인전담 단과대학 운영방안: 미국과 영국 대학을 중심으로. **한국교육학연구, 23**(1).

조미경(2016). 파리 세계성인교육회의의 학습권 보장을 위한 문해교육적 의미 고찰. **국제이해교육연구, 11**(1), 125-145.

조순옥(2009). OECD 순환교육의 형성 과정 연구. 중앙대학교 대학원 박사학위논문.

조정옥(2021). 한국지역사회교육운동 실천 과정에 나타난 평생교육적 확장성 탐색 연구. 아주대학교 대학원 박사학위논문.

주웅영(2011). 초등 사회과 역사교육과 상황인지이론. **역사교육 논집, 46**, 61-90.

주윤경(2021). 디지털 포용을 위한 디지털 역량강화(문해교육) 방안. 성인의 문해능력 증진을 위한 활성화 정책 포럼. 서울: 교육부, 국가평생교육진흥원.

차갑부(2021). **평생교육론**. 경기: 교육과학사.

최다미(2018). 평생학습사회의 출현과 과제. 한국교원대학교 대학원 석사학위논문.

최손환(2022). 평생교육 시대에 따른 대학의 역할 변화. *The Journal of the Convergence on Culture Technology, 8*(1), 299-306.

최운실 외(2017). **노인교육론**. 경기: 양서원.

최운실 외(2023). **평생교육론**. 경기: 공동체.

최은수(2016). **평생교육론**. 서울: 학지사.

최은수 외(2016). **평생교육 프로그램개발론**. 경기: 공동체.

최정빈(2018). **플립드 러닝 교수 설계와 수업 전략**. 경기: 성안당.

최정연(2020). 평생교육환경에 대한 성인학습자의 인식 연구. 동의대학교 대학원 석사학위논문.

최형주 · 조진일 · 신은경(2022). 포스트 코로나 시대의 교육시설환경 의제 탐색 연구. **교육녹색환경연구, 21**(1), 11-23.

통계청(2022). 2021년 장래인구추계를 반영한 세계와 한국의 인구현황 및 전망.

통계청(2022). 2022년 지방자치단체 외국인주민 현황.

통일부(2023). 2023년 통일백서.

한국교육개발원(2021). 지속가능개발목표(SDGs)달성을 위한 교육개발협력 연구(Ⅴ): 문해교육 실천 전략.

한국교육학술정보원(2003). ICT 활용 교수-학습 과정안 자료집. 서울: 한국교육학술정보원.

한국교육학술정보원(2023). 디지털리터러시 구성체계 및 교과별 성취기준 연계.

한국보건사회연구원(2017). 장애인복지법에 따른 장애 유형 분류.

한국정보화진흥원(2019). 디지털 트랜스포메이션 성공전략-주요국 국가정책 분석을 중심으로. *IT & Future Strategy, 5*.

한국지능정보사회진흥원(2022). 포스트 코로나시대 디지털 대전환과 사회변화 전망. 한국지능정보사회진흥원 GDX REPORT.

한국직업능력개발원(1999). **평생교육사 직무분석**. 서울: 한국직업능력개발원.

한상길(2001). **성인평생교육**. 경기: 양서원.

한상길 · 김현영 · 김윤정(2020). **평생교육방법론**. 경기: 공동체.

한상훈(2001). 대학평생교육 발전방안에 관한 연구. **교육발전논총, 22**(2).

한숭희 · 이은정(2016). 고등교육 보편화와 체제적 복잡화: 고등교육과 평생학습의 화학적 결합. **평생학습사회, 12**(1).

한우섭 외(2021). **평생교육론**. 서울: 학지사.

한정란(2015). **노인교육론**. 서울: 학지사.

한정란 외(2020). **세계의 노인교육**. 서울: 학지사.

한준상(2002). **교육사회학 이론과 연구방법론**. 한국학술정보.

행정안전부. 국내 거주 외국인주민 수 226만 명, 총인구 대비 4.4%, 최대규모 기록. 2023년 11월 8일 보도 자료.

허지숙(2021). 성인학습자의 대학평생교육 참여에 미치는 요인에 관한 연구 생애주기별 비교를 중심으로. **평생교육학연구**, 27(2).

현영섭(2004). 훈련전이연구의 새로운 도전: 훈련전이의 하위범주와 전이거리모형. 한국인력개발학회.

현영섭(2010). 평생교육사의 5대 전문영역 구획. 평생교육학회 춘계 포럼.

홍세미(2021). 지자체 문해교육 프로그램에 대한 성인학습자의 인식연구. 동의대학교 대학원 석사학위논문.

홍숙희(2010). 평생교육 기반으로서의 지역사회교육 논의의 역사적 변천 과정 탐색. **한국성인교육학회**, 16(1).

홍정민(2021). **에듀테크의 미래**. 서울: 책밥.

홍진옥(2016). 지역사회기반 평생학습도시 운영 평가 연구: 충주시를 중심으로. 충북대학교 대학원 박사학위논문.

홍혜자(2006). 대학평생교육원 노인교육 프로그램 사례분석: S여대 실버 아카데미를 중심으로. 아주대학교 대학원 석사학위논문.

황재연(2018). 성인 임파워먼트 증진 관점에서 본 대학의 평생교육체제 지원 분석. **한국융합학회논문지**, 9(11), 245-252.

〈국외〉

Ausubel, D. P. (1967). *Learning theory and classroom practice*. Toronto: Ontario Institute for Studies in Education.

Bandura, A. (1977). *Social Learning Theory*. NJ: Prentice-Hall.

Banks, J. A. (2008). **다문화교육 입문**(모경환 역). 서울: 아카데미프레스.

Beatty, B. J.(2006). Designing the HyFlex World-Hybrid, Flexible Classes for All Students. Paper presented at the Association for Educational Communication and Technology International Conference, Dallas, TX. Retrieved from http://olc.onlinelearningconsortium.org/effective_practices/using-hyflex-course-and-designprocess.

Beatty, B. J.(2019). Value sand principles of hybrid-flexible course design. In B. J. Beatty(Ed.), *Hybrid-flexible course design. EdTech Books*. Retrieved from https://edtechbooks.org/hyflex/hyflex_values.

Becker, Hellmet(1971). World-wide Adult Education. *New Dimension of Culture and Education, 4*, 11.

Bennett, C. I.(2010). Comprehensive multicultural education: Theory and practice. Boston: Pearson Education, Inc.

Boone, E. J.(1985). *Developing Programs in adult education*. Englewood Cliffs, NJ: Prentice-Hill.

Brinkerhoff, R. O.(2003). *The success case method: Find out quickly what's working and what's not.* San Francisco: Berrett-Koehler.

Caffarella, R. S.(1994). *Planning programs for adult learners.* San Francisco, CA: Jossey-Bass.

Candy, P. C.(1991). *Self-direction for lifelong learning.* San Francisco, CA: Jossey-Bass.

Castelvecchi, D.(2016). Can we open the black box of AI? *Nature, 538*(7623), 20-23.

Christine & Bennett(2007). *Multicultural Education: Theory and Practice*(6th ed.). Pearson Education Inc.

Chun, Sun(2014). Features and Strategies of Korean EFL Elementary School Children's Email Discourse. *STEM Journal, 15*(1), 197-217.

Collins, A., Brown, J. S., & Newman, S. E.(1989). Cognitive apprenticeship teaching and the crafts of reading, writing, and mathematics. In L. B. Resnick(Ed.), *Knowing, learning, and instruction.* Hillsdale, NJ: Lawrence Erlbaum Associates.

Cranton, P.(1992). *Working with Adult Learners.* Toronoto, Ontario: Wall & Emerson, Inc.

Cunningham, U.(2014). Teaching the disembodied: Othering and activity systems in a blended synchronous learning situation. *International Review of Research in Open and Distributed Learning, 15*(6), 33-51.

Dave, R. H.(1981). *Lifelong education and school curriculum.* Hamurg: UIE, Definitive Classic In *Adult Education And Human Resource Development*(8th ed.). (최은수 역). 경기: 아카데미프레스(원저출판: 1973).

Dewey, J.(1938). *Logic: The theory of inquiry.* Hol.

Erikson, E. H.(1982). *The life cycle completed.* New York: W. W. Norton & Company. final report. Hamburg: UNESCO.

Freire, P.(1998). *Paedagogik der Unterdrueckten.* Tausend: Hamburg.

Gagné, R. M., & Briggs, L. J.(1979). *Principles of instructional design*(2nd ed.). NY: Holt, Rinehart & Winston.

Gilster, P.(1997). *Digital literacy.* New York: Wiley Computer Pub.

Gouia, R., & Gunn, C.(2016). Making mathematics meaningful for freshmen students: investigating student's preferences of pre-class videos. *Research and Practice in Techology, 11*(2), 1-8.

Graham, Charles R.(2006). Blended Learning System: Definition, Current Trends, and Future Direction. In *The Handbook of Blended Learning: Global Perspectives, Local Designs*, edited by Curtis J. Bonk and Charles R. Graham, 3-21. San Francisco: Pfeiffer.

Graham, Charles R., Wendy Woodfield, & J. Buckley Harrison(2013). A Framework for Institutional Adoption and Implementation of Blended Learning in Higher Education. *The Internet and Higher Education, 18,* 4-14.

Houle, C. D.(1961). *The design of education*(2nd ed.). San Francisco, CA: Jossey-Bass.

Hugo, J. M.(2002). Learning Community History. *New Directions for Adult and Continuing Education, 95*, 5-25.

Irvine, V.(2010). Exploring learner needs for collaboration and access. In Ed *Media Innovate Learning,* 1093-1097. Association for the Advancement of Computing in Education (AACE).

Jarvis, P.(1995). *Adult and Continuing Education: Theory and practice*(2nd ed.). London, NY: Routledge.

Jarvis, P.(2001). *Leaning in later life: An introduction for educators and carers.* London: Kogan Page.

JRC. (2023). https://op.europa.eu/en/publication-detail/-/publication/50c53c01-abeb-11ec-83e1-01aa75ed71a1/language-en.

Kaiper-Marquez, A., Wolfe, E., Clymer, C., Lee, J., McLean, E. G., Prins, E., & Stickel, T.(2020). On the fly: Adapting quickly to emergency remote instruction in a family literacy programme. *International Review of Education, 66*, 691-713.

Kirkpatrick, D. L.(1959). Techniques for evaluating training programs. *Journal of American Society of Training Development, 13*(3), 21-26.

Knapper, G. K., & Cropley, A.(2000). *Lifelong learning in higher education.* London: Kogan Page.

Knowles, M. S.(1980). *Modern Practice of Adult Education.* Chicago: Follett(Frielick, 2004).

Knowles, M. S.(1989). *Modern Practice of Adult Education.* Chicago: Follett Publishing Compa.

Knowles, M.(1989). *The making of adult educators.* NJ: Krager Publisher.

Knox, A. B.(1980). *Teaching adults effectively.* New Directions for Continuing Education 6, San Francisco: Jossey-Bass Inc Pub.

Kowalski, T. J.(1988). *The Organization and Planning of Adult Education.* State University of New York Press.

Lave J.(1988). *Cognition in practice.* Boston. NY: Cambridge University Press.

Lave, J., & Wenger, E.(1991), Situated Learning: Legitimate Peripheral Participation.

Lenard, Breen. Z.(1976). *Aging and the Field of Medicine.* NY: Wiley.

McCue, L. S., & Scales, G. R.(2007). Embracing the middle ground: Engaging on-and offcampus students within the same classroom. In Proceedings, ASEE Southeast Section Conference, Louisville, KY.

Mezirow, J.(1995). Transformation theory of adult learning. In M. R. Welton(Ed.), *In defence of the lifeworld*(pp.39-70). NY: State University of New York Press.

OECD(2019). Future of Education and Skills 2030, Paris: OECD.

OECD(2020). Digital transformation in the age of COVID-19: Building resilience and bridging divides, digital economy outlook 2020 supplement. Paris: OECD.

OECD(2021). 21st-Century readers developing literacy skills in a digital world, Paris: OECD.

Park, Y. J., & Bonk, C. J.(2007). Is online life a breeze? A case study for promoting synchronous learning in a blended graduate course. *MERLOT Journal of Online Learning and Teaching, 3*(3), 307-323.

Robert G. Simerly, & Associates(1989). *Handbook of marketing for continuing education.* San Francisco, London: Jossey-Bass Publishers.

Rogers, A.(1998). *Teaching adults*(2nd ed.). Buckingham: Open University Press.

Schwab, K.(2016). *The Forth Industrial Revolution*. World Economic Forum.

Stein, D.(1998). Situated Learning in Adult Education.

Stock, A.(1996). Lifelong learning: Thirty years of educational change. In Raggatt, P., Edwards, R. & Small, N.(1999). *The learning society: Challenges and trends, Adult learners, education and training 2*. London: Routledge.

Stufflebeam, D. L., & Shinkfield, A. J.(2007). Evaluation theory, models & applications Review of the book Evaluation theory, models, & applications].American. *Journal of Evaluation, 28*(4), 573-576.

Suchman, L. A.(1987). *Plans and situated actions: The problem of human-machine communication*. Cambridge, MA: Cambridge University Press.

Tough, A. M.(1979). *The Adults Learning Projects: A Fresh Approach to Theory and Practice in Adult Learning*. Tronto: Ontario Institute for Studies in Education, p.183.

Trail, L., Fields, S., & Caukin, N.(2020). Finding Flexibility with HyFlex: Teaching in the Digital Age. *International Journal of the Whole Child, 5*(2), 22-26.

Tyler, R. W.(1949). *Education 206: Basic Principles of Curriculum and Instruction*. University of Chicago Press.

UIL(2013). Global Report on Adult Learning and Education-Rethinking literacy.

UNESCO(1965). International committee for the advancement of adult education unesco house, 9-17 December, 1965: Report on the third session.

UNESCO(2003). Literacy as freedom: a UNESCO Round-table.

UNESCO(2010). CONFINTEA Ⅵ: Sixth international conference on adult education.

UNESCO(2011). Digital literacy in education. IITE Policy Brief (May 2011).

UNESCO(2018). A Global Framework of Reference on Digital Literacy Skills for Indicator 4.4.2. Information Paper No.51.

Wain, K.(2001). Lifelong learning: Small adjustment or paradigm shift?, in Aspin.

World Health Organization(2002). Active ageing: A policy framework, Geneva: World Health Organization.

Yarnit, M.(2000). *Towns, Cities and Regions in the Learning Age: A Survey of Learning Communities*. London: LGA Publications for the DFEE, NCA.

〈사이트〉

EBS 홈페이지: 학교 가기 좋은 날.

OECD (2019). Skills strategy 2019: Skills to shape a better future. Retrieved from www.oecd.org/skills/oecd-skills-strategy-2019-9789264313835-en.

U.S.Chamber of Commerce 홈페이지. https://www.uschamber.com.

교육통계서비스 홈페이지. https://kess.kedi.re.kr.

국가교육위원회. https://www.ne.go.kr.

국가문해교육센터 홈페이지. https://www.le.or.kr.

국가법령정보센터 홈페이지. www.law.go.kr.

국가장애인평생교육진흥센터. https://www.nise.go.kr/lifelong/

국가직무능력표준 홈페이지. https://www.ncs.go.kr.

국가평생교육진흥원 홈페이지. http://www.nile.or.kr.

동아사이언스. [대학의 과거와 미래] ④ 온라인 비대면 시대 혁신할 것인가 혁신 당할 것인가. https://v.daum.net/v/20201020141012540.

박성은(2021). 미래학자 토마스 프레이 2030년 빅테크 기업, 교육 분야 주력할 것. AI 타임즈. https://www.aitimes.com/news/articleView.html?idxno=136662에서 2023년 12월 22일 인출.

부산광역시 서구 평생학습관 홈페이지(2023): https://www.bsseogu.go.kr/edu. 유네스코. https://unesco.or.kr/news/press/view/435/page/1872?. 자치법규정보시스템(2023). https://www.elis.go.kr.

중앙다문화교육센터. 다문화교육 비전 및 주요과제. https://www.edu4mc.or.kr/guide/visionChall.html. 2023년 12월 23일 인출.

통계청(2022). 장래인구추계(2022~2072). https://kostat.go.kr/board.es?mid=a10301020600&bid=207&act=view&list_no=428476

통계청. 북한이탈주민 입국인원 현황. https://www.unikorea.go.kr/unikorea/business/NKDefectorsPolicy/status/lately.

평생학습계좌제 홈페이지: https://www.all.go.kr.

평생학습타임즈. http://lltimes.kr.

찾아보기

가상세계 / 357
가정방문형 문해교실 / 279
거울세계 / 357
결정성 지능 / 92
경험학습 / 51
고령층 특화형 대학 전담과정 / 229
고령층 특화형 평생학습도시 / 230
교사 / 25
교수체제설계 / 313
교습 / 25
교안작성법 / 323
교육 패러다임 / 339
교육받을 권리 / 249
교육부 / 112, 116
교육의 다양성 / 252
구성주의 학습이론 / 42
국가 학습이력관리시스템 / 348
국가교육위원회 / 114
국가장애인평생교육진흥센터 / 121, 238
국가평생교육진흥원 / 119
글로벌학습도시네트워크(GNLC) / 69
기계적 학습 / 40
기초자치단체 / 118

남북하나재단 / 264
노인 평생교육 / 215
노인교실 / 227
노인교육 / 223
노인복지관 / 226
노인에 관한 교육 / 217
노인에 의한 교육 / 218
노인여가복지시설 / 225
노인을 위한 교육 / 217
노인학습자 / 218
뉴노멀 / 340
늘배움 / 347

다문화 평생교육 / 249
다문화인구동태통계 / 252
대학 · 학교평생교육본부 / 121
대학평생교육 / 192
데이터 프라이버시 / 377
데이터화 / 343
도제제도 / 55
동화정책 / 250
디지털 격차 / 377
디지털 리터러시 / 286
디지털 시민역량 / 376
디지털 역량 프레임워크 / 287
디지털 전환 / 293, 341
디지털 정보격차 / 294
디지털 트랜스포메이션 / 340
디지털 포용법 / 298
디지털평생교육본부 / 121
디지털화 / 343

라이프로깅 / 357

만물 인터넷 / 30
메타버스 / 355
무형식교육 / 23
문제 해결형 / 188
문해교육 / 274
문화화 / 56

보수교육 / 370
북한이탈주민 / 257
북한이탈주민법 / 261
블렌디드 러닝 / 349
비문해 / 274
비문해학습자 / 275
비선형적 접근방법 / 309
비통합적 접근방법 / 310
비판적 반성 / 51
비형식 평생교육기관 / 140
비형식교육 / 23
빅데이터 / 358

사물인터넷(IoT) / 30
사회 패러다임 / 337
사회교육법 / 108
사회의 교육화 / 18
사회적응교육 / 262
사회학습이론 / 43
산업혁명 / 337
산업혁신형 / 202
상호학습의 원리 / 89
상황인지이론 / 54
상황학습이론 / 53
생태학적 학습환경 / 99
생활적응의 원리 / 89
선형적 접근방법 / 308
성인문해교육 / 278
성인학습 / 86
성인학습의 지도 원리 / 94
성인학습이론 / 45
성인학습자 / 24
세계 문해의 날 / 284
세계성인교육회의 / 63
세계인권선언 / 249
순환교육 / 72
신체적 장애 / 233
실행의 법칙 / 40
심화 학습형 / 187

안드라고지 / 24, 217
안드라고지(Andragogy) / 81
에듀테크 / 341, 342
욕구체계이론 / 99
우선순위 결정 / 317
워크북 / 323
원격교육 / 344
원격교육 플랫폼 / 346
원격평생교육 / 345
유네스코 / 17
유네스코(UNESCO) / 61
유네스코평생학습연구소 / 62
유네스코한국위원회 / 27
유동성 지능 / 92
유의미한 학습 / 40
인공지능 / 361
인본주의 학습이론 / 41
인지주의 학습이론 / 40

자기결정권 / 378
자기주도 학습이론 / 45

자기주도적 학습원리 / 89
자기주도학습 / 42
자기효능감 / 43
자문화 중심주의 / 250
자발적 학습의 원리 / 89
자아통합감 / 215
장애 학습자 / 233
장애인 / 233
장애인 평생교육 / 231
장애인 평생학습도시 / 241
장애인평생교육시설 / 239
재능 기부형 / 188
적응형 학습 / 361
전문 탐구형 / 187
전환학습 / 48
정보소외계층 / 294
정신적 장애 / 233
정착지원교육 / 264
제4차 산업기술혁명 / 28
제라고지(Geragogy) / 84
조력자 / 25
준비성의 법칙 / 40
준형식 평생교육기관 / 140
증강현실 / 356
지속가능개발목표(SDGs) / 271
지식의 상황화 / 54
지역공동체 형성형 / 203
지역교육청 / 118
지역사회 / 171
지역사회 재생형 / 203
지역사회 평생교육 / 171, 176
지역평생학습 생태계 / 367
지역하나센터 / 263
지역활성화 / 368

체제분석적 접근방법 / 311
초가속화 / 30
초감성화 / 30
초고령화 / 32
초기집중교육 / 263
초연결 사회 / 338
초연결화 / 30
초융합화 / 31
초지능 사회 / 338
초지능화 / 30
취·창업 준비형 / 188

통합적 접근방법 / 310
특성화 프로그램 / 279

페다고지 / 217
페다고지(Pedagogy) / 83
평생교육 / 15
평생교육 이념 / 20
평생교육 추진체제 / 112
평생교육기관 / 137
평생교육법 / 21, 108, 184, 238
평생교육사 / 149, 369
평생교육사 이수과목 / 160
평생교육사 자격제도 / 150, 158
평생교육사 직무모델 / 154
평생교육사의 역할 / 151
평생교육사의 직무 / 153
평생교육정책본부 / 121
평생교육진흥원 / 122
평생교육진흥위원회 / 113
평생교육학 / 24
평생교육환경 / 97
평생직업교육기획과 / 116

평생학습 / 11
평생학습계좌제 / 123, 348
평생학습관 / 122
평생학습도시 / 201
평생학습사회 / 11
평생학습센터 / 122
평생학습지원과 / 116
포레보고서 / 12
포용적 교육 / 252
프로그램 마케팅 / 327
프로그램 설계 / 318
프로그램 평가 / 330
프로그램 평가모델 / 330
프로그램개발 / 305
프로그램개발 모형 / 312
프로그램기획 / 314
플립드 러닝 / 351

하나원 / 261
하이플렉스 러닝 / 353
학교의 사회화 / 18
학교평생교육 / 190
학생 / 25
학습 / 25
학습 참여 동기 / 100
학습권 / 66
학습동아리 / 183
학습동아리 인증제 / 189
학습매체 / 325
학습이력관리시스템 / 128
학습자 / 25
학습파트너십형 / 202
학점은행제 / 131
학점인정 등에 관한 법률 / 132
핸드아웃 / 323
행동주의 학습이론 / 39
형식교육 / 23
활동적 노화 / 221
효과의 법칙 / 40
휘타고지(Heutagogy) / 84

4차 산업혁명 시대 / 338
ADDIE 모형 / 313
DACUM / 312
IMPACT 모형 / 312
K-MOOC / 346
OECD / 71
SWOT 분석 / 315

저자 소개

■ **이복희** | 교육학박사

백석대학교 사회복지학부 교수
대학원 석 · 박사과정 지도교수(평생교육전공)
한국평생교육HRD학회 회장
한국평생교육총연합회, 한국평생교육학회 이사
주요 저서: 평생교육방법론(공저), 평생교육프로그램개발론(공저) 등

■ **유인숙** | 교육학박사

사)평생학습을 실천하는 사람들 이사장
백석대학교 대학원 평생교육전공 초빙교수
재)경기도평생교육진흥원 이사
사)한국평생교육사협회 부회장
주요 저서: 평생교육프로그램개발론(공저), 성인문해교과서 지혜의 나무(공저) 등

■ **이소희** | 교육학박사

백석문화대학교 교수학습개발원, 원격교육지원센터 주임
한국평생교육HRD학회 이사
한국평생교육HRD학회 홍보분과 부위원장
와이 교육연구소 자문위원
논문: 대학생의 자기주도학습능력, 자기효능감, 의사소통능력, 창의융합역량간의 구조적 관계

■ **장나리** | 교육학박사

사)한국평생교육사협회 사무총장
한국방송통신대학교 교육학과 선임실습지도교수
한국평생교육HRD학회 이사
전) 안산시청 평생교육사
논문: 평생교육사의 성인장애인 평생교육을 위한 역할요인 및 중요도 연구

■ **최세이** | 교육학박사

SAY EDU 컨설팅 대표
총신대학교 호크마교양교육원 겸임교수
백석문화대학교 창의융합교양교육원 자문교수
한국평성교육HRD학회 이사
주요저서: 명강의 실전교수법(공저)

평생교육론

1판 1쇄 인쇄 ― 2024년 6월 17일
1판 1쇄 발행 ― 2024년 6월 21일

저　　자 - 이복희 유인숙 이소희 장나리 최세이
발 행 인 - 강철원
발 행 처 - 양성원
주　　소 - 경기도 파주시 검산로 173번길 29-12
전　　화 - 031-946-3861(代)
팩　　스 - 031-946-3864
이 메 일 - tnwpub@naver.com
홈페이지 - tnwpub.co.kr
출판등록 - 2015년 8월 31일 제 2015-000211 호

ISBN 979-11-6126-568-1

정가 23,000원